PROTEÇÃO DA CONFIANÇA **E PREVIDÊNCIA SOCIAL**

A tutela do segurado em tempos de reformas e de alterações na jurisprudência

RENATO BARTH PIRES

PROTEÇÃO DA CONFIANÇA **E PREVIDÊNCIA SOCIAL**

A tutela do segurado em tempos de reformas e de alterações na jurisprudência

2025

EDITORA *Jus*PODIVM
www.editorajuspodivm.com.br

EDITORA *Jus*PODIVM
www.editorajuspodivm.com.br

Rua Canuto Saraiva, 131 – Mooca – CEP: 03113-010 – São Paulo – São Paulo
Tel: (11) 3582.5757
• Contato: https://www.editorajuspodivm.com.br/central-de-relacionamento

Diagramação: Equipe *Jus*PODIVM

Capa: Maitê Coelho *(maitescoelho@yahoo.com.br)*

P667p Pires, Renato Barth
Proteção da Confiança e Previdência Social: A tutela do segurado em tempos de reformas e de alterações na jurisprudência / Renato Barth Pires – São Paulo: Editora JusPodivm, 2025.
320 p.

ISBN: 978-85-442-5481-3

1. Direito Previdenciário. I. Pires, Renato Barth. II. Título.

CDD 341.6

BIBLIOTECÁRIA RESPONSÁVEL

Ana Carolina Ribeiro Mois – CRB7 – RJ 007348/0

À memória de meus pais: o Desembargador Federal Fleury Antonio Pires, que, pelo exemplo, ensinou-me a amar a causa da Justiça; a Professora Maria Eugenia Terra Barth Pires, que, pelo amor, ensinou a todos nós.

PREFÁCIO

Fiquei muito feliz com o convite do Dr. Renato Barth Pires para prefaciar a sua obra intitulada "**Proteção da confiança e Previdência Social: a tutela do segurado em tempos de reformas e de alterações na jurisprudência**". A obra resulta de sua tese de doutoramento brilhantemente defendida perante banca examinadora composta por ilustres publicistas brasileiros (Régis Fernandes de Oliveira, Marco Aurélio Serau Júnior, Miguel Horvath Júnior, Marina Faraco Lacerda Gama e Vanessa Vieira de Mello), perante o Programa de Pós-Graduação em Direito da PUC/SP.

O Doutor Renato é juiz federal de carreira na Seção Judiciária de São Paulo e professor experimentado de Direito Constitucional na PUC-SP. É, portanto, colega de magistério na PUC-SP, onde estou há quarenta anos. Tive o prazer de conhecê-lo na pós-graduação e ser seu orientador. Os méritos do trabalho, entretanto são todos de sua autoria e por certo refletem a sensibilidade social do magistrado e professor experiente.

Na verdade, como diz o dito popular: "A fruta não cai longe do pé". O Dr. Renato é filho do saudoso Desembargador Federal Fleury Antonio Pires do Tribunal Regional Federal da 3ª Região, que tive a honra de conviver quando lá fui assessor da Prof.ª. Lucia Valle Figueiredo. Ambos integravam a mesma turma daquele Egrégio Tribunal.

A tese é, antes de tudo, corajosa, pois enfrenta um tema que afeta todos os brasileiros e brasileiras em um período de maior necessidade de suas vidas – a previdência social.

O trabalho analisa, a partir do regime jurídico dos direitos e garantias fundamentais, o princípio da proteção da confiança e suas aplicações possíveis no âmbito das questões previdenciárias.

A proteção das pessoas tem no Direito o seu maior remédio, como todos sabem. Mas a proteção das expectativas do indivíduo ainda é um terreno pouco explorado pela Ciência Jurídica. Nesse aspecto, creio estar a maior originalidade da tese, que analisa, em termos estruturais e no contexto das limitações à reforma da Constituição Federal de 1988, o direito fundamental à proteção da confiança. Sua proposta: verificar se tal princípio se constitui em norma constitucional positiva, válida, capaz de impedir alterações do texto que resultem em afronta a suas normas basilares.

O trabalho como deve ser remete o leitor para a Sociologia do Direito, a História, a Filosofia, a Psicologia e a Ética na medida do necessário.

Como deve ser em um trabalho de cunho científico, crítico e propositivo, o autor discorda da jurisprudência dos tribunais superiores quando necessário para ficar com a melhor e bem fundamentada doutrina.

Assim *v.g.* afirma: (...) "esse entendimento, mais do que consolidado, não resiste a uma análise mais aprofundada, que leva à conclusão quanto à absoluta insuficiência da doutrina do direito adquirido para atender às demandas sociais relativas à proteção de situações jurídicas ainda em vias de consolidação".

Ainda é de se observar que são escassos os trabalhos que realizam uma boa interlocução entre o Direito Constitucional e o Direito Previdenciário. O trabalho de Renato é uma exceção valorosa, cuja leitura recomendo.

O leitor encontrará na obra, sem sombra de dúvida um instrumento valioso de consulta.

MARCELO FIGUEIREDO

Prof. Associado em Direito Constitucional pela PUC/SP.

"Optimism is the faith that leads to achievement. Nothing can be done without hope and confidence".

KELLER, Helen. **Optimism**: an Essay. Ithaca: Cornell University Library, 2009 [1903].

"So close no matter how far. Couldn't be much more from the heart. Forever trusting who we are. And nothing else matters".

HETFIELD, James; ULRICH, Lars. **Nothing else matters**. North Hollywood: Elektra, 1991.

LISTA DE ABREVIATURAS E SIGLAS

ADC	Ação Declaratória de Constitucionalidade
ADCT	Ato das Disposições Constitucionais Transitórias
ADI	Ação Direta de Inconstitucionalidade
ADPF	Arguição de Descumprimento de Preceito Fundamental
CDA	Certidão de dívida ativa
CF	Constituição Federal
CPC	Código de Processo Civil (Lei nº 13.105/2015)
CRPS	Conselho de Recursos da Previdência Social
CTN	Código Tributário Nacional (Lei nº 5.172/1966)
DER	Data de entrada do requerimento administrativo do benefício
Des.	Desembargador (a)
DIB	Data de início do benefício
DJ	Diário de Justiça
ED	Embargos de declaração
FGTS	Fundo de Garantia por Tempo de Serviço
HC	*Habeas corpus*
IRDR	Incidente de resolução de demandas repetitivas
j.	Julgado
LBPS	Lei de Benefícios da Previdência Social (Lei nº 8.213/1991)
LINDB	Lei de Introdução às Normas do Direito Brasileiro (Decreto-lei nº 4.657/1942)
Min.	Ministro
n. ou nº	Número
p.	Página
PBC	Período básico de cálculo
PEC	Proposta de emenda à Constituição

PEDILEF	Pedido de uniformização de interpretação de lei federal (art. 14 da Lei nº 10.259/2001)
PIS	Plano de Integração Nacional
PUIL	Pedido de Uniformização de Interpretação de Lei
Rcl	Reclamação
RE	Recurso extraordinário
RESP	Recurso especial
Red. p/ acórdão	Redator(a) para o acórdão
RGPS	Regime Geral de Previdência Social
RMI	Renda mensal inicial
RPPS	Regime Próprio de Previdência Social
STF	Supremo Tribunal Federal
STJ	Superior Tribunal de Justiça
TCU	Tribunal de Contas da União
TNU	Turma Nacional de Uniformização dos Juizados Especiais Federais
TRF	Tribunal Regional Federal
TRU	Turma Regional de Uniformização dos Juizados Especiais Federais

SUMÁRIO

Primeira Parte

ASPECTOS GERAIS DA CONFIANÇA

Capítulo 1
INTRODUÇÃO

As pessoas têm sonhos; têm esperanças; têm expectativas. Tais noções são comuns aos seres humanos. Os sonhos às vezes se desvanecem; as esperanças se esvaem; e as expectativas se frustram. Tudo isso é parte da natureza humana, parte do aprendizado para o convívio social.

Não por acaso se diz, na Psicologia, que as pequenas frustrações são importantes para que, ainda na primeira infância, se desenvolva o sentimento de "alteridade", de que existe o outro, de que o mundo impõe limites às vontades individuais[1].

Mesmo na vida adulta, por vezes, ter esperança é um sentimento de negação da realidade, ou um modo confortável de não agir e não adotar as condutas que, positivamente, levarão o indivíduo a concretizar aquilo que espera. A negação é um tipo de defesa, mas certamente insuficiente para impedir o inevitável. Em resumo, a vida em sociedade é repleta de desapontamentos, de frustrações, de expectativas interrompidas.

Mas há também um momento em que tais sentimentos ultrapassam o âmbito da *psique* humana e passam a interessar ao Direito. Ao tutelar tais expectativas, o Direito as protege contra as frustrações que possivelmente virão. Tal proteção pode se dar, fundamentalmente, em regras de proibição,

1. FERRARI, Juliana Spinelli. "Frustração". **Brasil Escola**. Disponível em: https://brasilescola.uol.com.br/psicologia/frustracao.htm. Acesso em: 03 jun. 2024. Também nesse sentido: BRITO, Isabel. A saúde mental na gravidez e primeira infância. **Revista Portuguesa de Medicina Geral e Familiar**, Lisboa, v. 25, n. 5, p. 600-604, set. 2009. Disponível em: https://www.rpmgf.pt/ojs/index.php/rpmgf/ article/view/10678/10414. Acesso em: 03 jun. 2024; BANACO, Roberto Alves. Emoção e ação pedagógica na infância: contribuições da psicologia comportamental. **Temas em psicologia**, [s. l.], v. 1, n. 3, p. 57-65, 1993. Disponível em http://pepsic.bvsalud.org/scielo.php?pid=S1413-389X1993000300008&script=sci_arttext. Acesso em: 03 jun. 2024.

ou mesmo com o estabelecimento de compensações de natureza indenizatória. Não por acaso tais desejos acabam materializados em regras e princípios dos mais diversos, em tantos diferentes ramos do conhecimento jurídico.

A proposta deste trabalho é analisar tais situações a partir de uma visão estritamente constitucional, em particular no âmbito dos direitos e garantias fundamentais e do direito fundamental à Previdência Social.

Isto porque é possível encontrar, no Direito Constitucional positivo, inúmeras normas que têm essa mesma ideia de proteger essas expectativas do indivíduo, o que se dá, com especial ênfase, nas relações deste com o Estado.

Assim, o estudo irá avaliar, em termos estruturais e também no contexto das limitações à reforma da Constituição Federal de 1988, o *direito fundamental à proteção da confiança*. A proposta é verificar se tal princípio se constitui em norma constitucional positiva, válida, capaz de impedir alterações do Texto que resultem em afronta a suas normas basilares.

No exame das questões previdenciárias, o Supremo Tribunal Federal brasileiro tem tratado da tutela de expectativas de forma claramente insuficiente, ao reafirmar uma jurisprudência que entende que "não há direito adquirido a regime jurídico". Esta conclusão revela uma compreensão parcial do sistema constitucional e um virtual desconhecimento de que proteção da confiança, segurança jurídica e Estado de Direito não são bens constitucionais cuja proteção se exaure na tutela do direito adquirido.

Muito do que se escreveu no Brasil a respeito do tema da proteção da confiança foi calcado no regime jurídico dos atos administrativos, bem como nos limites à revogação e anulação (invalidação) destes. Isto é explicável até pela origem histórica do instituto, como se verá ao longo do trabalho.

A tese que aqui sustentamos exige o deslocamento do tema, trazendo-o para a perspectiva do regime jurídico dos direitos e garantias fundamentais. A proposta é demonstrar o regime jurídico-constitucional do princípio da proteção da confiança e suas repercussões na interpretação adequada das normas constitucionais e infraconstitucionais aplicáveis às questões previdenciárias.

Há um certo paradoxo no estudo do tema, pois é muito comum que segurança, confiança e estabilidade das relações jurídicas sejam vistas como valores próprios de um Estado Liberal, como instrumentos destinados à manutenção do *status quo* e, não raro, como mecanismos de verdadeira opressão. Trata-se de uma objeção que tem certa pertinência e é tratada por filósofos críticos do Direito[2].

Mas em um Estado Democrático de Direito a proteção da confiança pode assumir uma feição exatamente contrária. Esses valores podem servir para *manter* as conquistas sociais derivadas de um constitucionalismo democrático[3]. Estas conquistas, para usar a famosa expressão de Winston Churchill, em seu discurso proferido ao assumir o cargo de Primeiro Ministro britânico, em 13 de maio de 1940, foram obtidas à custa de muito "sangue, trabalho, lágrimas e suor"[4]. E não se pode ignorar que os direitos sociais têm sido alvo preferencial de um discurso consequencialista, com viés econômico, como se tais perspectivas fossem suficientes para "desjuridicizar" os bens jurídicos fundamentais previstos na Constituição Federal de 1988.

Outra das objeções que habitualmente se apresentam à aplicação da proteção da confiança diz respeito a um possível efeito negativo, de petrificação ou de congelamento do Direito. Haveria algo de utópico em sustentar a imutabilidade do Direito, quer das normas jurídicas, quer da jurisprudência, quer mesmo das orientações administrativas. Mas não é disso que se pretende tratar. É possível encontrar algum padrão de previsibilidade nos comportamentos humanos, um mínimo de racionalidade nesses atos. Em particular, entendemos que tal previsibilidade deve se manifestar *nos atos do Estado*, quer legislativos, quer administrativos, quer jurisdicionais. É sobre estes aspectos que o trabalho irá se debruçar, com análise das principais questões previdenciárias aí envolvidas.

O estudo tem início com uma análise do tema das esperanças, expectativas e da confiança a partir de uma perspectiva sociológica. A confiança, em especial, tem merecido a atenção de diferentes áreas do conhecimento humano e, em alguma medida, as conclusões firmadas na Sociologia do

---

2. MASCARO, Alysson Leandro. **Filosofia do Direito**. 8. ed. São Paulo: Atlas, 2021, p. 389 e seguintes.

3. Por essa razão Carlos Ari Sundfeld prefere referir-se a um "Estado social e democrático de Direito", destinado a promover a elevação do nível cultural, o desenvolvimento e a justiça social, para o que assumem papel essencial os direitos sociais. O Estado Social incorpora o Estado de Direito e depende deste para atingir suas finalidades, por meio da oferta de prestações positivas em educação, saúde, previdência, etc., que assumem a conformação de verdadeiros *direitos* (SUNDFELD, Carlos Ari. **Fundamentos de Direito Público**. 5. ed. São Paulo: Malheiros, 2012, p. 54).

4. SONDERMANN, Ricardo. **Churchill e a ciência por trás dos discursos**: como palavras se transformam em armas. São Paulo: LVM, 2018.

Direito acabam sendo consideradas na conformação da proteção da confiança no direito positivo. Assim, entendemos necessária uma análise inicial, não exauriente, deste âmbito específico.

No tópico seguinte, o exame recairá sobre esses mesmos institutos (segurança, estabilidade e confiança) como preocupações do Direito, para avançar na caracterização da proteção da confiança com um *princípio constitucional implícito* e, mais ainda, como um *direito fundamental*, inserido no regime jurídico específico dos direitos e garantias fundamentais.

Ainda neste aspecto, serão examinados os "enunciados linguísticos" sobre os quais se assenta o princípio da proteção da confiança, notadamente a segurança jurídica, o Estado de Direito, o princípio da legalidade e a boa-fé objetiva.

Nas etapas seguintes optamos por dividir o exame do princípio da proteção da confiança em suas diferentes dimensões: *retrospectiva*, em que serão analisados os temas da irretroatividade das leis e da proteção ao direito adquirido, e *perspectiva*, que exigirá uma abordagem do conceito de proteção da confiança e os pormenores de seu regime jurídico-constitucional.

Os capítulos finais tratam da proteção da confiança e suas aplicações específicas no âmbito da Previdência Social. Trataremos da proteção da confiança e o "fator tempo", aspecto fundamental neste trabalho, assim como sua consideração como limite objetivo às reformas previdenciárias. Serão examinados alguns temas da Emenda nº 103/2019 diretamente alcançados pela incidência do princípio da proteção da confiança.

Houve também grande preocupação na análise da proteção da confiança diante da formação da jurisprudência e das alterações jurisprudenciais, aqui tanto sob o ponto de vista da jurisdição constitucional e do efeito vinculante previsto na Constituição Federal, como também dos provimentos vinculativos estabelecidos no Código de Processo Civil.

Finalizamos o estudo com o tema dos reflexos da proteção da confiança na autotutela administrativa e dos institutos a esta correlatos, também no âmbito previdenciário.

Capítulo 2

ESPERANÇA, EXPECTATIVAS E CONFIANÇA: UM ENFOQUE SOCIOLÓGICO

Na mitologia grega, Pandora foi a primeira mulher criada por Zeus, concebida como uma punição aos homens, consequência do roubo do segredo do fogo dos céus por Prometeu. Zeus havia dado a Pandora o colar antes usado por Prometeu, que o perdera como punição por sua ousadia. Pandora recebe uma série de dons de cada deus do Olimpo, bons e ruins. Pandora também havia recebido uma caixa, na qual guardou o colar, tendo sido advertida para que não a abrisse, em nenhuma circunstância. Pandora é enviada ao irmão de Prometeu, Epimeteu, com quem se casa e tem uma filha. Depois, não resistindo à curiosidade, Pandora abre a caixa, o que faz com que sejam liberados todos os males do mundo. Doenças, guerras, vícios, ganância, ódio, cansaço e a necessidade de trabalhar para prover o próprio sustento. Tudo se espalha mundo afora.

Pandora imediatamente percebe seu erro e recoloca a tampa da caixa. Mas era *tarde demais*, quase tudo já se havia escapado. Exceto uma coisa: a *Esperança*, que restou como um alento para que a humanidade pudesse suportar o eterno infortúnio[1].

A esperança que remanesce na caixa de Pandora acaba por atender a um anseio antropológico que advém de tempos imemoriais. O ser humano precisa "saber a que agarrar-se", como lembra Pérez Luño, ante o terror da insegurança de sua existência, da imprevisibilidade da vida e da incerteza a que está submetido[2].

---

1. CARTWRIGHT, Mark. "Pandora". *In*: **World History Encyclopedia** (em Português). Disponível em https://www.worldhistory.org/trans/pt/1-13940/pandora/. Acesso em: 03 jun. 2024. PANOFSKY, Dora Mosse; PANOFSKY, Erwin. **A caixa de Pandora**: as transformações de um símbolo mítico. Trad. Vera Maria Pereira. São Paulo: Companhia das Letras, 2009.

2. PÉREZ LUÑO, Antonio-Enrique. La seguridad jurídica: una garantía del derecho y la justicia. **Boletín de la Facultad de Derecho de la UNED**, Madrid, n. 15, p. 25-38, año 2000.

Mas a esperança pode ser um peculiar modo de não querer enfrentar o futuro. A esperança pode assumir a aparência de um sentimento de negação da realidade, ou de um modo confortável de não agir e não adotar as condutas que, positivamente, levarão o indivíduo a concretizar aquilo que espera. Outras tantas vezes, a esperança é construída a partir de percepções irreais da realidade. É o caso do famoso "castelo de cartas", que é construído apenas na mente daquela pessoa e que, com o menor dos contratempos, inevitavelmente vai ao chão.

A esperança pode representar, portanto, uma atitude conformista, imobilizante, que impede que o ser humano adote as condutas concretas que poderão efetivamente resultar na materialização do fato positivo desejado. A mera esperança, como fenômeno subjetivo ou psicológico, pode ser apenas um subterfúgio para a negação do presente, da rejeição do futuro que deveria ser antevisto, ou mesmo como forma de anuviar a percepção de uma expectativa real, baseada em uma avaliação objetiva dos fatos atuais.

A esperança é algo que, por vezes, se confunde com uma *expectativa*[3]. Mas são realidades ligeiramente distintas. A expectativa, em um sentido estrito, é a consequência de uma avaliação objetiva de fatos presentes, que induz a uma conclusão a respeito do advento (ou não) de fatos futuros. Há um sentido, assim, de *objetividade* na avaliação do sujeito. A esperança, ao contrário, é um sentimento meramente idealizador, motivado por uma crença de que algo possa (ou não) ocorrer no futuro. Via de regra, a esperança materializa um estado emocional positivo, direcionado ao futuro. A esperança muitas vezes cruza com o *otimismo*, que é uma tendência de enfatizar aspectos favoráveis da situação atual, que possam levar à perspectiva de que fatos bons irão ocorrer[4]. O otimismo, assim, é uma *expectativa carregada de subjetividade*, ou, se preferirmos, uma *esperança qualificada por um quê de objetividade.*

---

3. Mesmo em Pandora, há quem sustente que a palavra em grego (ἐλπίς/elpís) poderia ser mais bem traduzida como "antecipação", a sugerir que a humanidade passaria a sofrer os males, mas sem ter conhecimento antecipado deles, impedindo um temor perpétuo ou uma obsessão com a própria morte (CARTWRIGHT, Mark, *op. cit.* [s. p.]).

4. CARLOMAGNO, Lívia Lopes Lucas *et al.* Relações entre criatividade, esperança, otimismo e desempenho profissional. **Temas em Psicologia**, Ribeirão Preto, v. 22, n. 2, p. 497-508, 2014.

Por isso interessa examinar, para além da esperança e das expectativas, a *confiança*. Em uma abordagem sociológica, a confiança é uma crença a respeito da ocorrência de um fato futuro, mas que leva em conta um fato *objetivo* passado[5]. Confia-se na continuidade do fato futuro, orientado pelo que objetivamente ocorreu no passado.

A confiança então surge, em Luhmann, como alternativa ao "caos e ao medo paralisante", que impediriam que o ser humano pudesse sequer se levantar pela manhã[6]. A confiança é por ele concebida, assim, como ponto de partida para a derivação de regras de conduta. O ser humano *tem* que outorgar confiança, mesmo que não o faça cegamente e só o faça em certas condições. Luhmann, no desenvolvimento da teoria dos sistemas, compreende a confiança como o instrumento destinado a viabilizar a redução da complexidade social[7]. Em um mundo excessivamente complexo e com possibilidades inimagináveis, a confiança torna a incerteza tolerável. A confiança generaliza expectativas de comportamentos, reduz a falta de informações sobre condutas futuras e o risco das incertezas[8].

Outros autores na área da Sociologia reconhecem a confiança como um fenômeno social sem o qual a sociedade se desintegraria. É o caso, por exemplo, de Georg Simmel, que dedicou parte de algumas de suas obras ao tema, com formulações do tipo "sem a crença dos homens uns nos outros, a sociedade ruiria", ou "todos os relacionamentos dos homens uns dos outros

---

5. ARAÚJO, Valter Shuenquener de. **O princípio da proteção da confiança**. 2. ed. Niterói: Impetus, 2016, p. 14-15.
6. LUHMANN, Niklas. **Confianza**. Barcelona: Antrophos Editorial, 1996, p. 6.
7. MOTA, Rodrigo. Confiança e complexidade social em Niklas Luhmann. **PLURAL – Revista do Programa de Pós-Graduação em Sociologia da USP**, São Paulo, v. 23.2, p. 182-197, 2016. ALMEIDA, André Galvão Vasconcelos de. (Des) confiança sistêmica e o direito como generalizador congruente de expectativas normativas. **Revista de Informação Legislativa [do Senado Federal]**, Brasília, ano 54, n. 213, p. 241-263, jan./mar. 2017.
8. ARAÚJO, Valter Shuenquener de. **O princípio da proteção da confiança**. 2. ed. Niterói: Impetus, 2016, p. 12-13. Luhmann também descreve o que denomina "dupla contingência". O ser humano irá desenvolver certas expectativas a partir de suas experiências com o outro; simultaneamente, irá despertar no outro suas próprias expectativas, que se projetam em outrem, e assim por diante (LUHMANN, Niklas. **Sociologia do direito**. V 1. Rio de Janeiro: Tempo Brasileiro, 1983, p. 48). O Direito assume o papel de ser uma institucionalização ou assimilação das experiências, absorvendo a complexidade social e as contingências, harmonizando os desapontamentos ante as expectativas frustradas.

dependem evidentemente de que eles saibam algo uns dos outros"[9]. Também afirma Simmel que "a confiança é uma das forças sintéticas mais importantes da sociedade" e "a hipótese da conduta futura, que é segura o suficiente para fundamentar a ação prática"[10]. Um dos textos de Simmel (*Philosophie des Geldes*) trabalha com o tema da confiança no processo de transição de uma economia baseada em dinheiro (físico/material) para uma economia baseada em crédito ("dinheiro creditício")[11]. As relações de confiança entre agentes econômicos (ou entre estes e o Estado) são também objeto de estudo de outras áreas do conhecimento humano, notadamente a Economia[12].

Sylvia Calmes-Brunet explica o interesse de tantas áreas do conhecimento humano no tema da confiança (Psicologia, Ética, Sociologia, Direito, etc.): a confiança constitui-se em um *fato elementar da vida social*, não só para a existência individual, mas para a convivência entre os homens e para as relações com Estados e outros povos[13].

Com diferentes argumentos (e propósitos), Alain Peyrefitte concebe uma certa "sociedade de confiança" como a sociedade cooperativa, ativa, segura de si, e cujas interações resultam em ganhos mútuos, desenvolvimento econômico e social[14]. Confiar, assim, é *conviver* e *progredir*.

---

9. MOTA, Rodrigo. Simmel e a confiança. Revista Novos Rumos Sociológicos, Pelotas, v. 5, n. 7, p. 25-39, jan./jul. 2017. Hartmur Maurer afirma que, sem uma medida de confiança humana recíproca, a vivência social não seria "suportável" e "nem sequer possível" (MAURER, Hartmut. **Contributos para o Direito do Estado.** Trad. Luís Afonso Heck. Porto Alegre: Livraria do Advogado, 2007, p. 64).

10. MOTA, Rodrigo. Simmel e a confiança, cit., p. 32.

11. MÖLLERING, Guido. The nature of trust: from Georg Simmel to a theory of expectation, interpretation and suspension. **Sociology**, Durham, v. 35, n. 2, p. 403-420, 2001. MONTES, Gabriel Caldas; FEIJÓ, Carmem Aparecida. Reputação, credibilidade e transparência da autoridade monetária e o estado de expectativa. **Economia e Sociedade**. Campinas, v. 16, n. 2 (30), p. 151-170, ago. 2007.

12. MATHIAS, Emmanuel. Economic success and social trust: evidence from the Baltic States. *In*. MARKOVA, Ivana; GILLESPIE, Alex. **Trust and distrust: sociocultural perspectives**. Charlotte (NC): Information Age Publishing Inc., p. 219-245, 2007. Lembra Wartenberg que, "como normalmente se repete que não há mercado sem confiança, as expectativas que os cidadãos têm sobre a interpretação das regras que os regem devem ser protegidas" (WARTENBERG, Raúl Letelier. Contra la confianza legítima como límite a la invalidación de actos administrativos. **Revista Chilena de Derecho**, Santiago, v. 41, n. 2, 2014, p. 611).

13. CALMES-BRUNET, Sylvia. **Du principe de protection de la confiance legitime en droits allemand communautaire et francais.** Paris: Dalloz, 2001, p. 54.

14. "A Sociedade de Confiança traz uma valorização moral do desenvolvimento, demonstrando que ele não vem de um acontecimento exterior, mas de uma disposição interior – como um combate

É claro que a confiança não constitui *certeza* absoluta sobre comportamentos futuros. Mas a confiança de cada indivíduo na concretização de suas expectativas, aliada à confiança recíproca manifestada em diferentes indivíduos, traz consigo algum grau de *previsibilidade* dos comportamentos futuros[15].

É possível traçar uma conexão entre a confiança e a *reputação* das pessoas, que pode ser conceituada como a experiência que uma pessoa possui em relação ao comportamento de outra em situações específicas. A reputação assume um papel de refletir retrospectivamente a conduta do indivíduo em um maior espaço de tempo e, com isso, reforçar a confiança dos demais na reprodução futura daquela mesma conduta[16].

A reputação aqui referida não deve ser tomada na acepção estritamente jurídica do termo, isto é, como um dos aspectos (ou dimensões) da tutela jurídica da honra (artigo 5º, X, da Constituição Federal de 1988; artigo 139 do Código Penal). Afinal, trata-se aqui de um enfoque *sociológico* da confiança.

Veja-se que não se cogita distinguir a "boa" da "má-reputação", mesmo porque, ao conceituar a "confiança", normalmente se coloca maior ênfase sobre os aspectos positivos. Assim, a confiança seria um "estado de expectativa favorável em relação às ações e intenções de outras pessoas", um dos aspectos habitualmente citados por diferentes estudiosos do tema[17].

---

interior dentro de cada um de nós, uma luta para substituir a resignação, pela energia, a rotina, pela invenção. Porque, enfim, o que coloca uma sociedade em movimento é o homem centrado em si, no caminho da construção de um mundo em que a satisfação das suas necessidades materiais e o desenvolvimento das suas aspirações possam beneficiar a si e aos outros com progressos constantes" (PEYREFITTE, Alain. **A sociedade de confiança**: ensaio sobre a origem e a natureza do desenvolvimento. Rio de Janeiro: Topbooks, 1999, p. 38).

15. Com análise interessante a respeito da previsibilidade das decisões judiciais no pensamento de Montesquieu, NUNES, Jorge Amaury Maia. Segurança jurídica. **Revista dos Estudantes de Direito da Universidade de Brasília (UNB)**, Brasília, v. 6, n. 1, p. 321-322, 2010. Disponível em: https://periodicos.unb.br/index.php/ redunb/article/view/20435. Acesso em: 03 jun. 2024.

16. ARAÚJO, Valter Shuenquener de. **O princípio da proteção da confiança**. 2. ed. Niterói: Impetus, 2016, p. 15.

17. MÖLLERING, Guido. The nature of trust: from Georg Simmel to a theory of expectation, interpretation and suspension. **Sociology**, Durham, v. 35, n. 2, p. 403-420, 2001.

De toda forma, a reputação só irá constituir-se em um valor, em si, quando se refletir em uma *confiança pessoal*, ou, como diz Luhmann, uma convicção de que a liberdade do indivíduo irá ser exercida naquele *mesmo sentido* da personalidade daquele indivíduo que se tornou socialmente visível[18]. Confia-se que as condutas futuras do indivíduo irão reproduzir a *persona*, o retrato social pretérito desse mesmo indivíduo.

Bernardo Feijóo Sánchez acrescenta que, em uma sociedade cada vez mais complexa, a confiança pessoal (de indivíduo para indivíduo) vai tendo sua importância reduzida. Aí passa a se referir a uma confiança depositada nas *normas*, ou, quando menos, uma confiança de que *todos irão respeitar as normas*, função a ser assumida pelo Direito, potencializando os horizontes de contatos entre os integrantes do sistema social[19].

A respeito desta referência à "confiança nas normas", todavia, é necessário distinguir o *fato social*, que é a confiança objetivamente depositada pelos indivíduos na correção e adequação das normas (morais, éticas, jurídicas, etc.), da *confiança-norma*, que implica a possibilidade de tutela jurídica (e mesmo jurisdicional) das expectativas legítimas. O primeiro constitui-se em objeto de análise da Sociologia (ou da Sociologia do Direito). A segunda é objeto da Ciência do Direito e será desenvolvida ao longo deste trabalho.

Ainda no aspecto relacionado à reputação (e suas relações com a confiança), tem-se refletido sobre a *reputação estatal*. Nessa linha de pensamento, o Estado também teria uma reputação e um dever de zelar por ela.

Barbara A. Misztal observa que as relações entre médicos e pacientes, advogados e seus clientes, empregados e empregadores, professores e alunos, etc., são construídas em um processo de aprendizado gradual, com o estabelecimento gradativo de níveis de compreensão compartilhada e de obrigações mútuas[20]. Isto também se daria, objetivamente, nas relações estabelecidas entre o Estado e os indivíduos[21].

---

18. LUHMANN, Niklas. **Confianza**. Barcelona: Antrophos Editorial, 1996, p. 67-68.

19. FEIJÓO SÁNCHEZ, Bernardo. El principio de confianza como criterio normativo de imputación en el derecho penal: fundamento y consecuencias dogmáticas. **Derecho Penal y Criminología**, Bogotá, v. 21, n. 69, p. 38-75, jun. 2000.

20. MISZTAL, Barbara A. **Trust in modern societies**: the search of the bases of social order. Cambridge: Polity Press, 1996, p. 20-21 (também referida por ARAUJO, Valter Shuenquener de, *op. cit.*, p. 17).

21. JOVCHELOVITCH, Sandra. Trust and social representations: understanding relations between self and other in Brazilian public sphere. *In*. MARKOVA, Ivana; GILLESPIE, Alex. **Trust and**

Se as relações sociais e a confiança entre indivíduos são fatos que se constroem gradativamente, o mesmo deve ser observado nas relações entre indivíduos e o Estado. O Estado zeloso por sua reputação, que se comporta de modo relativamente estável, fortalece as relações de confiança e contribui para a estabilidade das relações sociais.

Tais noções permanecem aplicáveis também no contexto da separação das funções do Estado. A conduta do Estado-administrador, do Estado--legislador e do Estado-julgador poderá ser instrumento para reafirmação da confiança e da estabilidade das relações sociais. Poderá, de outra parte, servir como promotor de uma desconfiança generalizada, como por vezes se constata nas relações jurídicas previdenciárias no Brasil[22].

Observando essa realidade, pode-se até considerar que há algo de ingênuo (ou cínico) em supor que o Estado tenha realmente uma (boa) reputação a zelar. Ou, mesmo que se aceite tal ideia, por vezes tem-se a impressão de certos agentes públicos estão pouco se importando com a reputação do Estado, persistindo e reiterando condutas ilícitas ou inconstitucionais, sem qualquer preocupação com os efeitos delas. Como lembra Aliomar Baleeiro, a propósito da insistência do Estado de exigir tributos indevidos:

> Não se pode negar a nocividade, do ponto de vista ético e pragmático, duma interpretação que encoraja o Estado mantenedor do direito – a praticar, sistematicamente, inconstitucionalidades e ilegalidades, na certeza de que não será obrigado a restituir o proveito da turpitude de seus agentes e órgãos. Nada pode haver de mais contrário ao progresso do Direito e à realização da ideia-força de Justiça (voto proferido na Segunda Turma do Supremo Tribunal Federal, por ocasião do julgamento do RE 45.977, de sua relatoria, j. em 27.9.1966, DJ 22.02.1967, p. 295).

O voto refere-se a uma interpretação *jurídica*, evidentemente, e não chega a examinar a questão da reputação do Estado sob tal perspectiva, nem a confiança dos indivíduos nas normas postas pelo Estado. Mas é ilustrativo que faça menção a aspectos éticos e pragmáticos para reconhecer a torpeza não só de *agentes públicos*, mas também de *órgãos estatais*. A má-conduta

---

distrust: sociocultural perspectives. Charlotte: Information Age Publishing Inc., p. 108 e 110, 2007.

22. SOUZA, Victor. **Proteção e promoção da confiança no Direito Previdenciário**. Curitiba: Alteridade, 2018, p. 41-115.

de uns inevitavelmente contamina a conduta do Estado e, por extensão, a reputação deste e a confiança que os indivíduos deveriam nele depositar.

Por outro lado, a boa reputação que decorre de condutas positivas do Estado pode ser uma indutora de bons comportamentos na própria sociedade. Trata-se do que se denomina, em diferentes Ciências (em particular na Economia e nas Ciências Sociais), de "efeito *spillover*" (*spillover effect*) ou "transbordamento". Assim, por exemplo, a adequada competência fiscalizatória do Estado em questões ambientais, realizada de forma eficiente, com a imposição de diferentes sanções aos infratores (administrativas e penais), produz um efeito positivo na reputação do órgão público regulador. O Estado torna-se conhecido por sua eficiência, induzindo comportamentos positivos de agentes privados, que se movem em direção à conformidade ambiental de suas atividades[23].

Georg Simmel, ao tratar da confiança em geral (e não especificamente em relação ao Estado), sustenta que esta vai além de um simples comportamento, exigindo um elemento adicional, difícil de descrever, uma "fé sócio psicológica quase religiosa". Seria uma crença no outro quase como um *dogma*, sem se atentar para as razões pelas quais se crê, ou uma "aceitação sem reservas do outro que não é resultado da indução por experiência"[24]. Confia-se sem saber explicar racionalmente porque se está confiando.

Claro que o próprio Simmel reconhece que a confiança tem nuances e, nessa medida, esse elemento "quase religioso" pode variar em força e importância. É nesse sentido a interpretação feita por Guido Möllering a partir da obra de Simmel[25].

---

23. UHR, Julia Gallego Ziero; UHR, Daniel de Abreu Pereira. Infrações ambientais e a reputação do regulador: análise em dados de painel para o Brasil. **Estudos Econômicos**, São Paulo, v. 44, n. 1, p. 69-103, jan./mar. 2014. Uma obra muito conhecida sobre o tema é **Spillover: animal infections and the next human pandemic**, do escritor e jornalista norte-americano David Quammen, lançada em 2012, que previa a ocorrência de uma pandemia global causada por vírus transmitidos por animais. O texto recebeu tradução para a língua portuguesa em 2020 (**Contágio**: infecções de origem animal e a evolução das pandemias. São Paulo: Companhia das Letras, 2020).

24. FIDALGO, Sónia Mariza Florêncio. **O princípio da confiança no direito penal: implicações na dogmática do facto negligente**. Tese (Doutorado em Direito), Universidade de Coimbra, Coimbra, 2015, p. 30.

25. MÖLLERING, Guido. The nature of trust: from Georg Simmel to a theory of expectation, interpretation and suspension. **Sociology**, Durham, v. 35, n. 2, p. 403-420, 2001, p. 406.

Especificamente nas relações do indivíduo com o Estado, uma fé cega como essa só seria constatável concretamente em modelos absolutistas e/ou populistas. Mesmo nesses casos, o que se poderia verificar seriam certas idolatrias a *governantes*, não propriamente ao Estado[26].

Como se verá adiante, há uma consistente teoria que procura extrair o princípio jurídico da proteção da confiança do princípio do *Estado de Direito*. Logo, mesmo no plano da Sociologia do Direito, não é razoável atribuir à confiança uma característica que é, sob todos os aspectos, incompatível com o Estado de Direito. Com maior razão, não cabe aproximar tal característica em um princípio da proteção da confiança que é inerente a um Estado Democrático de Direito, como é o caso brasileiro a partir de 1988[27].

Esse mesmo Estado Democrático de Direito é bastante ilustrativo de como a confiança nas relações Estado-indivíduo deva ser realmente resultado de um processo gradativo. O brasileiro que vivenciou a redemocratização do País, ao final do regime militar, foi paulatinamente se acostumando a expor suas próprias ideias, sem receio de repressão estatal; a reunir-se pacificamente, sem armas, em locais públicos; a exigir informações a respeito de sua pessoa, constantes dos bancos de dados governamentais; a demandar em juízo por seus direitos fundamentais, sem receio de retaliação ou repressão; a questionar omissões inconstitucionais frente a deveres constitucionais previsíveis; e assim por diante.

Claro que esse processo não pode ser considerado um "caminhar alegremente para o progresso". A própria história dos direitos fundamentais é um processo lento e sinuoso, caracterizado por avanços e retrocessos[28]. Mesmo em um ambiente democrático, com eleições livres, o fantasma do autoritarismo está muito presente. Daí ser oportuna a lembrança da "eterna

26. A respeito da idolatria no Século XXI, transferida ao Estado e aos governantes, CAVANAUGH, William T. Strange Gods: idolatry in the twenty-first century. **Commonweal Magazine**. Edição de 21 out. 2020. Disponível em https://www.commonwealmagazine.org/strange-gods. Acesso em: 03 jun. 2024.

27. Tal como enunciado no artigo 1º da Constituição Federal de 1988: "A República Federativa do Brasil, formada pela união indissolúvel dos Estados e Municípios e do Distrito Federal, constitui-se em Estado Democrático de Direito [...]".

28. Sobre o tema da evolução histórica dos direitos fundamentais. COMPARATO, Fábio Konder. **A afirmação histórica dos direitos humanos**. 12. ed. São Paulo: SaraivaJur, 2019.

vigilância", preço caro a ser pago pelo ideal de Liberdade[29]. Ou, se preferirmos, em matéria de proteção e efetividade dos direitos e garantias fundamentais, o melhor é "confiar, desconfiando"[30].

29. A conhecida frase "o preço da liberdade é a eterna vigilância" é habitualmente atribuída a Thomas Jefferson, ex-presidente e um dos "founding fathers" dos Estados Unidos da América, embora não haja registro confiável de que a tenha realmente escrito ou pronunciado. A frase é encontrada na obra de John Philpot Curran, intelectual, político e magistrado irlandês, em discurso pronunciado em 1790 e publicado originalmente em 1808 (**Speeches of the right honorable John Philpot Curran ... on the late very interesting state trials**. Charleston: Nabu Press, 2010).

30. MONTEIRO LOBATO, José Bento. **Fábulas e histórias diversas**. Obras completas de Monteiro Lobato, v. 15, 2ª série, São Paulo, Brasiliense, 1956. A ideia é também atribuída a Mariano José Pereira da Fonseca, o Marquês de Maricá, ex-ministro da Fazenda no Brasil Império: "confiar desconfiando é uma regra muito salutar da prudência humana" (MARICÁ, Marquês de. **Máximas, pensamentos e reflexões**. Rio de Janeiro: Fundação Biblioteca Nacional [s. d.], p. 5. Disponível em https://objdigital.bn.br/Acervo_Digital/livros_eletronicos/maximas_pensamentos_e_reflexoes.pdf. Acesso em: 03 jun. 2024).

Capítulo 3

SEGURANÇA, ESTABILIDADE E CONFIANÇA COMO PREOCUPAÇÕES DO DIREITO

Os sonhos, a esperança, as expectativas e a confiança são fenômenos que naturalmente ultrapassam o âmbito da *psique* humana e, mais do que fatos sociais, passam a também interessar ao Direito.

Se tomarmos por verdadeira aquela noção segundo a qual o Direito constrói as suas próprias realidades[1], é possível antever situações em que a mera expectativa, a esperança, os sonhos e a confiança sejam objeto de uma tutela jurídica. Tem-se aí uma proteção jurídica *prospectiva*, um olhar jurídico para o futuro. Mas é também possível situar essas mesmas preocupações com uma visão *retrospectiva*, uma proteção jurídica do passado, ou da estabilização presente e futura dos fatos e atos do passado.

Estes dois âmbitos de proteção merecem análise específica, particularmente na realidade brasileira, em que, como se diz, "até o passado é incerto"[2].

---

1. Como bem lembra ATALIBA, Geraldo. **Hipótese de incidência tributária**. 6. ed. São Paulo: Malheiros, 2018, p. 23.

2. A frase é atribuída ora a Pedro Malan, ex-Ministro da Fazenda brasileiro, ora a Gustavo Loyola, ex-presidente do Banco Central do Brasil, ambos durante o mandato do ex-presidente Fernando Henrique Cardoso. O Supremo Tribunal Federal brasileiro tem dado algumas mostras dessa "incerteza do passado", como é o caso da desconstituição retroativa de situações juridicamente consolidadas, mesmo que acobertadas por decisões judiciais transitadas em julgado. É o que ocorreu, por exemplo, no julgamento do Tema 881 da repercussão geral, em que fixadas as seguintes teses: "1. As decisões do STF em controle incidental de constitucionalidade, anteriores à instituição do regime de repercussão geral, não impactam automaticamente a coisa julgada que se tenha formado, mesmo nas relações jurídicas tributárias de trato sucessivo. 2. Já as decisões proferidas em ação direta ou em sede de repercussão geral interrompem automaticamente os efeitos temporais das decisões transitadas em julgado nas referidas relações, respeitadas a irretroatividade, a anterioridade anual e a noventena ou a

Na busca de uma estruturação adequada dessas formas de abordagem do tema, é possível constatar que a doutrina faz diferentes opções metodológicas. Pode-se partir, por exemplo, da análise do direito à segurança jurídica e a partir deste, identificar dimensões estática (existência e vigência das normas) e dinâmica (permanência). No interior desta dimensão dinâmica, também vislumbrar dimensões objetiva (estabilidade normativa) e subjetiva (a proteção da confiança, propriamente dita)[3].

Outra possibilidade seria cogitar do princípio da proteção da confiança como uma norma dotada de suficiente autonomia, mas que manteria relações de proximidade (ou mesmo inerência) com outros direitos e "valores", como é o caso da boa-fé objetiva, segurança jurídica, Estado de Direito e a máxima *venire contra factum proprium*[4]. Variações desta ideia importariam buscar os "fundamentos" da segurança jurídica (e da proteção da confiança), diretos e indiretos, em outros bens jurídicos[5].

Outros ainda preferem tratar diretamente da proteção da confiança com diferentes "bases", ou seja, uma base cronológica (estabilidade e irretroatividade das normas), uma base descritiva (fundamentos), uma base normativa (contornos do princípio no direito positivo) e uma base prognóstica (promoção da segurança)[6].

---

anterioridade nonagesimal, conforme a natureza do tributo" (RE 949.297, redator p/ acórdão Min. Luis Roberto Barroso, DJ 05.5.2023). Em julgamento de vários embargos de declaração, o STF recusou a modulação dos efeitos e determinou apenas que se afastassem as multas tributárias impostas a contribuintes que tiveram decisões favoráveis transitadas em julgado, e apenas quanto aos fatos imponíveis ocorridos até 13.02.2023 (data de publicação da ata de julgamento do mérito). Voltaremos à análise deste julgado no item 9.1.

3. ÁVILA, Humberto. **Teoria da segurança jurídica**. 5. ed. São Paulo: Malheiros, 2019, p. 367-524. Humberto Ávila é talvez o autor brasileiro que mais profundamente tenha tratado do tema da segurança jurídica. Mas a complexidade de sua abordagem, com múltiplas divisões e subdivisões, encerra um risco de atentar contra a efetividade da proteção da confiança, ou mesmo contra a clareza na sua compreensão. A proposta aqui desenvolvida não é de promover uma simplificação a todo custo, mas enfrentar o tema de forma a preservar a utilidade concreta e objetiva da classificação. Mesmo que, em uma vertente analítica, seja realmente possível compreender a proteção da confiança como uma das diversas subdivisões da segurança jurídica, a proposta do trabalho é de afirmar a sua *autonomia* (ao menos relativa).

4. ARAÚJO, Valter Shuenquener de. **O princípio da proteção da confiança**. 2. ed. Niterói: Impetus, 2016.

5. Como também propõe ÁVILA, Humberto, *op. cit.*, p. 205-259.

6. SOUZA, Victor. **Proteção e promoção da confiança no Direito Previdenciário**. Curitiba: Alteridade, 2018.

Seria possível também invocar certos "imperativos" da segurança jurídica, assim compreendidos a acessibilidade, a estabilidade e a previsibilidade das normas jurídicas[7].

É preciso um tanto de cautela nessas diferentes abordagens, para não correr o risco de incidir no que se pode denominar um certo "furor classificatório", que por vezes afeta a Ciência do Direito. Não faltam autores que insistem em incluir as criações do legislador em certas categorias classificatórias previamente estabelecidas. O legislador nem sempre guarda total coerência nesses parâmetros e não raro as tentativas de uma sistematização absoluta acabam levando a encruzilhadas ou becos sem saída. Daí serem comuns algumas referências à natureza "sui generis" de certos institutos jurídicos que "insistem" em não se ajustar à classificação científica proposta[8].

---

7. QUINTELA, Guilherme Camargos. **Segurança jurídica e proteção da confiança**: a justiça prospectiva na estabilização das expectativas no direito tributário brasileiro. Belo Horizonte: Fórum, 2013. É comum estabelecer-se como aspectos da segurança jurídica a existência de leis claras, inteligíveis e acessíveis (VALEMBOIS, Anne-Laure. La constitutionnalisation de l'exigence de sécurité juridique en droit français. **Cahiers du Conseil Constitutionnel**. Mar. 2005. Disponível em https://www.conseil-constitutionnel.fr/nouveaux-cahiers-du-conseil-constitutionnel/la-constitutionnalisation-de-l-exigence-de-securite-juridique-en-droit-francais. Acesso em: 03 jun. 2024. NUNES, Jorge Amaury Maia. Segurança jurídica. **Revista dos Estudantes de Direito da Universidade de Brasília** [UNB], Brasília, v. 6, n. 1, p. 321-322, 2010. Disponível em: https://periodicos.unb.br/index.php/redunb/article/view/20435. Acesso em: 03 jun. 2024; ÁVILA, Humberto. **Teoria da segurança jurídica**. 5. ed. São Paulo: Malheiros, 2019, p. 338 e seguintes; MEDAUAR, Odete. Segurança jurídica e confiança legítima. **Cadernos da Escola de Direito e Relações Internacionais da UniBrasil**, Curitiba, n. 8, p. 227–231, jan./jul. 2008). Fala-se, em variação dessas ideias, em "cognoscibilidade" como aspecto estático da segurança jurídica (PEIXOTO, Ravi de Medeiros. **A modulação da eficácia temporal na revogação de precedentes**: uma análise a partir da segurança jurídica e da confiança legítima. Dissertação [Mestrado em Direito]. Universidade Federal de Pernambuco, Recife, 2015, p. 24). Sylvia Calmes-Brunet também extrai da segurança jurídica a noção de acessibilidade/comunicabilidade (*Vermittelbarkeit*), no sentido de conhecimento público das ações do Estado (CALMES-BRUNET, Sylvia. **Du principe de protection de la confiance legitime en droits allemand communautaire et francais.** Paris: Dalloz, 2001, p. 100). Quer-nos parecer que estes aspectos estão relacionados muito mais com uma aspiração de um "Direito ideal" do que requisitos que possam ser controlados jurídica e jurisdicionalmente. Mas é também verdade que o Conselho Constitucional francês já invalidou leis com conteúdo normativo incerto ou duvidoso, conforme julgados citados por Anne-Laure Valembois (*op. cit.*).

8. Outros autores também advertem que, no Direito, as classificações não são certas ou erradas, mas *úteis* ou *inúteis* (CARRIÓ, Genaro. **Notas sobre derecho y lenguaje**. Buenos Aires: Abeledo Perrot, 2016, p. 99; GORDILLO, Agustín. **Tratado de derecho administrativo**. Buenos Aires: Fundación de Derecho Administrativo, 2017, t. I. p. 11). Tratamos dessas obsessões classificatórias em nosso **Mandado de segurança em matéria previdenciária**. 6. ed. Salvador: Juspodivm, 2024, p. 86.

Claro que a atividade descritiva própria da Ciência não necessariamente deve tomar por dogmas as opções do Direito Positivo. Esta é *uma* das possibilidades. Mas há um tanto de incoerência na crítica pela crítica, pelo só fato de a lei não reproduzir fielmente critérios classificatórios que se propõe como certos e invariáveis.

Com essas ressalvas e tomando as cautelas necessárias, há um ponto de chegada que não comporta meios-termos, que é reconhecer na proteção da confiança a natureza jurídica de *direito fundamental* e, ao mesmo tempo, de um *princípio constitucional*.

Do ponto de vista da Lógica, é um tanto estranho reconhecer que, ontologicamente, um ser (ou coisa) possa ter duas naturezas. Em uma primeira abordagem, tal percepção importaria afrontar o princípio da não-contradição[9] e, mais ainda, seria desconhecer que direitos fundamentais e princípios constitucionais integram categorias jurídicas distintas e inconfundíveis. Mas a dupla natureza jurídica é aceitável e, mais ainda, inafastável, quando se trata de *prescrições estabelecidas pelo direito positivo*. Ao "criar suas próprias realidades", o Direito pode inclusive atribuir a um mesmo instituto elementos que o subsumem a essas duas categorias jurídicas.

Assim, deve-se reconhecer que, em razão da peculiar compleição que lhe foi conferida pela Constituição Federal de 1988, a proteção da confiança assume, em primeiro lugar, a estatura de um *princípio constitucional implícito*[10].

Como é intuitivo, um princípio constitucional implícito não é um princípio constitucional *inexistente*. O princípio implícito tem a mesma eficácia jurídico-normativa de um princípio expresso, sendo suficiente que o intérprete o identifique no interior do sistema jurídico objeto de estudo[11].

---

9. ARISTÓTELES. **Metafísica**. 2. ed., São Paulo: Edipro, 2012, *passim*.

10. A respeito dos princípios implícitos, CARRAZZA, Roque Antonio. **Curso de direito constitucional tributário**. 19. ed. São Paulo: Malheiros, 2003, p. 33.

11. Juan Pablo Alonso parte da premissa de que a "derrotabilidade" dos princípios implícitos não seria clara, sendo necessário a recorrer a outros princípios explícitos para justificar a prevalência daqueles sobre normas infraconstitucionais. Há um equívoco nessa premissa, que levaria ao reconhecimento do caráter não-normativo do princípio implícito (ALONSO, Juan Pablo. Principios implícitos y fuentes sociales del derecho. DOXA, **Cuadernos de Filosofía del Derecho**, Alicante, v. 41, p. 78-79, 2018). Também assim NETTO, Luísa, Criteria to scrutinize new rights: protecting rights against artificial proliferation. **Revista de investigações constitucionais**, Curitiba, v. 8, n. 1, p. 11-75, jan./abr. 2021.

Em trabalho anterior, sustentamos que a proteção da confiança figuraria como um derivado do direito à segurança jurídica. Dessa premissa (derivação da segurança jurídica) poderiam ser extraídos outros desdobramentos, como a irretroatividade das normas, a proteção às situações consolidadas (direito adquirido, ato jurídico perfeito e coisa julgada) e o princípio da proibição do retrocesso social[12].

Em reflexão renovada sobre essa questão, é possível reconhecer que a referência à "segurança", contida no "caput" do artigo 5º da Constituição brasileira de 1988, pode ser reconhecida como um dos *enunciados linguísticos* sobre o qual se assenta o direito fundamental à proteção da confiança.

Roque Antonio Carrazza afirma que um princípio implícito caracteriza-se pelo fato de "não se assenta[r] em um único enunciado linguístico, mas em vários, que, tomados em conjunto, formam o texto jurídico, este de existência imprescindível"[13]. Talvez essa afirmação possa ser tomada, em sentido mais preciso, com o significado de que diferentes *textos normativos* ("enunciados linguísticos") possam ser reunidos e, a partir de uma interpretação do sistema jurídico, ser extraída a *norma jurídica* (o princípio em questão). Adotando a premissa de que os textos normativos são o *objeto* da interpretação jurídica, enquanto que as normas jurídicas são o *resultado* desse itinerário interpretativo[14], a reunião de diferentes textos constitucionais poderá auxiliar a identificar a norma materializada no princípio da proteção da confiança[15].

---

12. Nesse sentido é a proposta contida em texto escrito em coautoria com MELLO, Gabriela Zancaner Bandeira de. O princípio da proteção da confiança na Constituição Federal de 1988: limites à reforma da previdência social. **Revista Brasileira de Direito Previdenciário**, Porto Alegre: Magister – Instituto Brasileiro de Direito Previdenciário, v. 73, p. 122-133, fev./mar. 2023. Retomaremos o tema da proibição do retrocesso no item 8.1.

13. CARRAZZA, Roque Antonio. **Princípio republicano**. Enciclopédia jurídica da PUC-SP. Celso Fernandes Campilongo, Alvaro de Azevedo Gonzaga e André Luiz Freire (coords.). Tomo: Direito Administrativo e Constitucional. Vidal Serrano Nunes Jr., Maurício Zockun, Carolina Zancaner Zockun, André Luiz Freire (coord. de tomo). 2. ed. São Paulo: Pontifícia Universidade Católica de São Paulo, 2021. Disponível em: https://enciclopediajuridica.pucsp.br/verbete/93/edicao-2/principio-republicano. Acesso em: 03 jun. 2024 (ajustamos o tempo verbal na citação).

14. ÁVILA, Humberto. **Teoria dos princípios**: da definição à aplicação dos princípios jurídicos. 21. ed. São Paulo/Salvador: Malheiros/Juspodivm, 2022, p. 52.

15. Sem deixar de reconhecer que subsiste uma tensão entre o "texto proposto e o sentido a ser atribuído ao texto", Lenio Luiz Streck afirma a possibilidade de encontrar *uma* resposta constitucionalmente adequada a cada problema jurídico. Entende, além disso, que não é

Claro que a identificação de um princípio implícito vai além da mera reunião de textos normativos. A interpretação sistemática realmente exerce um papel relevante na extração dos princípios implícitos, inclusive daqueles que materializem direitos fundamentais decorrentes do "regime" e dos "princípios" adotados pela Constituição Federal (como indicados no seu artigo 5º, § 2º[16]). Mas é preciso ir um tanto além.

Luís Prieto-Sanchis, ao examinar os princípios jurídicos, divide-os entre *princípios explícitos, implícitos* (não expressos) e *extrassistêmicos*. Princípios explícitos seriam, como o próprio nome está a indicar, expressamente refletidos no direito positivo. Princípios implícitos são os que se pode extrair do sistema normativo, mediante indução (ou dedução, seguida de indução). Princípios extrassistêmicos, por sua vez, seriam aqueles com origem doutrinária, mais que jurisprudencial, além de uma elaboração muito mais complexa, que se repousa em uma argumentação com base política ou moral.

Independentemente de concordarmos com esse critério proposto, em particular quanto à existência de princípios extrassistêmicos, Prieto-Sanchis reconhece corretamente que, tanto nestes quanto nos princípios implícitos, há um aspecto de *elaboração* por parte do intérprete que os desenvolve, exigindo escolhas ou opções avaliativas no momento de selecionar os aspectos relevantes no processo de indução/dedução[17].

Não se quer afirmar aqui que o papel do intérprete seja indiferente ou neutro na extração do sentido e do significado dos princípios expressos. Não há mais como sustentar a ideia de um intérprete "incolor, inodoro e insípido"[18]. Mas é induvidoso que há um acréscimo de complexidade e pro-

---

correto sustentar que há uma percepção do texto, para só depois acoplar-lhe o sentido (norma): "na medida em que o ato de interpretar – que é sempre compreensivo – é unitário, o texto não está – e não nos parece – desnudo, à nossa disposição" (STRECK, Lenio Luiz. Aplicar a "letra da lei" é uma atitude positivista? **Revista NEJ [Novos Estudos Jurídicos] Eletrônica**, Itajaí, v. 15, nº 1, p. 158-173, jan./abr. 2010). As mesmas ideias são desenvolvidas em La expansión de la hermenéutica filosófica en el derecho. DOXA, **Cuadernos de Filosofía del Derecho**, Alicante, n. 35, p. 217-233, 2012.

16. "Art. 5º [...] § 2º Os direitos e garantias expressos nesta Constituição não excluem outros decorrentes do regime e dos princípios por ela adotados, ou dos tratados internacionais em que a República Federativa do Brasil seja parte".

17. PRIETO-SANCHIS, Luis. **Sobre principios y normas**: problemas del razonamiento jurídico. Madrid: Centro de Estudios Constitucionales, 1992, p. 141-143.

18. "Idealmente, o intérprete, o aplicador do direito, o juiz, deve ser neutro. E é mesmo possível conceber que ele seja racionalmente educado para a compreensão, para a tolerância,

fundidade na atividade interpretativa dos princípios implícitos, que exige mais do que uma leitura *prima facie* dos textos normativos. Referindo-se ao próprio princípio da proteção da confiança, esclarece Humberto Ávila:

> A sua falta de previsão expressa possui apenas o efeito de a sua proteção depender de uma ponderação concreta com outros princípios eventualmente colidentes e de sua relação com os direitos fundamentais de liberdade, de propriedade e de igualdade; ao contrário do que ocorre com as regras que protegem o direito adquirido, o ato jurídico perfeito, a coisa julgada e o fato gerador ocorrido do ponto de vista legal[19].

Aliás, em outra obra, o mesmo autor pondera que a interpretação não se caracteriza como um mero ato de descrição de um significado previamente dado, mas um ato de descrição que *constitui* a significação e o sentido de um texto[20]. O intérprete, nessa visão, *constitui* o significado de um texto, observação que ganha ainda maior relevo quando se trata de um princípio implícito.

Sendo certo que não há uma referência explícita ao princípio da proteção da confiança na Constituição Federal de 1988, sua identificação deve ser realizada a partir desse processo com maior grau de complexidade, o que se fará adiante, em que também será analisada a natureza de *direito fundamental* da proteção da confiança.

---

para a capacidade de entender o diferente, seja o homossexual, o criminoso, o miserável ou o mentalmente deficiente. Pode-se mesmo, um tanto utopicamente, cogitar de libertá-lo de seus preconceitos, de suas opções políticas pessoais e oferecer-lhe como referência um conceito idealizado e asséptico de justiça. Mas não será possível libertá-lo do próprio inconsciente, de seus registros mais primitivos. Não há como o idealizar um intérprete sem memória e sem desejos. Em sentido pleno, não há neutralidade possível" (BARROSO, Luís Roberto. **Interpretação e aplicação da Constituição**: fundamentos de uma dogmática constitucional transformadora. 7. ed. São Paulo: Saraiva, 2009, p. 293). Konrad Hesse, em passagem conhecidíssima, refere-se à "pré-compreensão" que todo intérprete manifesta, que inclui seus hábitos mentais, condicionantes de conhecimentos e pré-juízos. Só depois de finda essa pré-compreensão é que começa e se encerra a atividade hermenêutica, propriamente dita (HESSE, Konrad. **Temas fundamentais do Direito Constitucional**. São Paulo: Saraiva, 2009, p. 109; **Escritos de Derecho Constitucional**. Madrid: Centro de Estudios Constitucionales, 1983, p. 43-44).

19. ÁVILA, Humberto. **Teoria da segurança jurídica**. 5. ed. São Paulo: Malheiros, 2019, p. 387-388.

20. ÁVILA, Humberto. **Teoria dos princípios**: da definição à aplicação dos princípios jurídicos. 21. ed. São Paulo/Salvador: Malheiros/Juspodivm, 2022, p. 53.

Capítulo 4

O PRINCÍPIO DA PROTEÇÃO DA CONFIANÇA COMO DIREITO FUNDAMENTAL

4.1. PROTEÇÃO DA CONFIANÇA E OS DIREITOS FUNDAMENTAIS

Como visto no item precedente, o princípio da proteção da confiança não está enunciado, de forma expressa, como norma jurídico-positiva na Constituição Federal de 1988. Assim, não há um tipo de "atalho" dogmático que possa facilitar a atividade do intérprete e imponha a esse princípio tal estatura, ao menos do ponto de vista jurídico-positivo[1].

Não haveria, por assim dizer, uma "fundamentalidade formal" do princípio da proteção da confiança, na terminologia proposta por Robert Alexy,

1. Esta dificuldade é também vista na jurisprudência do Tribunal Europeu de Direitos Humanos, que não raro radica a tutela das expectativas legítimas em questões previdenciárias na proteção da *propriedade* (art. 1º do Protocolo Adicional à Convenção Europeia de Direitos Humanos). Já se decidiu, por exemplo, que "no Estado democrático moderno, muitos indivíduos são, durante toda ou parte das suas vidas, completamente dependentes, para a sobrevivência, de benefícios de seguridade social e assistência social. Muitos sistemas jurídicos nacionais reconhecem que tais indivíduos necessitam de um certo grau de certeza e segurança, e preveem o pagamento de benefícios – sujeitos ao cumprimento das condições de elegibilidade – como um direito. Quando um indivíduo tem um direito exercitável ao abrigo da legislação nacional a uma prestação social, a importância desse interesse também deve ser refletida ao se considerar aplicável o Artigo 1º do Protocolo nº 1" (caso Stec *vs* United Kingdom, 65731/01 and 65900/01, 6 July 2005, ECHR 2005-X, referido por COUSINS, Mel. Legitimate expectation and the social security law under the european convention of human rights. **European Journal of Social Security**, v. 23 (1), p. 24-43, 2021, traduzimos livremente). O precedente parece designar, na verdade, uma hipótese de *direito adquirido*. A violação ao direito de propriedade também foi invocada pela Corte Interamericana de Direitos Humanos, em questões previdenciárias, no julgamento do caso "Cinco Aposentados *vs* Peru", sentença de 28.02.2003 (disponível em https://www.corteidh.or.cr/docs/casos/articulos/seriec98por.pdf. Acesso em: 03 jun. 2024).

que seria decorrente do só-fato de se tratar de norma formalmente posta no ápice da estrutura escalonada do ordenamento jurídico[2]. Mas é também verdade que, como sustenta Canotilho, a fundamentalidade formal decorre de um regime jurídico definido a partir da Constituição, "seja de forma expressa, seja de forma implícita"[3]. Portanto, se o princípio da proteção da confiança é extraível, ainda que implicitamente, da Constituição Federal, deve ser considerado como dotado dessa fundamentalidade formal.

Ainda que superado esse impedimento, não há dúvida em reconhecer no princípio da proteção da confiança uma *fundamentalidade material* ou *substancial*, pois inerente à configuração normativa básica do Estado e da sociedade[4], nos mesmíssimos moldes prescritos pela Constituição de 1988.

Como observa Ingo Wolfgang Sarlet, essa fundamentalidade em sentido material decorre da circunstância de as normas veicularem valores, bens jurídicos e reivindicações essenciais aos seres humanos ou aos cidadãos de certo Estado[5]. Em outra obra, esclarece o mesmo autor:

> [...] O que costuma ser designado de fundamentalidade em sentido material, decorre da circunstância de serem os direitos fundamentais elemento constitutivo da Constituição material, contendo decisões fundamentais sobre a estrutura básica do Estado e da sociedade. Além disso, é muitas vezes por intermédio do direito constitucional positivo (no caso do Brasil, do art. 5º, § 2º, da CF) que a noção da fundamentalidade material implica a abertura da Constituição a outros direitos fundamentais não constantes de seu texto (com destaque para os direitos constantes dos tratados de direitos humanos não incorporados ao texto da CF), e, portanto, apenas materialmente fundamentais, assim como a direitos fundamentais situados fora do catálogo, mas integrantes da Constituição formal, *ademais de direitos implícitos, no sentido de deduzidos de outras normas de direitos fundamentais e/ou princípios constitucionais* (destacamos)[6].

2. ALEXY, Robert. **Teoria dos direitos fundamentais**. 3. ed. São Paulo/Salvador: Malheiros/ Juspodivm, 2024, p. 520.
3. CANOTILHO, José Joaquim Gomes. **Direito constitucional e teoria da constituição**. Coimbra: Livraria Almedina, 1997, p. 509.
4. ALEXY, Robert, *op. cit.*, p. 522.
5. SARLET, Ingo Wolfgang. Os direitos fundamentais na Constituição de 1988. **Revista Diálogo Jurídico**, Fortaleza, ano I, v. I, n. 1, p. 10-11, abr. 2001. O termo "cidadãos" deve ser aqui considerado para além da mera titularidade de direitos políticos, aproximando-se mais do sentido de "indivíduos", titulares de direitos "individuais".
6. SARLET, Ingo Wolfgang. **Conceito de direitos e garantias fundamentais**. Enciclopédia jurídica da PUC-SP. Celso Fernandes Campilongo, Alvaro de Azevedo Gonzaga e André

Aliás, na forma em que está redigida, a norma do § 2º do artigo 5º da Constituição Federal de 1988[7] pode levar a duas conclusões distintas, mas complementares: ou a Constituição realmente adota uma *cláusula de abertura material* (a fundamentalidade material), para admitir a existência de direitos fundamentais fora daquele catálogo expresso, ou a Constituição *agrega fundamentalidade formal* a direitos que decorram do "regime", dos "princípios" ou dos "tratados internacionais em que a República Federativa do Brasil seja parte".

Seja qual for a opção interpretativa, a análise da Constituição leva à inapelável conclusão de que o sistema jurídico não subsistiria sem que nele se compreendesse uma proteção e uma tutela das expectativas legitimamente construídas a partir de atos do próprio Estado. Mantém-se íntegra, assim, aquela afirmação de Pedro Cruz Villalon, segundo a qual "os direitos fundamentais nascem com a Constituição e acabam com a Constituição"[8].

Outro critério habitualmente proposto para o fim de identificar os direitos fundamentais diz respeito à sua conexão ou proximidade com a *dignidade humana*, que, entre nós, assume a natureza de princípio constitucional fundamental (artigo 1º, III, da Constituição Federal de 1988). Nesse critério proposto, o direito fundamental teria como característica a pretensão de *explicitar* o princípio da dignidade da pessoa[9].

Luiz Freire (coords.). Tomo: Direito Administrativo e Constitucional. Vidal Serrano Nunes Jr., Maurício Zockun, Carolina Zancaner Zockun, André Luiz Freire (coord. de tomo). 2. ed. São Paulo: Pontifícia Universidade Católica de São Paulo, 2021. Disponível em: https://enciclopediajuridica.pucsp.br/verbete/67/edicao-2/conceito-de-direitos-e-garantias-fundamentais. Acesso em: 03 jun. 2024.

7. "Art. 5º [...] § 2º Os direitos e garantias expressos nesta Constituição não excluem outros decorrentes do regime e dos princípios por ela adotados, ou dos tratados internacionais em que a República Federativa do Brasil seja parte".

8. VILLALON, Pedro Cruz. Formación y evolución de los derechos fundamentales. **Revista Española de Derecho Constitucional**, Madrid, año 9, n. 25, p. 41-42, jan./abr. 1989.

9. MENDES, Gilmar Ferreira; BRANCO, Paulo Gustavo Gonet. **Curso de direito constitucional**. 18. ed. São Paulo: SaraivaJur, 2023, p. 63. Também assim George Marmelstein, que aponta que "por força do art. 5º, § 2º, da Constituição de 88, pode-se dizer que existem direitos fundamentais decorrentes do regime e dos princípios adotados pela Constituição, que são justamente aqueles direitos constitucionais, *expressos ou implícitos*, que possuem forte vinculação com o princípio da dignidade da pessoa humana ou com a necessidade limitação do poder. Não é necessário que o direito fundamental esteja expressamente escrito na Constituição. Basta que ele possa ser, de alguma forma, *extraído do espírito constitucional*" (MARMELSTEIN, George. **Curso de direitos fundamentais**. 4. ed. São Paulo: Atlas, 2013, p. 205, destacamos). Concebendo a dignidade da pessoa humana como *matriz* dos direitos

Há alguma dificuldade em aceitar tal critério de forma irrestrita, pois é possível reconhecer, no catálogo de direitos fundamentais fixado pelo direito positivo, certos direitos que não têm essa relação assim tão próxima. Aliás, há normas veiculadoras de direitos fundamentais que contêm muito mais *determinações ao Estado* do que proteções aos indivíduos. É o caso, por exemplo, da determinação ao Estado para promover a defesa do consumidor, na forma da lei, ou da norma que faculta ao Estado fazer uso de bens privados em caso de iminente perigo público[10].

De toda maneira, é possível sustentar que a *presença* dessa pretensão de explicitar o princípio da dignidade é um elemento de *confirmação* da fundamentalidade do direito, em particular no aspecto da fundamentalidade material. Ou, dito de outra forma, a dignidade humana fornece um "substrato material para que os direitos possam florescer", conferindo unidade axiológica ao sistema jurídico[11].

Jorge Reis Novais acrescenta, com base em Ronald Dworkin, que a dignidade da pessoa é o sustentáculo da teoria que concebe os direitos fundamentais como *trunfos contra a maioria*[12]. Como prefere Luísa Netto, "esta relação com a dignidade humana *revela* a fundamentalidade substancial dos direitos"[13].

Assim, quão mais próximo da dignidade estiver o direito em exame, mais fácil será reconhecer sua fundamentalidade material.

Esta mesma autora propõe certos critérios para "testar" novos direitos fundamentais e impedir o que denomina "proliferação artificial" ou

---

fundamentais, ALARCÓN, Pietro de Jesús Lora. **Ciência política, Estado e direito público**: uma introdução ao direito público da contemporaneidade. 5. ed. São Paulo: Tirant Lo Blanch, 2022, p. 351-354.

10. Constituição Federal de 1988, artigo 5º: "[...] XXXII – o Estado promoverá, na forma da lei, a defesa do consumidor"; [...] "XXV – no caso de iminente perigo público, a autoridade competente poderá usar de propriedade particular, assegurada ao proprietário indenização ulterior, se houver dano".

11. RAMOS, André de Carvalho; GAMA, Marina Faraco Lacerda. A dimensão contemporânea da dignidade da pessoa na ordem econômica brasileira. **Revista Pensamento Jurídico**, São Paulo, v. 17, n. 3, p. 01-24, set./dez. 2023.

12. NOVAIS, Jorge Reis. **A dignidade da pessoa humana**. V. 1: Dignidade e direitos fundamentais. 2. ed., Coimbra: Almedina, 2018, p. 177-179.

13. NETTO, Luísa. Criteria to scrutinize new rights: protecting rights against artificial proliferation. **Revista de investigações constitucionais**, Curitiba, v. 8, n. 1, p. 11-75, jan./abr. 2021.

"reforço descontrolado" desses direitos, ou mesmo um processo de "panjusfundamentalização"[14].

Trata-se de uma preocupação pertinente: afinal, em um ambiente em que *tudo* é fundamental e prioritário, *nada* é fundamental e prioritário[15]. A efetividade (eficácia social) desses direitos ficaria invariavelmente comprometida[16]. Mas é verdade que as mudanças sociais podem resultar em ameaças renovadas à dignidade. Assim, deve realmente haver uma evolução dos direitos positivados nas Constituições dos Estados para garantir efetivamente a dignidade da pessoa. É o que esta autora denomina "constitucionalização compensatória de direitos".

---

14. Esta preocupação está também presente em Wartenberg, que fala em uma "inflação de normas constitucionais" e uma "fábrica de princípios" (WARTENBERG, Raúl Letelier. Contra la confianza legítima como límite a la invalidación de actos administrativos. **Revista Chilena de Derecho**, Santiago, v. 41, n. 2, p. 609-634, 2014).

15. Discussão semelhante está presente na interpretação que se pode fazer ao artigo 60, § 4º, IV, da Constituição Federal de 1988, que prescreve que não será objeto de deliberação a proposta de emenda tendente a abolir "os direitos e garantias individuais". Direitos individuais, como postos pela Constituição, são espécies de direitos fundamentais, de que emerge a discussão a respeito da exata extensão dessa petrificação. Afinal, a petrificação atinge apenas os individuais (em uma interpretação literal), ou poderia também alcançar todos os demais direitos fundamentais (sociais, nacionalidade, direitos políticos e direitos relativos à participação em partidos políticos)? A opção pela interpretação literal do preceito pode ser justificada, assim, por uma preocupação relacionada com a efetividade das normas. Onde *tudo* está petrificado, *nada* está petrificado... Por outro lado, há respeitáveis entendimentos em sentido ampliativo. A jurisprudência do Supremo Tribunal Federal é frequentemente hesitante a respeito deste tema. O Min. Gilmar Mendes já se pronunciou, em voto proferido na ADI 3.685, que "todos os preceitos constitucionais que asseguram direitos e garantias e que, de alguma forma, conferem densidade à dignidade da pessoa humana – entendida esta como conteúdo essencial de todos e cada um dos direitos fundamentais, na concepção de Maunz-Dürig – estão abarcados pelo inciso IV do art. 60 da Constituição e consistem, portanto, em barreiras contra o poder de reforma constitucional" (Rel. Min. Ellen Gracie, DJ 10.8.2006).

16. Isto é o que tem ocorrido, na realidade forense brasileira, com as diversas "prioridades" na tramitação das ações judiciais. São tantas e tamanhas as prioridades legais (ações penais com réus presos, *habeas corpus*, mandado de segurança, ações em que são partes pessoas idosas, crianças, adolescentes, pessoas com deficiência ou doenças graves, etc.), que os gestores das unidades judiciárias ficam sem saber o que realmente deve receber atenção preferencial. Claro que isto gera um certo conforto psicológico para o legislador: afinal, quem será contra o estabelecimento de tais prioridades? Mas a fixação apriorística dessas preferências, sem o aporte de estrutura pessoal e material e sem medidas de gestão eficiente desses recursos, pouco resulta, em termos práticos, para a concretização desses desígnios legislativos.

Luísa Netto afirma, assim, a necessidade de uma "abertura" no sistema de direitos, que vai além da existência de cláusulas abertas explícitas (como a do citado § 2º do artigo 5º da Constituição Federal). Tal abertura reclama, seguramente, uma atuação ativa do Poder Judiciário e dos Tribunais Constitucionais, que são chamados a, via interpretação, identificar e justificar as normas que veiculem direitos fundamentais implícitos[17]. E, no que importa ao presente texto, esta autora também admite várias formas de abertura, dentre as quais se opera pelo reconhecimento de uma *norma derivada*, isto é, uma *norma implícita*, que se ancora em uma ou mais disposições expressas que já fazem parte do sistema[18].

Claus-Wilhelm Canaris prefere indicar que o princípio da proteção da confiança seria um tipo de princípio ético-jurídico que permaneceria como "pano de fundo", ganhando evidência nos casos em que a segurança-garantia, expressa na ordem jurídica, fracassa[19]. Trata-se de uma abordagem que está em harmonia com a ordem jurídica brasileira, em que a existência daqueles institutos tradicionais (como a proteção ao direito adquirido) não tem sido suficiente para a tutela das expectativas legítimas. Claro que isto se deve, em grande medida, à interpretação que o Supremo Tribunal Federal tem feito a respeito deste tema, como será analisado adiante.

A posição adotada por Canaris reflete, em verdade, uma forma distinta de se referir ao mesmo fenômeno: a proteção da confiança deve ser reconhecida entre nós, quer por ser uma *compensação* necessária aos casos em que a proteção "tradicional" da segurança jurídica falha, quer por se tratar de um *princípio constitucional implícito*.

---

17. Como bem observa Pietro Alarcón, "nada serve o texto normativo se carecemos do instrumental jurídico necessário para transformar a realidade conforme os primados da Justiça. E esse papel, de realizar o Direito, é dizer, o exercício dessa atividade institucional para decidir normativa e juridicamente os dilemas e questões da vida, corresponde ao juiz" (ALARCÓN, Pietro. O princípio constitucional da dignidade humana e o direito à vida: a constitucionalidade do artigo 5º da Lei 11.105 de 2005. **Argumenta Journal Law**, [s. l.], v. 10, n. 10, p. 265-275, 2013. Disponível em: https://seer.uenp.edu.br/index.php/argumenta/article/view/673. Acesso em: 21 jun. 2024).

18. No original: "If the candidate is a derivative (implicit) norm, in its justification process the explicit provisions to which it is anchored should be presented. It is possible in this case to reckon on interpretation assertions made before; the operation to derivate a norm from explicit provisions depends on legal argumentation" (*op. cit.*, p. 61).

19. CANARIS, Claus-Wilhelm. **Die Vertraueshaftng im Deutrschen Privatrecht**. Munique: Verlag C. H. Beck, 1971, p. 491.

É neste exato sentido que entendemos positivado, no sistema jurídico brasileiro, o princípio implícito da proteção da confiança. A proposta é examinar, em seguida, quais são as normas constitucionais expressas em que o princípio da proteção da confiança está assentado.

4.2. PROTEÇÃO DA CONFIANÇA E SEGURANÇA JURÍDICA

É recorrente na doutrina indicar que a proteção da confiança seria um aspecto da segurança jurídica[20]. Afirma-se, frequentemente, que a proteção da confiança seria a "dimensão subjetiva" da segurança jurídica[21]. Estas noções são bastante sedimentadas na doutrina alemã, que foi a precursora no reconhecimento do direito à segurança jurídica, habitualmente referido em uma acepção objetiva (*segurança jurídica em sentido estrito*) e uma acepção subjetiva (a *proteção da confiança*)[22].

Carlos Aurélio Mota de Souza adota solução distinta, procurando diferenciar a *segurança*, que é algo sempre *objetivo* (pois se traduz objetivamente por meio das normas e instituições do sistema jurídico), da *certeza*, que é um *valor*, aquilo que se pode confiar como válido no Direito. Assim, a certeza é a "confiança do cidadão nas leis, que lhe permite agir eticamente, adotando condutas razoáveis e previsíveis"[23].

Em nossa visão, segurança jurídica e proteção da confiança são, *ambas*, normas constitucionais que veiculam direitos fundamentais. Mas é inegável que há uma relação de proximidade entre os dois os direitos, pois se destinam a proteger os indivíduos contra as instabilidades das relações jurídicas. Como

---

20. Nesse sentido, PONGO, Alejandro Arrieta. El principio de protección de la confianza legítima ¿intento de inclusión en el ordenamiento peruano? **Revista Ita Ius Esto**, Piúra, ano IV, n. 7, p. 41-51, 2012. Disponível em https://www.itaiusesto.com/el-principio-de-proteccion-de-la-confianza-legitima-intento-de-inclusion-en-el-ordenamiento-peruano/. Acesso em: 03 jun. 2024.
21. ÁVILA, Humberto. **Teoria da segurança jurídica**. 5. ed. São Paulo: Malheiros, 2019, p. 385 e seguintes.
22. Síntese feita por CANOTILHO, José Joaquim Gomes. **Direito constitucional e teoria da constituição**. Coimbra: Livraria Almedina, 1997, p. 256.
23. SOUZA, Carlos Aurélio Mota de. **Segurança jurídica e jurisprudência**: um enfoque filosófico-jurídico. São Paulo: LTR, 1996, p. 26-27.

assinala Almiro do Couto e Silva, "boa-fé, segurança jurídica e proteção da confiança são ideias que pertencem à mesma constelação de valores"[24].

Geraldo Ataliba afirmava que "seguras são as pessoas que têm certeza de que o Direito é objetivamente um e que os comportamentos do Estado ou dos demais cidadãos dele não discreparão"[25]. De fato, aqui não se trata mais de tornar seguro o indivíduo em termos meramente sociológicos, mas de torná-lo *seguro perante o Direito*. Neste ponto, ultrapassamos a noção de segurança como um "estado psicológico individual", passando a refletir "valores sociais objetivos", descritos em normas jurídicas[26].

Na realidade, esse ideal de segurança jurídica é algo inerente à própria *ideia de Direito*. Se uma das funções do Direito é estabelecer regras de conduta socialmente desejáveis, bem como as sanções decorrentes da violação dessas regras, é claro que *todo o Direito*, em si, pretende exercer o papel de estabilizador das relações sociais. Como ensina Celso Antonio Bandeira de Mello, o Direito "é, em si mesmo, um projeto de implantação da segurança"[27]. Também assim João Baptista Machado, que afirma que a segurança é "uma tarefa ou missão contida na própria ideia de Direito"[28]. Leandro Paulsen reforça essas ideias, aduzindo que "o Direito [...] surge para a afirmação da segurança. A segurança constitui, assim, traço imanente ao Direito, tanto nas

---

24. O princípio da segurança jurídica (proteção à confiança) no Direito Público brasileiro e o direito da Administração Pública de anular seus próprios atos administrativos: o prazo decadencial do art. 54 da Lei do Processo Administrativo da União (Lei nº 9.784/99). **Revista de Direito Administrativo**, Rio de Janeiro, n. 237, p. 271-315, jul./set. 2004. O mesmo autor assinala que a segurança jurídica, no aspecto objetivo, envolve as questões relacionadas aos limites à retroatividade dos atos do Estado, à proteção ao direito adquirido, ato jurídico perfeito e coisa julgada. O aspecto subjetivo da segurança jurídica diz respeito à proteção à confiança quanto aos atos, procedimentos e condutas do Estado. A proteção à confiança "(a) impõe ao Estado limitações na liberdade de alterar sua conduta e de modificar atos que produziram vantagens para os destinatários, mesmo quando ilegais, ou (b) atribui-lhe consequências patrimoniais por essas alterações, sempre em virtude da crença gerada nos beneficiários, nos administrados ou na sociedade em geral de que aqueles atos eram legítimos, tudo fazendo razoavelmente supor que seriam mantidos" (*op. cit.*, p. 274).
25. ATALIBA, Geraldo. **República e Constituição**. 3. ed. São Paulo: Malheiros, 2011. p. 180-181.
26. ÁVILA, Humberto. **Teoria da segurança jurídica**. 5. ed. São Paulo: Malheiros, 2019, p. 267.
27. MELLO, Celso Antonio Bandeira de. Estado de Direito e segurança jurídica. *In*: DAL POZZO, Augusto Neves; OLIVEIRA, José Roberto Pimenta; VALIM, Rafael (org.). **Tratado sobre o princípio da segurança jurídica no direito administrativo**. São Paulo: Fórum, 2013, p. 41.
28. MACHADO, João Baptista. **Introdução ao direito e ao discurso legitimador**. Coimbra: Almedina, 2011, p. 55.

relações entre os indivíduos como nas destes com o Estado"[29]. As mesmas premissas estão também presentes na obra clássica de Theophilo Cavalcanti Filho, para quem justiça e segurança "são os únicos elementos universalmente válidos da ideia de Direito"[30]. Não é possível imaginar um ordenamento jurídico que não seja capaz de produzir um "mínimo de certeza", como diz Norberto Bobbio[31]. O desejo de segurança é um dos "motivos radicais" que leva o homem a produzir o direito positivo, na lição de Luís Recaséns Siches[32]. Regis Fernandes de Oliveira observa que "em qualquer tipo de Estado são imprescindíveis, para que ele se desenvolva, a certeza, a legalidade, a objetividade das relações jurídicas e a previsibilidade na ação do Estado"[33].

Trata-se de algo já distinguível por Thomas Hobbes, que via na segurança a razão fundamental para o surgimento do Estado moderno[34]. Como lembra Pérez Luño:

> Puffendorf, Locke, Kant, bem como boa parte dos contratualistas, conceberam a transição do estado de natureza para a sociedade como a superação do *ius incertum* e a sua conversão em estado de segurança. Depois do pacto social, os sujeitos contratantes saberão o que esperar, ser-lhes-á possível calcular as consequências dos seus atos e prever os benefícios do exercício de seus direitos, agora protegidos[35].

---

29. PAULSEN, Leandro. **Segurança jurídica, certeza do direito e tributação**: a concretização da certeza quanto à instituição de tributos através das garantias da legalidade, da irretroatividade e da anterioridade. Porto Alegre: Livraria do Advogado, 2006, p. 22.
30. CAVALCANTI FILHO, Theophilo. **O problema da segurança no direito**. São Paulo: Revista dos Tribunais, 1964, p. 51.
31. BOBBIO, Norberto. La certezza del diritto è un mito? **Rivista Internazionale di Filosofia del Diritto**, n. 28, 1951, p. 146-157.
32. SICHES, Luís Recaséns. **Introducción al estudio del derecho**. 12. ed. Ciudad de México: Porrúa, 1997, p. 63.
33. OLIVEIRA, Regis Fernandes de. **Curso de direito financeiro**. 9. ed. Belo Horizonte: Editora Fórum, 2022, p. 221.
34. HOBBES, Thomas. **Leviatã ou matéria, forma e poder de um Estado eclesiástico e civil**. São Paulo: Martin Claret, 2003, p. 120. A respeito do tema, com amplas reflexões sobre o direito à segurança, LINS, Bruno Jorge Rijo Lamenha. Segurança, Estado e direitos humanos: algumas reflexões acerca do direito humano à segurança sob a égide da sociedade ocidental contemporânea. *In*: XIX Encontro Nacional do CONPEDI, 2010, **Anais [...]** Fortaleza, Ceará, p. 4.808-4.818. Disponível em http://www.publicadireito.com.br/conpedi/manaus/arquivos/anais/fortaleza/3114.pdf. Acesso em: 03 jun. 2024.
35. PÉREZ LUÑO, Antonio-Enrique. La seguridad jurídica: una garantía del derecho y la justicia. **Boletín de la Facultad de Derecho de la UNED**, Madrid, n. 15, p. 25-38, año 2000, p. 27.

O desafio atual é verificar como a "segurança jurídica" se incorpora ao direito constitucional positivo brasileiro. Isto porque, em outras realidades, o direito à segurança jurídica exigiu mesmo um processo de "construção", ou, dito de outra maneira, um "processo de constitucionalização difuso"[36]. Na falta do dado dogmático, doutrina e jurisprudência foram compelidas a revolver o interior dos respectivos ordenamentos jurídicos, para neles tentar identificar o direito à segurança jurídica.

Entre nós, deve-se rememorar que a "segurança" é um dos "valores" que o Estado Democrático está destinado a assegurar, como assinala o *preâmbulo* da Constituição Federal de 1988[37].

(traduzimos livremente). Jean-Guy Huglo chega a afirmar que a "segurança jurídica é uma tautologia..., a fórmula que na verdade soa como uma espécie de redundância, pois parece óbvio que um Direito que não garanta a segurança das relações que governa deixa de sê-lo" (HUGLO, Jean-Guy. La Cour de cassation et le principe de la sécurité juridique. **Cahiers du Conseil Constitutionnel**, Paris: Dalloz, n. 11, déc. 2001. Disponível em https://www.conseil-constitutionnel.fr/nouveaux-cahiers-du-conseil-constitutionnel/la-cour-de--cassation-et-le-principe-de-la-securite-juridique#:~:text=De%20la%20m%C3%AAme%20mani%C3%A8re%2C%20la,une%20norme%20 de%20droit%20sup%C3%A9rieur. Acesso em: 03 jun. 2024, traduzimos livremente).

36. VALEMBOIS, Anne-Laure. La constitutionnalisation de l'exigence de sécurité juridique en droit français. **Cahiers du Conseil Constitutionnel**. Mar. 2005. Disponível em https://www.conseil-constitutionnel.fr/nouveaux-cahiers-du-conseil-constitutionnel/la-constitutionnalisation-de-l-exigence-de-securite-juridique-en-droit-francais. Acesso em: 03 jun. 2024. Esta mesma autora também descreve o processo de desenvolvimento do direito à segurança jurídica, inicialmente como algo consubstancial ao Estado de Direito, mas que deste se emancipou, tanto na jurisprudência do Conselho Constitucional francês, mas também a partir da unificação dos direitos no âmbito da União Europeia e da Convenção Europeia de Direitos Humanos.

37. "Nós, representantes do povo brasileiro, reunidos em Assembleia Nacional Constituinte para instituir um Estado Democrático, destinado a assegurar o exercício dos direitos sociais e individuais, a liberdade, *a segurança*, o bem-estar, o desenvolvimento, a igualdade e a justiça como valores supremos de uma sociedade fraterna, pluralista e sem preconceitos, fundada na harmonia social e comprometida, na ordem interna e internacional, com a solução pacífica das controvérsias, promulgamos, sob a proteção de Deus, a seguinte CONSTITUIÇÃO DA REPÚBLICA FEDERATIVA DO BRASIL". Embora o Supremo Tribunal Federal já tenha decidido que o preâmbulo da Constituição não teria conteúdo normativo suficiente para autorizar a declaração de inconstitucionalidade de outras normas (ADI 2.076, Rel. Min. Carlos Velloso, DJ 08.8.2003), há diversos outros julgados que invocam suas disposições como critérios de interpretação ou "valores" auxiliares do processo interpretativo. Nesse sentido, por exemplo, RMS 26.071, Rel. Min. Carlos Britto, DJ 01.02.2008; ACO 3.373 AgR, Rel. Min. Alexandre de Moraes, DJ 23.3.2021; RHC 222.599, Rel. Min. Edson Fachin, DJ 23.3.2023; ADPF 738 MC-Ref, Rel. Min. Ricardo Lewandowski, DJ 29.10.2020.

A Constituição também insere o direito à segurança no art. 5º, *caput*, como um dos *direitos individuais*, integrando, portanto, o núcleo das cláusulas constitucionais imutáveis (art. 60, § 4º, IV). O direito à segurança é também reproduzido no art. 6º da Constituição, assim enunciado como um dos *direitos sociais*.

Como é próprio dos direitos e das garantias fundamentais, essas normas devem merecer interpretação extensiva ou ampliativa, para compreender não apenas o direito à segurança pessoal (ou segurança pública), mas também a segurança social e a segurança jurídica[38].

Da segurança jurídica decorre uma ampla proteção constitucional contra as instabilidades nas relações jurídicas.

É possível citar, exemplificativamente, o princípio da anterioridade em matéria tributária (art. 150, III, "b" e "c"), o princípio da irretroatividade da lei tributária (art. 150, III, "a"), o princípio da irretroatividade da lei penal incriminadora (art. 5º, XXXIX e XL) e o princípio da anterioridade da lei eleitoral (art. 16)[39].

Esses princípios constitucionais viabilizam que o indivíduo tenha um conhecimento antecipado do que irá enfrentar no futuro. De outra parte, ao não admitirem a aplicação prejudicial de novas normas a fatos ocorridos anteriormente, nada mais fazem do que prestigiar a segurança jurídica.

Os próprios contornos da *súmula vinculante* exigem a comprovação de uma controvérsia atual "que acarrete grave insegurança jurídica" (artigo 103-A, § 1º, da Constituição Federal de 1988). Como sabido, trata-se de um

38. Ver, a respeito, PIRES, Renato Barth. **Mandado de segurança em matéria previdenciária**. 6. ed. Salvador: Juspodivm, 2024. p. 60-61. Trata-se de uma decorrência do princípio/técnica/método da *máxima efetividade*, que, impõe, em matéria de interpretação de direitos fundamentais, uma solução interpretativa que resulte na maior efetividade possível. As mesmas ideias podem ser extraídas do voto do Min. Ricardo Lewandowski, proferido na ADI nº 3.685/DF (Rel. Min. Ellen Gracie, DJ 10.8.2006). Referindo-se ao teor do *caput* do artigo 5º da Constituição Federal, o voto assinala que "por segurança, à evidência, deve-se compreender não apenas a segurança física do cidadão, mas também a segurança jurídica, com destaque para a segurança político-institucional".

39. No julgamento da ADI 3.685/DF, Rel. Min. Ellen Gracie, DJ 10.8.2006, o STF firmou entendimento de que a norma do art. 16 da Constituição Federal materializa verdadeira cláusula pétrea, não modificável sequer por Emenda à Constituição (no caso, a Emenda nº 52/2006). A Emenda nº 107/2020 adiou as eleições municipais de 2020 em razão da pandemia da Covid-19, também sem respeitar a anterioridade de um ano prevista no citado artigo 16 da Constituição da República.

provimento que tem efeito vinculante em relação aos demais órgãos do Poder Judiciário e à administração pública direta e indireta, em todas as esferas da Federação. Tem similitude, assim, com os efeitos das decisões proferidas nas ações de controle concentrado de constitucionalidade (art. 102, § 2º, da Constituição Federal; art. 10, § 3º, da Lei nº 9.882/1999).

O efeito vinculante representa limitação significativa à independência judicial e às próprias competências legais de agentes administrativos, mas que se justifica, do ponto de vista constitucional, no princípio da separação das funções do Estado e também na própria segurança jurídica, que é seu fundamento último[40]. O efeito vinculante atua, nestes termos, como indutor da *previsibilidade* da atividade decisória do Estado[41].

Também já se indicou o direito à segurança como um plexo de prerrogativas, distribuído em diferentes normas constitucionais, que têm por fundamento último proteger o indivíduo contra o arbítrio estatal, em particular a privação arbitrária da liberdade individual[42].

Vê-se realmente que a Constituição da República incorpora a ideia de proteger os indivíduos contra as instabilidades das relações jurídicas, reproduzindo-a em diferentes dispositivos. Aliás, trata-se de um fenômeno que é característico da Constituição brasileira, que não raro trata do mesmo tema em preceitos diversos, às vezes de forma repetida[43].

---

40. O STF, ao julgar a ADC nº 1/DF, viu-se na perspectiva de analisar preliminarmente a própria constitucionalidade da previsão do efeito vinculante para a Ação Declaratória de Constitucionalidade, que havia sido instituído pela Emenda Constitucional nº 3/1993. Em questão de ordem suscitada pelo próprio Relator, reconheceu-se a constitucionalidade da regra (Rel. Min. Moreira Alves, DJ 16.6.1995). Este tema será retomado no item 9.3.1 deste trabalho.

41. MAFFINI, Rafael da Cás. **O princípio substancial da proteção da confiança no Direito Administrativo brasileiro**. Porto Alegre: Verbo Jurídico, 2006, p. 31.

42. SILVA, Virgílio Afonso da. **Direito constitucional brasileiro**. São Paulo: Editora da Universidade de São Paulo, 2021, p. 234-235.

43. É o caso, por exemplo, das regras contidas nos arts. 183, § 3º, e 191, parágrafo único, que prescrevem, de forma idêntica, que "os imóveis públicos não serão adquiridos por usucapião". Uma explicação racional para esta repetição pode ser extraída do fato de o primeiro preceito estar inserido no capítulo denominado "Da Política Urbana". O segundo, no capítulo "Da Política Agrícola e Fundiária e da Reforma Agrária". Assim, a repetição teria por finalidade evitar uma interpretação "ad absurdum" que pretenderia que tal proibição fosse aplicável apenas a imóveis urbanos e não rurais (ou vice-versa). Claro que um pequeno ajuste de redação poderia afastar tal problema, com a inserção de um capítulo ou seção com regras gerais aplicáveis à propriedade urbana e rural. A respeito dos argumentos "ad absurdum" na interpretação do direito, BUSTAMANTE, Thomas. O argumento *ad absurdum*

Ao contrário do que possa parecer, essa repetição não é inútil, pois revela uma nítida opção constituinte em prestigiar a segurança jurídica como um valor basilar da ordem constitucional. Com essa disseminação da segurança jurídica, percebe-se que o constituinte entendeu adequada a sua reiteração, até mesmo para servir de guia ao intérprete e do aplicador das normas constitucionais e de toda a ordem jurídica. É como se a repetição pudesse servir para assentar a segurança jurídica como norma constitucional fundante.

Tal repetição é também ilustrativa da distinção procedimental que se operou, no Brasil, quanto ao reconhecimento do direito à segurança jurídica como norma constitucional positiva. O direito positivo encarregou-se de *simplificar* a tarefa interpretativa, ao menos em alguma medida, dispensando todo aquele processo "difuso" pelo qual passaram outros ordenamentos jurídicos.

Nestes termos, a proteção da confiança pode extrair da segurança jurídica um dos seus fundamentos, ou, como afirmado anteriormente, como um de seus enunciados linguísticos que autorizam reconhecer a fundamentalidade formal e material do princípio.

4.3. PROTEÇÃO DA CONFIANÇA, O ESTADO DE DIREITO E O PRINCÍPIO DA LEGALIDADE

Outra conexão bem estabelecida pela doutrina é da proteção da confiança em relação ao princípio do Estado de Direito[44].

A tutela jurídica das expectativas legitimamente construídas realmente pode ser radicada na ideia geral de Estado de Direito. Como sabido, o Estado de Direito é aquele em que há uma submissão de todos, indivíduos e Estado, às normas jurídicas estabelecidas. Deste ponto de vista *formal*,

---

na interpretação do direito (seus usos e significado normativo). **Revista de Informação Legislativa [do Senado Federal]**, Brasília, ano 49, n. 196, p. 07-26, out./dez. 2012; FERRAZ JR., Tércio Sampaio. **Introdução ao estudo do direito**: técnica, decisão, dominação. 11ª ed., São Paulo: Atlas, 2019, p. 298-299.

44. Nesse sentido, SILVA, Almiro do Couto e. Princípios da legalidade da administração pública e da segurança jurídica no Estado de Direito contemporâneo. **Revista da Procuradoria Geral do Estado do Rio Grande do Sul. Cadernos de Direito Público**, Porto Alegre, n. 57 - supl., p. 13-34, dez. 2003; este artigo foi originariamente publicado em 1987 (Revista de Direito Público, São Paulo, n. 84, p. 46-63, out./dez. 1987); MEDAUAR, Odete. Segurança jurídica e confiança legítima. **Cadernos da Escola de Direito e Relações Internacionais da UniBrasil**, Curitiba, n. 8, p. 227–231, jan./jul. 2008.

que é a compreensão inicial mais habitualmente mencionada a respeito do tema, o Estado de Direito caracteriza-se pela incidência do mesmo plexo de normas jurídicas, que disciplinam tanto as condutas dos indivíduos como dos agentes públicos.

O Estado de Direito foi concebido, desde o início, como instrumento para contenção do arbítrio estatal, como meio de superação dos governos absolutistas[45]. Mas a evolução do princípio mostrou a insuficiência dessa ideia inicial, de mera submissão às normas jurídicas. Passou-se a considerar uma noção *substantiva* ou *material* do Estado de Direito, que vai além da mera legalidade, exigindo requisitos adicionais, como a separação das funções do Estado, a publicidade e conhecimento geral das leis, a igualdade perante a lei, bem como o estabelecimento de um catálogo de direitos fundamentais. Fala-se, ainda, no dever de motivação das decisões estatais, interdição do arbítrio, imparcialidade dos agentes públicos, etc.[46]. Nesta mesma concepção, autores como Friedrich August von Hayek e Joseph Raz propõem que as leis devam ser gerais, abstratas e *prospectivas*, de modo a impedir que o legislador selecione arbitrariamente uma pessoa para ser alvo de coerção ou privilégio[47].

A proibição de leis retroativas é ideia inerente ao Estado de Direito, assim como "uma certa estabilidade nas leis", de modo a permitir que os indivíduos possam fazer "cálculos racionais"[48]. Vê-se aí que segurança jurídica e Estado de Direito mantêm essa relação de proximidade, que se completa com a atração do princípio da proteção da confiança. Ou, como afirma Rafael da Cás Maffini, "tem-se, pois, no princípio da segurança jurídica o

---

45. FIGUEIREDO, Marcelo. **Teoria geral do Estado**. 3. ed., São Paulo: Atlas, 2009, p. 75. VIEIRA, Oscar Vilhena. **Estado de Direito**. Enciclopédia jurídica da PUC-SP. Celso Fernandes Campilongo, Alvaro de Azevedo Gonzaga e André Luiz Freire (coords.). Tomo: Teoria Geral e Filosofia do Direito. Celso Fernandes Campilongo, Alvaro de Azevedo Gonzaga, André Luiz Freire (coord. de tomo). 1. ed. São Paulo: Pontifícia Universidade Católica de São Paulo, 2017. Disponível em: https://enciclopediajuridica.pucsp.br/verbete/78/ edicao-1/estado-de-direito. Acesso em: 03 jun. 2024.

46. CALMES-BRUNET, Sylvia. **Du principe de protection de la confiance legitime en droits allemand communautaire et francais**. Paris: Dalloz, 2001, p. 89 e seguintes.

47. VIEIRA, Oscar Vilhena, *op. cit.*.

48. LAUTH, Hans-Joachim. Rule of law and informal institutions. **Revista do Direito**, Santa Cruz do Sul, n. 65, p. 122-139, set./dez. 2021.

instrumento de mediatização entre o princípio do Estado de Direito e o da proteção da confiança"[49].

Almiro do Couto e Silva prefere indicar que:

> Segurança jurídica é um valor constitucional que se qualifica como subprincípio do princípio maior do Estado de Direito, ao lado e no mesmo nível hierárquico do outro subprincípio do Estado de Direito, que é o da legalidade. Segurança jurídica e legalidade são, sabidamente, os dois pilares de sustentação do Estado de Direito[50].

O próprio Supremo Tribunal Federal brasileiro já reconheceu que a segurança jurídica é um "subprincípio do Estado de Direito", que impõe o reconhecimento da preservação de situações consolidadas, com prevalência da boa-fé e da confiança[51]. Também já reconheceu que segurança jurídica e proteção da confiança são "expressões do Estado Democrático de Direito"[52].

---

49. MAFFINI, Rafael da Cás. **Princípio da proteção da confiança legítima**. Enciclopédia jurídica da PUC-SP. Celso Fernandes Campilongo, Alvaro de Azevedo Gonzaga e André Luiz Freire (coords.). Tomo: Direito Administrativo e Constitucional. Vidal Serrano Nunes Jr., Maurício Zockun, Carolina Zancaner Zockun, André Luiz Freire (coord. de tomo). 2. ed. São Paulo: Pontifícia Universidade Católica de São Paulo, 2021. Disponível em: https://enciclopediajuridica.pucsp.br/verbete/120/edicao-2/principio-da-protecao-da-confianca-legitima. Acesso em: 03 jun. 2024.

50. SILVA, Almiro do Couto e. O princípio da segurança jurídica (proteção à confiança) no Direito Público brasileiro e o direito da Administração Pública de anular seus próprios atos administrativos: o prazo decadencial do art. 54 da Lei do Processo Administrativo da União (Lei nº 9.784/99). **Revista de Direito Administrativo**, Rio de Janeiro, n. 237, p. 271-315, jul./set. 2004.

51. ADI 954 ED, Rel. Min. Gilmar Mendes, DJ 03.10.2018. Rafael da Cás Maffini adota uma interessante forma de explicar as relações entre princípios e subprincípios, ou entre sobreprincípios e subprincípios: "Nessa espécie de princípio [refere-se ao sobreprincípio], inquestionável é a conjugação hermenêutica de vários outros subprincípios que são conformados e, ao mesmo tempo, dão conformação ao sobreprincípio que se posta sobre eles. Assim, forma-se uma espécie de reenvio de significação que se opera necessariamente em duas mãos, de forma virtuosamente circular, no sentido de que um determinado princípio (ou subprincípio) será necessário para, ao lado de outros, culminar na compreensão do fim mais amplo justificador do sobreprincípio. Do mesmo modo, o sobreprincípio terá um significado que proporcionará a possibilidade de melhor compreensão dos fins menos amplos, peculiares a cada um dos subprincípios que lhe são correlatos. Possuem, pois, os sobreprincípios uma função de amalgamação dos vários princípios que lhe dão conformação" (MAFFINI, Rafael da Cás. **O princípio substancial da proteção da confiança no Direito Administrativo brasileiro**. Porto Alegre: Verbo Jurídico, 2006, p. 37, esclarecemos).

52. "Os postulados da segurança jurídica e da proteção da confiança, enquanto expressões do Estado Democrático de Direito, mostram-se impregnados de elevado conteúdo ético, social

Há, aí, uma diferença de perspectivas, que não se invalidam, antes se complementam, indicando que são temas claramente imbricados.

Ao contrário do que possa parecer, não se pretende sustentar uma imutabilidade absoluta do Direito, mas que as alterações de normas jurídicas devam ser feitas com cautela, sem desprezar as expectativas que o próprio Estado cria com um comportamento antecedente seu. Se a alteração das normas jurídicas é inerente às mudanças sociais, tais modificações precisam levar em consideração que as normas anteriores induziram a certos comportamentos na sociedade, que não podem ser simplesmente ignorados, sob pena de afrontar o próprio Estado de Direito.

Como afirma Almiro do Couto e Silva:

> É certo que o futuro não pode ser um perpétuo prisioneiro do passado, nem podem a segurança jurídica e a proteção à confiança se transformar em valores absolutos, capazes de petrificar a ordem jurídica, imobilizando o Estado e impedindo-o de realizar as mudanças que o interesse público estaria a reclamar. Mas, de outra parte, não é igualmente admissível que o Estado seja autorizado, em todas as circunstâncias, a adotar novas providências em contradição com as que foram por ele próprio impostas, surpreendendo os que acreditaram nos atos do Poder Público[53].

Estes são aspectos que precisam ser levados em conta. A petrificação do Direito é um fenômeno que convida à sua inefetividade. Se as normas jurídicas não se modificam para acompanhar novas exigências sociais, a realidade acaba se impondo[54]. Mas a proposta aqui sustentada é que não há

---

e jurídico, projetando-se sobre as relações jurídicas, inclusive as de direito público, sempre que se registre alteração substancial de diretrizes hermenêuticas, impondo-se à observância de qualquer dos Poderes do Estado e, desse modo, permitindo preservar situações já consolidadas no passado e anteriores aos marcos temporais definidos pelo próprio Tribunal" (MS 26.603, Rel. Min. Celso de Mello, DJ 19.12.2008).

53. SILVA, Almiro do Couto e. O princípio da segurança jurídica (proteção à confiança) no Direito Público brasileiro e o direito da Administração Pública de anular seus próprios atos administrativos: o prazo decadencial do art. 54 da Lei do Processo Administrativo da União (Lei nº 9.784/99). **Revista de Direito Administrativo**, Rio de Janeiro, n. 237, p. 271-315, jul./set. 2004. Também nesse sentido, FERRAZ JR., Tércio Sampaio. Segurança jurídica e normas gerais tributárias. **Revista de Direito Tributário**, São Paulo, ano V, n. 17/18, jul./dez. 1981; TAVARES, André Ramos. **Curso de direito constitucional**. 10. ed. São Paulo: Saraiva, 2012, p. 758-759.

54. Wartenberg adota uma perspectiva interessante, pois, na sua visão, a preservação de uma certa estabilidade das situações jurídicas nem sempre é um valor positivo. Para ele, a

uma absoluta liberdade ao legislador para fazer tais alterações, em particular quanto à incidência dos limites formais e materiais que lhe são impostos pela Constituição. O que se propõe é que o princípio da proteção da confiança seja, *exatamente*, um desses limites a considerar.

4.4. PROTEÇÃO DA CONFIANÇA E A BOA-FÉ OBJETIVA

A boa-fé objetiva é instituto com origem no Direito Civil, particularmente na disciplina dos contratos, que materializa o dever da parte de atuar com retidão, honestidade, lealdade e consideração sobre os interesses alheios. Trata-se de dever que já nasce na fase pré-contratual, estendendo-se para além da celebração do contrato. Habitualmente correlaciona-se este princípio à *bona fides* do Direito Romano, aos atributos que devem ser próprios de qualquer ser humano (confiança, honestidade, lealdade, etc.). Fala-se em *boa-fé subjetiva*, como aspecto inerente a um indivíduo em particular (o "sujeito"), mas também em *boa-fé objetiva*, a indicar um modelo de conduta social, um certo arquétipo a que as pessoas devem se ajustar, conforme os padrões socialmente reconhecidos de correção e lealdade[55]. O Código Civil brasileiro incorpora a boa-fé como critério a ser adotado na celebração de contratos e na interpretação de negócios jurídicos[56].

---

estabilidade é algo que não tem um valor intrínseco, vai depender de qual situação jurídica interessa manter (ou em favor de quem isso irá se operar). (WARTENBERG, Raúl Letelier. Contra la confianza legítima como límite a la invalidación de actos administrativos. **Revista Chilena de Derecho**, Santiago, v. 41, n. 2, p. 609-634, 2014). As premissas de seu raciocínio são corretas, mas não sua conclusão. A importância da proteção da confiança cresce justamente em um cenário de atentados contra os direitos sociais e das diferentes propostas de desconstitucionalização e desregulamentação. A respeito destes temas, com análise de alguns tópicos da Emenda Constitucional nº 103/2019, vide o item 8.2.1.

55. MARTINS-COSTA, Judith. **A boa fé no direito privado**: critérios para sua aplicação. São Paulo: Revista dos Tribunais, 2018, p. 417 e seguintes.

56. "Art. 113. Os negócios jurídicos devem ser interpretados conforme a boa-fé e os usos do lugar de sua celebração. § 1º A interpretação do negócio jurídico deve lhe atribuir o sentido que: [...] III – corresponder à boa-fé". "Art. 422. Os contratantes são obrigados a guardar, assim na conclusão do contrato, como em sua execução, os princípios de probidade e boa-fé". O Enunciado 362 das Jornadas de Direito Civil do Conselho da Justiça Federal também tratou do tema, estabelecendo que "A vedação do comportamento contraditório (*venire contra factum proprium*) funda-se na proteção da confiança, tal como se extrai dos arts. 187 e 422 do Código Civil". Um dos preceitos que incorpora o princípio da boa-fé objetiva foi também ligado à ideia de proteção da confiança, como se viu. Negando essa relação de fundamento, mas reconhecendo uma relação de *complementaridade* entre boa-fé e confiança, MARTINS, Raphael Manhães. O princípio da confiança legítima e o enunciado nº 362 da IV Jornada de

Para além das relações privadas, começou-se a exigir também do Estado essa atuação leal e honesta. Como tem sido reconhecido, a despeito da aplicação do princípio da legalidade pela Administração Pública, a noção contemporânea do Estado de Direito impõe a proteção do indivíduo contra a "fria e mecânica aplicação da lei", exigindo também a preservação da boa-fé e da própria confiança que os indivíduos têm na ação do Estado[57], incluindo a moralidade administrativa[58]. Veja-se que, nesta perspectiva, a boa-fé seria também inerente ao princípio do Estado de Direito, com o que se afastam certas proposições que pretendem descaracterizar a boa-fé sob a alegação de que se trataria de criação do direito infraconstitucional.

Há quem extraia fundamentos constitucionais da boa-fé objetiva a partir de normas da Constituição de 1988 que revelam sua preocupação com uma justiça material, como é o caso do princípio fundamental da dignidade da pessoa (artigo 1º, III) e do objetivo fundamental de construir uma "sociedade livre, justa e solidária" (artigo 3º, III)[59].

Existe, é certo, uma distinção a ser reconhecida, pois a proteção da confiança, como princípio constitucional implícito, dispensa avaliações subjetivas a respeito da lealdade ou honestidade dos agentes públicos[60]. Mas, tratando-se de boa-fé *objetiva*, o que se pretende é construir um modelo de

---

Direito Civil. **Revista do Centro de Estudos Judiciários** [do Conselho da Justiça Federal], Brasília, ano XII, n. 40, p. 11-19, jan./mar. 2008.

57. SILVA, Almiro do Couto e. Princípios da legalidade da administração pública e da segurança jurídica no Estado de Direito contemporâneo. **Revista da Procuradoria Geral do Estado do Rio Grande do Sul**. Cadernos de Direito Público, Porto Alegre, n. 57 – supl., p. 13-34, dez. 2003. WARTENBERG, Raúl Letelier. Contra la confianza legítima como límite a la invalidación de actos administrativos. **Revista Chilena de Derecho**, Santiago, v. 41, n. 2, p. 609-634, 2014. Tem-se sustentado, inclusive, que o princípio da proteção da confiança seria, ele próprio, um elemento a autorizar a superação do paradigma da legalidade estrita, em favor de uma *juridicidade* (SCHMIDT, Luísa Silva. A proteção da confiança legítima e a superação do paradigma da legalidade estrita. **Revista do CEJ** [Centro de Estudos Judiciários do Conselho da Justiça Federal], Brasília, ano XXIII, n. 78, p. 69-78, jul./dez. 2019). Desenvolvemos essa ideia no item 10.

58. MODESTO, Paulo. Controle jurídico do comportamento ético da Administração Pública no Brasil. **Revista de Direito Administrativo**, Rio de Janeiro, n. 709, p. 71-80, jul./set. 1997.

59. SOUZA, Márcio Luís Dutra de. O princípio da boa-fé na Administração Pública e sua repercussão na invalidação administrativa. **Revista da AGU**, Brasília, v. 11, n. 32, p. 199-244, abr./jun. 2021. SCHREIBER, Anderson. **A proibição de comportamento contraditório**: tutela de confiança e *venire contra factum proprium*. 4. ed., São Paulo: Atlas, 2016, p. 70-72.

60. Também assim indica SOUZA, Victor. **Proteção e promoção da confiança no Direito Previdenciário**. Curitiba: Alteridade, 2018, p. 174.

comportamento *do Estado*, que não tem relação direta e necessária com a honestidade ou lealdade *do agente público*. Ao estabelecer padrões comportamentais mínimos para o Estado, a violação da boa-fé poderá eventualmente levar à invalidação de atos administrativos. Tendo presente a ideia de que a boa-fé impõe diretivas para comportamentos, tanto das partes em um contrato como nas relações entre indivíduos e o Estado, tais diretivas podem ser objeto de controle jurisdicional[61].

O Supremo Tribunal Federal já reconheceu, em regime de repercussão geral, o entrelaçamento entre o dever de boa-fé da Administração Pública com o direito à segurança jurídica e o princípio da proteção à confiança. O v. julgado está assim ementado:

> RECURSO EXTRAORDINÁRIO. REPERCUSSÃO GERAL. CONCURSO PÚBLICO. PREVISÃO DE VAGAS EM EDITAL. DIREITO À NOMEAÇÃO DOS CANDIDATOS APROVADOS. I. DIREITO À NOMEAÇÃO. CANDIDATO APROVADO DENTRO DO NÚMERO DE VAGAS PREVISTAS NO EDITAL. Dentro do prazo de validade do concurso, a Administração poderá escolher o momento no qual se realizará a nomeação, mas não poderá dispor sobre a própria nomeação, a qual, de acordo com o edital, passa a constituir um direito do concursando aprovado e, dessa forma, um dever imposto ao poder público. Uma vez publicado o edital do concurso com número específico de vagas, o ato da Administração que declara os candidatos aprovados no certame cria um dever de nomeação para a própria Administração e, portanto, um direito à nomeação titularizado pelo candidato aprovado dentro desse número de vagas. II. ADMINISTRAÇÃO PÚBLICA. PRINCÍPIO DA SEGURANÇA JURÍDICA. BOA-FÉ. PROTEÇÃO À CONFIANÇA. O dever de boa-fé da Administração Pública exige o respeito incondicional às regras do edital, inclusive quanto à previsão das vagas do concurso público. Isso igualmente decorre de um necessário e incondicional respeito à segurança jurídica como princípio do Estado de Direito. Tem-se, aqui, o princípio da segurança jurídica como princípio de proteção à confiança. Quando a Administração torna público um edital de concurso, convocando todos os cidadãos a participarem de seleção para o preenchimento de determinadas vagas no serviço público, ela impreterivelmente gera uma expectativa quanto ao seu comportamento segundo as regras previstas nesse edital. Aqueles cidadãos que decidem se

61. FRADERA, Véra Maria Jacob de. A boa-fé objetiva: uma noção comum no conceito alemão, brasileiro e japonês de contrato. *In*: ÁVILA, Humberto (org.). **Fundamentos do Estado de Direito** (estudos em homenagem ao Professor Almiro do Couto e Silva). São Paulo: Malheiros 2005, p. 357-371, p. 371. LIMA, Artur Carnaúba Guerra Sangreman. A proibição do comportamento contraditório aplicada à Administração Pública. **Olhares Plurais: Revista eletrônica multidisciplinar**, Maceió, v. 1, n. 12, [s. p.], 2015.

inscrever e participar do certame público depositam sua confiança no Estado administrador, que deve atuar de forma responsável quanto às normas do edital e observar o princípio da segurança jurídica como guia de comportamento. Isso quer dizer, em outros termos, que o comportamento da Administração Pública no decorrer do concurso público deve se pautar pela boa-fé, tanto no sentido objetivo quanto no aspecto subjetivo de respeito à confiança nela depositada por todos os cidadãos. III. SITUAÇÕES EXCEPCIONAIS. NECESSIDADE DE MOTIVAÇÃO. CONTROLE PELO PODER JUDICIÁRIO. Quando se afirma que a Administração Pública tem a obrigação de nomear os aprovados dentro do número de vagas previsto no edital, deve-se levar em consideração a possibilidade de situações excepcionalíssimas que justifiquem soluções diferenciadas, devidamente motivadas de acordo com o interesse público. Não se pode ignorar que determinadas situações excepcionais podem exigir a recusa da Administração Pública de nomear novos servidores. Para justificar o excepcionalíssimo não cumprimento do dever de nomeação por parte da Administração Pública, é necessário que a situação justificadora seja dotada das seguintes características: a) Superveniência: os eventuais fatos ensejadores de uma situação excepcional devem ser necessariamente posteriores à publicação do edital do certame público; b) Imprevisibilidade: a situação deve ser determinada por circunstâncias extraordinárias, imprevisíveis à época da publicação do edital; c) Gravidade: os acontecimentos extraordinários e imprevisíveis devem ser extremamente graves, implicando onerosidade excessiva, dificuldade ou mesmo impossibilidade de cumprimento efetivo das regras do edital; d) Necessidade: a solução drástica e excepcional de não cumprimento do dever de nomeação deve ser extremamente necessária, de forma que a Administração somente pode adotar tal medida quando absolutamente não existirem outros meios menos gravosos para lidar com a situação excepcional e imprevisível. De toda forma, a recusa de nomear candidato aprovado dentro do número de vagas deve ser devidamente motivada e, dessa forma, passível de controle pelo Poder Judiciário. IV. FORÇA NORMATIVA DO PRINCÍPIO DO CONCURSO PÚBLICO. Esse entendimento, na medida em que atesta a existência de um direito subjetivo à nomeação, reconhece e preserva da melhor forma a força normativa do princípio do concurso público, que vincula diretamente a Administração. É preciso reconhecer que a efetividade da exigência constitucional do concurso público, como uma incomensurável conquista da cidadania no Brasil, permanece condicionada à observância, pelo Poder Público, de normas de organização e procedimento e, principalmente, de garantias fundamentais que possibilitem o seu pleno exercício pelos cidadãos. O reconhecimento de um direito subjetivo à nomeação deve passar a impor limites à atuação da Administração Pública e dela exigir o estrito cumprimento das normas que regem os certames, com especial observância dos deveres de boa-fé e incondicional respeito à confiança dos cidadãos. O princípio constitucional do concurso público é fortalecido quando o Poder Público assegura e observa as garantias fundamentais que viabilizam a efetividade desse princípio. Ao lado das garantias de publicidade, isonomia, transparência, impessoalidade, entre outras, o

> direito à nomeação representa também uma garantia fundamental da plena efetividade do princípio do concurso público. V. NEGADO PROVIMENTO AO RECURSO EXTRAORDINÁRIO (RE 598.099, Tribunal Pleno, Rel. Min. Gilmar Mendes, DJ 03.10.2011, Tema 161 da repercussão geral).

Tal entrelaçamento é também reconhecido por Ravi Peixoto, para quem:

> [...] A confiança legítima pode ser vista de forma autônoma para com a boa-fé, mas não de forma a negar a existência de forte relacionamento com ela. Mas no sentido de que ela não é seu único fundamento, que também conta com a agregação da eficácia normativa da segurança jurídica. E, justamente, seria a atuação da segurança jurídica nas situações individuais, que permitiria com que a confiança legítima pudesse ter um âmbito de atuação mais amplo do que a boa-fé[62].

A reforçar tais conclusões, deve-se observar que a Lei nº 9.784/1999, que regula o processo administrativo do âmbito da Administração Pública Federal, impõe a observância de diferentes critérios, dentre os quais os de "atuação segundo padrões éticos de probidade, decoro e boa-fé". O Código de Processo Civil incorpora ideia semelhante, prescrevendo que "aquele que de qualquer forma participa do processo deve comportar-se de acordo com a boa-fé" (artigo 5º).

Isso também obriga o Estado, evidentemente, a atuar em conformidade com seu comportamento pretérito, ou a levar em consideração tal comportamento, bem assim as expectativas que produziu na sociedade[63]. É possível afirmar, como faz Ingo Wolfgang Sarlet, que a proteção da confiança constitui um dos *elementos materiais* do princípio da boa-fé, estando igualmente relacionado com a noção de proibição do retrocesso[64].

---

62. PEIXOTO, Ravi de Medeiros. **A modulação da eficácia temporal na revogação de precedentes**: uma análise a partir da segurança jurídica e da confiança legítima. Dissertação (Mestrado em Direito). Universidade Federal de Pernambuco, Recife, 2015, p. 79.

63. ARAÚJO, Valter Shuenquener de. **O princípio da proteção da confiança**. 2. ed. Niterói: Impetus, 2016, p. 33.

64. SARLET, Ingo Wolfgang. A eficácia do direito fundamental à segurança jurídica: dignidade da pessoa humana, direitos fundamentais e proibição de retrocesso social no Direito Constitucional brasileiro. *In*: ROCHA, Cármen Lúcia Antunes (org.). **Constituição e segurança jurídica: direito adquirido, ato jurídico perfeito e coisa julgada**. Estudos em homenagem a José Paulo Sepúlveda Pertence. 2. ed. Belo Horizonte: Fórum, 2009, p. 85-129. O tema da proibição do retrocesso social será retomado no item 8.1.

Deve-se ainda lembrar que a criação de mecanismos sancionatórios às expectativas frustradas não se constitui em novidade, inclusive nas relações negociais de natureza privada. O Direito Civil há muito regula as promessas e os compromissos, sancionando juridicamente as promessas desfeitas e os compromissos não honrados[65]. A legislação de proteção ao consumidor faz o mesmo, com viés ainda mais protetivo, fiando-se na habitual hipossuficiência jurídica do consumidor frente ao fornecedor de produtos ou serviços[66].

Como será demonstrado mais adiante, a frustração de expectativas poderá também ser sancionada, inclusive nas relações dos indivíduos com o Estado.

---

65. Assim, por exemplo, ao regulamentar a promessa de fato de terceiro, a promessa de recompensa, a promessa de compra e venda, as promessas feitas em pacto antenupcial etc. (artigos 439, 854, 1.417 e 1.564 do Código Civil).

66. É o caso da vinculação da oferta que decorre da publicidade (artigo 30 da Lei nº 8.078/1990).

Capítulo 5

PROTEÇÃO DA CONFIANÇA EM RETROSPECTIVA: IRRETROATIVIDADE E PROTEÇÃO A SITUAÇÕES CONSOLIDADAS

5.1. A IRRETROATIVIDADE DAS LEIS

Do ponto de vista do direito positivo, a irretroatividade das leis não é um princípio estabelecido de forma absoluta, ao menos de forma expressa. Encontram-se na Constituição Federal de 1988 determinações relativas à irretroatividade da lei penal incriminadora (artigo 5º XL)[1], bem como à irretroatividade da lei tributária mais gravosa (artigo 150, III, "a")[2].

A Constituição também determina, de forma expressa, que "a lei não prejudicará o direito adquirido, o ato jurídico perfeito e a coisa julgada" (artigo 5º, XXXVI).

Há uma controvérsia relevante, assim, que diz respeito à presença de uma irretroatividade meramente *relativa*, pois limitada àquilo que a Constituição expressamente previu, ou uma irretroatividade *absoluta*, que possa obstar qualquer pretensão normativa de alcançar fatos passados. Na história constitucional brasileira, já figuraram regras que estabeleciam uma irretroatividade das leis em termos muito mais rígidos, como foi o caso

1. "Art. 5º [...] XL – a lei penal não retroagirá, salvo para beneficiar o réu".

2. "Art. 150. Sem prejuízo de outras garantias asseguradas ao contribuinte, é vedado à União, aos Estados, ao Distrito Federal e aos Municípios: [...] III – cobrar tributos: a) em relação a fatos geradores ocorridos antes do início da vigência da lei que os houver instituído ou aumentado".

das Constituições de 1824 e 1891[3]. Este sentido absoluto, todavia, não foi reproduzido na Constituição de 1988, como bem lembra o Min. Eros Grau no voto que proferiu na ADI 3128/DF:

> Aqui neste Tribunal deixou-se bem claro, em inúmeros votos do Ministro OROSIMBO NONATO, que a Constituição de 1.946, ao contrário da 1.891, não estabeleceu a proibição de leis retroativas, bastando-se em afirmar que a lei não prejudicará o direito adquirido, o ato jurídico perfeito e a coisa julgada. Essas observações cabem qual luva à Constituição de 1.988. Os mais atentos sabem que no Brasil, na vigência da Constituição de 1.988, não há vedação da retroatividade das leis senão quando a retroação de uma delas prejudique direito adquirido, ato jurídico perfeito ou coisa julgada [...].
>
> Fala-se em retroatividade justa e injusta, diz OROSIMBO NONATO:
>
>> "[o] limite da aplicação da lei nova é o direito adquirido. Se a retroatividade é a violação de direitos adquiridos, o desrespeito aos atos praticados em observância da lei antiga, a destruição da coisa julgada, deve ser inteiramente abolida".
>
> Por isso mesmo – ainda OROSIMBO NONATO – há autores que "nem chamam retroatividade à retroprojeção da lei sem ofensa do direito adquirido, vale dizer, à retroatividade justa"; pois então a lei se aplica não ao passado, mas a consequências novas de relações anteriores; apenas haveria retroatividade quanto a lei atingisse direitos adquiridos" (STF, Tribunal Pleno, ADI 3.128/DF, red. p/ acórdão Min. Cezar Peluso, DJ 18.02.2005).

Examinando o inteiro teor desse v. acórdão, em que se discutia a constitucionalidade da exigência de contribuição previdenciária de servidores públicos aposentados e pensionistas, é possível concluir que a causa foi decidida, basicamente, a partir da premissa de que não há imunidade tributária a ser reconhecida, nem se pode invocar a proteção ao direito adquirido ou ao ato jurídico perfeito, ou mesmo a irredutibilidade da remuneração, como impedimentos ao estabelecimento do novo tributo. Portanto, a questão dos

---

3. Constituição de 1824: "Art. 179. A inviolabilidade dos Direitos Civis, e Politicos dos Cidadãos Brazileiros, que tem por base a liberdade, a segurança individual, e a propriedade, é garantida pela Constituição do Imperio, pela maneira seguinte. I. Nenhum Cidadão póde ser obrigado a fazer, ou deixar de fazer alguma cousa, senão em virtude da Lei. II. Nenhuma Lei será estabelecida sem utilidade publica. III. A sua disposição não terá effeito retroactivo". Constituição de 1891: "Art. 11. É vedado aos Estados, como à União: [...] 3º) prescrever leis retroativas" (preservamos a ortografia original). Há quem sustente que a Constituição de 1988 não teria acolhido o princípio da irretroatividade *sequer de forma implícita* (BASTOS, Celso Ribeiro; MARTINS, Ives Gandra. **Comentários à Constituição do Brasil** (promulgada em 5 de outubro de 1988). V. 2, São Paulo: Saraiva, 1989, p. 192).

limites à retroatividade das leis não foi examinada em termos tão conclusivos quanto os postos pelo Ministro Eros Grau.

Deve-se ter certa a premissa de que a natureza prospectiva das leis é uma decorrência da *ideia geral de Direito*. Como lembra João Barbalho, ao comentar o preceito da Constituição de 1891:

> Si a lei podesse ser com prejuízo dos direitos do cidadão applicada a factos passados antes d'ella, mal segura ver-se-ia a liberdade, e o poder de legislar fôra o da tyrannia e oppressão. Quem poderia estar tranquillo sobre suas acções, si o que hontem praticou como acto permitido e legitimo podesse hoje ser declarado pela autoridade publica como facto punível ou nullo? A liberdade, honra, vida e propriedade do cidadão viriam a ser um brinco nas mãos de legisladores mal inspirados e ninguém em suas acções, em seus negocios, sentir-se-ia garantido [...] Leis retroactivas somente tyrannos as fazem e só escravos se lhe submetem (Walker). A Constituição que as permitisse impediria a estabilidade e segurança dos direitos, fim primordial do Estado, e autorisaria a ruína dos cidadãos[4].

Em sentido análogo é a afirmação de Maria Helena Diniz, para quem "a retroatividade é uma arma dos ditadores, por modificar ou tornar sem efeito as consequências já consumadas anteriormente"[5]. Essa é a mesma acepção contida na lição de Vicente Ráo:

> A inviolabilidade do passado é princípio que encontra fundamento na própria natureza do ser humano, pois, segundo as sábias palavras de Portalis, o homem, que não ocupa senão um ponto no tempo e no espaço, seria o mais infeliz dos seres, se não pudesse julgar seguro nem sequer quanto à sua vida passada. Por essa parte de sua existência, já não carregou todo o peso de seu destino? O passado pode deixar dissabores, mas põe termo a todas as incertezas. Na ordem do universo e da natureza, só o futuro é incerto e esta própria incerteza é suavizada pela esperança, a fiel companheira da nossa fraqueza. Seria agravar a triste condição da humanidade querer mudar, através do sistema da legislação, o sistema da natureza, procurando, para o tempo que já se foi, fazer reviver as nossas dores, sem nos restituir as nossas esperanças[6].

4. BARBALHO U. C., João. **Constituição Federal Brazileira. Commentarios**. Rio de Janeiro: Typographia da Companhia Litho-Typographia, 1902, p. 42. Preservamos a ortografia original do texto.
5. DINIZ, Maria Helena. **Norma constitucional e seus efeitos**. São Paulo: Saraiva, 1989, p. 50.
6. RÁO, Vicente. **O direito e a vida dos direitos**. 7. ed. São Paulo: Revista dos Tribunais, 2013, p. 428.

Também assim Pontes de Miranda, em passagem muito conhecida:

> O efeito retroativo, que invade o passado, usurpa o domínio da lei que *já* incidiu, é um efeito de hoje riscando, cancelando, o efeito pretérito: o hoje contra o ontem, o voltar no tempo, a reversão na dimensão irreversível. É preciso que algo que *foi* deixe de ser no próprio passado, portanto de *ter sido*. O efeito hodierno, normal, é o hoje circunscrito ao hoje. Nada se risca, nada se apaga, nada se cancela do passado. O que *foi* continua a ser tido como tendo sido. Só se cogita do presente e da sua lei[7] (destaques do original).

Lembra Celso Antonio Bandeira de Mello que a irretroatividade da lei "é a primeira, a mais antiga e a mais intuitiva das restrições erigidas em nome da segurança jurídica e mesmo muito antes da implantação do Estado de Direito já se reconhecia sua vigência"[8].

De fato, a admissão de normas retroativas é a antítese da ideia de *previsibilidade* dos comportamentos humanos, que está base dos direitos fundamentais à segurança jurídica e à proteção da confiança. É nesse sentido que se deve interpretar a norma do artigo 6º da LINDB (Lei de Introdução às Normas do Direito Brasileiro), ao prescrever que "*a Lei em vigor terá efeito imediato e geral*"[9]. O "efeito imediato e geral" é uma confirmação da premissa geral da natureza prospectiva das normas jurídicas e uma eventual retroatividade deve ser autorizada com o máximo de cautela.

Assim, por exemplo, há hipóteses de uma retroatividade "benéfica", entendida aquela estabelecida em benefício do titular de um direito. É o caso, por exemplo, da retroatividade da lei penal mais benigna (artigo 5º, XL, da Constituição Federal[10]; artigo 2º, "caput" e parágrafo único do Código Penal[11]),

---

7. PONTES DE MIRANDA, Francisco Cavalcanti. **Comentários à Constituição de 1946**. V. III, Rio de Janeiro: Henrique Cahen, 1954, p. 215.
8. MELLO, Celso Antonio Bandeira de. Estado de Direito e segurança jurídica. In: DAL POZZO, Augusto Neves; OLIVEIRA, José Roberto Pimenta; VALIM, Rafael. **Tratado sobre o princípio da segurança jurídica no direito administrativo**. São Paulo: Fórum, 2013, p. 44.
9. "Art. 6º A Lei em vigor terá efeito imediato e geral, respeitados o ato jurídico perfeito, o direito adquirido e a coisa julgada".
10. "Art. 5º [...] a lei penal não retroagirá, salvo para beneficiar o réu".
11. "Art. 2º Ninguém pode ser punido por fato que lei posterior deixa de considerar crime, cessando em virtude dela a execução e os efeitos penais da sentença condenatória. Parágrafo único. A lei posterior, que de qualquer modo favorecer o agente, aplica-se aos fatos anteriores, ainda que decididos por sentença condenatória transitada em julgado".

ou da lei tributária que reduza a incidência (artigo 150, III, "a", da Constituição Federal, *contrario sensu*[12]).

Em matéria previdenciária, um exemplo a ser citado é a da revisão prevista no artigo 58 do ADCT:

> Art. 58. Os benefícios de prestação continuada, mantidos pela previdência social na data da promulgação da Constituição, terão seus valores revistos, a fim de que seja restabelecido o poder aquisitivo, expresso em número de salários mínimos, que tinham na data de sua concessão, obedecendo-se a esse critério de atualização até a implantação do plano de custeio e benefícios referidos no artigo seguinte.
>
> Parágrafo único. As prestações mensais dos benefícios atualizadas de acordo com este artigo serão devidas e pagas a partir do sétimo mês a contar da promulgação da Constituição[13].

Assim, a retroatividade pode decorrer de determinações constitucionais expressas[14]. O próprio STF já decidiu nesse sentido: "O princípio insculpido no inciso XXXVI do art. 5º da Constituição (garantia do direito adquirido) não impede a edição, pelo Estado, de norma retroativa (lei ou decreto) em benefício do particular" (STF, Primeira Turma, RE 184.099, Rel. Min. Octavio Galotti, DJ 18.4.1997). Realmente, tratando-se de um direito individual, a proteção contra a retroatividade da lei não poderia ser aplicada *contra* o indivíduo, titular desse direito.

---

12. "Art. 150. Sem prejuízo de outras garantias asseguradas ao contribuinte, é vedado à União, aos Estados, ao Distrito Federal e aos Municípios: [...] III – cobrar tributos: *a)* em relação a fatos geradores ocorridos antes do início da vigência da lei que os houver instituído ou aumentado".

13. Embora a regra tenha determinado que os efeitos financeiros da revisão seriam produzidos a partir do sétimo mês posterior à promulgação da Constituição (efeitos *prospectivos*, portanto), tomou como referência o número de salários mínimos que os benefícios tinham na época da concessão. Portanto, o referencial é um *fato passado*, o que constitui uma exceção à máxima *tempus regit actum*. Anote-se que essa paridade em *número de salários mínimos* se esgota com essa revisão do artigo 58 do ADCT e se encerra definitivamente com a implantação do plano de benefícios do RGPS (Lei nº 8.213/1991). A partir daí a revisão dos benefícios passa a ser ditada de acordo com o que dispuser a lei (nesse sentido: STF, RE 422.362 AgR, Rel. Min. Roberto Barroso, DJ 07.11.2013). A revisão em questão foi também objeto da Súmula 687 do STF: "A revisão de que trata o art. 58 do ADCT não se aplica aos benefícios previdenciários concedidos após a promulgação da Constituição de 1988".

14. Nesse sentido, TAVARES, André Ramos. **Curso de direito constitucional**. 10. ed. São Paulo: Saraiva, 2012, p. 768.

Mas, na generalidade dos casos, é exatamente a proteção da confiança, como princípio constitucional que tutela as expectativas legitimamente construídas ao longo do tempo, que justifica afastar a incidência retroativa de novas leis, incluindo o que se denominou "retroatividade mínima" das leis.

A propósito desta questão, a retroatividade das leis costuma ser dividida em diferentes graus, conforme os efeitos do ato pretérito que for capaz de atingir. Assim:

> É *máxima* a intensidade de uma retroatividade quando a lei nova atinge efeitos pretéritos, pendentes e futuros de um ato pretérito. É *média* quando a lei nova atinge apenas efeitos pendentes e futuros de um ato pretérito. Por fim, é *mínima* quando a lei nova atinge apenas os efeitos futuros de um ato pretérito. As retroatividades média e mínima são, em regra, permitidas, desde que não haja óbice constitucional (ato jurídico perfeito, coisa julgada e direito adquirido)[15].

A doutrina também costuma distinguir uma retroatividade "autêntica" do que seria uma mera *retrospectividade* (ou retroatividade inautêntica). Na retroatividade autêntica, uma nova lei pretenderia alterar os efeitos jurídicos já produzidos, como consequência de certo fato jurídico. Ou seja, a lei iria alterar consequências jurídicas já realizadas. Quanto à retroatividade inautêntica (ou retrospectividade), a ideia proposta seria no sentido de admitir que uma *nova lei pudesse atribuir novos efeitos jurídicos a fatos passados ou pendentes*. Um dos exemplos mencionados seria o segurado da Previdência Social que, sem ter preenchido os requisitos para a concessão de um benefício, fosse alcançado pela nova lei, instituindo requisitos mais gravosos[16].

A despeito de diferentes opiniões doutrinárias, é certo que a jurisprudência do STF tem obstado, de modo geral, inclusive a retroatividade mínima, que decorreria da aplicação imediata da nova norma a fatos pendentes[17].

---

15. OLIVEIRA, João Elias de. COSTA-NETO, João. **Direito civil**: volume único. 2. ed. Rio de Janeiro: Método, 2023, p. 119. No direito português, é também habitual falar-se em retroatividade de 1º grau (perfeita ou própria), de 2º grau (imperfeita, imprópria ou *retrospectividade*) e de 3º grau, com sentido similar (SANTOS, António Carlos; PALMA, Clotilde Celorico. Os princípios da proteção da confiança legítima e da não retroatividade das normas tributárias em tempos de crise: o caso português. **Revista do Instituto do Direito Brasileiro [RIDB]** [da Faculdade de Direito da Universidade de Lisboa], Lisboa, ano 2, n. 4, p. 3.147-3.182, 2013).
16. OLIVEIRA, João Elias de. COSTA-NETO, João, *op. cit.*, p. 120 e seguintes. Tal questão será retomada ao longo do trabalho.
17. O tema foi objeto de ampla discussão no julgamento da ADI 493/DF, Rel. Min. Moreira Alves, DJ 04.9.1992.

No tocante à citada *retrospectividade*, constata-se que esse ponto vista, marcadamente assentado no Direito Civil, parte da premissa de que o legislador poderia livremente ignorar quaisquer expectativas geradas por normas produzidas por ele próprio.

É até possível admitir essa figura quando nos deparamos com *casos limites*, em que a não admitir a retroatividade inautêntica resultaria em um confronto com princípios constitucionais fundamentais, como foi o caso, entre nós, das discussões envolvendo a chamada Lei da Ficha Limpa (Lei Complementar nº 135/2010, que promoveu alterações significativas na Lei Complementar nº 64/1990).

Esta Lei previu novas regras de inelegibilidade, no uso da competência fixada na norma inserida no artigo 14, § 9º, da Constituição Federal, que tem o seguinte teor:

> Artigo 14 [...] § 9º Lei complementar estabelecerá outros casos de inelegibilidade e os prazos de sua cessação, a fim de proteger a probidade administrativa, a moralidade para exercício de mandato considerada vida pregressa do candidato, e a normalidade e legitimidade das eleições contra a influência do poder econômico ou o abuso do exercício de função, cargo ou emprego na administração direta ou indireta.

A nova Lei passou a prever, como causas de inelegibilidade, inclusive fatos *anteriores* à sua vigência (caso das condenações criminais pretéritas).

Ocorre que os bens jurídicos referidos nesta norma constitucional (probidade, moralidade, normalidade e legitimidade das eleições, repressão ao abuso do poder econômico, etc.) são expressões do próprio Estado Democrático de Direito e de vários outros princípios fundamentais (soberania popular, cidadania, redução das desigualdades, promoção do bem de todos, etc.). Tratou-se de uma lei de iniciativa popular, que envolveu enorme mobilização para alcançar o número de assinaturas de cidadãos exigido pela Constituição Federal (artigo 61, § 2º[18]). O amplíssimo apoio popular foi motivado por um contexto social de um evidente déficit de representação política e democrática, de grande descrença na lisura na política partidária.

18. "Art. 61 [...] § 2º A iniciativa popular pode ser exercida pela apresentação à Câmara dos Deputados de projeto de lei subscrito por, no mínimo, um por cento do eleitorado nacional, distribuído pelo menos por cinco Estados, com não menos de três décimos por cento dos eleitores de cada um deles".

Tudo isso motivado por um longo histórico de ineficácia da lei penal (e da lei de improbidade administrativa) para réus titulares de grande poder político e econômico, que se afeiçoavam a prerrogativas dos cargos públicos para perpetuar aquele estado de coisas.

Explica-se, portanto, nessa situação-limite, que o Supremo Tribunal Federal tenha incorporado, para esse caso específico, a tese da retrospectividade (ou retroatividade inautêntica)[19].

Em interessante análise a respeito da retroatividade das leis tributárias em Portugal (cuja Constituição só havia incorporado a irretroatividade, de forma expressa, na revisão de 1997), António Carlos Santos e Clotilde Celorico Palma observam que o Tribunal Constitucional só havia reconhecido a existência dessa irretroatividade nos casos em que a retroação fosse "arbitrária e opressiva" e violasse "de forma intolerável a segurança jurídica e a confiança que as pessoas têm obrigação (e também o direito) de depositar na ordem jurídica que as rege"[20]. Transpondo o raciocínio para o Direito Brasileiro, com suas diferentes normas constitucionais amparando a ideia geral da irretroatividade, a solução deve ser similar: a retroatividade (ou retrospectividade) poderá ser aceita apenas nos casos em que for necessária para impedir graves violações a outros bens jurídicos tutelados pela Constituição[21].

---

19. STF, Tribunal Pleno, RE 929.670, Rel. Min. Ricardo Lewandowski, red. p/ acórdão Min. Luiz Fux, DJ 12.4.2019 (Tema 860 da repercussão geral). Em outros julgados, o STF reconheceu a constitucionalidade da LC nº 135/2010 e sua aplicação mesmo no caso de renúncia do titular do cargo público (RE 631.102, Rel. Min. Joaquim Barbosa, DJ 02.5.2012 – Tema 367); sua não aplicação às eleições de 2010 (RE 633.703, Rel. Min. Gilmar Mendes, DJ 18.11.2011 – Tema 387); sua constitucionalidade, em geral, para eleições futuras (ADC 29 e 30 e ADI 4.578, Rel. Min. Luiz Fux, DJ 29.6.2012). A respeito do tema, FIGUEIREDO, Marcelo. Direito à probidade administrativa – a lei da ficha limpa: um lento e bom caminho, mas ainda insuficiente: uma análise comparada Brasil – Colômbia. *In*: MARQUES NETO, Floriano Azevedo (org.). **Direito e administração pública**: estudos em homenagem a Maria Sylvia Zanella Di Pietro. São Paulo: Atlas, 2013, p. 1049-1068.

20. SANTOS, António Carlos; PALMA, Clotilde Celorico. Os princípios da proteção da confiança legítima e da não retroatividade das normas tributárias em tempos de crise: o caso português. **Revista do Instituto do Direito Brasileiro (RIDB)** [da Faculdade de Direito da Universidade de Lisboa], Lisboa, ano 2 (2013), n. 4, p. 3.148-3.182.

21. Semelhante linha de argumentação foi apresentada pelo STF para reconhecer que, como regra, em tema de improbidade administrativa, não se pode cogitar da retroatividade da lei mais benéfica, caso da Lei nº 14.230/2021 (ARE 843.989, Rel. Min. Alexandre de Moraes, DJ 12.12.2022, Tema 1.199 da repercussão geral). Esta Lei, como sabido, realizou ajustes na Lei nº 8.429/1992 que havia tempos estavam sendo reclamados pela doutrina, mas, além

O STF também acolheu essa tese da *retrospectividade* ao proclamar a constitucionalidade do prazo decadencial para revisão de benefícios previdenciários, instituída pela Medida Provisória nº 1.523/97), inclusive para benefícios concedidos anteriormente. Este julgado merecerá avaliação em separado (item 10.1), pois, como sabido, tanto a decadência como a prescrição são institutos que derivam do direito fundamental à segurança jurídica e, conforme iremos sustentar, também do direito à proteção da confiança.

5.2. A PROTEÇÃO CONSTITUCIONAL AO DIREITO ADQUIRIDO

A Constituição Federal de 1988 estabelece, em seu artigo 5º, XXXV, já mencionado, que "a lei não prejudicará o direito adquirido, o ato jurídico perfeito e a coisa julgada". Tais bens jurídicos estão inseridos, inclusive topologicamente, no catálogo de direitos individuais, sendo merecedores de uma interpretação condizente com tal natureza jurídica.

Essa natureza jurídica exige que se tenha em vista, desde logo, que a proteção ao direito adquirido está compreendida no rol das matérias que não podem ser alteradas sequer por via de emenda à Constituição (artigo 60, § 4º, IV).

A Constituição de 1988 estabelece que "não será objeto de deliberação proposta de emenda à Constituição *tendente a abolir*" aquelas cláusulas. Portanto, poderá ser declarada inconstitucional não apenas uma emenda que atinja frontalmente aquelas matérias, que abale essas cláusulas em seu núcleo essencial, mas também a emenda meramente *tendente* a afetar esses temas[22]. É certo que se encontra, na doutrina, uma advertência quanto ao

---

disso, estabeleceu várias regras que resultaram em um afrouxamento dos rigores legais de enfrentamento dos atos de improbidade. À vista dos bens jurídicos protegidos pela Lei, o STF entendeu inaplicável a tais atos a retroatividade da lei mais benigna (artigo 5º, XL, da Constituição Federal).

22. Estas ideias foram por nós desenvolvidas no texto Normas constitucionais inconstitucionais e o direito previdenciário pós-reforma. *In:* SERAU JUNIOR, Marco Aurélio; VICTORIO, Rodrigo Moreira Sodero (org.). **Teses revisionais e de inconstitucionalidade no Direito Previdenciário**. 2ª ed. Curitiba: Juruá, 2023, p. 11-32. Gilmar Ferreira Mendes aponta, a propósito deste tema, que "não se proíbe a destruição pura e simples da Constituição ou de determinados princípios por ela considerados superiores. Veda-se, isto sim, a própria apresentação de proposta *tendente* a abolir, isto é, a mitigar, a atenuar, a reduzir o significado e a eficácia da forma federativa do Estado, do voto direto, secreto e universal e periódico, a separação de Poderes e os direitos e garantias individuais" (MENDES, Gilmar Ferreira. Os limites da

que se pode chamar de "rigidez acentuada", que signifique um verdadeiro "convite às revoluções"[23]. Mas, no caso específico brasileiro, trata-se de uma determinação constitucional inequívoca.

É também frequente na doutrina a referência à analogia entre as cláusulas pétreas e a uma passagem na Odisseia de Homero (Livro XII), que conta as peripécias de Ulisses. O herói, advertido por Circe, sabia que iria passar próximo a uma ilha de sereias e, atraído pelo canto irresistível delas, levaria o navio a naufragar. Diante disso, Ulisses ordenou aos seus marinheiros que o amarrassem ao mastro do navio, enquanto cobriam seus próprios ouvidos com cera. Ulisses ainda advertiu que, no percurso, quanto mais ordenasse que o soltassem, mais fortes deveriam estar os laços que o amarravam ao mastro[24].

A analogia tem razão de ser porque não é incomum que, em períodos de instabilidade social ou econômica, os parlamentares sejam atraídos pelo "canto das sereias" e se sintam estimulados a aprovar alterações que abalem os pilares fundamentais da Constituição. Assim, as cláusulas pétreas servem como as cordas que impedirão a Constituição de ser "enfeitiçada" pelo clamor popular ou pelas maiorias parlamentares transitórias.

Não é preciso mais para concluir que as cláusulas pétreas, *sejam quais forem*, também assumem o papel de estabilizadoras do ordenamento jurídico. São expressões dos valores constitucionais mais importantes, particularidade que não pode ser deixada de lado na sua interpretação. Este aspecto foi também observado por Marcelo Figueiredo, referindo-se especificamente ao direito adquirido:

---

revisão constitucional. **Revista de Direito Constitucional e Internacional**, v. 21, p. 69-91, out./dez. 1997).

23. SAMPAIO, Nelson de Souza. **O poder de reforma constitucional**. 3. ed. Belo Horizonte: Nova Alvorada, 1995. p. 66. Realmente, uma petrificação exagerada poderá até contribuir, em alguma medida, para que as normas constitucionais tenham pouca efetividade ou para que a Constituição tenha duração efêmera. Se a Constituição não consegue se adaptar a uma sociedade em constante mudança, acaba perdendo sua efetividade e poderá ser facilmente substituída por outra, por obra de um Poder Constituinte Originário do tipo revolucionário.

24. Para um apanhado dessa ideia, inclusive quanto às críticas que são feitas nesse sistema, ver SARMENTO, Daniel. Direito adquirido, emenda constitucional, democracia e justiça social. **Revista Eletrônica sobre a Reforma do Estado**, Salvador, IBDP, n. 12, dez./jan./fev. 2008. Disponível em http://www.direitodoestado.com.br/codrevista.asp?cod=248. Acesso em: 03 jun. 2024.

> Deveras, a verdade é que o direito adquirido reflete em larga medida o desafio do próprio direito constitucional e de seu resultado mais nobre, a Constituição: ser a um só tempo instrumento de *estabilidade* e *avanço* da cidadania. O segredo parece estar no movimento *equilibrado* desse sensível pêndulo[25] (destaques do original).

No termo "direito adquirido" há algo de redundante ou tautológico: afinal, se existe "direito", se reconhecemos que um sujeito incorporou em sua esfera jurídica certa prerrogativa, possibilidade ou potencialidade, esse "direito" é evidentemente por ele "adquirido". Ou, dito de outra forma, será que existem direitos "não-adquiridos"? Isso explica, em alguma medida, as dificuldades que a doutrina exibe para efeito de conceituar o direito adquirido[26].

Luís Roberto Barroso procura explicar (e afastar) essa aparente redundância, separando o processo de aquisição e exercício de direitos no seguinte quadro esquemático: *a)* expectativa de direito (o fato aquisitivo teve início, mas não se completou); *b)* direito adquirido (o fato aquisitivo se completou, mas o efeito previsto na norma ainda não se produziu); e *c)* direito consumado (o fato aquisitivo se completou e o efeito previsto na norma já se produziu integralmente)[27]. O encadeamento proposto é correto, mas a redundância se mantém.

A Lei de Introdução às Normas do Direito Brasileiro (LINDB – Decreto-lei nº 4.657/1942) procura resolver tal questão, prescrevendo que "consideram-se adquiridos assim os direitos que o seu titular, ou alguém por ele, possa exercer, como aqueles cujo começo do exercício tenha termo pré-fixo, ou condição pré-estabelecida inalterável, a arbítrio de outrem".

É comum afirmar-se que não é papel do direito positivo estabelecer conceitos. A linguagem no direito positivo é eminentemente prescritiva,

25. FIGUEIREDO, Marcelo. Reformas constitucionais e os direitos – adquiridos ou desrespeitados? *In:* MARTINS, Ives Gandra; MENDES, Gilmar Ferreira; TAVARES, André Ramos (org.). **Lições de direito constitucional**: em homenagem ao jurista Celso Bastos. São Paulo: Saraiva, 2005, p. 100.

26. José Afonso da Silva procura distinguir o direito subjetivo (exercitável e exigível, inclusive em juízo) do direito adquirido (aquele não exercido e alcançado pelo advento da lei nova). O problema nessa concepção é que a ineficácia da lei nova é um *atributo* do direito adquirido, mas não *é* o direito adquirido, em si (SILVA, José Afonso da. **Curso de direito constitucional positivo**. 37. ed. São Paulo: Malheiros, 2014, p. 437).

27. BARROSO, Luís Roberto. **Curso de direito constitucional contemporâneo**: os conceitos fundamentais e a construção do novo modelo. 11. ed. São Paulo: SaraivaJur, 2023, p. 69-70.

pois enuncia comportamentos permitidos, proibidos ou impostos, assim como eventuais sanções decorrentes de sua violação. A tarefa de estabelecer conceitos caberia primordialmente à Ciência do Direito, ainda que a partir da dogmática[28].

Mas é também razoável concluir que, ao se ocupar da função de conceituar institutos jurídicos, o direito positivo o faça com finalidade didática ou pedagógica, ou ao menos para afastar divergências de sentido que poderiam emergir de uma multiplicidade de possibilidades interpretativas.

Assim, por exemplo, ao estabelecer que "a seguridade social compreende um conjunto integrado de ações de iniciativa dos Poderes Públicos e da sociedade, destinadas a assegurar os direitos relativos à saúde, à previdência e à assistência social" (artigo 194), a Constituição Federal fornece ao intérprete um *conceito de seguridade social*, explicitando quais são seus aspectos ou dimensões. Trata-se de uma opção político-legislativa que delimita o âmbito de atuação do sistema de seguridade social, inclusive sob o aspecto de seu custeio (artigo 195).

Assim, se determinada contribuição é criada para o custeio da seguridade social (no conceito especificamente posto pela Constituição Federal), uma lei que pretenda destinar parte do produto de sua arrecadação, por exemplo, para custeio da educação pública, será fatalmente inconstitucional[29]. O con-

---

28. "A ciência do direito, que é a ciência em que os juristas procuram conhecer o direito positivo, também tem sua linguagem, que se dirige ao direito (linguagem-objeto), pela qual fixa e comunica o conhecimento. As proposições-objeto, como vimos, são prescritivas (normativas), mas as sobreposições (da ciência jurídica) são descritivas (teoréticas)" (DINIZ, Maria Helena. **Compêndio de introdução à ciência do direito**. 27. ed. São Paulo: Saraiva Educação, 2019, p. 198).

29. Cabe aqui fazer uma distinção: embora o Código Tributário Nacional realmente estabeleça que, para a natureza jurídica dos tributos, é indiferente a "destinação legal do produto de sua arrecadação" (artigo 4º, II), não pode o legislador eleger outra finalidade para um tributo que tem destinação previamente estabelecida pela Constituição Federal. A Constituição até pode ser alterada para fins de modificar essa destinação (como ocorreu com a denominada Desvinculação de Receitas da União – DRU, então prevista no artigo 76 do ADCT, considerada válida pelo STF – RE 566.007, Rel. Min. Cármen Lúcia, DJ 11.02.2015, Tema 227 da repercussão geral). Mas cabe ao legislador destinar efetivamente tal arrecadação para a finalidade constitucionalmente estabelecida. A Emenda Constitucional nº 132/2023 estendeu a DRU para Estados e Municípios (artigo 2º, que acrescentou os artigos 76-A e 76-B ao ADCT). Essa alteração de destinação do produto da arrecadação também ocorreu com a extinta Contribuição Provisória sobre Movimentação ou Transmissão de Valores e de Créditos e Direitos de Natureza Financeira (a CPMF). Inicialmente destinada ao Fundo Nacional de Saúde (artigo 74, § 3º, do ADCT, com a redação da Emenda nº 12/1996), depois foi vinculada à Previdência Social nos exercícios financeiros de 1999, 2000 e 2001 (artigo

ceito fixado pelo direito positivo delimita as possibilidades interpretativas e atribui sentido específico à norma a ser interpretada.

A opção do constituinte por estabelecer um conceito não retira o papel da Ciência na interpretação do conceito posto, mas serve, evidentemente, como um elemento de segurança jurídica e de eliminação de controvérsias.

No caso do conceito de direito adquirido, há um agravante a considerar, pois se trata de um conceito estabelecido por *norma infraconstitucional*. Assim, para além da discussão sobre a conveniência/adequação do conceito estabelecido pelo direito positivo, é ainda necessário que esse conceito passe por um "filtro" de constitucionalidade.

Afinal, deve-se ter a máxima cautela ao admitir que o legislador infraconstitucional conceitue um instituto que é essencialmente *constitucional*. Um equívoco do legislador importaria uma inadmissível inversão na estrutura escalonada e hierárquica do ordenamento jurídico[30]. É certo que a LINDB tem o papel de ser uma norma de "sobredireito", isto é, não se destina a regulamentar os comportamentos das pessoas, mas a disciplinar a interpretação, integração e aplicação de outras normas, no tempo e no espaço[31]. Mas ainda assim continua a ser uma norma infraconstitucional e não irá servir para dispor, irrestritamente, a respeito da interpretação das normas constitucionais[32].

75, § 2º, do ADCT, com a redação da Emenda nº 21/1999). Com a Emenda nº 37/2002, a arrecadação foi partilhada entre o Fundo Nacional de Saúde, a Previdência Social e o Fundo de Combate e Erradicação da Pobreza, mantendo-se a cobrança até 31 de dezembro de 2007 por força da Emenda nº 42/2003.

30. "Portanto, não se dá conteúdo à Constituição a partir das leis. A fórmula a adotar-se para a explicitação de conceitos opera sempre 'de cima para baixo', o que serve para dar segurança em suas definições. O postulado da supremacia da Constituição repele todo o tipo de interpretação que venha de baixo, é dizer, repele toda a tentativa de interpretar a Constituição a partir da lei. O que cumpre ser feito é sempre o contrário, vale dizer, procede-se à interpretação do ordenamento jurídico a partir da Constituição" (BASTOS, Celso Ribeiro. **Hermenêutica e interpretação constitucional**. São Paulo: Celso Bastos Editor – Instituto Brasileiro de Direito Constitucional, 1997, p. 101-102).

31. RAMOS, André de Carvalho; GRAMSTRUP, Erik Frederico. **Comentários à Lei de Introdução às Normas do Direito Brasileiro – LINDB**. 2. ed. São Paulo: Saraiva Educação, 2021, p. 15.

32. Nesse sentido, BRAGA, Cristina Alves da Silva; FRANÇA, Vladimir da Rocha. A Lei de Introdução às Normas no Direito Brasileiro e a interpretação das normas jurídicas pelo Poder Judiciário. **Revista digital Constituição e garantia de direitos**, [s. l.], v. 14, n. 1, p. 56-67, 2022.

O núcleo do conceito legal de direito adquirido está relacionado com as hipóteses em que *o titular do direito possa exercê-lo*. Subsidiariamente, o direito adquirido poderá também emergir nos casos em que: *a)* um terceiro possa exercer o direito em nome de seu titular; *b)* o exercício do direito tenha um termo inicial preestabelecido para seu exercício; e *c)* o exercício do direito está relacionado com uma condição já estabelecida e inalterável por ação de terceiros.

Como parece evidente, no âmbito dos direitos fundamentais a hipótese que surge na quase totalidade dos casos é a da pronta aptidão para o exercício do direito. É o que ocorre, por exemplo, no âmbito do Direito Previdenciário, em que se reconhece a existência de direito adquirido nos casos em que um segurado (ou dependente) da Previdência Social preenche *todos* os requisitos legais para a concessão de um determinado benefício.

Ao preencher *todos* os requisitos (não um, dois ou três, mas *todos*), aquele direito se incorpora à pessoa do segurado ou dependente e, na dicção da norma constitucional, não poderá ser "prejudicado" por lei superveniente[33]. Pouco importa saber se, no caso concreto, o interessado requereu administrativamente o benefício. Se tem direito adquirido, quando o requerer, deverá ser reconhecido mesmo administrativamente, ou, se necessário, em Juízo[34].

A própria legislação por vezes reafirma essa ideia, como é o caso das regras contidas no artigo 102, §§ 1º e 2º, da Lei nº 8.213/1991 (a Lei de Benefícios do Regime Geral de Previdência Social – RGPS):

> Art. 102. A perda da qualidade de segurado importa em caducidade dos direitos inerentes a essa qualidade.
>
> § 1º A perda da qualidade de segurado não prejudica o direito à aposentadoria para cuja concessão tenham sido preenchidos todos os requisitos, segundo a legislação em vigor à época em que estes requisitos foram atendidos.
>
> § 2º Não será concedida pensão por morte aos dependentes do segurado que falecer após a perda desta qualidade, nos termos do art. 15 desta Lei, salvo

---

33. Esta noção foi incorporada pela Lei Complementar nº 109/2001, que dispõe sobre o regime de previdência complementar e prescreve, em seu artigo 68, § 1º, que "os benefícios serão considerados direito adquirido do participante quando implementadas todas as condições estabelecidas para elegibilidade consignadas no regulamento do respectivo plano".

34. A necessidade (ou não) do prévio requerimento administrativo em matéria previdenciária foi decidida pelo STF em regime de repercussão geral (Tema 350, RE 631.240, Rel. Min. Luís Roberto Barroso, DJe 10.11.2014). Vide, a respeito, o item 9.1., com a reprodução das teses então fixadas.

se preenchidos os requisitos para obtenção da aposentadoria na forma do parágrafo anterior[35].

A "qualidade de segurado" é um dos requisitos para a concessão de benefícios previdenciários (artigos 11 a 13 da Lei nº 8.213/1991), mas, como estabelece a regra acima transcrita, a perda dessa qualidade não afeta a concessão de benefícios (em sentido amplo) se o titular já tinha preenchido todos os requisitos legais, isto é, se ele já tinha direito adquirido. O mesmo ocorre com os dependentes de segurado que, posto tenha perdido a qualidade de segurado antes de falecer, já tinha direito adquirido à concessão de qualquer benefício (também em sentido amplo). Nessas duas situações, portanto, a lei acaba explicitando algo que já deriva da própria Constituição Federal, mas aqui também com finalidade didática ou pedagógica.

Outra hipótese análoga, não prevista em lei, mas reconhecida amplamente pelos Tribunais, é a dos segurados que são acometidos de alguma doença ou lesão incapacitante e, *em razão destas*, deixam de verter contribuições à Previdência Social. Em casos assim, a perda da qualidade de segurado não é óbice à concessão de benefício por incapacidade, ou, se for o caso, de pensão por morte aos dependentes[36].

Há julgados do Supremo Tribunal Federal, especialmente de relatoria do Ministro Celso de Mello, em que se emprega a locução "ciclo de formação" dos direitos. A tese é que somente quando se completa esse ciclo de formação de um direito, ou seja, quando percorridas todas as etapas de formação, é que se pode falar validamente em direito adquirido. Por oposição, enquanto tais

35. Também nesse sentido é a Súmula 416 do STJ: "É devida a pensão por morte aos dependentes do segurado que, apesar de ter perdido essa qualidade, preencheu os requisitos legais para a obtenção de aposentadoria até a data do seu óbito". Em sentido análogo é tese firmada pela TNU no Tema 148: "A perda da qualidade de segurado constitui óbice à concessão da pensão por morte quando o *de cujus* não chegou a preencher, antes de sua morte, os requisitos para obtenção de qualquer aposentadoria concedida pela previdência social, tal como ocorre nas hipóteses em que, embora houvesse preenchido a carência, não contava com tempo de serviço ou com idade bastante para se aposentar" (PEDILEF 0001076-51.2011.4.03.6306, Rel. Gerson Luiz Rocha, DJ 27.01.2017). Também assim a tese estabelecida no Tema 225/TNU: "É possível a concessão de pensão por morte quando o instituidor, apesar de titular de benefício assistencial, tinha direito adquirido a benefício previdenciário não concedido pela Administração" (PEDILEF 0029902-86.2012.4.01.3500, Rel. Atanair Nasser Ribeiro Lopes, DJ 20.11.2020).

36. TRF 3ª Região, ApCiv 5006953-46.2019.4.03.6130, Rel. Des. Federal Leila Paiva Morrison, DJ 03.10.2023; STJ, AgRg no Ag n. 1.070.071/PE, Rel. Min. Og Fernandes, DJ 09.12.2008. TNU, PEDILEF 2010.72.64.001730-7, Rel. Adel Américo Dias de Oliveira, DJ 08.6.2012.

"ciclos de formação" não estiverem inteiramente concluídos, poderia sobrevir um ato legislativo capaz de impedir a aquisição do direito[37].

O mesmo Supremo Tribunal Federal também reconheceu a existência de um *direito adquirido ao benefício mais vantajoso possível*. Assim, em uma hipótese em que um segurado preenche os requisitos legais para a concessão de mais de um benefício (ou de diferentes possibilidades de cálculo para o mesmo benefício), haverá um direito de escolha pelo benefício que se entenda mais favorável[38].

Também assim vem entendendo do Superior Tribunal de Justiça, nas hipóteses em que o segurado propõe ação judicial para a concessão de um benefício e, no curso da ação, obtém outro benefício na via administrativa. Em tais casos, foi reconhecido o direito do segurado de manter o benefício deferido administrativamente (normalmente mais vantajoso) e, *ao mesmo tempo*, receber os atrasados do benefício concedido em Juízo, desde a data de entrada do primeiro requerimento administrativo (DER) até a véspera da implantação do benefício administrativo. Esta possibilidade foi reconhecida na sistemática dos recursos especiais repetitivos (Tema 1.018), fixando-se a seguinte tese:

> O segurado tem direito de opção pelo benefício mais vantajoso concedido administrativamente, no curso de ação judicial em que se reconheceu benefício menos vantajoso. Em cumprimento de sentença, o segurado possui o direito à manutenção do benefício previdenciário concedido administrativamente no curso da ação judicial e, concomitantemente, à execução das parcelas do benefício reconhecido na via judicial, limitadas à data de implantação daquele conferido na via administrativa (RESP 1.767.789, Rel. Min. Herman Benjamin, DJ 01.7.2022).

Ambas as soluções fixadas (pelo STF e pelo STJ) estão em harmonia com a natureza da proteção ao direito adquirido, que é impedir que o indivíduo seja prejudicado pelo advento de novas leis. Além disso, também adotam

37. STF, RE 252.947 AgR-ED-ED-ED, DJ 10.12.2014; RE 196.140, DJ 25.8.2006, p. 54; RE 322.348 AgR, DJ 06.12.2002, p. 71, todos de relatoria do Min. Celso de Mello.

38. RE 630.501, red. p/ acórdão o Min. Marco Aurélio (Tema 334 da repercussão geral), DJ 26.8.2013; ARE 705.456 AgR, Rel. Min. Dias Toffoli, DJ 14.11.2014; RE 733.919 AgR, Rel. Min. Luiz Fux, DJ 23.9.2015, RE 1.156.918 Agr, Rel. Min. Roberto Barroso, DJ 13.11.2018, dentre tantos outros. O direito de opção não foi reconhecido, todavia, no caso da "revisão da vida toda", de que iremos tratar no item 9.4.1.

como premissa a ideia de que o segurado não pode sofrer as consequências de uma eventual atuação deficiente da Administração Pública, tanto ao indeferir indevidamente um benefício, como também ao conceder benefício menos vantajoso.

Há ainda um ponto a considerar, que diz respeito à natureza das relações que se estabelecem entre a nova lei e o indivíduo que já havia adquirido o direito perante as normas anteriores.

Não se deve cogitar, desde logo, de uma *nulidade* da lei nova, porque este atributo tem relação com a conformidade material e formal da nova lei com o ordenamento jurídico, de forma ampla. Ou seja, não cabe proclamar a nulidade pelo simples fato de a lei, circunstancialmente, atingir alguns indivíduos que tinham direitos adquiridos. Em casos assim, a nova lei será presumivelmente *válida*, mas certamente será *ineficaz* em relação àqueles que já tinham direito adquirido a ser reconhecido. Pode-se afirmar, de outra maneira, que haverá uma *redução da eficácia da norma*, que deixará de alcançar todos os seus possíveis destinatários[39].

Existe uma possibilidade de reconhecer a nulidade, que se dá naquelas leis que elegem como *únicos destinatários* de seus comandos indivíduos protegidos pelo direito adquirido. Se a lei nova quer alcançar *apenas* quem já tem direito adquirido, a lei será materialmente inconstitucional. Mas, salvo nesse caso, em que se pode imputar ao legislador uma conduta de evidente má-fé, na maior parte das situações a solução será mesmo de reconhecer a *ineficácia* da nova lei, no ponto em que atinge direitos adquiridos.

Pode até ser que a lei nova tenha ferido direitos adquiridos e, além disso, seja formal ou materialmente inconstitucional. Nesse caso, ao atributo da *ineficácia* (em relação a alguns de seus destinatários) soma-se o da *nulidade* (em relação a todos os destinatários), como é a regra, entre nós, como consequência da declaração de inconstitucionalidade[40].

---

39. É ilustrativo desse aspecto que Canotilho faça menção à "calculabilidade e previsibilidade dos indivíduos em relação *aos efeitos jurídicos do ato*". Não ao *ato*, em si, mas aos *efeitos jurídicos* prospectivos deste. Realmente há uma diferença entre não permitir a retirada de uma norma (irrevogabilidade) e permitir a retirada, mas preservando os efeitos jurídicos dos atos praticados com base nessa mesma norma (CANOTILHO, José Joaquim Gomes. **Direito constitucional e teoria da constituição**. Coimbra: Livraria Almedina, 1997, p. 257). Por isso sustentamos que se trata realmente de ineficácia, não de invalidade (ou nulidade) da norma.

40. Ver, a respeito dos efeitos da declaração de inconstitucionalidade e sua eventual modulação, o item 9.

Uma última observação a ser feita em relação ao direito adquirido diz respeito à correta interpretação a ser dada à norma do artigo 5º, XXXVI, da Constituição Federal, que estabelece que *a lei* não prejudicará o direito adquirido. A pergunta que se impõe responder é se tal restrição foi estabelecida apenas ao *legislador infraconstitucional*, ou se, diferentemente, pode obstar também as *emendas à Constituição*. Ou, dito de outra forma, o destinatário do comando constitucional é somente o *direito infraconstitucional* ou também alcança o *poder constituinte derivado* (ou derivado reformador)?

Não temos dúvida em reconhecer que se trata de proteção ampla, oponível tanto às alterações da lei como às alterações da Constituição Federal. Algumas razões sustentam tal posição. Em primeiro lugar, tratando-se de um direito fundamental, sua interpretação deve ser feita à luz do *princípio da máxima efetividade*, que impõe um resultado de interpretação que leve à maior efetividade possível da norma constitucional (ver, a respeito, o item 4.2 deste trabalho).

Assim, à vista de uma diversidade de interpretações possíveis, a solução deve ser aquela que resulta na maior efetividade do direito fundamental. Trata-se de um princípio de hermenêutica constitucional que repele interpretações restritivas, limitativas ou mesmo mesquinhas das normas que veiculam direitos fundamentais[41].

Além disso, ao contrário do que habitualmente se sustenta, a norma que protege o direito adquirido não está "solta" no sistema constitucional. Como já assinalado, há um conjunto de normas constitucionais que se destina a proteger os indivíduos contra as instabilidades das relações jurídicas. A norma que estabelece proteção às situações consolidadas (inciso XXXVI) remete imediatamente à norma matriz, que é o direito à segurança jurídica (*caput* do artigo 5º), plenamente imbricado com a proteção da confiança, como já se viu[42].

---

41. CANOTILHO, José Joaquim Gomes. **Direito constitucional e teoria da constituição**. Coimbra: Livraria Almedina, 1997, p. 1097; BASTOS, Celso Ribeiro. **Hermenêutica e interpretação constitucional**. São Paulo: Celso Bastos Editor - Instituto Brasileiro de Direito Constitucional, 1997, p. 104.

42. Esta correlação direta entre a proteção ao direito adquirido e o direito à segurança (matriz) é também notada por MEDAUAR, Odete. Segurança jurídica e confiança legítima. **Cadernos da Escola de Direito e Relações Internacionais da UniBrasil**, Curitiba, n. 8, p. 227-231, jan./jul. 2008. Em outra forma de abordar o tema, fala-se também em irretroatividade como *regra jurídica* (impedindo que prejudique o direito adquirido, ato jurídico perfeito e coisa julgada) e em irretroatividade como *princípio jurídico* (impedindo alterações gravosas

Carlos Ayres Britto e Valmir Pontes Filho, em conhecido artigo a respeito do tema, afirmam corretamente que admitir que uma emenda pudesse ferir o direito adquirido seria "descambar para o reducionismo ou a dessubstancialização do princípio da segurança jurídica, relativizando o que a Lei Maior concebeu, a esse respeito, como princípio absoluto"[43].

Em temas especificamente previdenciários, o Direito brasileiro experimentou uma particularidade, dado que as emendas constitucionais que trataram do assunto invariavelmente determinaram que fossem respeitados os direitos adquiridos. Assim, por exemplo, o artigo 3º da Emenda nº 20/1998[44],

---

das consequências jurídicas conectadas a atos de disposição da liberdade e propriedade praticados no passado). Nesse sentido, LEÃO, Fernanda Teles de Paula; PETRECHEN, Mariela Martins Pacheco. A irretroatividade da lei tributária e sua limitação ao poder legislativo como forma de resguardar a segurança jurídica. **Revista de Direito Tributário Contemporâneo**, São Paulo, ano 5, v. 26, p. 37-59, set./out. 2020.

43. BRITTO, Carlos Ayres; PONTES FILHO, Valmir. Direito adquirido contra as emendas constitucionais. **Revista de Direito Administrativo**, Rio de Janeiro, n. 202, p. 75-80, out./dez. 1995. No mesmo sentido, ALMEIDA, Lilian Barros de Oliveira. **Direito adquirido**: uma questão em aberto. São Paulo: Saraiva, 2012, p. 83; BARROSO, Luís Roberto. **Curso de direito constitucional contemporâneo**: os conceitos fundamentais e a construção do novo modelo. 11. ed. São Paulo: SaraivaJur, 2023, p. 69 e seguintes (embora sustentando um âmbito de proteção mais restrito). ARAUJO, Luiz Alberto David; NUNES JÚNIOR, Vidal Serrano. **Curso de direito constitucional**. 23. ed. São Paulo: Manole, 2021, p. 260. MARMELSTEIN, George. **Curso de direitos fundamentais**. 4. ed. São Paulo: Atlas, 2013, p. 160. YOSHIDA, Consuelo Yatsuda Moromisato. Ato jurídico perfeito, direito adquirido, coisa julgada e meio ambiente. **Revista de Direito Ambiental**, São Paulo, v. 66, p. 113-151, abr./jun. 2012. Em sentido contrário, CARDOZO, José Eduardo Martins. **Da retroatividade da lei**. São Paulo: Revista dos Tribunais, 1995, p. 314; BASTOS, Celso Ribeiro; MARTINS, Ives Gandra. **Comentários à Constituição do Brasil** (promulgada em 5 de outubro de 1988). V. 2, São Paulo: Saraiva, 1989, p. 191. SARMENTO, Daniel. Direito adquirido, emenda constitucional, democracia e justiça social. **Revista Eletrônica sobre a Reforma do Estado**, Salvador, IBDP, n. 12, dez./jan./fev. 2008. Disponível em http://www.direitodoestado.com.br/codrevista.asp?cod=248. Acesso em: 03 jun. 2024.

44. "Art. 3º É assegurada a concessão de aposentadoria e pensão, a qualquer tempo, aos servidores públicos e aos segurados do regime geral de previdência social, bem como aos seus dependentes, que, até a data da publicação desta Emenda, tenham cumprido os requisitos para a obtenção destes benefícios, com base nos critérios da legislação então vigente. § 1º O servidor de que trata este artigo, que tenha completado as exigências para aposentadoria integral e que opte por permanecer em atividade fará jus à isenção da contribuição previdenciária até completar as exigências para aposentadoria contidas no art. 40, § 1º, III, 'a', da Constituição Federal. § 2º Os proventos da aposentadoria a ser concedida aos servidores públicos referidos no "caput", em termos integrais ou proporcionais ao tempo de serviço já exercido até a data de publicação desta Emenda, bem como as pensões de seus dependentes, serão calculados de acordo com a legislação em vigor à época em que foram atendidas as prescrições nela estabelecidas para a concessão destes benefícios ou

o artigo 3º da Emenda nº 41/2003[45] e, ao menos na generalidade dos casos, a própria Emenda nº 103/2019[46]. Isso explica, em alguma medida, que o Supremo Tribunal Federal não tenha sido chamado a se pronunciar especificamente sobre o tema, neste ramo do conhecimento jurídico.

---

nas condições da legislação vigente. § 3º São mantidos todos os direitos e garantias assegurados nas disposições constitucionais vigentes à data de publicação desta Emenda aos servidores e militares, inativos e pensionistas, aos anistiados e aos ex-combatentes, assim como àqueles que já cumpriram, até aquela data, os requisitos para usufruírem tais direitos, observado o disposto no art. 37, XI, da Constituição Federal".

45. "Art. 3º É assegurada a concessão, a qualquer tempo, de aposentadoria aos servidores públicos, bem como pensão aos seus dependentes, que, até a data de publicação desta Emenda, tenham cumprido todos os requisitos para obtenção desses benefícios, com base nos critérios da legislação então vigente. § 1º O servidor de que trata este artigo que opte por permanecer em atividade tendo completado as exigências para aposentadoria voluntária e que conte com, no mínimo, vinte e cinco anos de contribuição, se mulher, ou trinta anos de contribuição, se homem, fará jus a um abono de permanência equivalente ao valor da sua contribuição previdenciária até completar as exigências para aposentadoria compulsória contidas no art. 40, § 1º, II, da Constituição Federal. § 2º Os proventos da aposentadoria a ser concedida aos servidores públicos referidos no *caput*, em termos integrais ou proporcionais ao tempo de contribuição já exercido até a data de publicação desta Emenda, bem como as pensões de seus dependentes, serão calculados de acordo com a legislação em vigor à época em que foram atendidos os requisitos nela estabelecidos para a concessão desses benefícios ou nas condições da legislação vigente".

46. "Art. 3º A concessão de aposentadoria ao servidor público federal vinculado a regime próprio de previdência social e ao segurado do Regime Geral de Previdência Social e de pensão por morte aos respectivos dependentes será assegurada, a qualquer tempo, desde que tenham sido cumpridos os requisitos para obtenção desses benefícios até a data de entrada em vigor desta Emenda Constitucional, observados os critérios da legislação vigente na data em que foram atendidos os requisitos para a concessão da aposentadoria ou da pensão por morte. § 1º Os proventos de aposentadoria devidos ao servidor público a que se refere o *caput* e as pensões por morte devidas aos seus dependentes serão calculados e reajustados de acordo com a legislação em vigor à época em que foram atendidos os requisitos nela estabelecidos para a concessão desses benefícios. § 2º Os proventos de aposentadoria devidos ao segurado a que se refere o *caput* e as pensões por morte devidas aos seus dependentes serão apurados de acordo com a legislação em vigor à época em que foram atendidos os requisitos nela estabelecidos para a concessão desses benefícios. § 3º Até que entre em vigor lei federal de que trata o § 19 do art. 40 da Constituição Federal, o servidor de que trata o *caput* que tenha cumprido os requisitos para aposentadoria voluntária com base no disposto na alínea 'a' do inciso III do § 1º do art. 40 da Constituição Federal, na redação vigente até a data de entrada em vigor desta Emenda Constitucional, no art. 2º, no § 1º do art. 3º ou no art. 6º da Emenda Constitucional nº 41, de 19 de dezembro de 2003, ou no art. 3º da Emenda Constitucional nº 47, de 5 de julho de 2005, que optar por permanecer em atividade fará jus a um abono de permanência equivalente ao valor da sua contribuição previdenciária, até completar a idade para aposentadoria compulsória".

Em um aspecto a Emenda nº 103/2019 poderá ser questionada, que é a regra posta em seu artigo 25, § 3º, que tem o seguinte teor:

> Art. 25 [...] § 3º Considera-se nula a aposentadoria que tenha sido concedida ou que venha a ser concedida por regime próprio de previdência social com contagem recíproca do Regime Geral de Previdência Social mediante o cômputo de tempo de serviço sem o recolhimento da respectiva contribuição ou da correspondente indenização pelo segurado obrigatório responsável, à época do exercício da atividade, pelo recolhimento de suas próprias contribuições previdenciárias.

Este dispositivo da Emenda ignora que, na vigência do texto original da Constituição Federal, havia previsão de concessão de aposentadorias *por tempo de serviço*. Não se exigia, até então, prova de efetivo recolhimento de contribuições previdenciárias, mas mera *prova do tempo de serviço*. Tal panorama se alterou apenas com o advento da Emenda nº 20/1998, que passou a prever uma aposentadoria "por tempo de contribuição", mas ressalvou que "o tempo de serviço considerado pela legislação vigente para efeito de aposentadoria, cumprido até que a lei discipline a matéria, será contado como tempo de contribuição" (artigo 4º). Então, certamente há segurados da Previdência Social que se aposentaram computando mero tempo de serviço, que, para todos os efeitos, passou a ser considerado como tempo de contribuição, mesmo que não tenham sido recolhidas contribuições.

O artigo 25, § 3º, da Emenda nº 103/2019, ao considerar nulas algumas aposentadorias que tenham computado mero tempo de serviço (e não de contribuição), acaba por ferir o direito adquirido ao cômputo do tempo de serviço, que já se havia incorporado definitivamente à pessoa daqueles aposentados. Também é possível argumentar que foi também violado o *ato jurídico perfeito*, consubstanciado no ato administrativo de concessão do benefício, plenamente válido e conforme às regras jurídicas vigentes naquela época.

Veja-se que, por aplicação da máxima *tempus regit actum*, norma aplicável à contagem de tempo para fins previdenciários é a norma vigente ao tempo em que o segurado exerceu atividade vinculada àquele regime previdenciário. Isto se aplica ao sistema de "tempo de serviço", ao "tempo de contribuição" e, igualmente, ao tempo exercido em atividades especiais prejudiciais à saúde, ou mesmo ao tempo de contribuição como pessoa com deficiência[47]. Esta é uma particularidade que traz grande complexidade ao estudo deste ramo do conhecimento jurídico. Não é de se estranhar que o "fator tempo", de que iremos tratar adiante (item 7), produza tantas e tamanhas repercussões previdenciárias.

Assim, o direito à contagem desse tempo deve ser aferido mês a mês, dia a dia, de acordo com a norma então vigente[48].

Por tais razões, não se sustenta a costumeira impugnação relativa à ausência de direito adquirido como impedimento à contagem de tempo, em todas essas modalidades. Se é certo que o direito à concessão do benefício só se incorpora ao patrimônio do titular no momento em que este implementa todos os requisitos legais, o direito à averbação do tempo é adquirido na medida em que esse trabalho é realizado[49].

---

47. Constituição Federal, artigos 40, §§ 4º-A e 4º-C, 201, § 1º; Lei nº 8.213/1991, artigos 57 e 58; Lei Complementar nº 142/2013. A propósito desse tema é a Súmula 66 da TNU: "O servidor público ex-celetista que trabalhava sob condições especiais antes de migrar para o regime estatutário tem direito adquirido à conversão do tempo de atividade especial em tempo comum com o devido acréscimo legal, para efeito de contagem recíproca no regime previdenciário próprio dos servidores públicos". Também assim é a tese fixada no Tema 278/TNU: "I – O (A) segurado (a) que trabalhava sob condições especiais e passou, sob qualquer condição, para regime previdenciário diverso, tem direito à expedição de certidão desse tempo identificado como especial, discriminado de data a data, ficando a conversão em comum e a contagem recíproca à critério do regime de destino, nos termos do art. 96, IX, da Lei n.º 8.213/1991; II – Na contagem recíproca entre o Regime Geral da Previdência Social – RGPS e o Regime Próprio da União, é possível a conversão de tempo especial em comum, cumprido até o advento da EC n.º 103/2019" (PEDILEF 5005679-21.2018.4.04.7111, Rel. Gustavo Melo Barbosa, DJ 27.9.2021). O STJ tem entendimento diverso quando à lei aplicável à conversão entre tempo especial e comum: "A lei vigente por ocasião da aposentadoria é a aplicável ao direito à conversão entre tempos de serviço especial e comum, independentemente do regime jurídico à época da prestação do serviço" (Tema 546, RESP 1.310.034, Rel. Min. Herman Benjamin, DJ 19.12.2012).

48. O Regulamento da Previdência Social (Decreto nº 3.048/99), a partir das alterações fixadas pelo Decreto nº 10.410/2020, passou a determinar que a contagem de contribuição deverá considerar todo o mês-competência, independentemente do número de dias trabalhados, desde que a contribuição vertida seja igual ou superior ao limite mínimo (artigo 19-C, § 2º). Esta regra, mais benéfica aos segurados, pode ser admitida, mesmo diante da aparente violação aos limites constitucionais à competência regulamentar (artigo 84, IV, da Constituição Federal). Também por força do "tempus regit actum", tal forma de contagem vai ser aplicada somente a partir da vigência do Decreto nº 10.410/2020 (01.7.2020).

49. Este entendimento foi também admitido pelo STF, em regime de repercussão geral, que reconheceu que servidores públicos que haviam exercido atividades com exposição a agentes nocivos *antes* da instituição do Regime Jurídico Único têm direito adquirido à contagem do tempo especial (Tema 293, RE 612.358, Rel. Min. Ellen Gracie, DJ 27.8.2010).

5.2.1. O "direito adquirido a regime jurídico" na jurisprudência do STF

Como se viu, o Supremo Tribunal Federal brasileiro adota um entendimento bastante específico a respeito da proteção ao direito adquirido, para só reconhecê-lo, em temas previdenciários, nos casos em que o segurado ou dependente havia preenchido todos os requisitos para a concessão de um determinado benefício.

Um acórdão bem expressivo desse entendimento é o proferido no julgamento da ADI nº 3.104/DF, em que se examinava a constitucionalidade dos novos requisitos para aposentadoria, introduzidos pela Emenda Constitucional nº 41/2003. O v. acórdão está assim ementado:

> CONSTITUCIONAL. PREVIDENCIÁRIO. ART. 2º E EXPRESSÃO "8º" DO ART. 10, AMBOS DA EMENDA CONSTITUCIONAL N. 41/2003. APOSENTADORIA. *TEMPUS REGIT ACTUM*. REGIME JURÍDICO. DIREITO ADQUIRIDO: NÃO-OCORRÊNCIA. 1. A aposentadoria é direito constitucional que se adquire e se introduz no patrimônio jurídico do interessado no momento de sua formalização pela entidade competente. 2. Em questões previdenciárias, aplicam-se as normas vigentes ao tempo da reunião dos requisitos de passagem para a inatividade. 3. Somente os servidores públicos que preenchiam os requisitos estabelecidos na Emenda Constitucional 20/1998, durante a vigência das normas por ela fixadas, poderiam reclamar a aplicação das normas nela contida, com fundamento no art. 3º da Emenda Constitucional 41/2003. 4. Os servidores públicos, que não tinham completado os requisitos para a aposentadoria quando do advento das novas normas constitucionais, passaram a ser regidos pelo regime previdenciário estatuído na Emenda Constitucional n. 41/2003, posteriormente alterada pela Emenda Constitucional n. 47/2005. 5. Ação Direta de Inconstitucionalidade julgada improcedente (ADI 3.104, Rel. Min. Cármen Lúcia, Tribunal Pleno, DJ 09.11.2007).

Em resumo, o STF traçou uma linha distintiva bastante clara entre diferentes servidores públicos (afinal, estavam em julgamento alterações no Regime Próprio de Previdência Social): aqueles que já tinham preenchido os requisitos para a aposentadoria até o advento da Emenda nº 41/2003 *têm direito adquirido*. A conclusão é um tanto expletiva, vale observar, dado que a própria Emenda o tinha dito de forma expressa, como se viu no item anterior (artigo 3º).

E os demais servidores, que ainda estavam no curso de sua vida previdenciária, sem preencher os requisitos para a concessão do benefício? Tais servidores tinham, na visão do STF, uma simples *expectativa* de concessão do benefício, expectativa essa que pôde ser legitimamente frustrada pela alteração constitucional então havida[50].

A conclusão é, portanto, binária: ou o segurado tem direito adquirido, ou não tem *nada*[51].

Esta conclusão é bastante consentânea com uma construção jurisprudencial formulada há décadas pelo próprio STF, nos mais diferentes assuntos, ao proclamar que *não existe direito adquirido a regime jurídico.*

Ou seja, quando se está diante de uma relação jurídica de natureza estatutária, que se desenvolve com o passar dos anos, não seria possível invocar uma imutabilidade desse regime jurídico. O legislador poderia, assim, alterar livremente as regras que informam esse regime jurídico, sem que tais alterações fossem controláveis jurídica e judicialmente. Diz o STF que a proteção contra essas alterações se dá, apenas, no que explicitamente reconhecido pela Constituição da República, sem interpretações expansivas ou ampliativas.

Assim, por exemplo, para o Tribunal, os servidores públicos não têm como se opor às mudanças operadas nas leis que regem sua remuneração, que podem, por exemplo, criar ou extinguir gratificações, verbas e vantagens, observando-se apenas aquilo que está expressamente vedado pelo Texto

---

50. No direito brasileiro, a partir da doutrina de Pontes de Miranda (**Tratado de direito privado**: parte geral. Rio de Janeiro: Borsoi, 1955, t. V, p. 282-285), há quem distinga as *expectativas de direito* do *direito expectado*, indicando que este se constituiria em espécie daquelas. O direito expectado seria aquele com grande probabilidade de se tornar, no futuro, um direito adquirido. O direito expectado se diferenciaria em relação a outras expectativas em razão do *grau* ou da *probabilidade* de se convolar em direito adquirido (SILVA, Marcelo Rodrigues da. **Limites à alteração da norma constitucional previdenciária**. Curitiba: Juruá, 2022, p. 125; CAMPOS, Marcelo Barroso Lima Brito de. **Direitos previdenciários expectados**: a segurança na relação jurídica previdenciária dos servidores públicos. Curitiba: Juruá, 2012, p. 101). Essa distinção tem sentido apenas em uma tentativa de indicar quais são as expectativas juridicamente tuteláveis. Há um reduzido interesse prático em trabalhar com meras probabilidades, de difícil mensuração quanto à possibilidade de controle jurídico e jurisdicional.

51. Celso Ribeiro Bastos e Ives Gandra Martins sustentam que, em casos assim, deve prevalecer a supremacia do interesse público sobre o particular, hipótese que poderá dar ensejo, quando muito, a uma pretensão indenizatória (BASTOS, Celso Ribeiro; MARTINS, Ives Gandra. **Comentários à Constituição do Brasil** [promulgada em 5 de outubro de 1988]. V. 2, São Paulo: Saraiva, 1989, p. 195).

Constitucional: a impossibilidade de redução nominal de sua remuneração[52]. O mesmo raciocínio é aplicável também aos militares (que, a partir da Emenda nº 18/98, não são mais servidores públicos)[53].

Para o STF, também não podem esses mesmos servidores públicos, ainda que a pretexto de proteger o direito adquirido e o ato jurídico perfeito, afastar a possibilidade da criação de novos tributos incidentes sobre seus proventos ou vencimentos[54].

Esse entendimento, mais do que consolidado no âmbito da Suprema Corte, não resiste a uma análise mais aprofundada, que leva à conclusão quanto à absoluta insuficiência da doutrina do direito adquirido para atender às demandas sociais relativas à proteção de situações jurídicas ainda em vias de consolidação[55].

A jurisprudência que se formou é resultado de uma compreensão parcial e insuficiente a respeito do sistema constitucional e, mais ainda, de uma suposição manifestamente incorreta de que a proteção da confiança e o direito à segurança jurídica sejam bens constitucionais que se esgotem da proteção do direito adquirido. Aliás, no exame desses julgados, nota-se a presença de referências circulares a outros acórdãos, que remetem a outros acórdãos, e assim sucessivamente, sem que seja feita qualquer reflexão crítica mais

52. Tese firmada no RE 563.708, Rel. Min. Cármen Lúcia, em regime de repercussão geral (Tema 24): "Não há direito adquirido a regime jurídico, notadamente à forma de composição da remuneração de servidores públicos, observada a garantia da irredutibilidade de vencimentos" (DJ 02.05.2013). A irredutibilidade da remuneração está prevista no art. 37, XV, da Constituição Federal, com a redação que lhe foi dada pela Emenda nº 19/1998: "O subsídio e os vencimentos dos ocupantes de cargos e empregos públicos são irredutíveis, ressalvado o disposto nos incisos XI e XIV deste artigo e nos arts. 39, § 4º, 150, II, 153, III, e 153, § 2º, I". Outros julgados do STF no mesmo sentido: ADI 7.226, Rel. Min. Dias Toffoli, DJ 05.9.2023; ARE 1.018.066 AgR, Rel. Min. Roberto Barroso, DJ 01.9.2017; ARE 735.707 AgR, Rel. Min. Edson Fachin, DJ 14.12.2016; AI 769.799, Rel. Min. Rosa Weber, DJ 11.9.2013.

53. Com a Emenda nº 18/1998, superou-se a antiga dicotomia entre "servidores públicos civis" e "servidores públicos militares". A partir de sua vigência, passamos a ter "servidores públicos", de um lado, e "militares", de outro. A tese da ausência de direito adquirido a regime jurídico também para militares foi proclamada, por exemplo, no RE 499.347 AgR, Rel. Min. Marco Aurélio, red. p/ acórdão Min. Cármen Lúcia, DJ 16.12.2020.

54. Invocando tais fundamentos, o STF entendeu válida a instituição da contribuição previdenciária sobre os proventos de servidores públicos aposentados e seus pensionistas (ADI 3.105, Rel. Min. Ellen Gracie, redator para o acórdão Min. Cezar Peluso, DJ 18.02.2005, p. 4).

55. MENDES, Gilmar Ferreira; BRANCO, Paulo Gustavo Gonet. **Curso de direito constitucional**. 18. ed. São Paulo: SaraivaJur, 2023, p. 189.

detida[56]. Em verdade, as referências remetem às *ementas* de outros acórdãos, o que está muitíssimo longe do que se espera de um Tribunal Constitucional. Em resumo, o Tribunal fixa um *standard* interpretativo sem a análise da *ratio decidendi* (razão de decidir) e sem que se abra qualquer caminho para uma eventual distinção (*distinguishing*). Como observa Cassio Scarpinella Bueno:

> O que importa – e isso deve ser evidenciado na compreensão do direito jurisprudencial construído a partir dos artigos ora estudados – é que *o precedente o é pelo que se decidiu à luz do caso concreto e de suas especificidades*, pela sua *ratio decidendi*, portanto, que é chamada pelo dispositivo referido de "fundamentos determinantes". Por isso, aliás, a importância da fundamentação exigida pelo § 1º do art. 927, máxime quando interpretado, como deve ser, em conjunto com os incisos V e VI do § 1º do art. 489. À luz desses dispositivos, aliás, é correto sustentar que aquela diretriz projetada subsiste íntegra, embora implicitamente, no Código de Processo Civil[57].

Portanto, a aplicação do precedente (seja qual for) deve ser antecedida de uma análise criteriosa do *fato* concreto que está atualmente sob julgamento. Somente se os fatos examinandos se ajustarem aos fatos que deram origem ao precedente é que a solução deverá ser a mesma. Caso contrário, isto é, se não houver essa coincidência de "fundamentos determinantes", é perfeitamente possível realizar a *distinção*, conforme determina expressamente o Código de Processo Civil (artigo 489, § 1º, V e VI)[58]. Iremos retomar estas ideias mais adiante (item 9).

---

56. Com ampla análise de vários desses julgados, em diferentes épocas, HIRSCH, Fábio Periandro de Almeida. **Direito adquirido a regime jurídico**: confiança legítima, segurança jurídica e proteção das expectativas no âmbito das relações de direito público. Tese (Doutorado em Direito Público). Universidade Federal da Bahia (UFBA), Salvador, 2012, p. 71-84. Diz este autor que "a busca pelas decisões que originaram essa orientação consolidada revela que, mesmo diante das constantes alterações constitucionais na história brasileira, bem como diante das oscilações entre períodos de democracia e de exceção, a ideia de que inexiste direito adquirido a regime jurídico foi mantida como se fosse um mantra, configurando-se uma espécie de lugar comum, tomado *a priori*, como instrumento para que o governo de então pudesse promover alterações abruptas sem cuidado com as situações individuais" (p. 71).

57. BUENO, Cassio Scarpinella. **Curso sistematizado de direito processual civil**: procedimento comum, processos nos tribunais e recursos. 12. ed. V. 2, São Paulo: SaraivaJur, 2023, p. 219.

58. "Art. 489 [...] § 1º Não se considera fundamentada qualquer decisão judicial, seja ela interlocutória, sentença ou acórdão, que: [...] V – se limitar a invocar precedente ou enunciado de súmula, sem identificar seus fundamentos determinantes nem demonstrar que o caso sob julgamento se ajusta àqueles fundamentos; VI – deixar de seguir enunciado de súmula,

A solução jurisdicional que se reporta acriticamente a soluções anteriormente fixadas pode ser "confortável" e, em alguma medida, pode até ser um reforço da proteção da confiança. Mas a repetição pela repetição é algo que não deve ser tolerado, quer sob o prisma da legislação processual, quer da própria Constituição.

É claro que, na maior parte dessas relações jurídicas que denominamos "estatutárias", há um enorme campo em que se desenvolve a chamada *liberdade de conformação legislativa*[59], que é um componente inerente ao princípio da separação das funções do Estado (artigo 2º da Constituição Federal). Afinal, constitui função típica do Poder Legislativo elaborar normas gerais e abstratas, bem como alterar as normas já existentes.

É possível, por exemplo, que o legislador realize uma análise do regime remuneratório de certa categoria de servidores públicos e delibere que, *para aquela categoria específica*, deve-se dar maior peso a uma gratificação que avalia o desempenho individual do servidor. Paga-se uma parcela fixa, de menor valor, acenando-se com uma gratificação que será graduada conforme sejam atingidas certas metas. Ou seja, o legislador toma uma decisão expressa de remunerar melhor os servidores que tenham *melhor desempenho*. Se desta opção legítima não deriva nenhum decréscimo remuneratório (nominal), realmente aquela categoria de servidores não tem como questionar a alteração de regime jurídico remuneratório que foi aí implantado[60].

O STF também adota semelhante entendimento, por exemplo, em relação aos critérios de correção monetária para os saldos de fundos estatutários,

---

jurisprudência ou precedente invocado pela parte, sem demonstrar a existência de distinção no caso em julgamento ou a superação do entendimento".

59. CANOTILHO, José Joaquim Gomes. **Direito constitucional e teoria da constituição**. Coimbra: Livraria Almedina, 1997, p. 263-264.

60. É frequente na Administração Pública a utilização da sigla "VPNI" (vantagem pessoal nominalmente identificada), para designar aquela parcela da remuneração do servidor que, em tese, seria suprimida em razão de alguma alteração no regime jurídico remuneratório. Mas essa parcela continua sendo paga, mesmo depois da alteração legislativa, exatamente para que não se viole a regra constitucional da irredutibilidade (art. 37, XV, da Constituição Federal). O STF afetou para julgamento, em regime de repercussão geral, a "possibilidade de instituição de vantagem pessoal nominalmente identificada – VPNI, por decisão judicial, em favor de servidor público, a fim de conciliar o exercício da autotutela administrativa com os princípios da proteção da confiança e da irredutibilidade de vencimentos, após longo período de interpretação inconstitucional da forma de cálculo de vantagem remuneratória" (RE 1.283.360, Tema 1.145, Rel. Min. Luiz Fux, ainda não julgado quando da elaboração deste trabalho).

como é o caso do Fundo de Garantia por Tempo de Serviço (FGTS). Se tais fundos têm origem em lei (e não em contrato), não se exige que a correção monetária reflita rigorosamente o decréscimo do poder de compra da moeda, corroído pela inflação[61]. Por extensão, o critério pode ser alterado, por determinação legal, com efeitos *pro futuro*, sem que se possa invocar a proteção constitucional ao direito adquirido.

Mas, em particular nas relações jurídico-previdenciárias, as soluções podem (e devem) ser distintas. Trata-se de uma área em que as pessoas traçam planos, tanto financeiros como de vida. Esse planejamento normalmente se estende por décadas. Não é por acaso que se costuma afirmar que a previdência social é um "pacto entre gerações"[62].

Assim, é possível concluir que, *em determinadas e específicas situações*, a partir de certos requisitos bem delimitados, a solução dada pelo Direito, inspirada pelo regime jurídico dos direitos e garantias fundamentais, seja diferente.

Como bem afirma Rafael da Cás Maffini,

> [...] As recentes – e inúmeras – alterações constitucionais revelam-se prodigiosas na demonstração de como os clássicos instrumentos de concreção da segurança jurídica proporcionam, em verdade, pouca previsibilidade e estabilidade das relações para com o Estado[63].

---

61. Este entendimento foi estabelecido em regime de repercussão geral (Tema 1.112, ARE 1.288.550, Rel. Min. Alexandre de Moraes, DJ 10.01.2022). No julgamento da ADI 5.090, todavia, o STF mitigou tal orientação para determinar, com efeitos *ex nunc*, uma remuneração mínima que corresponda à variação do índice oficial de inflação (IPCA), quer diretamente, quer mediante compensação a ser fixada pelo Conselho Curador do Fundo (j. em 12.6.2024, red. p/ acórdão Min. Flávio Dino, ata de julgamento publicada em 17.6.2024).

62. HORVATH JÚNIOR, Miguel. **Direito previdenciário**. 13. ed. São Paulo: Rideel, 2022. p. 65-66. Éderson Garin Porto também anota que as expectativas legítimas devem ser protegidas por duas razões: a primeira porque, se frustradas, poderão vir a causar um dano considerável ao indivíduo que nelas depositou confiança. Além disso, porque as expectativas estão relacionadas com a autonomia e com o planejamento de vida de cada particular (PORTO, Éderson Garin. O princípio da proteção da confiança e a boa-fé objetiva no direito público. **Revista da Ajuris**, Porto Alegre, v. 33, n. 102, p. 127-142, 2006).

63. MAFFINI, Rafael da Cás. **O princípio substancial da proteção da confiança no Direito Administrativo brasileiro**. Porto Alegre: Verbo Jurídico, 2006, p. 14.

Também assim se manifesta (ou se manifestava) Luís Roberto Barroso:

> O Estado, por certo, deve respeitar direitos adquiridos onde eles existam. Porém, mais que isso, não deve ser indiferente nem prepotente em relação às expectativas legítimas das pessoas. Como consequência, em nome da segurança jurídica e da boa-fé, deve promover um modelo de transição racional e razoável[64].

É até admissível afirmar, em situações assim, que realmente não há *direito adquirido* a ser protegido. Mas o fato de a situação não estar compreendida nessa categoria jurídica específica (o *direito adquirido*) não pode levar à conclusão de que o indivíduo ficará ao absoluto desamparo do sistema jurídico.

Há uma interessante visão que procura ampliar os horizontes de análise e sustentar a existência de um *direito adquirido social*, isto é, uma proteção jurídica não mais do indivíduo, mas do próprio corpo social[65]. É realmente um desafio essa tentativa de expandir os contornos jurídicos desse instituto, cujos limites já foram explorados pela doutrina e pela jurisprudência à exaustão. Sem chegar a propor uma revisão radical do *conceito* de direito

---

64. BARROSO, Luís Roberto. **Temas de direito constitucional**. T. III. Rio de Janeiro-São Paulo: Renovar, 2005, p. 169.

65. CORREIA, Marcus Orione Gonçalves; CORREIA, Érica Paula Barcha. **Curso de direito da seguridade social**. 6. ed. São Paulo: Saraiva, 2012, p. 90-109. Marcelo Figueiredo, com base nas lições de Valmir Pontes Filho, cogita de reconhecer um "direito adquirido a um dado regime de aposentação fixado no exato instante em que o servidor ingressa no serviço público. Esse entendimento – embora (ainda) não aceito pela doutrina – privilegia, a desdúvidas, a segurança jurídica, na medida em que dá a cada servidor a certeza de que pode projetar sua vida futura, afastando-se do cargo ou emprego público na época precisa que a lei (*lato sensu*) estipulou como suficiente para tanto. Esta certeza (e não mera 'expectativa') lhe dará, além do conforto psicológico, o senso perfeito de que, uma vez cumprido aquele lapso temporal (de serviço público, de contribuição à previdência ou outro qualquer), a sua inativação não poderá ser obstacularizada pela obra do legislador infraconstitucional (é dizer, por lei ou emenda). Não se trataria, pois, de mera 'aspiração' ou 'desejo', mas de direito adquirido sim, a uma dada previsão normativo-jurídica que se incorporou a seu patrimônio pessoal. Afinal, se o servidor fez, em dado momento, uma opção de vida profissional, é imperioso conferir--lhe, em homenagem à própria dignidade, a prerrogativa de traçar planos para o futuro, especialmente após a inativação almejada" (FIGUEIREDO, Marcelo. Reformas constitucionais e os direitos – adquiridos ou desrespeitados? *In:* MARTINS, Ives Gandra; MENDES, Gilmar Ferreira; TAVARES, André Ramos [org.]. **Lições de direito constitucional**: em homenagem ao jurista Celso Bastos. São Paulo: Saraiva, 2005, p. 95-96).

adquirido, é possível sustentar que algumas pretensões possam receber amparo constitucional, ainda que sob outro rótulo ou denominação.

O problema que efetivamente transparece nessa orientação tradicional do tema feita pelo STF é uma compreensão de que *qualquer* pretensão de tutela de expectativas juridicamente construídas esteja abarcada nesse verdadeiro lugar-comum de que "não há direito adquirido a regime jurídico". Ora, é até possível concordar que não há "direito adquirido" a ser tutelado; mas daí vai uma enorme distância em reconhecer que *nenhuma* expectativa deva ser merecedora de proteção jurídica. Nesta proteção jurídica necessária, evidentemente não se pode contentar com um mero "lamento" ou um "apelo" ao legislador para que estabeleça uma "transição razoável", como mencionada por Luís Roberto Barroso no trecho acima transcrito. A quebra de expectativas precisa ser *sancionada juridicamente* e, por consequência, ser passível de *judicialização.*

Como bem esclarece Ravi Peixoto, a eficácia do princípio da proteção da confiança será observada principalmente naqueles casos em que a confiança manifestada pelo particular não possui uma forma prévia de tutela garantia pelo ordenamento jurídico[66]. Pode-se afirmar, assim [acrescentamos], que o princípio da proteção da confiança assume um caráter *residual.* Residual e implícito, mas não inexistente.

O amparo dessas situações se dará, assim, a partir de uma compreensão constitucionalmente adequada do princípio da proteção da confiança.

66. PEIXOTO, Ravi de Medeiros. **A modulação da eficácia temporal na revogação de precedentes**: uma análise a partir da segurança jurídica e da confiança legítima. Dissertação (Mestrado em Direito). Universidade Federal de Pernambuco, Recife, 2015, p. 68.

Capítulo 6

PROTEÇÃO DA CONFIANÇA EM PERSPECTIVA: CONCEITO E REGIME JURÍDICO-CONSTITUCIONAL

Em tópicos anteriores, foi assinalado, de forma geral, que a proteção da confiança, princípio e direito fundamental implícito, representaria o fundamento constitucional para a tutela de expectativas legitimamente construídas a partir de atos do Poder Público. Tais noções devem ser agora complementadas.

O primeiro aspecto que deve merecer um tratamento diz respeito à própria terminologia a ser adotada. Afinal, encontra-se na jurisprudência, inclusive do STF, ora a referência ao princípio da proteção *à* confiança[1], ora menções ao princípio da proteção *da* confiança[2]. Optamos pela segunda possibilidade, por uma questão de simples preferência, dado que os dois modos são gramaticalmente corretos. O termo "proteger" assume a feição, muitas vezes, de um verbo transitivo direto (proteger alguém), mas pode haver alguma variação, a depender do contexto, pois é possível proteger alguém *de* alguma coisa (ou *contra* alguma coisa). Ficamos, portanto, com a proteção *da* confiança.

Há também outra divergência terminológica, pois é comum falar-se em "confiança" ou em "confiança legítima". Embora existam autores que adotem

1. RE 841.979, Rel. Min. Dias Toffoli, DJ 09.02.2023; ACO 79, Rel. Min. Cezar Peluso, DJ 28.5.2012, MS 24.569 AgR-segundo, Rel. Min. Dias Toffoli, DJ 01.8-2017; ACO 1.023 AgR, Rel. Min. Gilmar Mendes, DJ 04.12.2017.

2. RE 1.283.360 RG, Rel. Min. Presidente, DJ 14.6.2021; RE 608.482, Rel. Min. Teori Zavascki, DJ 30.10.2014; ARE 1.347.543 AgR, Rel. Min. Cármen Lúcia, DJ 10.01.2022; ACO 2.647 AgR--segundo, Rel. Min. Roberto Barroso, DJ 02.12.2021.

estes termos como sinônimos[3], faremos uma opção pelo primeiro. A adoção da "confiança legítima" até pode se justificar, em certa medida, porque a legitimidade das expectativas construídas pode ser considerada *um* dos elementos que autoriza a incidência do princípio. Ou seja, só seria possível invocar a proteção da confiança se a expectativa construída fosse legítima. Expectativas ilegítimas não atrairiam a proteção constitucional.

Esta linha de argumentação tem suas dificuldades, em particular pela relativa confusão, ainda muito presente em alguns círculos, entre "legalidade" e "legitimidade", ou, dito de outro modo, entre "ilegalidade" e "ilegitimidade". O problema é que, em determinadas situações, mesmo uma conduta ilícita poderá ser validada, atendidos certos requisitos, pelo princípio da proteção da confiança. Um ilícito tolerado pelo Poder Público ao longo de muitos anos pode encontrar fundamento para sua manutenção no princípio da proteção da confiança. Aliás, a rigor, o princípio pode figurar como *elemento de atribuição de legitimidade ao ilícito.*

De outro lado, se a legitimidade das expectativas é algo inerente ao princípio, há uma certa redundância em falar em "confiança legítima". Preferimos, assim, o termo "proteção da confiança", sem outros qualificativos.

Já a tarefa de estabelecer um *conceito* do princípio é bem mais desafiadora, em particular por se tratar, como já dito anteriormente, de um princípio constitucional implícito.

Na doutrina, é recorrente a tentativa de apresentar certos "requisitos", "pressupostos", "elementos" ou "condições para emprego" caracterizadores da proteção da confiança, para, a partir destes, alcançar um conceito operacional. Vejamos, em linhas gerais, quais seriam esses itens a serem considerados.

6.1. A BASE DA CONFIANÇA

A confiança, diferentemente dos sonhos ou da esperança (mencionados anteriormente), nasce sempre de uma *conduta* de outrem. Não se trata de uma idealização espontânea do indivíduo ou de uma construção psicológica sem substrato real. Confia-se porque alguém praticou certo ato jurídico, quer materialmente normativo (geral e abstrato), quer individual (administrativo

---

3. MEDAUAR, Odete. Segurança jurídica e confiança legítima. **Cadernos da Escola de Direito e Relações Internacionais da UniBrasil**, Curitiba, n. 8, p. 227-231, jan./jul. 2008.

ou jurisdicional). Só a conduta pretérita de outrem poderá validamente fazer emergir uma confiança juridicamente tutelável.

Não se descarta que a confiança possa surgir de uma conduta omissiva. A tolerância reiterada de alguém em relação a certo comportamento de um terceiro poderá ser, ela própria, a conduta legitimadora da confiança[4].

No que importa ao presente estudo, a conduta que poderá dar origem à proteção da confiança será necessariamente uma *conduta do Estado*. Este é um traço distintivo em relação aos demais enunciados linguísticos que dão sustentação ao princípio (itens 4.2, 4.3 e 4.4), que podem validamente incidir nas relações entre particulares. Estamos falando, além disso, de *quaisquer* condutas estatais[5].

A proteção da confiança, a rigor, realmente ganha importância nas relações jurídicas firmadas entre indivíduos e o Estado, que se caracterizam por uma assimetria, como é próprio do regime jurídico-administrativo.

---

4. Nesse sentido, ÁVILA, Humberto. **Teoria da segurança jurídica**. 5. ed. São Paulo: Malheiros, 2019, p. 392.

5. "Falamos então, quando nos referimos à confiança legítima, de valores e princípios fundamentais, que constituem a essência do respeito pela pessoa; que remetem à honestidade e integridade na atuação; e estendem-se com a sua dimensão expansiva e imperativa (moral e jurídica) *a toda e qualquer uma das ações do Estado nas suas relações com os cidadãos*, como garantia nacional e supranacional de aplicação direta e operacional" (ALIANAK, Raquel Cynthia. Seguridad jurídica, buena fe y confianza legítima frente a actos estatales. **Revista Eurolatinoamericana de Derecho Administrativo**, Santa Fé, v. 2, n. 2, p. 85-97, jul./dic. 2015 (destacamos e traduzimos livremente). Embora não utilize o termo "proteção da confiança", Regis Fernandes de Oliveira fala em "previsibilidade" nos atos do Executivo, Legislativo e Judiciário, em sentido análogo ao que aqui sustentamos (OLIVEIRA, Regis Fernandes de. **Curso de direito financeiro**. 9. ed. Belo Horizonte: Editora Fórum, 2022, p. 226-227). Embora não se descarte a aplicação do princípio da proteção da confiança nas relações de direito privado, a opção metodológica deste estudo é de limitar a análise às relações jurídico-previdenciárias. Nestas, tal como em boa parte dos direitos sociais, os direitos e obrigações que as cercam têm uma longuíssima duração, ao contrário da maioria das relações de direito privado. Para um exame do tema com ênfase no Direito Civil, BRANCO, Gerson Luiz Carlos. A proteção das expectativas legítimas derivadas das situações de confiança: elementos formadores do princípio da confiança e seus efeitos. **Revista de Direito Privado**, São Paulo, v. 12, p. 169-225, out./ dez. 2022. MIRAGEM, Bruno. A proteção da confiança no direito privado: notas sobre a contribuição da Cláudia Lima Marques para a construção do conceito no direito brasileiro. **Revista de Direito do Consumidor**, São Paulo, ano 26, v. 114, p. 397-407, nov./ dez. 2017. Em abordagem específica sobre os contratos administrativos, LOSSO, Marcelo Ribeiro. **O princípio da proteção à confiança nas relações contratuais entre o Estado e agente privado**. Dissertação (Mestrado em Direito). Programa de Pós-Graduação em Direito Econômico e Social da Pontifícia Universidade Católica do Paraná, Curitiba, 2008.

Sustenta-se habitualmente que, exatamente por essa relação vertical, não se poderia cogitar da proteção da confiança *em favor do Estado*, mas somente em favor do indivíduo[6]. Cremos que tal restrição não pode ser tomada em termos tão absolutos. Embora possa causar alguma estranheza cogitar do Estado como titular de direitos fundamentais (como é o caso), trata-se da aplicação do que a doutrina costuma designar como "dimensão objetiva dos direitos fundamentais", segundo a qual a proteção desses direitos interessa não só ao seu titular, mas à toda a coletividade[7]. Acresça-se que, nas relações entre diferentes pessoas jurídicas de Direito Público, pode-se perfeitamente cogitar de expectativas legítimas que tenham sido indevidamente frustradas.

Mas só uma conduta não é suficiente para configurar a base de confiança.

Alguns autores sustentam deva ser avaliada a aptidão do ato estatal para criar uma *expectativa legítima* em seu destinatário, ou, dito de outro modo, deve-se indagar da *legitimidade* da confiança despertada pelo ato do Estado[8]. Embora tais conclusões não estejam propriamente incorretas, é verdade que não há uma dicotomia absoluta entre expectativas legítimas e ilegítimas. Há um considerável número de variantes que deve ser observado e que, à vista do caso concreto, podem justificar (ou não) a aplicação do princípio.

Humberto Ávila propõe a adoção de alguns critérios para aplicação do princípio, aduzindo que o grau da proteção de confiança será tanto maior quanto mais elevada for a presença de alguns "elementos normativos", assim descritos: *a)* vinculatividade (quanto maior o grau de vinculação normativa

---

6. DERZI, Misabel Abreu Machado. **Modificações da jurisprudência no direito tributário**. São Paulo: Noeses, 2009, p. 266. Entendendo também inaplicável a modulação de efeitos na superação de precedentes em favor do Estado, PEIXOTO, Ravi. A modulação de efeitos em favor dos entes públicos na superação de precedentes: uma análise da sua (im) possibilidade. **Revista de Processo**, v. 246, p. 381-399, ago. 2015. Sobre o tema da modulação, vide o item 9.4 deste trabalho.

7. ANDRADE, José Carlos Vieira de. **Os direitos fundamentais** [na Constituição Portuguesa de 1976]. Coimbra: Almedina, 2001, p. 144-145; SARMENTO, Daniel. Dimensão objetiva dos direitos fundamentais: fragmentos de uma teoria. *In*: **Arquivos de direitos humanos**. Rio de Janeiro: Renovar, 2002, v. 4, p. 65.

8. ARAÚJO, Valter Shuenquener de. **O princípio da proteção da confiança**. 2. ed. Niterói: Impetus, 2016, p. 83. BAPTISTA, Patrícia Ferreira. **Segurança jurídica e proteção da confiança legítima no direito administrativo**: análise sistemática e critérios de aplicação no Direito Administrativo brasileiro. Tese (Doutorado em Direito). Faculdade de Direito da Universidade de São Paulo, São Paulo, 2006.

do ato, maior a proteção da confiança nele depositada); *b)* aparência de legitimidade do ato (quanto maior a aparência de legitimidade, maior deve ser a proteção da confiança nele posta); *c)* modificabilidade (quanto maior for o grau de permanência do ato, maior é a proteção da confiança a ele atribuída); *d)* efetividade (quanto maior o grau de realização da finalidade subjacente à regra, maior deve ser a proteção da confiança); *e)* indução (quanto maior o grau de indução de comportamentos, maior deve ser a proteção da confiança); *f)* individualidade (quanto maior o grau de proximidade do ato, maior deve ser a proteção da confiança); *g)* onerosidade (quanto maior a onerosidade, maior a proteção da confiança) e *h)* durabilidade (quanto mais duradoura a eficácia temporal do ato, maior proteção merece a confiança nele repousada)[9].

Embora compreensível (e elogiável) a tentativa de sistematização do tema e da construção de uma teoria aplicável a todas as relações indivíduo-Estado, nas relações jurídicas previdenciárias há, inegavelmente, uma prevalência de alguns desses critérios, que também irão variar conforme a natureza do ato estatal (legislativo, administrativo ou jurisdicional).

Por exemplo, não há, no âmbito previdenciário, quase nenhum espaço para o exercício de competências administrativas discricionárias. Exceto na atuação *interna corporis* da Previdência Social (nas relações entre o INSS e seus servidores, por exemplo), os atos administrativos praticados são quase sempre vinculados. Na hipótese mais frequentemente observada, o segurado que preenche todos os requisitos para a concessão de um benefício faz emergir para a autoridade do órgão gestor daquele regime previdenciário uma competência vinculada para a concessão do benefício. Não há qualquer margem de escolha na prática (ou não) daquele ato administrativo. Esta é uma característica da relação jurídico-previdenciária, com sua matriz publicista e suas normas de caráter cogente[10].

A aparência de legitimidade do ato é um critério de duvidosa aplicação porque expressa, na verdade, um atributo que é próprio de qualquer ato administrativo, que é presumivelmente válido e legítimo. De outra parte,

---

9. ÁVILA, Humberto. **Teoria da segurança jurídica**. 5. ed. São Paulo: Malheiros, 2019, p. 434.

10. HORVATH JÚNIOR, Miguel. **Direito previdenciário**. 13. ed. São Paulo: Rideel, 2022, p. 156-157. ROCHA, Daniel Machado da. Uma contribuição para o estudo da relação jurídica de previdência social. *In:* ROCHA, Daniel Machado da; SAVARIS, José Antonio (coord.). **Curso de especialização em direito previdenciário**: benefícios previdenciários. V. 2, 1. ed., 3. tir., 2008, p. 09-43.

mesmo ilegalidades evidentes podem justificar um amparo à proteção da confiança, a depender das particularidades do caso concreto (como se verá no item 10).

Não há dúvida, todavia, de que *três* desses atributos estão diretamente relacionados com a proteção da confiança no âmbito previdenciário, que são a *modificabilidade* e, por consequência desta, a *indução*. A *durabilidade* está evidentemente conectada com a *modificabilidade*, sendo antítese desta.

Tendo presente a ideia de que a Previdência Social forma relações jurídicas que perduram por décadas (o tal "pacto entre gerações" já mencionado), é induvidoso que, quanto mais estável a norma jurídica, maior será a sua aptidão para induzir a comportamentos de segurados e dependentes da Previdência Social.

Tome-se um exemplo de um antigo critério legal para cálculo das rendas mensais iniciais das aposentadorias do Regime Geral, que era o critério dos interstícios para mudança de classe contributiva, que vigorava para segurados autônomos, empresários e facultativos[11]. No sistema que vigorou no passado (ao menos desde a Lei nº 5.890/1973, que promoveu alterações na Lei nº 3.807/1960), um segurado dessas categorias deveria começar a contribuir tendo por salário-base o valor do salário mínimo. O segurado deveria

11. Estas três categorias de segurados tinham um traço comum: todos eles eram responsáveis pelos recolhimentos das próprias contribuições previdenciárias. Com as alterações da legislação, alguns autônomos (agora chamados de contribuintes individuais) passaram ter suas contribuições retidas pelas empresas para as quais prestam serviços, na forma prevista na Lei nº 10.666/2003, determinação que passou a vigorar em 01.4.2003. Tal mudança também se reflete no âmbito dos benefícios, uma vez já pacificada a orientação de que o segurado não pode ser prejudicado pela falta de recolhimento das contribuições se ele não tinha a obrigação legal do recolhimento. Este também é o entendimento do Conselho de Recursos da Previdência Social - CRPS, que editou o Enunciado 18: "Não se indefere benefício sob fundamento de falta de recolhimento de contribuição previdenciária quando esta obrigação for devida pelo empregador". No caso do segurado empregado, a responsabilidade pela retenção e recolhimento das contribuições é da empresa, nos termos do artigo 30, I, "a" da Lei nº 8.212/1991. O artigo 34 da Lei nº 8.213/1991 reforça esse entendimento, ao estabelecer que na renda mensal dos benefícios serão computados os salários-de-contribuição referentes aos meses trabalhados, ainda que as contribuições não tenham sido recolhidas pela empresa (inciso I). Os artigos 35 e 36 da Lei ainda determinam que, na falta de prova do valor das contribuições (ou do recolhimento destas, no caso dos domésticos), o benefício será concedido no valor mínimo, permitindo-se a retificação assim que houver essa prova. No caso dos segurados empregados domésticos, a responsabilidade pela retenção e recolhimento das contribuições é também do empregador (art. 30, V, da Lei nº 8.212/1991; artigo 34, § 2º, da Lei Complementar nº 150/2015).

permanecer nessa base por, no mínimo, um ano. Depois desse prazo mínimo, o segurado poderia ascender à próxima classe contributiva, onde também deveria permanecer por um tempo mínimo, e assim sucessivamente, até que pudesse contribuir com base no teto da Previdência Social.

Como é intuitivo, esse critério tinha por finalidade impedir que um segurado recolhesse contribuições com base no valor mínimo ao longo de toda a sua vida e, às vésperas de se aposentar, passar a contribuir com base no valor máximo, com a finalidade exclusiva de aumentar o valor do benefício.

Veja-se que esta técnica legal vigorou, com algumas alterações, até 2003, quando definitivamente extinta pela Lei nº 10.666/2003 (artigos 9º e 15). Tratou-se de um padrão normativo-contributivo que perdurou por muitos anos e certamente *induziu* a comportamentos positivos no âmbito da sociedade, coarctando o "jeitinho" e a má-fé de buscar um benefício de valor máximo por aqueles que tinham contribuído pelo valor mínimo ao longo de quase toda sua vida previdenciária.

O *fator tempo* e a longa estabilidade da norma figuraram como *indutores* de comportamentos dos segurados da Previdência Social.

É neste sentido exato que Canotilho afirma que a proteção da confiança (tal como a segurança jurídica) implica "calculabilidade e previsibilidade dos indivíduos em relação aos efeitos jurídicos dos atos dos poderes públicos"[12]. A norma que perdurou ao longo de décadas induziu a um cálculo (*literalmente falando!*) muito claro: se o segurado quiser um benefício maior, terá que se manter vinculado ao Regime Geral de Previdência Social – RGPS, contribuindo por tempo suficiente não só para adquirir o direito à aposentadoria, mas também para alçar as etapas da escala até alcançar os maiores salários-base.

É possível falar, inclusive, do transcurso do tempo como elemento que atribui *normatividade* a certas práticas reiteradas, quase como se fosse um tipo de *costume administrativo*[13]. É também o tempo que faz emergir no sujeito um juízo de probabilidade progressiva da certeza do direito. O tempo faz nascer e reforça progressivamente a confiança. Este "fator tempo"

12. CANOTILHO, José Joaquim Gomes. **Direito constitucional e teoria da constituição.** Coimbra: Livraria Almedina, 1997, p. 257.

13. KÖCHE, Rafael. Costume fiscal e a normatividade das práticas reiteradas da Administração: uma leitura sistêmica do Direito Tributário. **Revista Direito GV**, v. 11, n. 1, p. 141-158. jan./jun. 2015.

é seguramente relevante nas relações jurídicas previdenciárias e será objeto de uma análise específica (item 7).

Outro desses atributos mencionados por Humberto Ávila (a *individualidade*), por sua vez, tem alguma aplicação no âmbito previdenciário, em particular nos atos administrativos e nas decisões jurisdicionais (conforme será visto nos itens 7.3.1 e 7.4).

6.2. A CONFIANÇA OBJETIVAMENTE DEPOSITADA NA BASE

Além da conduta do Estado potencialmente capaz de induzir à confiança, tem-se sustentado que é necessário que o indivíduo tenha "confiança nessa base"[14], ou, se preferirmos, uma "confiança no plano subjetivo, em que deve ser demonstrada a confiança na manutenção do posicionamento",[15] ou, ainda, o fato de o particular ter posto em prática a sua confiança por meio de comportamentos, comissivos ou omissivos[16].

Deve-se tomar tais afirmações com alguma cautela, pois, efetivamente, é uma tarefa muito complexa (senão impossível) avaliar se aquele indivíduo, subjetivamente, confiou no ato estatal ou na subsistência dos efeitos jurídicos desse ato do Estado. O que se pode fazer é verificar se houve uma confiança *objetivamente depositada na base*. A pergunta que deve ser respondida é: diante daquele caso concreto, uma pessoa razoavelmente diligente teria confiado no ato do Estado? As características do ato (forma, maneira de exteriorização, tempo de sua edição, frequência e extensão dos efeitos jurídicos produzidos, etc.) fazem emergir razoavelmente uma confiança[17]?

---

14. ÁVILA, Humberto. **Teoria da segurança jurídica**. 5. ed. São Paulo: Malheiros, 2019, p. 386.
15. ARAÚJO, Valter Shuenquener de. **O princípio da proteção da confiança**. 2. ed. Niterói: Impetus, 2016, p. 89 e seguintes.
16. BAPTISTA, Patrícia Ferreira. **Segurança jurídica e proteção da confiança legítima no direito administrativo**: análise sistemática e critérios de aplicação no Direito Administrativo brasileiro. Tese (Doutorado em Direito). Faculdade de Direito da Universidade de São Paulo, São Paulo, 2006.
17. No direito inglês, também tem sido sustentado que o princípio irá se aplicar nas situações em que "o requerente deva ter *razoavelmente* o direito de esperar uma decisão favorável" (CLAYTON, Richard. Legitimate expectations, policy and the principle of consistency. **Cambridge Law Journal**, n. 62 (1), p. 93-105, mar. 2003). Este autor identifica três situações em que o princípio irá incidir: a) quando um órgão público faz uma representação ou oferta em favor de um particular, seguida ou não de uma ação concreta, mas depois se retrata; b) quando o órgão público deixa de lado uma política ou prática geral, para resolver um

Se a resposta for *positiva*, este requisito estará preenchido. Há uma proximidade, aqui, daquele "arquétipo" de conduta que é também caracterizador da boa-fé objetiva (item 4.4 deste trabalho).

Veja-se que pode haver uma diferença significativa conforme a natureza do ato estatal. Há certos atos administrativos que são por essência provisórios ou precários (caso das permissões, por exemplo).

Existem também certos benefícios previdenciários e assistenciais que, por natureza, devem ser mantidos apenas enquanto subsistirem os seus requisitos legais (*rebus sic stantibus*). Assim, por exemplo, o *auxílio por incapacidade temporária* (o antigo auxílio-doença[18]) será concedido nos casos em que o segurado ficar incapacitado para sua atividade profissional habitual por mais de quinze dias, devendo ser mantido enquanto persistir a incapacidade (artigo 59 da Lei nº 8.213/1991). Não por acaso a lei prevê a cessação do benefício no caso do segurado que vier a exercer outra atividade que lhe garanta a subsistência (§ 7º). Além disso, existe a possibilidade de convocação do segurado, "a qualquer momento", para avaliação das condições que levaram à concessão do benefício (§ 10). Há previsão, também, de cessação do benefício caso o segurado não se submeta ao tratamento médico gratuito que lhe seja prescrito, com exceção de cirurgias e transfusão de sangue (artigo 101, III, da Lei nº 8.213/1991).

---

caso concreto; e c) quando o órgão público substitui uma política ou prática geral por outra política ou prática geral, que permanece sob contestação.

18. A terminologia "auxílio por incapacidade temporária" foi adotada pelo Decreto nº 10.410/2020, que fez alterações bastante substanciais no Regulamento da Previdência Social (Decreto nº 3.048/1999). A justificativa para tal alteração leva em conta a modificação promovida pela Emenda nº 103/2019 no inciso I do artigo 201 da Constituição Federal. Este dispositivo enuncia as "contingências" ou "eventos" cobertos pelo Regime Geral de Previdência Social. A alteração em questão substituiu as contingências "doença" e "invalidez" por "incapacidade temporária ou permanente para o trabalho". Houve, aqui, um aprimoramento terminológico, porque a concessão do "auxílio-doença" não pressupunha a "doença", em si, mas uma incapacidade temporária para o trabalho. Já a "incapacidade permanente para o trabalho" também define melhor a hipótese normativa, já que a "invalidez" conduz à ideia de restrições outras que não apenas laborais. A crítica que se pode fazer é que a Lei nº 8.213/1991 continua a empregar os termos "auxílio-doença" e "aposentadoria por invalidez". Antes de alterar o decreto regulamentar, portanto, seria mais conveniente promover uma alteração da própria lei por ele regulamentada.

Portanto, a conformação legal do benefício leva a uma conclusão de que, *objetivamente*, é um tanto frágil a confiança que o ato administrativo faz surgir em favor do segurado, dado que a provisoriedade é um atributo inerente a esse benefício.

A *aposentadoria por incapacidade permanente* (antiga aposentadoria por invalidez), por sua vez, será paga ao segurado que for considerado incapaz para o trabalho e insuscetível de reabilitação para outra atividade profissional e, diz o artigo 42 da Lei nº 8.213/1991, "ser-lhe-á paga enquanto permanecer nesta condição". Vê-se que se trata de benefício não tão "permanente" assim, pois aquele prognóstico de definitividade da incapacidade, firmado no momento da concessão do benefício, pode não se confirmar naquele caso específico.

Também há previsão na lei de convocação do segurado, "a qualquer tempo", para avaliação da subsistência dos requisitos para a concessão do benefício (art. 43, § 4º). Mas observe-se como a conformação legal do benefício pode induzir à confiança: a lei também determina que essa convocação *não se aplica à pessoa com HIV/AIDS* (§ 5º). Assim, a concessão da aposentadoria por uma incapacidade decorrente dessa doença é ato que *reforça* a proteção da confiança, pois, ainda que não se descarte a possibilidade de cessação posterior do benefício (se o aposentado retornar voluntariamente ao trabalho, por exemplo – artigo 46 da Lei nº 8.213/1991), ele não mais poderá ser convocado para uma perícia de reavaliação da incapacidade. O art. 101, § 1º, da Lei nº 8.213/1991, prevê outras situações de dispensa de reavaliação periódica do benefício[19]. Também nesses casos a confiança ganha corpo, de forma *objetiva*, como consequência de uma determinação legal expressa.

19. "Art. 101. O segurado em gozo de auxílio por incapacidade temporária, auxílio-acidente ou aposentadoria por incapacidade permanente e o pensionista inválido, cujos benefícios tenham sido concedidos judicial ou administrativamente, estão obrigados, sob pena de suspensão do benefício, a submeter-se a: I – exame médico a cargo da Previdência Social para avaliação das condições que ensejaram sua concessão ou manutenção; II – processo de reabilitação profissional prescrito e custeado pela Previdência Social; e III – tratamento oferecido gratuitamente, exceto o cirúrgico e a transfusão de sangue, que são facultativos. § 1º O aposentado por invalidez e o pensionista inválido que não tenham retornado à atividade estarão isentos do exame de que trata o *caput* deste artigo: I – após completarem cinquenta e cinco anos ou mais de idade e quando decorridos quinze anos da data da concessão da aposentadoria por invalidez ou do auxílio-doença que a precedeu; ou II – após completarem sessenta anos de idade. § 2º A isenção de que trata o § 1º não se aplica quando o exame tem as seguintes finalidades: I – verificar a necessidade de assistência permanente de outra pessoa para a concessão do acréscimo de 25% (vinte e cinco por cento) sobre o valor do benefício, conforme

O mesmo pode ser dito, em linhas gerais, em relação ao benefício assistencial à pessoa idosa e à pessoa com deficiência, que, diz a Constituição Federal, é devido a essas pessoas que "comprovem não possuir meios de prover à própria manutenção ou tê-la provida por sua família" (artigo 203, V). O benefício vem regulamentado pela Lei nº 8.742/1993 e os atos administrativos de concessão podem ser reavaliados periodicamente. Afinal, uma alteração dos rendimentos familiares poderá fazer com que o benefício não seja mais devido. Além disso, embora a deficiência esteja caracterizada como um "impedimento de longo prazo" (artigo 1º da Convenção Internacional sobre os Direitos das Pessoas com Deficiência - Decreto nº 6.949/2009; artigo 20, §§ 2º e 10, da Lei nº 8.742/1993), não se descarta a possibilidade de reavaliação periódica da subsistência da deficiência e dos demais requisitos para o benefício, o que está, inclusive, previsto na própria Lei nº 8.742/1993 (artigo 21).

Para outros benefícios previdenciários, todavia, como as demais aposentadorias, pensões por morte, auxílio-reclusão, etc., os atos de concessão são potencialmente geradores de maior confiança, muito embora todos eles sejam revisíveis, no exercício da denominada autotutela administrativa (item 10 deste trabalho).

Já os atos jurisdicionais caracterizam-se por gerar uma confiança em grau progressivo, conforme avançam as fórmulas de preclusão e/ou coisa julgada. Na medida em que um ato judicial que gera efeitos favoráveis aos segurados ou dependentes vai sendo confirmado, inclusive nas demais instâncias judiciárias, é evidente que a confiança gerada vai se ampliando.

Quanto aos atos legislativos, embora se diga que são expressões de uma maior estabilidade, isto não é necessariamente verdade. Além disso, certamente não se trata de um critério que possa ser universalmente acolhido, pois há países com produção legislativa exuberante (caso do Brasil) e outros países que a função preponderante do parlamento é a fiscalizadora, não a legislativa (caso do Reino Unido, por exemplo). Também é intuitivo que países de *common law* tenham produção legislativa bem menos relevante do que países de tradição romano-germânica.

---

dispõe o art. 45; II - verificar a recuperação da capacidade de trabalho, mediante solicitação do aposentado ou pensionista que se julgar apto; III - subsidiar autoridade judiciária na concessão de curatela, conforme dispõe o art. 110".

Pode-se identificar como expressão de grande *instabilidade* dos atos legislativos o regime jurídico-constitucional das medidas provisórias, em particular no período anterior à Emenda Constitucional nº 35/2001[20].

Mesmo no período posterior à Emenda nº 32/2001, as medidas provisórias também podem ser instrumentos de instabilidade jurídica, como foi o caso do tema da "reoneração da folha de pagamento", objeto de lei aprovada pelo Congresso Nacional, vetada pelo Presidente da República. O veto foi derrubado e, em seguida, o Presidente da República editou Medida Provisória para restabelecer, com alguma mitigação, as regras anteriores (Medida Provisória nº 1.202/2023, que foi convertida, com várias alterações, na Lei nº 14.873/2024). Algumas dessas regras foram ainda revogadas pela Medida Provisória nº 1.208/2024, que não foi apreciada pelo Congresso Nacional no prazo constitucional e teve sua vigência encerrada (Ato Declaratório da Mesa do Congresso Nacional nº 44/2024).

Em temas previdenciários, as medidas provisórias têm sido largamente utilizadas para alteração da legislação, não raro sem um exame criterioso da presença de seus requisitos constitucionais ("relevância" e "urgência" – artigo 62 da Constituição Federal). Mesmo que se possa reconhecer (como faz a jurisprudência do STF[21]), que não há grande espaço para um controle jurisdicional da presença desses requisitos, há um evidente exagero no uso de medidas provisórias em temas previdenciários. Isto ocorre, claramente, com a tolerância do próprio Congresso Nacional, muito embora a análise

---

20. Até a Emenda Constitucional nº 35/2001, muito embora houvesse prazo certo de vigência das medidas provisórias (30 dias), a jurisprudência do Supremo Tribunal Federal entendeu possível sua reedição, desde que antes de decorrido o prazo constitucional (nesse sentido é a Súmula vinculante 54: "A medida provisória não apreciada pelo congresso nacional podia, até a Emenda Constitucional 32/2001, ser reeditada dentro do seu prazo de eficácia de trinta dias, mantidos os efeitos de lei desde a primeira edição"). O resultado disso é que, por longo tempo, houve uma verdadeira usurpação da função legislativa pelo Presidente da República e o ordenamento jurídico federal brasileiro era quase que inteiramente provisório. Tal estado de coisas persistiu até 2001, quando alterado o regime constitucional das medidas provisórias, que passaram a vigorar por 60 dias, com uma única possibilidade de prorrogação por mais 60 dias. A respeito do regime jurídico das medidas provisórias, FIGUEIREDO, Marcelo de Oliveira Fausto. **A medida provisória na Constituição**: doutrina, decisões judiciais. São Paulo: Atlas, 1991. Do mesmo autor, Reflexões a respeito da medida provisória na Constituição. *In:* GRAU, Eros Roberto; CUNHA, Sérgio Sérvulo da (org.). **Estudos de Direito Constitucional em homenagem a José Afonso da Silva**. São Paulo: Malheiros, 2003, p. 387-408.

21. Por exemplo, ADI 2.527-MC, Rel. Min. Ellen Gracie, DJ 23.11.2007; ADI 4.029, Rel. Min. Luiz Fux, DJ 27.6.2012; ADI 2.213, Rel. Min. Nunes Marques, DJ 01.3.2024.

da presença desses requisitos deva ser objeto de deliberação expressa, como impõe o § 5º do artigo 62 da Constituição Federal[22].

Tem sido praxe no Brasil a edição de medidas provisórias com dezenas de artigos, parte das quais aparenta ser convertida em lei sem uma reflexão mais detida do Congresso Nacional. Pode-se citar, apenas para ilustrar, as Medidas Provisórias nº 410/2007 (convertida na Lei nº 11.718/2008), 664/2014 (convertida na Lei nº 13.135/2015) e 871/2019 (convertida na Lei nº 13.846/2019), como exemplos dessas alterações em massa feitas na Lei nº 8.213/1991. Muitas dessas alterações afetaram aspectos fundamentais da proteção previdenciária[23].

Há outro aspecto, que chega a ser a antítese da ideia de "previdência" (como se verá adiante), que é de medidas provisórias sobre questões previdenciárias que não foram apreciadas no prazo constitucional (ou foram expressamente rejeitadas). Nesse caso, diz a Constituição Federal, a medida provisória perde a eficácia desde a sua edição e o Congresso Nacional deverá disciplinar as relações jurídicas daí decorrentes, o que deve fazer por meio de decreto legislativo (art. 62, § 3º). Também prescreve a Constituição da República que, caso o decreto legislativo não tenha sido editado no prazo de sessenta dias, "as relações jurídicas constituídas e decorrentes de atos praticados durante sua vigência conservar-se-ão por ela regidas".

---

22. "A deliberação de cada uma das Casas do Congresso Nacional sobre o mérito das medidas provisórias dependerá de juízo prévio sobre o atendimento de seus pressupostos constitucionais".

23. Um ponto que merece ser destacado é a superação do dogma da *vitaliciedade* da pensão por morte para cônjuges e companheiros, consequência da Medida Provisória nº 664/2014 (convertida na Lei nº 13.135/2015). A partir da vigência dessas regras, passou-se a admitir uma "pensão" com duração de apenas *quatro meses* (no caso de óbito ocorrido sem que o segurado tivesse vertido 18 contribuições mensais ou se o casamento ou união estável tivessem duração inferior a dois anos (redação dada ao art. 77, § 2º, V, "b" da Lei nº 8.213/1991). Essa regra só é afastada se o óbito tiver sido decorrência de acidente de qualquer natureza ou de doença profissional ou do trabalho (§ 2º-A), em que se aplica a tabela progressiva que leva em conta a idade do dependente na data do óbito (§ 2º, V, "c"). É razoável sustentar que um benefício com duração tão efêmera não terá qualquer condição de substituir efetivamente os rendimentos do trabalho do segurado, levando a uma descaracterização de sua própria natureza jurídica (de previdenciária para assistencial ou parcialmente indenizatória). Lembre-se de que a pensão por morte é espécie de *benefício não programado*: salvo na hipótese específica de um suicídio, ninguém escolhe a data de sua morte. Assim, constitui verdadeira *sanção jurídica* estabelecer um benefício de duração tão curta para aqueles que tiveram o infortúnio de perderem seus cônjuges ou companheiros por um evento absolutamente imprevisto.

Assim, se o Congresso Nacional permanece omisso, sem regulamentar as relações jurídicas derivadas da medida provisória não apreciada (ou rejeitada expressamente), as relações jurídicas que se formaram durante o prazo de vigência da medida provisória *continuam regidas por ela* (!). É a solução constitucionalmente imposta, mas que poderá servir para uma série de injustiças. Um exemplo a ser citado é o da Medida Provisória nº 739/2016, que, dentre outras determinações, instituiu a necessidade de cumprir integralmente a carência de alguns benefícios (auxílio-doença, aposentadoria por invalidez e salário maternidade), nos casos de perda da qualidade de segurado (regra inserida no parágrafo único do artigo 27 da Lei nº 8.213/1991). Ou seja, se o segurado perdia essa qualidade, deveria recolher contribuições em número equivalente ao da carência do benefício para, em tese, poder pleiteá-los novamente.

Essa medida provisória não foi apreciada no prazo, tendo o Presidente do Congresso Nacional editado o Ato Declaratório nº 58/2016, declarando o encerramento da vigência da medida provisória no dia 04 de novembro de 2016. Mas, por falta de posterior regulamentação das relações jurídicas decorrentes da não apreciação da medida provisória, aqueles segurados e seguradas que, circunstancialmente, tiveram os fatos geradores dos benefícios ocorridos naquele interregno (08 de julho a 04 de novembro de 2016), tiveram negado o direito[24]. Muito embora se trate da regra constitucionalmente fixada para tal hipótese, é claramente ofensiva à proteção da confiança, considerando a natureza específica das relações previdenciárias, que invariavelmente se prolongam no tempo.

O STF já adotou solução distinta em um caso específico de medida provisória que regulamentava pedidos de licença de movimentação e armazenagem de mercadorias importadas, havendo dezenas de pedidos pendentes de análise quando ocorreu a rejeição da medida provisória e, mais adiante, não houve regulamentação pelo Congresso Nacional (Medida Provisória nº 320/2006). Entendeu o Tribunal, nesse caso específico, que:

---

24. Nesse sentido, no TRF 3ª Região, ApCiv 5072406-55.2018.4.03.9999, Rel. José Denilson Branco, red. p/ acórdão Des. Federal Therezinha Cazerta, intimação via sistema em 19.01.2024; ApCiv 5332651-77.2020.4.03.9999, Rel. Des. Federal David Diniz Dantas, intimação via sistema em 05.4.2021. Também assim decidiu a TNU, no Tema 176: "Constatado que a incapacidade do (a) segurado (a) do Regime Geral da Previdência Social (RGPS) ocorreu ao tempo da vigência das Medidas Provisórias 739/2016 e 767/2017, aplicam-se as novas regras de carência nelas previstas" (PEDILEF nº 5001792-09.2017.4.04.7129, Rel. Juiz Federal Guilherme Bollorini Pereira, DJ 21.8.2018).

> [...] A norma do § 11 do art. 62 deve ser interpretada com prudência a não permitir se protraia, indefinidamente, a vigência de medidas provisórias rejeitadas ou não apreciadas. [...] O § 11 visa garantir segurança jurídica àqueles que praticaram atos embasados na medida provisória rejeitada ou não apreciada, o que não pode conduzir à permissão de sobreposição da definição do Chefe do Poder Executivo à do Poder Legislativo, em situações, por exemplo, em que a preservação dos efeitos da medida provisória se equipare à manutenção de sua vigência. Interpretação diversa ofenderia a cláusula do art. 2º da Constituição, definidora do princípio da separação entre os Poderes" (excerto do voto da Min. Cármen Lúcia, relatora da ADPF nº 216, DJ 23.3.2020).

Não há porque adotar solução distinta para os casos previdenciários analisados, pois, a despeito da tradicional aplicação da máxima *tempus regit actum*, a manutenção dos efeitos da medida provisória importa a *recusa ao benefício*, com base na vontade unipessoal do Chefe do Poder Executivo, que foi rechaçada pelo Congresso Nacional, quer expressa, quer tacitamente. Preservar os efeitos da medida provisória, em casos assim, significa *manter indefinidamente sua vigência*, ao menos para aqueles segurados que tiveram a má-sorte de realizar o fato gerador do benefício naquele período.

Como visto, a ampla utilização da medida provisória em matéria previdenciária presta-se a uma série de discussões relacionadas com a proteção da confiança.

Mesmo nos atos legislativos, em geral, é necessário realizar uma análise dos casos concretos sobre os quais a norma legal incidiu, para que se possa avaliar a intensidade e a extensão da proteção da confiança gerada por esse ato jurídico.

6.3. EXERCÍCIO DA CONFIANÇA POR MEIO DE ATOS CONCRETOS

Este requisito é reconhecido na doutrina como fruto da jurisprudência alemã, que, de regra, exige que o particular tenha expressado sua confiança por meio de atos concretos, comissivos ou omissivos. Tal orientação se reflete, inclusive, na lei alemã do processo administrativo federal de 1976 (*Verwaltungsverfahrensgesetz* – VwVfG), que faz referência à "utilização do benefício" ou à prática de um "ato de disposição patrimonial que não se pode reverter ou que só pode ser revertido em situação de desvantagem injustificada" (§ 48, II)[25].

---

25. No original: "Das Vertrauen ist in der Regel schutzwürdig, wenn der Begünstigte gewärte Leistungen verbraucht oder enine Vermögensdisposition getorffen hat, die er niche mehr oder nur unter unzumutbaren Nachteilen rückgängig mache kann".

Tratando-se de uma exigência fixada pelo direito positivo alemão, certamente não poderá ser objeto de maiores divagações *naquela realidade específica*[26]. Mas certamente não se pode generalizar tal exigência para todos os casos[27]. É claro que, se em um caso concreto o particular fez grandes investimentos na concretização de um empreendimento comercial, a partir de atos administrativos praticados pelo Município, por exemplo, a confiança é muito mais merecedora de proteção do que a gerada por alguma consulta informal feita em uma repartição pública.

Mas seguramente este não é um critério exigível para os atos administrativos praticados no âmbito previdenciário, salvo se assim considerarmos a efetiva utilização dos valores provenientes de benefícios previdenciários e assistenciais. Mas se atentarmos para a natureza alimentar desses benefícios, o que seria digna de atenção seria a *não utilização* desses benefícios. O Regulamento da Previdência Social (Decreto nº 3.048/1999) prevê um regime jurídico específico para a desistência de benefícios previdenciários, que poderá ser feita mediante requerimento *antes* do recebimento do primeiro pagamento ou da concretização do saque dos saldos das contas de PIS (Programa de Integração Social) ou de FGTS (Fundo de Garantia por Tempo de Serviço)[28]. Portanto, nessa sistemática, o ato de disposição

---

26. Há julgados do Tribunal de Justiça da União Europeia que também fazem menção à assunção de "compromissos econômicos" como fatos que legitimam a invocação da proteção da confiança, não sendo suficiente a mera alteração das normas regulamentadoras, ainda que editadas pelos próprios órgãos comunitários. Nesse sentido, por exemplo, o processo C-14/01 – caso *Niemann* (acórdão da Sexta Secção do TJUE, de 06.3.2003). A respeito deste tema, BASTIANON, Stefano. **La tutela del legittimo affidamento nel diritto dell'unione europea**. Milano: Giuffré, 2012, p. 104.

27. Assinala Hartmut Maurer que "se a proteção à confiança está regulada expressa ou concludentemente, em sentido fundamental, não resultam problemas particulares. Problemático torna-se, porém, quando ela legalmente não é regulada ou não suficientemente [...]. Esta questão não se deixa responder com uma fórmula inequívoca. Como a proteção à confiança torna-se atual em âmbitos muito distintos e em conjunturas muito diferentes, ela subtrai-se, tanto com respeito aos seus pressupostos como com respeito às suas consequências jurídicas, a uma compreensão simples ou, também, só uniforme" (MAURER, Hartmut. **Contributos para o Direito do Estado**. Trad. Luís Afonso Heck. Porto Alegre: Livraria do Advogado, 2007, p. 65-66).

28. "Art. 181-B. As aposentadorias concedidas pela previdência social são irreversíveis e irrenunciáveis. § 1º O disposto neste artigo não se aplica à concessão de aposentadoria por incapacidade permanente. § 2º O segurado poderá desistir do seu pedido de aposentadoria desde que manifeste essa intenção e requeira o arquivamento definitivo do pedido antes da ocorrência de um dos seguintes atos: I – recebimento do primeiro pagamento do benefício;

patrimonial corrobora a confiança na *correção* e *legalidade* do ato de concessão do benefício. Claro que nada disso interfere no poder de autotutela da Administração, nem impede que o beneficiário possa interpor recurso administrativo ou propor uma ação judicial de revisão do benefício, desde que não ultrapassado o prazo legal de decadência para essa revisão[29].

6.4. O ATO ESTATAL QUE FRUSTRA A CONFIANÇA

Este requisito é também reconhecido como necessário para que a proteção da confiança seja merecedora de proteção. Em verdade, tal frustração é o que *caracteriza* a proteção da confiança juridicamente tutelável.

Se temos presente a ideia de que é muito difícil avaliar subjetivamente se aquele particular específico confiou na persistência dos efeitos do ato do Estado, o novo ato estatal, que frustra aquela confiança que objetivamente emergiu do ato anterior, é realmente necessário.

Como também já observamos, o ato estatal com aptidão para levar à proteção da confiança pode ser administrativo, legislativo ou jurisdicional. Mas o novo ato, que frustra a confiança, não precisa ser necessariamente da mesma natureza do ato anterior. Um ato legislativo gerador de certas expectativas pode ser frustrado, por exemplo, por decisão judicial que declara a sua inconstitucionalidade. Um ato normativo infralegal, editado pela Administração Pública para efeito de uniformizar a interpretação de uma regra legal, pode gerar uma confiança frustrada pela própria alteração da lei, antes dúbia, agora certa. Já tivemos exemplos, além disso, de atos legislativos editados com a finalidade de *superar* decisões judiciais[30].

---

ou II – efetivação do saque do FGTS ou do PIS. § 3º O disposto no *caput* não impede a cessação dos benefícios não acumuláveis por força de disposição legal ou constitucional".

29. Lei nº 8.213/1991: "Art. 103. É de dez anos o prazo de decadência de todo e qualquer direito ou ação do segurado ou beneficiário para a revisão do ato de concessão de benefício, a contar do dia primeiro do mês seguinte ao do recebimento da primeira prestação ou, quando for o caso, do dia em que tomar conhecimento da decisão indeferitória definitiva no âmbito administrativo". Este dispositivo tem redação fixada pela Lei nº 10.839/2004. Houve nova alteração, promovida pela Medida Provisória nº 871/2019, depois convertida na Lei nº 13.846/2019, mas que foi declarada inconstitucional pelo Supremo Tribunal Federal, no julgamento da ADI 6.096, Rel. Min. Edson Fachin, DJ 26.11.2020. O exame deste tema será retomado no item 10.1.

30. Como bem sintetiza Antonio do Passo Cabral, "[...] na perspectiva do indivíduo, pouco importa se a alteração normativa que pode surpreendê-los virá por uma nova lei, ato administrativo ou por uma guinada no entendimento jurisprudencial consolidado. Trata-se de um prejuízo

Um caso bem emblemático deste último fenômeno, em temas previdenciários, foi a questão relacionada ao *auxílio-reclusão*, nas hipóteses em que o segurado estava *desempregado* no momento da prisão. A discussão se apresentou porque, nos termos da Emenda Constitucional nº 20/1998, o benefício passou a ser devido apenas aos "dependentes do segurado de baixa renda". A Emenda também estabeleceu, na ocasião, que seria considerado de "baixa renda" o segurado com renda igual ou inferior a R$ 360,00, valor que deveria ser reajustado anualmente pelos mesmos índices aplicáveis aos benefícios do RGPS (artigo 14)[31].

Não havia solução legislativa expressa para o segurado que, no momento da prisão, estivesse desempregado, mas ainda no chamado "período de graça" (período em que mantém a qualidade de segurado, mesmo depois da cessação das contribuições – artigo 15 da Lei nº 8.213/1991). Administrativamente, o INSS adotava o critério de considerar a última remuneração do segurado (o último "salário-de-contribuição")[32]. Já os dependentes começaram a sustentar em juízo que a renda do segurado desempregado é "zero"; logo, será necessariamente um segurado de "baixa renda" e seus dependentes sempre teriam direito ao benefício.

Essa questão acabou chegando ao Superior Tribunal de Justiça, que a resolveu na sistemática dos recursos especiais repetitivos (Tema 896), fixando a seguinte tese:

---

ao planejamento que considerou e confiou na expectativa de manutenção da regra constante, e assim a proteção das expectativas na alteração de entendimento consolidado dos tribunais deve ser assemelhada ao das modificações das leis e normas regulamentares. Em qualquer caso, a segurança jurídica deve proteger as expectativas daqueles que legitimamente confiaram na subsistência daquela conclusão no tempo, e praticaram atos tomando o conteúdo estabilizado em consideração. E esta conclusão deve ser aplicável também no que se refere às decisões jurisdicionais estáveis, campo no qual a doutrina estrangeira tem se valido dos conceitos de segurança-continuidade, e mais comumente, de proteção da confiança" (CABRAL, Antonio do Passo. A técnica do julgamento-alerta na mudança de jurisprudência consolidada. **Revista de Processo**, São Paulo, v. 221, p. 13-48, jul. 2013).

31. A partir da Emenda nº 103/2019, tal valor foi fixado em R$ 1.200,00, mantendo-se o dever de reajuste periódico pelos mesmos índices de reajustamento dos benefícios do Regime Geral.

32. Esta regra constava da Instrução Normativa INSS/PRES nº 77/2015 [atualmente revogada]: "Art. 385. Quando o efetivo recolhimento à prisão tiver ocorrido a partir de 16 de dezembro de 1998, data da publicação da Emenda Constitucional nº 20, de 1998, o benefício de auxílio-reclusão será devido desde que o último salário de contribuição do segurado, tomado no seu valor mensal, seja igual ou inferior ao valor fixado por Portaria Interministerial, atualizada anualmente [...]".

> Para a concessão de auxílio-reclusão (art. 80 da Lei 8.213/1991), o critério de aferição de renda do segurado que não exerce atividade laboral remunerada no momento do recolhimento à prisão é a ausência de renda, e não o último salário de contribuição (RESP 1.485.417, Rel. Min. Herman Benjamin, DJ 02.02.2018).

O STF também decidiu que essa questão tinha natureza infraconstitucional, razão pela qual não reconheceu a existência de repercussão geral (Tema 1.017, ARE 1.163.485, Rel. Min. Presidente, DJ 03.12.2018). Portanto, o entendimento estabelecido pelo STJ restou definitivo.

Cerca de *um mês depois do julgamento do STF*, foi editada a Medida Provisória nº 871/2019, que se converteu na Lei nº 13.846/2019. Dentre outras determinações, a Lei passou a prever que a "aferição da renda mensal bruta para enquadramento do segurado como de baixa renda ocorrerá pela média dos salários de contribuição apurados no período de 12 (doze) meses anteriores ao mês do recolhimento à prisão" (redação dada ao § 4º do art. 80 da Lei nº 8.213/1991).

Tratou-se, claramente, de uma providência destinada a *contornar* os efeitos do que havia sido decidido pelo STJ, que não só não viu razões suficientes para se insurgir contra esse estratagema, mas *alterou* a tese que havia anteriormente fixado, que passou ter a seguinte redação:

> Para a concessão de auxílio-reclusão (art. 80 da Lei 8.213/1991) *no regime anterior à vigência da MP 871/2019*, o critério de aferição de renda do segurado que não exerce atividade laboral remunerada no momento do recolhimento à prisão é a ausência de renda, e não o último salário de contribuição (destacado no original) – RE 1.842.985, Rel. Min. Herman Benjamin, DJ 01.7.2021[33].

Claro que se o Superior Tribunal de Justiça recebeu da Constituição Federal a tarefa de ser o uniformizador da interpretação das leis federais, as mudanças na lei justificam, em tese, a mudança da jurisprudência. Mas não deixa de ser intrigante o instrumento legislativo utilizado, a medida provisória, fruto da vontade unipessoal do Presidente da República (artigo 62 da Constituição Federal), que não viu qualquer dificuldade em superar

33. A mesma tese foi fixada pela TNU (Tema 310, PEDILEF 5027480-64.2020.4.04.7000, Rel. Francisco Glauber Pessoa Alves, DJ 20.4.2023).

monocraticamente um precedente qualificado de um Tribunal Superior, do qual, supõe-se, tinha pleno conhecimento[34].

Essa possibilidade de superação legislativa da jurisprudência vem sendo admitida também pelo STF, inclusive no âmbito do controle de constitucionalidade[35]. O Supremo Tribunal Federal já decidiu, por exemplo, que:

> [...] 4. Os efeitos vinculantes, ínsitos às decisões proferidas em sede de fiscalização abstrata de constitucionalidade, não atingem o Poder Legislativo, *ex vi* do art. 102, § 2º, e art. 103-A, ambos da Carta da República.
>
> 5. Consectariamente, a reversão legislativa da jurisprudência da Corte se revela legítima em linha de princípio, seja pela atuação do constituinte reformador (i.e., promulgação de emendas constitucionais), seja por inovação do legislador infraconstitucional (i.e., edição de leis ordinárias e complementares), circunstância que demanda providências distintas por parte deste Supremo Tribunal Federal.
>
> 5.1. A emenda constitucional corretiva da jurisprudência modifica formalmente o texto magno, bem como o fundamento de validade último da legislação ordinária, razão pela qual a sua invalidação deve ocorrer nas hipóteses de descumprimento do art. 60 da CRFB/88 (i.e., limites formais, circunstanciais, temporais e materiais), encampando, neste particular, exegese estrita das cláusulas superconstitucionais [...] (ADI 5.105, Rel. Min. Luiz Fux, DJ 16.3.2016)[36].

O voto do Relator enumera diferentes situações em que ocorreu esse "embate" entre o Tribunal e alterações posteriores, legislativas e constitucionais, entendendo que se trata de consequência natural do sistema de separação das funções do Estado. Impedir tal fato importaria um "autoritarismo judicial" e um "comportamento antidialógico".

Em linha de princípio, é razoável que o Judiciário seja permeável às alterações legislativas, algo que decorre, inclusive, da legitimidade democrática que sustenta os "poderes" Legislativo e Executivo. Mas é inegável que o STF não poderá compactuar com modificações que possam afetar cláusulas

34. A Instrução Normativa INSS/PRES nº 128/2022, que revogou a de nº 77/2015, incorporou em seu texto as alterações legislativas aqui examinadas.

35. REZENDE, Renato Monteiro de. **O Poder Legislativo como revisor de decisões do Judiciário ou do órgão de jurisdição constitucional**: Que harmonia se pode extrair do silenciamento de um Poder? Brasília: Núcleo de Estudos e Pesquisas/CONLEG/Senado, nov. 2023 (Texto para Discussão nº 322). Disponível em: https://www12.senado.leg.br/publicacoes/estudos-legislativos/tipos-de-estudos/textos-para-discussao/td322. Acesso em: 03 jun. 2024.

36. Trataremos do efeito vinculante, mencionado na ementa do acórdão, no item 9.3.1.

pétreas, ou que possam atingir desproporcionalmente o papel antimajoritário da Corte. Não se pode confundir, como às vezes tem ocorrido no Brasil, a Democracia com uma "ditadura das maiorias"[37]. Como lembra Konrad Hesse, "fosse democracia, no sentido da Lei Fundamental alemã (*Grundgesetz für die Bundesrepublik Deutschland*), nada mais que domínio da maioria, então ela iria conter a possibilidade de uma ditadura da maioria, que *se diferencia de uma ditadura da minoria somente pelo número menor de oprimidos*"[38].

Em temas previdenciários, a frustração de expectativas pode decorrer também de novos atos administrativos, legislativos e jurisdicionais. Não é incomum que, no plano legislativo, a frustração advenha de normas de diferentes hierarquias. Assim, uma emenda constitucional que frustre a confiança que emerge de uma lei, ou uma lei que desautorize uma expectativa criada por um decreto regulamentar ou outro ato administrativo (caso das instruções normativas do INSS). Se a instrução normativa materializa a interpretação da lei realizada pela própria Administração Pública (como já visto), a alteração da própria instrução normativa poderá vir a frustrar uma expectativa, mesmo que não ocorra qualquer alteração da lei.

Serão examinados, em seguida, os limites a essas alterações administrativas, legislativas ou jurisdicionais, bem como as soluções a serem dadas aos casos em que as expectativas foram indevidamente frustradas por ato posterior.

---

37. Como observa Cláudio Ari Mello, uma democracia constitucional pressupõe a coexistência de três elementos: a) *elemento democrático*, segundo o qual a Constituição deve assegurar que a concretização de princípios e valores nela previstos seja realizada por órgãos e processos de deliberação democrática a que todos tenham acesso, voz e consideração; b) *elemento moral substantivo*, segundo o qual a Constituição eleva certos valores e bens substantivos, que são retirados da livre disposição dos órgãos e processos de direção política; e c) *elemento judicial*, que se materializa em um Poder Judiciário independente e imparcial, que exerça o papel de guardião do equilíbrio entre o elemento democrático e o elemento moral substantivo; um Judiciário que possa também participar e intervir, sempre que a interpretação e aplicação das normas constitucionais, pelos órgãos de direção política da sociedade, frustrarem o sentido e a finalidade da Constituição e, com isso, violarem bens e valores essenciais à dignidade da pessoa e à justiça da comunidade (MELLO, Cláudio Ari. **Democracia constitucional e direitos fundamentais**. Porto Alegre: Livraria do Advogado, 2004, p. 173).

38. HESSE, Konrad. **Elementos de direito constitucional da República Federal da Alemanha**. Trad. Luís Afonso Heck. Porto Alegre: Sergio Antonio Fabris Editor, 1998, p. 134 (destacamos).

Segunda Parte

PROTEÇÃO DA CONFIANÇA E PREVIDÊNCIA SOCIAL

Capítulo 7

PROTEÇÃO DA CONFIANÇA, PREVIDÊNCIA SOCIAL E O "FATOR TEMPO"

O termo "previdência" já tem em si uma ideia de precaução quanto a eventos futuros que coloquem o indivíduo em situação de desamparo (morte, incapacidade para o trabalho, idade avançada, desemprego involuntário, prisão etc.). "Previdência" vem do latim *praevidentia*, de *praevenire*, prevenir, antecipar, perceber previamente. A Previdência Social tem justamente esse papel de amparar os indivíduos quando da ocorrência, no futuro, de uma dessas "contingências" que o coloquem (ou a seus dependentes) em uma situação de desamparo.

Por essa razão é que os regimes previdenciários sempre têm, portanto (ou devem ter), um olhar para o presente e um olhar para o futuro. É correto dizer, assim, que as alterações normativas, no plano da lei e da Constituição Federal, devem levar em conta tais particularidades. As "correções de rumo", sempre necessárias, até para preservação do equilíbrio financeiro e atuarial dos regimes de previdência (artigos 40 e 201 da Constituição Federal), devem ser sempre graduais e progressivas. Não é razoável, nem constitucional, impor mudanças drásticas e radicais, ou sem que estejam estabelecidas regras de transição proporcionais e criteriosas.

Nada disso é aleatório ou suposto: afinal, é a própria Constituição Federal quem estabelece como um dos objetivos da República a construção de uma sociedade solidária (art. 3º, I). A solidariedade expressa-se de diferentes formas, dentre as quais a solidariedade intergeracional. Como já observado anteriormente, costuma-se afirmar que a previdência social é um pacto entre gerações[1], dado que as contribuições hoje vertidas pelos segurados em

1. A respeito do "pacto intergeracional" e suas relações com o princípio da fraternidade, ALVES, Andressa Munaro; MIRANDA, Ricardo Scott Hood. **Pacto intergeracional nas**

atividade serão utilizadas para custear os benefícios de quem já deixou de exercer atividade remunerada (ou de seus dependentes).

Enfim, falar de Previdência Social é falar de "tempo": o "tempo de contribuição" exigido para aquisição do direito à aposentadoria; o "direito previdenciário intertemporal" (a sucessão de normas previdenciárias no tempo, com suas diversas aplicações – limites à reforma, "tempus regit actum", regras de transição, etc.); o "tempo" habitualmente exigido para que o órgão gestor do regime de previdência possa responder aos requerimentos de benefícios; o "tempo" durante o qual o benefício concedido poderá ser reavaliado quanto à sua licitude; o "tempo" máximo para que os Tribunais e Conselhos de Contas examinem a legalidade dos atos de concessão de aposentadorias, reformas e pensões, nos regimes próprios de Previdência Social (artigo 71, III, da Constituição Federal), e assim por diante.

Às vezes, o "tempo" relaciona-se com a "idade" dos segurados, que pode ser um requisito para a *concessão* de benefícios (caso das aposentadorias por idade ou híbridas – que conjugam tempo de contribuição e idade). Noutros casos, a idade máxima pode ser um critério para a *cessação* dos benefícios, como é o caso da pensão por morte a filhos não inválidos e a cônjuges e/ou companheiros (no RGPS, artigo 77, § 2º, II e V, da Lei nº 8.213/1991).

Mas, quando falamos de tempo, a pergunta que surge em seguida é: *quanto tempo?* Em um sentido mais específico, *quanto tempo é necessário para fazer emergir uma expectativa digna de proteção constitucional?*

Também aqui não há qualquer "atalho" dogmático que possa facilitar a tarefa do intérprete e, de forma geral, a proteção da confiança não convive com marcos temporais estáticos. Afinal, trata-se de bom exemplo do que Robert Alexy define como *princípio jurídico*, isto é, certos mandamentos de otimização cuja aplicação se dá em caráter gradual, nos limites de suas possibilidades jurídicas e fáticas ou sociais[2].

---

relações previdenciárias como positivação do princípio da fraternidade. DOI 10.22533/at.ed.40323220315. Disponível em https://www. atenaeditora.com.br/catalogo/post/pacto-intergeracional-nas-relacoes-previdenciarias-como-positivacao-do-principio-da-fraternidade. Acesso em: 03 jun. 2024. Também sobre o tema, TAVARES, Marcelo Leonardo; SOUSA, Ricardo José Leite. O princípio da solidariedade aplicado à previdência social. **Revista Jurídica**, Curitiba, v. 1, n. 42, p. 277-293, fev. 2016. Disponível em: https://revista.unicuritiba.edu.br/index.php/RevJur/article/view/1495. Acesso em: 03 jun. 2024.

2. ALEXY, Robert. **Teoria dos direitos fundamentais**. 3. ed. São Paulo/Salvador: Malheiros/Juspodivm, 2024, p. 90.

Claro que, tal como se dá na análise de conceitos jurídicos indeterminados, com as suas *zonas de certeza* (positiva ou negativa), é também possível visualizar situações em que, com toda certeza, *houve* afronta à proteção da confiança, distinguindo-as daqueles outros casos em que há certeza de que a proteção da confiança *não foi ferida*[3].

Assim, por hipótese, um segurado que ingressa no Regime Geral de Previdência Social - RGPS no *início de 2019* (às vésperas da Emenda Constitucional nº 103/2019, portanto) – não terá nenhuma expectativa indevidamente frustrada ao se deparar com aumentos progressivos de idade e de tempo de contribuição, pois tal progressão já se achava prevista na própria Emenda (artigos 16, § 1º, 18, § 1º). A perspectiva de aposentadoria, ao ingressar no Regime, era de, no mínimo, 35 anos de contribuição (ou 30, no caso das mulheres). Ao contribuir por menos de um ano, ele ainda não havia construído um "patrimônio jurídico-previdenciário" (se assim podemos nos expressar), que já estivesse densificado a ponto de ser substancialmente abalado pelas alterações realizadas.

Mas a situação é radicalmente distinta, por exemplo, para determinados servidores públicos federais que já se achavam no gozo de regras de transição fixadas havia quase 21 anos (!) e, do dia para a noite, foram surpreendidos com sua *revogação*, pura e simples, pela mesma Emenda nº 103/2019[4]. Neste exemplo, constata-se a manifesta insuficiência daquela construção jurisprudencial a respeito da ausência de "direito adquirido a regime jurídico", pois não é disso que se trata: aqueles servidores que já se viram sucessivamente afetados pela criação de regras mais prejudiciais, já haviam reorganizado

3. As zonas de certeza e a zona de penumbra são didaticamente explicadas por Genaro Carrió: "Há um foco de intensidade luminosa onde se agrupam os exemplos típicos, aqueles aos quais não há dúvida de que a palavra *é aplicável*. Há uma zona de escuridão circundante onde caem todos os casos em que não há dúvida de que *não é*. A transição de uma área para outra é gradual; Entre a luminosidade total e a escuridão total existe uma zona de penumbra sem limites precisos. Paradoxalmente, não começa nem termina em lugar nenhum, mas existe" (CARRIÓ, Genaro. **Notas sobre derecho y lenguaje**. Buenos Aires: Abeledo Perrot, 2016, p. 31-32, traduzimos livremente). Há quem sustente que esse paralelismo vai além: a confiança legítima poderá servir de *mecanismo de interpretação e conciliação* de conceitos jurídicos indeterminados (PEREIRA, Cláudio Augusto Gonçalves; COTTER, Juan Patricio. A proteção da confiança e a revisão aduaneira. **Revista de Direito Aduaneiro, Marítimo e Portuário**, São Paulo, n. 72, p. 73-92, jan./fev. 2023).

4. "Art. 35. Revogam-se: [...] II – os arts. 9º, 13 e 15 da Emenda Constitucional nº 20, de 15 de dezembro de 1998; III – os arts. 2º, 6º e 6º-A da Emenda Constitucional nº 41, de 19 de dezembro de 2003; IV – o art. 3º da Emenda Constitucional nº 47, de 5 de julho de 2005".

seus planos de vida para regras de transição menos favoráveis, mas ainda razoáveis. Neste caso, dificilmente encontraremos outro exemplo de maior afronta à proteção da confiança. Aqueles segurados já vinham suportando ônus e requisitos adicionais há décadas e, mesmo assim, o constituinte reformador não se viu por satisfeito e lançou tudo aquilo por terra. A inconstitucionalidade, aqui, é manifesta[5].

Estes são exemplos situados em dois extremos, como se viu. Mas entre essas duas *zonas de certeza*, positiva e negativa, há uma grande *zona de penumbra* que precisa ser reconduzida a um dos campos de certeza. É exatamente a falta de parâmetros normativos expressos que tem impedido conclusões mais seguras a respeito deste tema. A falta de referências normativas expressas não impede que elas possam ser encontradas a partir de uma interpretação sistemática do ordenamento jurídico. Tal interpretação sistemática exige a busca de um referencial também normativo, ainda que indireto, que possa sustentar uma resposta firme a respeito.

Esse referencial normativo deve ser buscado não apenas no plano constitucional, mas também no plano legal, dado que não raro é o próprio Estado quem estabelece, normativamente, prazos razoáveis para considerar estabilizadas as relações jurídicas, tanto em seu próprio favor, como em favor do indivíduo.

Um dos prazos mais utilizados pela legislação é o de *cinco anos*, que se aplica, por exemplo, à prescrição geral das ações contra a Fazenda Pública (Decreto nº 20.910/1932), incluindo as autarquias (Decreto-lei nº 4.597/1942); ao prazo que a Fazenda Pública tem para glosar os tributos sujeitos ao lançamento por homologação (artigo 150, § 4º, do CTN); ao prazo para constituição do crédito tributário (artigo 173 do CTN); ao prazo para propositura da execução fiscal (artigo 174 do CTN); ao prazo para haver prestações, restituições ou diferenças da Previdência Social (artigo 103, parágrafo único, da Lei nº 8.213/1991); ao prazo máximo para que a Administração anule os atos de que decorram efeitos favoráveis para seus destinatários (artigo 54 da Lei nº 9.784/1999); ao prazo da ação punitiva da Administração Pública Federal, no exercício do poder de polícia (artigo 1º

5. A ADI 6.254, proposta pela Associação Nacional dos Defensores Públicos (ANADEP), discute, dentre outros pontos, o art. 35 da Emenda Constitucional nº 103/2019, alegando-se justamente a violação à proteção da confiança e à segurança jurídica. A ação, sob relatoria do Ministro Roberto Barroso, ainda não tinha seu julgamento concluído quando da elaboração deste trabalho.

da Lei nº 9.873/1999); ao prazo para requerer o cumprimento individual de sentença proferida em ação civil pública (STJ, Tema 515 dos recursos especiais repetitivos, RESP 1.273.643, Rel. Min. Sidnei Benetti, DJ 04.4.2013); ao prazo de prescrição para ressarcimento ao Erário fundado em decisão de Tribunal de Contas (STF, Tema 899 da repercussão geral, RE 636.886, Rel. Min. Alexandre de Moraes, DJ 24.6.2020); à prescrição da pretensão de expedição de novo precatório, no caso de requisição anterior cancelada em razão de não ter sido sacado o valor requisitado, na forma da Lei nº 13.463/2017 (STJ, Tema 1.141, RESP 1.961.642, Rel. Min. Assusete Magalhães, DJ 31.10.2023); ao prazo máximo para que seja autorizada a reversão à atividade de servidores federais aposentados, a contar da aposentadoria (artigo 25, II, "d", da Lei nº 8.112/1990); ao prazo do exercício do direito de petição, por servidores públicos federais, relativamente a atos de demissão, cassação de aposentadoria ou disponibilidade, ou que afetem interesse patrimonial e créditos resultantes das relações de trabalho (artigo 110, I, da Lei nº 8.112/1990); ao prazo da prescrição para ações disciplinares, em relação a servidores públicos federais, quanto às infrações puníveis com demissão, cassação de aposentadoria ou disponibilidade e destituição do cargo em comissão (artigo 142, I, da Lei nº 8.112/1990); ao prazo de prescrição das sanções disciplinares no âmbito da Ordem dos Advogados do Brasil (artigo 43 da Lei nº 8.906/1994); ao prazo da prescrição para ações relativas a valores não depositados no FGTS (STF, Tema 608, ARE 709.2012, Rel. Min. Gilmar Mendes, DJ 19.02.2015), e assim por diante.

A quantidade de vezes em que o prazo de cinco anos é estabelecido para disciplinar as relações indivíduo-Estado não é aleatória ou desimportante. Da mesma forma que a repetição feita pela Constituição (como visto no item 4.2.), há algo de verdadeiramente *simbólico* no fato de a legislação tratar o assunto da mesma maneira por tantas e tantas vezes.

Mais do que uma mera repetição ou um número "cabalístico", temos aí um *referencial normativo*, uma constante norma que pode ser invocada pelo intérprete na solução das controvérsias relacionadas com a aplicação do princípio da proteção da confiança.

Foi exatamente o que fez o Supremo Tribunal Federal ao julgar, na sistemática da repercussão geral, o Tema 445, em que enfrentada a questão relativa ao prazo de que dispõe o Tribunal de Contas da União para realizar a análise da legalidade dos atos de concessão de aposentadoria, reforma e pensão no âmbito dos Regimes Próprios de Previdência Social. Apenas para efeito de situar a discussão, a concessão desses benefícios supõe *dois momentos distintos*: *a)* o ato de *concessão* do benefício, de regra praticado pelo órgão em que o agente público está lotado (ou pelo órgão gestor do RPPS, onde exista); e *b)* o *registro* do ato, de competência do TCU, fixada no artigo 71, III, da Constituição Federal[6]. Normalmente se diz que o ato administrativo em questão é do tipo *complexo*, pois exige a manifestação de vontade de dois agentes públicos distintos[7].

O acórdão proferido pelo STF no caso está assim ementado:

> Recurso extraordinário. Repercussão geral. 2. Aposentadoria. Ato complexo. Necessária a conjugação das vontades do órgão de origem e do Tribunal de Contas. Inaplicabilidade do art. 54 da Lei 9.784/1999 antes da perfectibilização do ato de aposentadoria, reforma ou pensão. Manutenção da jurisprudência quanto a este ponto. 3. Princípios da segurança jurídica e da confiança legítima. Necessidade da estabilização das relações jurídicas. Fixação do prazo de 5 anos para que o TCU proceda ao registro dos atos de concessão inicial de aposentadoria, reforma ou pensão, após o qual se considerarão definitivamente registrados. 4. Termo inicial do prazo. Chegada do processo ao Tribunal de Contas. 5. Discussão acerca do contraditório e da ampla defesa prejudicada. 6. TESE: *"Em atenção aos princípios da segurança jurídica e da confiança legítima, os Tribunais de Contas estão sujeitos ao prazo de 5 anos para o julgamento da legalidade do ato de concessão inicial de aposentadoria, reforma ou pensão, a*

6. "Art. 71. O controle externo, a cargo do Congresso Nacional, será exercido com o auxílio do Tribunal de Contas da União, ao qual compete: [...] III – apreciar, para fins de registro, a legalidade dos atos de admissão de pessoal, a qualquer título, na administração direta e indireta, incluídas as fundações instituídas e mantidas pelo Poder Público, excetuadas as nomeações para cargo de provimento em comissão, bem como a das concessões de aposentadorias, reformas e pensões, ressalvadas as melhorias posteriores que não alterem o fundamento legal do ato concessório". Tais competências são extensíveis, no âmbito estadual, distrital e municipal, aos Tribunais de Contas dos Estados e do Distrito Federal, bem como aos Tribunais e Conselhos de Contas dos Municípios, por força do que determina o artigo 75 da Constituição Federal.

7. Essa natureza do ato administrativo (se complexo ou composto) foi objeto de análise em vários votos proferidos. Tratamos deste tema em nosso **Mandado de segurança em matéria previdenciária**. 6. ed. Salvador: Juspodivm, 2024, p. 106-107. Para Celso Antonio Bandeira de Mello, os atos complexos são "os que resultam da conjugação da vontade de órgãos diferentes", como é o caso (MELLO, Celso Antônio Bandeira de. **Curso de direito administrativo**. 35. ed. São Paulo: Malheiros, 2021, p. 349). Nesse mesmo sentido, DAL POZZO, Augusto Neves; ROCHA, Sílvio Luís Ferreira da. **Curso de direito administrativo**. São Paulo: Thomsom Reuters Brasil, 2024, p. 337-338. Vários outros julgados do STF consideram tal ato como complexo (por exemplo, MS 31.704, Rel. Min. Edson Fachin, DJ 16.5.2016; MS 26.069 AgR, Rel. Min. Roberto Barroso, DJ 13.3.2017; MS 38.690 AgR, Rel. Min. Cristiano Zanin, DJ 16.10.2023).

contar da chegada do processo à respectiva Corte de Contas". 7. Caso concreto. Ato inicial da concessão de aposentadoria ocorrido em 1995. Chegada do processo ao TCU em 1996. Negativa do registro pela Corte de Contas em 2003. Transcurso de mais de 5 anos. 8. Negado provimento ao recurso (RE 636.553, Rel. Min. Gilmar Mendes, Tribunal Pleno, DJ 26.5.2020).

Este precedente é bastante significativo, por se referir explicitamente a um tema previdenciário. A jurisprudência anterior do STF limitava-se a estabelecer que o Tribunal de Contas da União era obrigado a respeitar os princípios da ampla defesa e do contraditório quando tal prazo fosse ultrapassado[8].

Com a mudança de entendimento, a proteção da confiança operou-se, assim, como verdadeiro *limite objetivo à atuação do Estado*, concluindo-se que a pendência do registro do ato de aposentadoria ou pensão por prazo superior a cinco anos afeta a expectativa legitimamente estabelecida de que o ato de concessão inicial do benefício era válido.

Como já se observou, a proteção da confiança normalmente não convive com marcos temporais estáticos, como foi o caso (é um princípio, não uma regra!). Mas é bastante ilustrativo que o STF tenha invocado o mesmo prazo de cinco anos que é tantas vezes previsto na legislação para disciplinar as relações entre Estado e indivíduo e, em particular, as *pretensões* ou direitos do Estado frente ao indivíduo[9].

O exame dos votos proferidos mostra que o critério eleito pelo Tribunal para selecionar tal prazo foi o da *razoabilidade* (Alexandre de Moraes, Edson Fachin e Ricardo Lewandowski o disseram expressamente). O próprio relator, ao reajustar seu voto, menciona a aplicação por *analogia* da regra do artigo 1º do Decreto nº 20.910/1932, invocando ainda a Lei nº 9.873/1999

8. MS 25.803-AgRg, 2ª Turma, Rel. Min. Teori Zavascki, DJ 29.02.2016. Este julgado relativizou, inclusive, o entendimento firmado na Súmula Vinculante 3 ("Nos processos perante o Tribunal de Contas da União asseguram-se o contraditório e a ampla defesa quando da decisão puder resultar anulação ou revogação de ato administrativo que beneficie o interessado, excetuada a apreciação da legalidade do ato de concessão inicial de aposentadoria, reforma e pensão").

9. A legislação por vezes estabelece prazos distintos, como é o prazo de *dez anos*, que se aplica tanto para a decadência do direito do segurado para a revisão do ato de concessão inicial do benefício, como também para a decadência do direito de a Previdência Social anular atos administrativos de que decorram efeitos favoráveis aos seus beneficiários (arts. 103 e 103-A da Lei nº 8.213/1991).

e a própria Lei nº 9.784/1999 (muito embora sustente que o seu artigo 54 não se aplicaria ao caso[10]).

Cabe destacar também o voto do Ministro Marco Aurélio, que ficou vencido e reconheceu que não caberia ao Tribunal estipular tal prazo, sem previsão legal expressa, tendo feito ainda considerações a respeito das repercussões práticas do que ali decidido, dado que o entendimento iria se aplicar a inúmeros casos em que já ultrapassado o prazo de cinco anos, não apenas no Tribunal de Contas da União, mas também em outros Tribunais e Conselhos de Contas.

Embora não o tenha dito explicitamente, o Ministro Marco Aurélio toca em um tema relevantíssimo, que diz respeito aos limites da atuação do Supremo Tribunal Federal nas suas relações com os demais "poderes", daquilo que um tanto impropriamente vem sendo chamado de "ativismo judicial". Tal discussão também tem relação com a necessidade de "autocontenção" da jurisdição constitucional, de quem se exigiria maior reverência diante das opções políticas do Legislativo e do Executivo. Embora este trabalho não comporte maior desenvolvimento desses temas, parece um tanto curioso que essa "autocontenção" seja exercitada pelo Supremo Tribunal Federal de forma tão seletiva, mal ocultando certo desinteresse em examinar a constitucionalidade de algumas opções legislativas[11].

---

10. A aplicação desta regra do art. 54 da Lei nº 9.784/1999 ao caso é sustentada por CRUZ, André Gonzales. O ato concessivo de aposentadoria, reforma ou pensão, o princípio constitucional da segurança jurídica e a decadência administrativa. **Revista dos Tribunais**, São Paulo, v. 966, p. 83-06, abr. 2016.

11. Um dos casos recentes em que essa "autocontenção" foi invocada pelo Tribunal simplesmente para se eximir de examinar com profundidade as questões constitucionais envolvidas foi o julgamento da ADI 7.051, em que o STF proclamou a *constitucionalidade* do critério de cálculo das pensões por morte estabelecido pela Emenda Constitucional nº 103/2019. Afora a profusão de argumentos econômicos enviesados (e sem qualquer demonstração de sua validade e pertinência) e inúmeros lugares-comuns, o voto condutor silencia absolutamente sobre as principais questões constitucionais relevantes para o caso (Rel. Min. Roberto Barroso, DJ 02.8.2023). No âmbito doutrinário, Barroso já havia se expressado com diversos argumentos de ordem econômica para justificar a constitucionalidade da reforma da previdência de 2003 (BARROSO, Luís Roberto. Constitucionalidade e legitimidade da reforma da Previdência: ascensão e queda de um regime de erros e privilégios. **Revista de Direito da Procuradoria Geral** [do Estado do Rio de Janeiro], Rio de Janeiro, n. 58, p. 125-160, 2004). É um tanto curioso que, em outros temas sensíveis, essa "autocontenção" tenha passado longe de qualquer consideração concreta (casos, por exemplo, da descriminalização do aborto – ADPF 442 – ainda não julgada quando da elaboração deste trabalho – e da descriminalização da posse de drogas para uso próprio – RE 635.659, Rel. Min. Gilmar

De qualquer maneira, no caso específico, a análise feita pelo STF não avançou para além de suas atribuições constitucionais. A fixação de um prazo razoável para a análise da legalidade do ato de concessão de aposentadoria é plenamente compatível com os princípios da proteção da confiança e da segurança jurídica. Ao invocar esse prazo referencial, o STF nada mais fez do que aplicar a mesma solução dada pelo próprio Legislativo a um sem-número de situações, como já visto.

Por todas essas razões, conclui-se que esse prazo referencial de *cinco anos* é um prazo que poderá ser validamente considerado para analisar as questões concretas envolvendo a frustração de legítimas expectativas decorrentes de atos do Estado. Assim, por exemplo, a alteração da legislação previdenciária com horizonte maior do que cinco anos, ou que desconstrua relações jurídicas constituídas há tanto tempo, *obriga* à criação de regras de transição, razoáveis e proporcionais, sob pena de inconstitucionalidade. Pode-se até indagar se tais conclusões não levariam a uma indesejável "reforma com hora marcada". Mas, como se verá adiante, as reformas têm sido realizadas com intervalos muito menores do que esse. Não há razão para desconsiderar esse interstício, mesmo porque não se sustenta que as alterações sejam proibidas; mas as alterações deverão necessariamente considerar as expectativas anteriormente geradas.

Este prazo de cinco anos certamente não será o *único* referencial, pois poderá ceder se houver prazos distintos estabelecidos pelo próprio direito positivo. Também não se descarta que o decurso de prazo *menor que cinco anos* poderá também atrair a aplicação do princípio, a depender do caso concreto. Mas não há dúvida de que se trata de um bom referencial, um ótimo ponto de partida para análise de todas essas questões[12].

Mendes, DJe 26.9.2024). Sobre a impropriedade dos termos "ativismo" e "autocontenção", GAMA, Marina Faraco Lacerda. Deixando de lado o "ativismo" e a "autocontenção" judicial. **Revista do Advogado** [da Associação dos Advogados de São Paulo], São Paulo, v. 38, n. 140, p. 147-155, nov. 2018.

12. No âmbito das Ciências Sociais e de suas relações com a História, Fernand Braudel traça uma distinção entre o que denomina "tempo curto" e o "tempo de longa duração", sustentando que os esforços interpretativos devem ser direcionados para os modelos de longa duração, que permitiriam análises mais complexas e completas dos fatos sociais. Cremos que tais ideias podem ser transpostas, com a devida adaptação, para o tema em debate. Temos uma "longa duração" qualificada pelo direito positivo, que bem pode servir de parâmetro para análise das questões relacionadas à proteção da confiança (BRAUDEL, Fernand. História e Ciências Sociais: a longa duração. **Revista de História**, v. XXX, n. 62, ano XVI, p. 261-294, 1965).

Um último aspecto digno de nota diz respeito à própria *natureza* da relação jurídica previdenciária, que, como já observamos, tem matriz publicista e regras cogentes (item 6.1). Há uma diferença substancial a ser considerada quando comparada essa natureza jurídica com a maior parte das relações que se estabelecem no âmbito privado. O "tempo", no Direito Privado, é em muitas situações *instantâneo*, como em várias hipóteses de compra, venda, tradição, uso. O que dizer de contratos celebrados com um *click* ou um *sim* em termos de consentimento em aplicativos de *internet*? Em poucos casos a relação jurídica privada se protrai no tempo e apenas em raras situações se prolonga por décadas. Por isso é que a dinâmica das relações previdenciárias com institutos como o direito adquirido simplesmente *não pode* ser compreendida a partir da perspectiva privatística tradicional. O "tempo", na Previdência Social, tem características particulares e que *impõem* a quebra de alguns paradigmas tradicionais construídos para as relações privadas.

Capítulo 8

PROTEÇÃO DA CONFIANÇA E A REFORMA DA PREVIDÊNCIA SOCIAL[1]

A Previdência Social é um dos ramos do conhecimento humano em que a tensão entre estabilidade e mudança se faz mais presente. É claro que essa natureza ambivalente é própria do Direito, em geral, em que convivem conservação e alteração, estabilidade e flexibilidade, tradição e inovação[2].

Mas, entre nós, a Previdência Social deve adotar como diretriz a preservação do *equilíbrio financeiro e atuarial*, por força de determinações constitucionais expressas[3]. Portanto, a reforma da Previdência Social é

---

1. As principais ideias aqui desenvolvidas partiram do nosso texto Normas constitucionais e o direito previdenciário pós-reforma. *In:* SERAU JUNIOR. Marco Aurélio; VICTORIO, Rodrigo Moreira Sodero (org.). **Teses revisionais e de inconstitucionalidade no direito previdenciário**. 2. ed. Curitiba: Juruá, 2023, p. 11-32.

2. MAURER, Hartmut. **Contributos para o Direito do Estado**. Trad. Luís Afonso Heck. Porto Alegre: Livraria do Advogado, 2007, p. 60. AMARAL, Maria Lúcia. O tempo e a protecção da confiança. *In:* Encontro de Professores Portugueses de Direito Público, 5, **Anais...** Lisboa: Instituto de Ciências Jurídico Políticas, 2012, p. 21-22.

3. Constituição Federal de 1988: "Art. 40. O regime próprio de previdência social dos servidores titulares de cargos efetivos terá caráter contributivo e solidário, mediante contribuição do respectivo ente federativo, de servidores ativos, de aposentados e de pensionistas, observados critérios que preservem o equilíbrio financeiro e atuarial [...]". "Art. 201. A previdência social será organizada sob a forma do Regime Geral de Previdência Social, de caráter contributivo e de filiação obrigatória, observados critérios que preservem o equilíbrio financeiro e atuarial, e atenderá, na forma da lei, a: [...]". A Constituição não traz essa determinação para os militares das Forças Armadas, mesmo porque remete inteiramente a disciplina de sua transferência para a inatividade à regulamentação por lei (artigo 142, X, da Constituição Federal). A Lei nº 14.954/2019, um tanto eufemisticamente, fala em um "sistema de proteção social dos militares", não a uma Previdência Social, propriamente dita, como que a justificar a drástica distinção de tratamento jurídico existente entre militares e servidores públicos,

praticamente uma constante. Dificilmente conseguiremos encontrar, desde a promulgação da Constituição Federal de 1988, algum ano em que não tenhamos tido alterações nas normas previdenciárias, quer no plano da lei, quer no patamar constitucional. É mais apropriado falar em "reformas", no plural, portanto[4].

Como bem observa Marcelo Figueiredo, os momentos de reforma deveriam ser "passageiros, transitórios, eventuais, tópicos, cirúrgicos". Mesmos nestes, prossegue, "a sociedade e a comunidade jurídica devem ficar atentas: devem falar mais alto à defesa da Constituição", bem como suas cláusulas de proteção da cidadania e seus valores mais caros[5].

Tendo presente esta ideia de que, no âmbito previdenciário, as alterações normativas têm sido comuns, constantes e quase inevitáveis, o desafio é avaliar a compatibilidade dessas modificações normativas com o princípio da proteção da confiança[6]. Tal avaliação deve ser feita em relação às altera-

---

mesmo aos agentes públicos que também integrem carreiras de Estado e estejam sujeitos a restrições e particularidades inexistentes para outros cargos e carreiras. Esta diferença de tratamento foi ainda exacerbada por força da Emenda Constitucional nº 103/2019, que promoveu uma elevação significativa das contribuições previdenciárias dos servidores públicos federais, além de ter dificultado o acesso e reduzido o valor dos benefícios. Sobre o conceito de equilíbrio financeiro e atuarial, GUEDES, Luciano Palhano. O princípio do equilíbrio econômico e financeiro no Regime Geral de Previdência Social. **Revista da AGU** [Advocacia Geral da União], Brasília, v. 15, n. 03, p. 241-262, jan./mar. 2017.

4. Apenas para que se tenha uma ideia, trataram de Previdência Social, sem contar aspectos de custeio, as Emendas Constitucionais nº 03/1993, 18/1998, 20/1998, 41/2003, 47/2005, 70/2012, 88/2015 e 103/2019. Apenas na Lei de benefícios do RGPS (nº 8.213/1991), sobrevieram alterações promovidas pelas Leis de nº 8.444/1992, 8.542/1992, 8.619/1993, 8.647/1993, 8.861/1994, 8.870/1994, 8.880/1994, 9.032/1995, 9.506/1997, 9.528/1997, 9.711/1998,9.732/1998, 9.876/1999, 10.099/2000, 10.403/2002, 10.559/2002, 10.710/2003, 10.820/2003,10.839/2004, 10.877/2004, 11.430/2006, 11.665/2008, 11.718/2008, 11.941/2009, 12.254/2010, 12.873/2013, 13.063/2014, 13.134/2015, 13.135/2015, 13.146/2015, 13.183/2015, 13.202/2015, 13.457/2017, 13.494/2017, 13.846/2019, 13.847/2019, 13.876/2019, 14.020/2020, 14.199/2021, 14.331/2022, 14.431/2022, 14.441/2022 e 14.724/2023, além das Leis Complementares de nº 123/2006, 128/2008 e 150/2015. Isso sem contar outros dispositivos alterados por medidas provisórias que perderam a vigência por não terem sido aprovadas pelo Congresso Nacional (vide os exemplos mencionados no item 6.2.).
5. FIGUEIREDO, Marcelo. Reformas constitucionais e os direitos – adquiridos ou desrespeitados? *In:* MARTINS, Ives Gandra; MENDES, Gilmar Ferreira; TAVARES, André Ramos (org.). **Lições de direito constitucional**: em homenagem ao jurista Celso Bastos. São Paulo: Saraiva, 2005, p. 92-100.
6. Paulo Modesto, a propósito do tema da reforma da previdência, lembra o conhecido verso da ópera *Rigoletto*, de Giuseppe Verdi: "la donna è mobile, qual piuma al vento". Para Modesto, a

ções das leis e outros atos normativos infralegais, dada a exigência de que mantenham conformidade formal e material com a Constituição Federal. Mas também se exige tal avaliação no âmbito das Emendas à Constituição. Se temos presente a premissa de que o princípio da proteção da confiança é um *direito individual*, integra também aquele núcleo constitucional insuscetível de modificação, na forma prevista no artigo 60, § 4º, IV, da Constituição Federal[7].

Iniciemos o exame do tema a partir das alterações constitucionais que potencialmente afetem expectativas legítimas.

8.1. O CONTROLE DE CONSTITUCIONALIDADE DAS EMENDAS À CONSTITUIÇÃO

A doutrina predominante, assim como a jurisprudência do STF, não admite as chamadas "normas constitucionais inconstitucionais", quando em análise uma *norma constitucional originária* tendo por parâmetro de confronto outra *norma constitucional originária*. Ou seja, se duas normas constitucionais, aparentemente contraditórias, foram postas pelo constituinte originário de 1988, não é possível declarar uma delas inconstitucional. Em casos assim, tem-se entendido que esse antagonismo é meramente aparente e deve ser resolvido pela via de interpretação.

O STF, em julgado emblemático a respeito deste tema, registrou que:

> A tese de que há hierarquia entre normas constitucionais originárias dando azo à declaração de inconstitucionalidade de umas em face de outras é incompossível com o sistema de Constituição rígida.
>
> Na atual Carta Magna "compete ao Supremo Tribunal Federal, precipuamente, a guarda da Constituição" (art. 102, "caput"), o que lhe implica dizer que essa jurisdição lhe é atribuída para impedir que se desrespeite a Constituição

---

previdência social "è mobile", dada a quantidade de reformas que vem sofrendo nas últimas décadas. Deriva da proteção da confiança, todavia, a exigência de que as reformas sejam acompanhadas de disposições transitórias proporcionais e adequadas (MODESTO, Paulo. Disposições constitucionais transitórias na reforma da previdência: proteção da confiança e proporcionalidade. **Revista Brasileira de Direito Público (RBDP)**, Belo Horizonte, ano 15, n. 56, p. 09-57, jan./mar. 2017). A respeito das regras de transição da Emenda nº 103/2019, vide o item 8.2.2.

7. "Art. 60 [...] § 4º Não será objeto de deliberação a proposta de emenda tendente a abolir: [...] IV – os direitos e garantias individuais".

como um todo, e não para, com relação a ela, exercer o papel de fiscal do Poder Constituinte originário, a fim de verificar se este teria, ou não, violado os princípios de direito suprapositivo que ele próprio havia incluído no texto da mesma Constituição [...]. (ADI 815-3/DF, Rel. Min. Moreira Alves, DJ 10.5.1996, p. 15131).

Este entendimento se viu reforçado no julgamento da ADI nº 997-4/DF, também de Relatoria do Min. Moreira Alves, DJ 30.8.1996, p. 30.603. Podem ainda ser citados, mais recentemente: ADI 2.883/DF, Rel. Min. Gilmar Mendes, DJ 09.3.2007, p. 25; ADI 2.760/DF, Rel. Min. Joaquim Barbosa, DJ 20.10.2006, p. 48, RMS 35.517, Rel. Min. Cármen Lúcia, DJ 02.3.2020.

Otto Bachof é um dos autores que sustentou tese distinta, fundando-se na existência de um direito "suprapositivo" ou uma "Constituição material" que também obrigasse o constituinte originário. Para ele, há uma ideia fundamental de justiça, que compreende valores como o respeito e a proteção à vida e à dignidade humana, a proibição da degradação do homem a um objeto, o direito ao livre desenvolvimento da personalidade, a imposição de igualdade de tratamento e a proibição do arbítrio, etc. Tais normas não poderiam ser desrespeitadas, nem mesmo pelo Poder Constituinte originário[8].

Compreende-se a preocupação com o tema quando se está diante de um processo constituinte ilegítimo ou sem legitimidade democrática, como nas hipóteses de Constituições outorgadas ou cesaristas. É realmente tentador sustentar a existência de normas prévias vinculadoras da atividade do constituinte originário quando se está diante de atos de força. Mas não é algo que seja razoável sustentar nos casos em que a Constituição é fruto de um amplo debate democrático, que tem, é certo, naturais vicissitudes, como é o caso da brasileira de 1988. Assim, as contradições (aparentes) do Texto Constitucional revelam, muito mais, o processo democrático e as diferentes concepções de mundo que se viram acolhidas, em maior ou menor grau, na Constituição da República.

A tese da inconstitucionalidade de normas originárias não foi acolhida pelo STF, como se viu, e, efetivamente, é incompatível com a própria natureza

---

8. BACHOF, Otto. **Normas constitucionais inconstitucionais?** Coimbra: Livraria Almedina, 1994, *passim*. Jorge Miranda também sustenta a existência de limites ao Poder Constituinte Originário, que classifica em *transcendentes* (com origem no Direito Natural), imanentes (que decorrem da soberania e da forma pela qual o Estado se estrutura) e *heterônomos* (que proviriam da conjugação de diferentes ordens jurídicas, internacionais e internas) (MIRANDA, Jorge. **Manual de Direito Constitucional**. T. II. 5. ed. Coimbra: Coimbra, 2003, p. 124-129).

do Poder Constituinte Originário. Ao se compreender que se trata de Poder que não encontra limitações prévias de Direito Positivo, o Poder Constituinte Originário é livre, inclusive, para estabelecer antinomias e antagonismos, que são necessariamente aparentes e serão resolvidos por meio de interpretação[9].

A solução é diversa quando a análise recai sobre uma norma constitucional introduzida por meio de *Emenda à Constituição*.

As Emendas à Constituição, como sabido, são os instrumentos por meio dos quais é exercido o denominado *Poder Constituinte Derivado Reformador* (instituído, constituído ou de segundo grau).

Na doutrina, é possível encontrar autores que preferem a expressão "competência reformadora" para designar o Poder Constituinte Derivado Reformador. Isto se dá porque o termo "poder" remete a uma ideia de ausência de limites, enquanto que a "competência" revela um sentido imanente de limitação jurídica do poder[10]. É exatamente o que ocorre com esta competência para alterar uma Constituição já existente, dado que na própria Constituição se encontram presentes os limites à sua modificação.

A Constituição é normalmente concebida como um documento perene, que congrega os valores fundamentais de uma sociedade. Por isso que habitualmente se diz que as Constituições se pretendem *eternas*, mas não *imutáveis*. A existência de mecanismos institucionais de revisão da Constituição

9. Lembram Carlos Ayres Britto e Valmir Pontes Filho que "a Constituição originariamente posta é o começo lógico de toda a normatividade jurídico-positiva de um Estado soberano (Kelsen). Logo, não tem compromisso com a ordem jurídica anterior, justamente por ser inaugural de uma nova ordem cujo primeiro efeito é sepultar a própria Constituição primitiva. Noutros termos, então, somente a Constituição originária é que se põe na linha de largada do Direito Positivo. Sua irrupção no cenário jurídico significa a postura do começar tudo de novo, e não simplesmente a do ajeitar as coisas, isto, pelo fato de que seu órgão de elaboração (Assembleia Nacional Constituinte, no caso brasileiro), é o único a se caracterizar com instância capaz de normar sem ser normada; vale dizer, com instância que tem a exclusiva força de preservar, ou deixar de fazê-lo, toda e qualquer norma produzida à luz da velha ordem jurídica" (Direito adquirido contra as emendas constitucionais. **Revista de Direito Administrativo**, v. 202, p. 75-76, out./dez. 1995). O Min. Carlos Ayres Britto também afirmou, corretamente, que o poder de criar uma nova constituição é, "a um só tempo constituinte e desconstituinte", "porque originariamente imbricado em toda a *polis*, naqueles raros instantes em que a *polis* se sobrepõe ao Estado para dizer, por ela mesma, sob que tipo de Direito-Constituição quer viver". (BRITTO, Carlos Ayres. **Teoria da Constituição**. Rio de Janeiro: Forense, 2003, p. 25).

10. Nesse sentido, por exemplo, TEMER, Michel. **Elementos de direito constitucional**. 23. ed. São Paulo: Malheiros, 2010, p. 35.

é fato que contribui para que perdure ao longo dos anos. A capacidade de adaptação da Constituição às mudanças sociais é também mecanismo que reforça sua efetividade (eficácia social) e contribui para a formação de um "sentimento constitucional" que inspire uma atitude de acatamento e afeição à Constituição[11].

Talvez a Constituição Federal de 1988 não precisasse das mais de cento e trinta emendas que sofreu ao longo de pouco mais de trinta e cinco anos de vigência. Mas, considerando a efemeridade dos vários Textos ao longo da história constitucional brasileira (como o de 1934, por exemplo), é possível concluir que a estrutura fundamental e principiológica da Constituição de 1988 ainda está preservada[12].

As Emendas à Constituição, como se viu, são os instrumentos por meio dos quais é possível alterar formalmente o Texto de 1988. Mas é necessário lembrar que a doutrina e jurisprudência também concebem a existência de processos informais de mudança da Constituição, dentre os quais se incluem as *mutações constitucionais*[13].

As mutações constitucionais são caracterizadas por situações em que não existe modificação formal da Constituição, ou seja, o texto não foi alterado formalmente por emenda. Mas ocorre uma mudança da interpretação ou da visão que se tem a respeito daquele texto. A jurisprudência do Supremo Tribunal Federal é repleta de exemplos desse fenômeno, reconhecido por via da interpretação judicial de vários institutos jurídicos[14].

---

11. A respeito desse "sentimento constitucional" despertado pela Constituição de 1988, BARROSO, Luís Roberto. Dez anos da Constituição de 1988 (Foi bom pra você também?). **Revista de Direito Administrativo**, Rio de Janeiro, n. 214, p. 1-25, out./dez. 1998.

12. Em interpretação correta, Marco Aurélio Serau Junior aponta a desestruturação do sistema de Seguridade Social que decorre da PEC nº 6/2019 (que se converteu, com alterações, na Emenda nº 103/2019) (SERAU JUNIOR, Marco Aurélio. Principais aspectos da PEC 6/2019 – reforma previdenciária. **Revista Jurídica da Escola Superior da Advocacia da OAB-PR**, Curitiba, v. 4, nº 2, out. 2019, p. 212).

13. FERRAZ, Anna Cândida da Cunha. **Processos informais de mudança da Constituição**. São Paulo: Max Limonad, 1986.

14. Ao tratar do papel da interpretação judicial nas mutações constitucionais, o Min. Celso de Mello, no voto que proferiu no HC 91.361, consignou que "[...] a intepretação judicial desempenha um papel de fundamental importância, não só na revelação do sentido das regras normativas que compõem o ordenamento positivo, mas, sobretudo, na adequação da própria Constituição às novas exigências, necessidades e transformações resultantes dos processos sociais, econômicos e políticos que caracterizam a sociedade contemporânea. [...] Na realidade, a interpretação judicial, ao conferir sentido de contemporaneidade à

Já o processo de alteração formal da Constituição, por via da Emenda à Constituição, é plenamente regrado e sofre diversas vedações ou limitações, que serão examinadas a seguir. Na teoria geral do Direito Constitucional, considera-se que somente o Poder Constituinte Originário pode estabelecer regras e requisitos para modificação da Constituição. Nestes termos, não é possível admitir a introdução de novas regras ou exigências que não as já fixadas na Constituição originária.

Importa reconhecer, desde logo, que a afronta a quaisquer dessas vedações ou limitações poderá resultar na declaração de inconstitucionalidade da Emenda à Constituição. Assim, diversamente do que ocorre com normas constitucionais originárias, é possível conceber uma norma constitucional inconstitucional, nos casos em que a comparação se dá entre uma norma introduzida por Emenda à Constituição e aquelas vedações ou limitações estabelecidas pela Constituição originária. Esta possibilidade é tranquilamente admitida na jurisprudência do Supremo Tribunal Federal, que a reafirmou em diversas ocasiões[15], também assim na doutrina[16].

Vejamos, então, quais são essas limitações ou vedações à modificação da Constituição de 1988, que podem ser classificadas em limitações formais (ou procedimentais), limitações circunstanciais e limitações materiais.

As *limitações formais* ou *procedimentais*, como o próprio nome está a indicar, tratam do procedimento para aprovação da Emenda à Constituição. Estas limitações formais ou procedimentais estão previstas no art. 60 da

---

Constituição, nesta vislumbra um documento vivo a ser permanentemente atualizado, em ordem a viabilizar a adaptação do 'corpus' constitucional às novas situações sociais, econômicas, jurídicas, políticas e culturais surgidas em um dado momento histórico, para que, mediante este processo de 'aggiornamento', o estatuto fundamental não se desqualifique em sua autoridade normativa, não permaneça vinculado a superadas concepções do passado, nem seja impulsionado, cegamente, pelas forças de seu tempo" (STF, HC 91.361, Rel. Min. Celso de Mello, DJ 06.02.2009).

15. Por exemplo, ADI 939, Rel. Min. Sydney Sanches, DJ 18.3.1994, ADI 3.128, redator para o acórdão Min. Cezar Peluso, DJ 18.02.2005; ADI 1.946-MC, Rel. Min. Sydney Sanches, DJ 14.9.2001, ADI 3.297, Rel. Min. Alexandre de Moraes, DJ 25.10.2019.

16. SAMPAIO, Nelson de Souza. Inconstitucionalidade de emenda constitucional. *In*: CLÈVE, Clèmerson Merlin e BARROSO, Luís Roberto (Org.). **Doutrinas essenciais de direito constitucional**, v. V, São Paulo: Revista dos Tribunais, 2011, p. 1.189 e ss.; SILVA JÚNIOR, Dirley. **Curso de direito constitucional**. 4. ed. Salvador: Juspodivm, 2010. p. 248-249; SARLET, Ingo Wolfgang; BRANDÃO, Rodrigo. Da emenda à Constituição, *In*: CANOTILHO, J. J. Gomes *et al* (org.), **Comentários à Constituição do Brasil**. 2. ed. São Paulo: Saraiva Educação, 2018. p. 1213-1226, dentre tantos outros.

Constituição de 1988 e dizem respeito: a) à iniciativa (quem pode apresentar o projeto de Emenda); b) ao quórum de aprovação (3/5 dos membros da Câmara dos Deputados e do Senado Federal); c) aos turnos de votação (dois, em cada uma das Casas do Congresso Nacional); d) à promulgação (feita pelas Mesas da Câmara dos Deputados e do Senado Federal); e e) à impossibilidade de reapresentação, na mesma sessão legislativa, do projeto de Emenda rejeitado ou tido por prejudicado.

Quanto à iniciativa, especificamente, diz a Constituição que o projeto de emenda pode ser apresentado pelo Presidente da República, por um terço dos membros da Câmara dos Deputados ou um terço dos membros do Senado Federal, ou ainda por mais da metade das Assembleias Legislativas das unidades da Federação, manifestando-se cada uma delas pela maioria relativa de seus membros (art. 60, I, II e III, da CF/1988).

As *limitações circunstanciais* identificam certas circunstâncias (como o próprio nome diz) durante as quais a Constituição não poderá ser modificada. No caso brasileiro, diz o art. 60, § 1º, que "a Constituição não poderá ser emendada na vigência de intervenção federal, de estado de defesa ou de estado de sítio".

Presumiu a Constituição que, na pendência desses eventos, não há um estado de tranquilidade social adequado para que as modificações na Constituição sejam feitas. Foi este o destino que, juridicamente, acabou tendo a Proposta de Emenda à Constituição 287/2016, apresentada pelo então Presidente da República Michel Temer. Com a decretação da intervenção federal na área de segurança do Estado do Rio de Janeiro (Decreto 9.288/2018), aquela proposta de Reforma da Previdência teve sua tramitação suspensa[17]. Aqui, pode surgir alguma controvérsia a respeito da continuidade da tramitação, já que a norma constitucional diz apenas que a Constituição "não poderá ser emendada". Uma interpretação teleológica desta regra exige que a decretação

17. Frise-se que a PEC 287/2016 era muito menos drástica do que a PEC 6/2019, de que resultou a Emenda 103/2019. O noticiário da época acabou por revelar que não havia condições políticas, no Congresso Nacional, para aprovação da PEC e a decretação da intervenção acabou por significar um tipo de "saída honrosa" para que a proposta não avançasse mais. Mais recentemente, nova intervenção federal recaiu sobre a área de segurança pública do Distrito Federal, por força do Decreto nº 11.377/2023, editado em resposta aos tenebrosos eventos de 08 de janeiro de 2023 na Praça dos Três Poderes. Neste caso, todavia, como o Congresso Nacional estava em recesso (foi convocado extraordinariamente apenas para deliberar sobre a intervenção), nenhuma PEC teve sua tramitação suspensa como consequência da intervenção.

da intervenção, do estado de defesa ou do estado de sítio leve a uma total paralisação da proposta, que não poderá ser sequer discutida. Afinal, não é razoável sustentar que, em um período de grave intranquilidade social, a proposta seja discutida e votada, ficando suspensa apenas a promulgação.

Alguns autores preferem o termo "limitações temporais" à locução "limitações circunstanciais". Na verdade, o que caracteriza a intervenção federal, o estado de sítio e o estado de defesa não é o tempo, mas a pendência de uma circunstância que impede a alteração da Constituição. Há uma impropriedade terminológica, portanto, que deve ser evitada[18].

Finalmente, as *limitações materiais* são, em resumo, certas matérias que não podem ser alcançadas por Emenda à Constituição, razão pela qual são habitualmente denominadas como cláusulas pétreas. Constituem aquele núcleo material constitucional mais precioso, por isso intangível, petrificado, qualificado como a verdadeira identidade da Constituição, por essa razão inalcançável por maiorias parlamentares transitórias[19].

Tais matérias estão enumeradas no art. 60, § 4º, da Constituição: a) a forma federativa de Estado; b) a separação de "poderes"; c) o voto direto, secreto, universal e periódico; e d) os direitos e garantias individuais.

Como já observado anteriormente, a Constituição de 1988 vai além, pois estabelece que "não será objeto de deliberação proposta de emenda à Constituição tendente a abolir" aquelas cláusulas. Portanto, poderá ser declarada inconstitucional não apenas uma emenda que atinja frontalmente aquelas matérias, que abale essas cláusulas em seu núcleo essencial, mas também a emenda meramente tendente a afetar esses temas.

Outro ponto que é objeto de frequente discussão diz respeito à identificação do quê, exatamente, estaria petrificado. Assim, por exemplo, ao falar

---

18. Vale também acrescentar que algumas Constituições contêm verdadeiras limitações temporais, isto é, o estabelecimento de períodos de tempo em que a Constituição não poderia ser emendada. É o que ocorreu, no caso brasileiro, na Carta Imperial de 1824, conforme o seu art. 174: "Se passados quatro annos, depois de jurada a Constituição do Brazil, se conhecer, que algum dos seus artigos merece reforma, se fará a proposição por escripto, a qual deve ter origem na Câmara dos Deputados, e ser apoiada pela terça parte delles".

19. A respeito da natureza das cláusulas pétreas e suas diferentes concepções, SARLET, Ingo Wolfgang; BRANDÃO, Rodrigo. Da emenda à Constituição, *In*: CANOTILHO, J. J. Gomes *et al* (org.), **Comentários à Constituição do Brasil**. 2. ed. São Paulo: Saraiva Educação, 2018. p. 1218-1219; MENDES, Gilmar Ferreira; BRANCO, Paulo Gonet. **Curso de direito constitucional**. 18. ed. São Paulo: SaraivaJur, 2023, p. 120-125.

da "forma federativa de Estado", a imutabilidade residiria apenas sobre um "modelo" de Federação, abstratamente considerado, ou alcançaria a total impossibilidade de alterar quaisquer pontos da repartição constitucional de competências entre as unidades da Federação? A jurisprudência do STF, aqui, é frequentemente hesitante. A Suprema Corte já decidiu, examinando esta cláusula pétrea específica, que esta não significa "a intangibilidade literal da respectiva disciplina na Constituição originária, mas apenas a proteção do núcleo essencial dos princípios e institutos cuja preservação nelas se protege" (ADI 2.027, Rel. Min. Sepúlveda Pertence, DJ 22.6.2007). Em outro julgado, embora tenha firmado que o rol das cláusulas pétreas é taxativo, o STF reconheceu que é possível a "exploração do conteúdo e fixação das características pelas quais se defina cada qual deles, nisso consistindo a delimitação do que possa ser consentido ou proibido aos Estados" (ADPF 33 MC, trecho do voto do Min. Gilmar Mendes, DJ 06.8.2004).

Assim, por exemplo, o STF já reconheceu que integram o rol dos "direitos e garantias individuais" (art. 60, § 4º, IV) direitos que, formalmente, estão alocados em preceitos constitucionais distantes do art. 5º. É o caso do princípio da anterioridade da lei tributária (art. 150, II, "b") e do princípio da anterioridade da lei eleitoral (art. 16)[20].

Para finalizar este tema, é necessário ainda recordar que a doutrina reconhece a existência de limitações materiais implícitas (ou inerentes) ao poder de reforma da Constituição. Ou seja, além daquelas matérias expressamente previstas no art. 60, § 4º, haveria outras, cuja imutabilidade decorreria do próprio sistema constitucional. Seriam cláusulas pétreas não escritas, mas existentes no sistema.

Assim, integrariam o rol de limites implícitos os princípios fundamentais (arts. 1º a 4º da Constituição Federal), também seriam parte daquela *identidade* da Constituição, sendo insuscetíveis de modificação por emenda. A doutrina ainda se refere ao próprio art. 60, § 4º, da Constituição, que, embora enuncie as cláusulas pétreas, não é, ele mesmo, uma delas. Assim, estaria implicitamente petrificado, na medida em que, se admitida a sua alteração, a próxima mudança seria a das próprias cláusulas expressas[21].

20. ADI 939, Rel. Min. Sydney Sanches, DJ 18.3.1994; ADI 3.685/DF, Rel. Min. Ellen Gracie, DJ 10.8.2006.

21. Nesse sentido, MENDES, Gilmar Ferreira; BRANCO, Paulo Gonet. **Curso de direito constitucional**. 18. ed. São Paulo: SaraivaJur, 2023, p. 133.

Outras referências dizem respeito às normas que identificam o titular do poder constituinte, que disciplinam o processo legislativo da emenda etc.[22]

Ao contrário do que se tem dito habitualmente a respeito das Reformas Constitucionais da Previdência Social (incluindo a promovida pela Emenda Constitucional nº 103/2019), não é possível pretender a declaração de inconstitucionalidade por outras razões que não uma eventual ofensa a um dos limites formais, circunstanciais ou materiais ao poder de reforma da Constituição.

Pode-se desgostar da alteração promovida, pode-se sustentar que seja contrária aos princípios da Ordem Social, pode-se até entender que a alteração seja contrária a um dos princípios estruturantes da Previdência Social ou à proteção constitucional à família, em particular. Mas nenhuma dessas razões é suficientemente relevante para declarar a inconstitucionalidade da Emenda, senão a afronta direta a uma das limitações ao poder constituinte derivado reformador.

A recíproca é também verdadeira: pode-se entender que a alteração foi adequada e observou os princípios constitucionais da Ordem Social ou da Seguridade Social, mas não poderá validamente subsistir caso tenha desrespeitado algum dos limites à reforma estabelecidos pelo constituinte originário.

Portanto, com a Emenda já promulgada e em vigor, o desafio argumentativo posto ao intérprete é tentar identificar se, por exemplo, em um caso em que se constata uma violação a algum princípio constitucional da Seguridade Social (artigo 194, parágrafo único, da Constituição Federal), haverá também afronta a uma das cláusulas pétreas. Se isto não ocorreu, estaremos diante de uma modificação do próprio princípio, autorizada pela Constituição[23].

---

22. SAMPAIO, Nelson de Souza. **O poder de reforma constitucional**. 3. ed. Belo Horizonte: Nova Alvorada, 1995, p. 93; FERREIRA FILHO, Manoel Gonçalves. **O poder constituinte**. 6. ed. São Paulo: Saraiva, 2013, passim.

23. Um exemplo significativo disso diz respeito às alterações feitas pela Emenda Constitucional nº 20/98, relativamente ao auxílio-reclusão, mencionadas no item 6.4 deste trabalho. Como se sabe, até então, este benefício era devido a quaisquer dependentes de quaisquer segurados da Previdência Social recolhidos à prisão. A partir da Emenda, passou-se a determinar que o benefício só seria devido aos "dependentes do segurado de baixa renda" (redação dada ao artigo 201, IV, da Constituição Federal). A mesma restrição passou a ser imposta ao salário-família. Ora, limitar o benefício a um conjunto reduzido de dependentes não acarretaria uma violação aos princípios da "universalidade da cobertura e do atendimento" (artigo 194, parágrafo único, I, da Constituição)? Evidentemente que sim, dado que a Emenda simplesmente

O Supremo Tribunal contém julgados que impedem alterações normativas que venham a importar uma redução da proteção constitucional a alguns direitos fundamentais, como é o caso do direito à educação, invocando o que se denomina *princípio da vedação (ou da proibição) do retrocesso social*[24]. Ressalta o Tribunal nesses julgados que tal princípio impede que sejam desconstituídas não apenas as conquistas sociais alcançadas pelo indivíduo, mas também as obtidas pela formação social em que ele vive[25]. É um modo distinto se referir ao *direito adquirido social*, expressão por vezes adotada pela doutrina, como visto no item 5.2.1. Esta orientação está também em harmonia com o Pacto Internacional dos Direitos Sociais, Culturais e Econômicos, tratado internacional de que o Brasil é parte (promulgado pelo Decreto nº 591/1992) e que determina que:

> Cada Estado Parte do presente Pacto compromete-se a adotar medidas, tanto por esforço próprio como pela assistência e cooperação internacionais, principalmente nos planos econômico e técnico, até o máximo de seus recursos disponíveis, que visem a assegurar, *progressivamente*, por todos os meios apropriados, o pleno exercício dos direitos reconhecidos no presente

---

desconsiderou o vetor constitucional que impõe que o atendimento da Seguridade Social seja "universal". O STF, todavia, decidiu que não há inconstitucionalidade nessa alteração, dando maior ênfase ao princípio da "seletividade na prestação dos benefícios e serviços" (inciso III do mesmo artigo – Tribunal Pleno, RE 587.365, Rel. Min. Ricardo Lewandowski, DJ 08.5.2009). Como se vê, a linha de argumentação teria que ser outra: discutir não apenas a ofensa ao princípio da universalidade, mas, por exemplo, a um direito individual como o princípio da isonomia, que é uma cláusula pétrea (artigo 5º, *caput*, combinado com o artigo 60, § 4º, IV, da Constituição Federal).

24. ARE 639.337-AgRg, Rel. Min. Celso de Mello, DJ 15.9.2011; RE 581.352 AgR, Rel. Min. Celso de Mello, DJ 22.11.2013.

25. ADI 2.096, Rel. Min. Celso de Mello, DJ 27.10.2020, com ampla referência doutrinária. O STF também aplicou o princípio ao reconhecer a proteção deficiente, no Plano Nacional de Segurança Pública e Defesa Social, em decorrência da falta de indicadores para acompanhamento de feminicídios e mortes causadas por agentes da segurança pública (ADI 7.013, Rel. Min. Cármen Lúcia, DJ 05.9.2023). A mesma solução foi adotada quanto ao direito ao sigilo do voto (ADI 4.543 MC, Rel. Min. Cármen Lúcia, DJ 02.3.2012), assim como ao direito ao salário mínimo (RE 964.659, Rel. Min. Dias Toffoli, DJ 01.9.2022, Tema 900 da repercussão geral). Na ADI 5.013, o STF reconheceu a natureza *relativa* da vedação ao retrocesso, aduzindo que "tendo em conta avanço na tutela de direitos mediante norma infraconstitucional, é impróprio, considerado tratamento estrito dado à matéria pela Constituição Federal, potencializar o princípio da vedação ao retrocesso social, a ponto de, invertendo a ordem natural, transformar em cláusula pétrea legislação ordinária ou complementar" (red. p/ acórdão Min. Marco Aurélio, DJ 16.11.2020). Em sentido análogo, ADI 5.595, Rel. Min. Ricardo Lewandowski, red. p/ acórdão Min. Alexandre de Moraes, DJ 24.3.2023.

Pacto, incluindo, em particular, a adoção de medidas legislativas (artigo 2º, 1), destacamos.

É claro que uma determinação de implantação *progressiva* desses direitos não consegue conviver com pretensões regressivas[26]. Lembre-se que os tratados internacionais sobre direitos humanos integram o chamado "bloco de constitucionalidade", recebendo fundamentalidade a partir da norma contida no § 2º do artigo 5º da Constituição Federal (ver, a respeito, o item 4.1 deste trabalho).

Paradoxalmente, o STF admite, sem maiores discussões, retrocessos sociais ou alterações restritivas quando se trata de outro direito social fundamental, que é o direito à previdência social[27]. O contrassenso é claro, dado que não há distinção juridicamente relevante entre os dois direitos fundamentais, ambos direitos sociais igualmente contemplados no mesmo art. 6º da Constituição Federal.

Cremos que a saída constitucionalmente adequada não é sustentar uma vedação *absoluta* ao retrocesso social, mas temperá-lo, digamos assim, com uma proteção razoável às expectativas legítimas. Entender que o legislador estaria totalmente impedido de adotar qualquer alteração restritiva a direitos é uma compreensão que não resiste a um juízo de proporcionalidade. Isto porque, não raro, as restrições podem ser estabelecidas quando há outro direito fundamental em discussão. Ou seja, a alteração *restritiva* a um direito pode ser uma consequência de uma alteração *favorável* a outro direito que esteja em potencial colisão com aquele. Há, no caso, uma impossibilidade lógica de aplicar a vedação ao retrocesso de forma absoluta. Aliás, este critério da *proporcionalidade* costuma ser compreendido como o "pilar central do mecanismo da proteção da confiança legítima", no sentido de um "equilíbrio dos valores presentes", como bem lembra Sylvia Calmes-Brunet[28].

O problema se dá, seguramente, no momento em que o STF reconhece a *relatividade* da proibição ao retrocesso e, simultaneamente, *recusa* aplicação

26. Nesse sentido, PIOVESAN, Flávia. **Direitos humanos e o direito constitucional internacional**. 12. ed. São Paulo: Saraiva, 2011, p. 235.

27. ADI 3.504, Rel. Min. Cármen Lúcia, DJ 09.11.2007.

28. CALMES-BRUNET, Sylvia. **Du principe de protection de la confiance legitime en droits allemand communautaire et francais**. Paris: Dalloz, 2001, p. 263.

ao princípio da proteção da confiança[29], ao menos em temas previdenciários. Pode-se até aquiescer, em determinadas e específicas situações, com alterações restritivas *desde que* venham acompanhadas de normas destinadas a propiciar transições graduais e que amparem as expectativas geradas pelas normas anteriores.

Como indica Eleni de Becker, ao compilar decisões do Tribunal de Justiça Europeu:

> [...] o que foi dito acima mostra como as reduções podem ser ponderadas tendo em conta o objetivo prosseguido (por exemplo, dificuldades econômicas): embora as reduções nas prestações da seguridade social possam até ser justificadas, não podem ir ao ponto de reduzir drasticamente a proteção da seguridade social. Além disso, outros exemplos mostram que o legislador não pode suspender ou rescindir repetida e temporariamente os pagamentos de benefícios sociais ou introduzir restrições muito prolongadas a esses benefícios [...] Em situações como essa, as medidas adotadas provavelmente não serão proporcionais. Alguns exemplos mostram a forte atenção dada ao impacto de várias reformas (passadas e/ou futuras), ao seu efeito cumulativo e ao impacto nos diferentes grupos da sociedade, em particular nos grupos vulneráveis. Embora certas medidas (temporárias) possam inicialmente ser proporcionais, uma série de reformas, por outro lado, poderá não ser. Outros exemplos também sublinham a importância de ter em conta as expectativas legítimas: certamente para benefícios de longo prazo, como é o caso das pensões, os ajustes devem ser feitos gradualmente. O fato de o legislador ter introduzido medidas transitórias pode também indicar que as medidas são proporcionais. Entretanto, em casos de déficits orçamentários extremos, uma certa margem de discricionariedade deve ser assegurada ao legislador[30].

29. É o que ocorreu no julgamento da já mencionada ADI 7.051 Rel. Min. Roberto Barroso, DJ 02.8.2023, de que tratamos no item 7 deste trabalho.

30. DE BECKER, Eleni. Social security in the fundamental rights case law of Court of Justice. *In:* PENNINGS, Frans; VONK, Gijsbert (org.) **Research handbook on european social security law**. 2. ed. Cheltenham/Northampton: Edward Elgar Publishing Ltd., 2023, p. 02-29 (traduzimos livremente). Há também julgados do Tribunal Europeu de Direitos Humanos admitindo reduções temporárias de benefícios previdenciários, quando inseridas em medidas contenção de graves crises econômicas, como foi o caso de Portugal em 2012 (casos *Da Conceição Mateus* e *Santos Januário* vs *Portugal* – 57725/12 e 62235/12, julgados em 08.10.2013). A particularidade é que essa redução tinha sido declarada *inconstitucional* pelo Tribunal Constitucional Português, mas, como àquela altura o orçamento português já se encontrava em fase avançada de execução (julho de 2012), entendeu-se que era caso de modular os efeitos da declaração de inconstitucionalidade, como prevê o art. 282 da Constituição da República Portuguesa. A respeito da modulação dos efeitos na jurisdição constitucional brasileira, ver o item 9.4.2.

Claro que, na realidade europeia, discutiu-se até mesmo a possibilidade de *reduzir benefícios já concedidos*[31], o que, no direito positivo brasileiro, não é admissível, não apenas em razão da proteção ao direito adquirido (como visto no item 5.2), mas da própria regra do artigo 201, § 4º, da Constituição Federal[32]. Mas, no contexto da previdência social, um aspecto deve ser ressaltado: a recorrência e a cumulatividade das reformas, *cada vez mais regressivas*, poderão levar à uma grave lesão ao princípio da proibição do retrocesso social. Por isso é que, mais do que manter intocáveis benefícios já concedidos, deve-se avaliar com o máximo de cautela as normas que dificultem o acesso a benefícios ou reduzam o seu valor. Essas normas, quando admissíveis, devem vir acompanhadas, tanto quanto possível, de regras de transição adequadas (como será visto adiante).

8.2. PROTEÇÃO DA CONFIANÇA E ASPECTOS ESPECÍFICOS DAS EMENDA Nº 103/2019

8.2.1. A "desconstitucionalização" da Previdência Social

A *desconstitucionalização* é o fenômeno lógico-jurídico por meio do qual um novo sistema constitucional recebe ou recepciona as normas constitucionais do sistema anterior, mas que sejam compatíveis com o novo sistema, atribuindo-lhes uma estatura infraconstitucional[33].

Nesta primeira acepção do termo, há, por assim dizer, uma descaracterização dessas normas constitucionais, que, caso materialmente adequadas ao novo sistema constitucional, são por este acolhidas como *normas infraconstitucionais*. Trata-se de um fenômeno típico de direito constitucional intertemporal, que se verifica por ocasião da ruptura de um sistema constitucional e sua sucessão por um novo sistema. Entende-se, predominantemente,

---

31. A respeito deste tema, com críticas severas à jurisprudência do Tribunal Constitucional português, NOVAIS, Jorge Reis. O direito fundamental à pensão de reforma em situação de emergência financeira. **Revista Eletrônica de Direito Público**, v. 1, n. 1, jan. 2014. Disponível em https://e-publica.pt/article/34590. Acesso em: 03 jun. 2024. Sobre a aplicação do princípio da proteção da confiança em tempos de crise econômica, vide o item 8.2.1.

32. "Art. 201 [...] § 4º É assegurado o reajustamento dos benefícios para preservar-lhes, em caráter permanente, o valor real, conforme critérios definidos em lei". Ao impor o *reajustamento*, evidentemente não se concebe a possibilidade de redução.

33. BASTOS, Celso Ribeiro. **Curso de direito constitucional**. 21. ed. São Paulo: Saraiva, 2000, p. 76.

que isso só poderá legitimamente ocorrer se houver uma *previsão expressa* na nova Constituição.

Além desse sentido mais tradicional, é também possível designar o termo desconstitucionalização para um fenômeno bastante mais recente, por meio do qual o exercente do "poder constituinte" derivado delibera retirar da Constituição uma determinada matéria ou questão, prevendo que essa matéria deva ser doravante disciplinada exclusivamente em nível infraconstitucional. Assim, mudanças operadas *dentro de um mesmo sistema constitucional* acarretam a supressão de certas matérias do Texto Constitucional, remetendo-se sua regulamentação ao legislador infraconstitucional. Em resumo, o que era "Constituição" se transformará em lei, ordinária ou complementar, uma verdadeira "degradação" normativa[34].

Foi o que ocorreu, já na vigência Constituição Federal de 1988, com a promulgação da Emenda nº 20/1998, que alterou significativamente a forma de cálculo da renda mensal inicial dos benefícios previdenciários do Regime Geral, mormente das aposentadorias. Até então, o cálculo das aposentadorias tinha fórmula estabelecida na própria Constituição[35]. A partir da Emenda nº 20/1998, a regulamentação do tema foi delegada para o legislador ordinário, como se vê da redação dada ao § 3º do art. 201: "Todos os salários de contribuição considerados para o cálculo de benefício serão devidamente atualizados, na forma da lei". Foi esta alteração constitucional que permitiu que fosse instituído, por meio da Lei 9.876/1999, o *fator previdenciário*, modificando o art. 29 da Lei 8.213/1991 e inserindo um anexo com a respectiva fórmula de cálculo.

O mesmo fenômeno ocorreu com o regramento da previdência dos militares dos Estados, cuja disciplina a Emenda 20/1998 remeteu inteiramente

34. Termo empregado por OLIVEIRA, Lucas Soares. Reforma da previdência e desconstitucionalização. **Revista da Procuradoria-Geral do Estado de São Paulo**, São Paulo, n. 91-92, p. 03-16, jan./dez. 2020.

35. Tal cálculo vinha estabelecido no art. 202 da Constituição Federal: "Art. 202. É assegurada aposentadoria, nos termos da lei, calculando-se o benefício sobre a média dos trinta e seis últimos salários de contribuição, corrigidos monetariamente mês a mês, e comprovada a regularidade dos reajustes dos salários de contribuição de modo a preservar seus valores reais e obedecidas as seguintes condições [...]".

à "lei estadual específica" (conforme alteração promovida no art. 42, § 1º, da Constituição Federal)[36].

A Emenda Constitucional 40/2003 incorreu nessa mesma técnica, ao praticamente revogar o art. 192 da Constituição Federal, remetendo quase que totalmente a disciplina do Sistema Financeiro Nacional ao que estipularem "leis complementares". Ficaram mantidos no plano constitucional apenas objetivos gerais a serem alcançados, sem nenhuma das regras específicas que haviam sido postas pelo constituinte de 1988[37].

Como é possível perceber, esta forma de "desconstitucionalização" parte da premissa segundo a qual não seria mais conveniente ou razoável que certos temas se mantivessem regrados pela Constituição.

Agora, em uma solução inédita, que ultrapassou todos os limites razoáveis, a Emenda 103/2019 elevou a desconstitucionalização à sua máxima potência, em uma ânsia desregulamentadora que, desconfia-se, não tenha sido devidamente avaliada em todas as suas consequências pelo Congresso Nacional.

Realizando um apanhado bastante rápido da Emenda, verifica-se que "desconstitucionalização" está presente (ou autorizada pela Emenda), por exemplo, ao determinar que leis complementares ou ordinárias de cada ente federativo poderão (ou deverão): a) estabelecer novos requisitos para as aposentadorias por incapacidade permanente e programadas, nos Regimes Geral e Próprio (art. 40, § 1º, I e III; art. 201, § 1º); b) estabelecer regras de cálculo dos proventos de aposentadoria no Regime Próprio (art. 40, § 3º); c) prever condições diferenciadas de aposentadorias para categorias específicas de servidores (art. 40, §§ 4º-B, §4º-C e § 5º); d) e para cálculo da pensão por morte (art. 40, § 7º); e) alterar, reduzir ou mesmo suprimir o abono de

---

36. O STF já decidiu que "compete aos Estados-Membros dispor sobre os direitos, os deveres, a remuneração, as prerrogativas e outras situações especiais dos militares, inclusive quanto aos direitos previdenciários" (RE 610.290, Rel. Ricardo Lewandowski, DJ 15.8.2013).

37. "Art. 192. O sistema financeiro nacional, estruturado de forma a promover o desenvolvimento equilibrado do País e a servir aos interesses da coletividade, em todas as partes que o compõem, abrangendo as cooperativas de crédito, será regulado por leis complementares que disporão, inclusive, sobre a participação do capital estrangeiro nas instituições que o integram". Uma das regras suprimidas pela Emenda 40/2003 era a que limitava os juros reais a 12% ao ano (§ 3º). É certo que este preceito constitucional jamais teve efetividade prática, ante a interpretação que lhe foi dada pelo Supremo Tribunal Federal (Súmula 648; Súmula vinculante 7; RE 582.650, Rel. Min. Ellen Gracie, Tema 98 da repercussão geral, DJ 23.10.2008).

permanência em serviço (art. 40, § 19); f) fixar as condições para atribuição de competência federal delegada à Justiça Estadual (antes estabelecida para causas previdenciárias na própria Constituição – art. 109, § 3º); g) permitir que benefícios por incapacidade sejam geridos por entes privados (art. 201, § 10); h) disciplinar a cumulação de benefícios (art. 201, § 15); i) estabelecer novos requisitos e formas de cálculo de benefícios (arts. 3º, § 3º, 10, 19, 22, 26, 27), dentre tantas outras.

Recorde-se que a própria publicidade oficial da "Nova Previdência", muito reproduzida no noticiário, limitava-se a informar "como ficaria" este ou aquele benefício, sem esclarecer, todavia, que essas "novas regras" eram eminentemente *provisórias*, pois os benefícios passariam a ser calculados naqueles termos "por enquanto", isto é, até que sobreviesse uma nova disciplina por meio de simples lei ordinária ou complementar. São *regras transitórias* (destinadas a vigorar provisoriamente), que não se confundem com as *regras de transição* (de que iremos tratar no item seguinte). Houve um déficit democrático evidente, que também pode ser atribuído à adesão irrestrita e irrefletida da maioria dos meios de comunicação à proposta então apresentada[38].

É também possível encontrar, em diversos trechos da Emenda 103/2019, aquilo que Marco Aurélio Serau Júnior denominou, com muita propriedade, como uma "constitucionalização às avessas" ou "neoconstitucionalismo às avessas"[39]. É o paradoxo dos paradoxos, pois, em mais de uma passagem, a Emenda promoveu uma constitucionalização regressiva de direitos fundamentais, representada pela atribuição de rigidez constitucional a regras dificultadoras do acesso a benefícios. Ou, em outras normas, ao cristalizar fórmulas de cálculo de benefícios muitíssimo prejudiciais (na maioria dos casos), a Emenda impediu que o legislador ordinário faça alterações que sirvam para avançar na proteção aos direitos. É quase como se instituísse um "princípio da proibição do avanço social".

38. Foi bastante emblemático, nesse sentido, o discurso que pretendia circunscrever a Reforma à economia de "1 trilhão de reais em dez anos". Nenhuma palavra sobre sustentabilidade, equilíbrio financeiro e atuarial, equidade na participação no custeio, seletividade, distributividade, etc., dentre os vários princípios constitucionais que informam (ou devem informar) a Seguridade Social (art. 194, parágrafo único, da Constituição de 1988).

39. SERAU JÚNIOR, Marco Aurélio. **Seguridade social e direitos fundamentais**. 4. ed. Curitiba: Juruá, 2020. p. 215-216.

Não é preciso mais para concluir que essa desconstitucionalização massiva da Previdência Social investe diretamente contra vários princípios constitucionais fundamentais, como os da dignidade da pessoa humana, dos valores sociais do trabalho, bem como os objetivos fundamentais de "construir uma sociedade livre, justa e solidária", "erradicar a pobreza e a marginalização e reduzir as desigualdades sociais e regionais" (arts. 1º, III e IV; art. 3º, I e III, da CF/1988). É também possível sustentar que tal possibilidade de alteração atinge diretamente a "proteção do núcleo essencial" do direito fundamental à Previdência Social (art. 6º da Constituição), esvaziando o conteúdo normativo desse direito[40].

Recorde-se que o Supremo Tribunal Federal, quando do julgamento da ADI nº 6.096, reconheceu explicitamente que existe um "núcleo essencial" no direito fundamental à Previdência Social, um "conteúdo mínimo" que não pode ser desconsiderado. Embora o que estivesse ali em julgamento fosse uma norma contida em uma lei ordinária, cremos que o mesmo raciocínio pode ser adotado em relação às emendas constitucionais, que tampouco poderão aniquilar o conteúdo essencial dos direitos fundamentais[41].

Portanto, quanto à desconstitucionalização promovida pela Emenda nº 103/2019, estamos diante de uma alteração radical, suficientemente drástica e grave a ponto de comprometer a identidade da Constituição, revelada por seus princípios fundamentais, que são verdadeiras limitações implícitas ao

40. "Existe um núcleo essencial dos direitos, liberdades e garantias que não pode, em caso algum, ser violado. Mesmo nos casos em que o legislador está constitucionalmente autorizado a editar normas restritivas, ele permanece vinculado à salvaguarda do núcleo essencial dos direitos" (CANOTILHO, José Joaquim Gomes. **Direito constitucional e teoria da constituição**. Coimbra: Livraria Almedina, 1997, p. 618-619).

41. Discutiu-se, na ADI nº 6.096/DF, a constitucionalidade do artigo 103 da Lei nº 8.213/91, com a redação que lhe foi dada pela Lei nº 13.846/2019. Na alteração pretendida por esta lei, a decadência em matéria previdenciária poderia alcançar não só o direito à revisão de benefícios previdenciários, mas a própria concessão destes. O STF reconheceu que estabelecer um prazo legal de decadência para a própria concessão de benefícios iria fulminar o núcleo essencial do direito fundamental à Previdência Social (ADI 6.096, Rel. Min Edson Fachin, DJ 26.11.2020). Consignou a ementa do acórdão que "o núcleo essencial do direito fundamental à previdência social é imprescritível, irrenunciável e indisponível, motivo pelo qual não deve ser afetada pelos efeitos do tempo e da inércia de seu titular a pretensão relativa ao direito ao recebimento de benefício previdenciário". A respeito do tema do núcleo essencial dos direitos sociais, SARLET, Ingo Wolfgang; ZOCKUN, Carolina Zancaner. Notas sobre o mínimo existencial e sua interpretação pelo STF no âmbito do controle judicial das políticas públicas com base nos direitos sociais. **Revista de investigações constitucionais**, Curitiba, v. 3, n. 2, p. 115-141, mai./ago. 2016.

poder de reforma. Na intensidade em que realizada, a desconstitucionalização da Previdência Social superou em muito a liberdade de conformação legislativa, afetando a Constituição da República em seus valores mais caros. Afetou-se, inclusive, a *substância* da previdência social, materializada nas *contingências mínimas* que devem ser protegidas pelo sistema[42].

Também não há qualquer dúvida de que tais alterações, na profundidade e extensão em que promovidas, são igualmente ofensivas ao princípio da proteção da confiança, em sua vertente "perspectiva". A sinalização ao legislador é bastante clara, importando uma fragilização da proteção previdenciária e quase uma *certeza inversa* de que as expectativas por ora construídas se verão frustradas.

A própria Emenda está tolerando que até as regras de transição nela previstas sejam futuramente modificadas, por simples ato infraconstitucional. Não há certeza sequer nas regras de transição fixadas, pois suscetíveis de modificação a qualquer tempo, inclusive por meio de uma medida provisória (nos casos em que não há exigência de lei complementar).

José Eduardo Faria analisa o fenômeno, que se reproduz mundo afora, dessa insistência de agentes econômicos e governos para que os países reformem sua infraestrutura legal, formulando projetos de deslegalização e desconstitucionalização, tendo por objetivo revogar vinculações orçamentárias, anular cláusulas pétreas e direitos adquiridos. A essas reflexões, acrescentamos que está nesse mesmo contexto a *quebra de expectativas legítimas* que se construíram ao longo dos anos, em particular no âmbito dos direitos sociais. O autor também afirma que há, nessa visão, uma contradição relativa à própria segurança no Direito. Afinal, aqueles que reclamam tais fórmulas de desconstitucionalização e deslegalização para os direitos sociais são *exatamente os mesmos* que reivindicam um ambiente de estabilidade institucional para os negócios, com respeito ao direito de propriedade, ao cumprimento dos contratos, à proteção de investimentos externos, marcas, patentes, pagamentos de *royalties*, liberdade de remessa de lucros, etc.[43] Em

42. Essas contingências mínimas (ou eventos) têm previsão expressa no artigo 201 da Constituição Federal e já vinham sofrendo restrições desde a Emenda nº 20/98 (no caso do auxílio-reclusão e do salário-família), mas que foram substancialmente afetadas pela Emenda nº 103/2019, nos diferentes aspectos acima mencionados.

43. FARIA, José Eduardo. Entre a rigidez e a mudança da Constituição no tempo. **Revista Brasileira de Direito Constitucional**, São Paulo, n. 2, p. 199-207, jul./dez. 2003.

resumo, uma fórmula um tanto curiosa, egoística mesmo, de postular a aplicação dos princípios da segurança jurídica e da proteção da confiança.

Não é por outra razão que se sustenta, de forma muito apropriada, que a proteção da confiança é princípio constitucional (e direito fundamental) cuja aplicação ganha importância *justamente* nos períodos de crise econômica[44]. Nestes momentos em que o argumento econômico está presente todos os dias no noticiário, com autoridades e agentes econômicos, com semblante grave, fazendo previsões apocalípticas, é *exatamente aí* que a proteção da confiança deve ser invocada, como as amarras de Ulisses (vide o item 5.2 deste trabalho).

Afinal de contas, no Brasil das últimas décadas, esse discurso é mais do que conhecido. Não é por acaso que, feita a reforma mais recente (da Emenda nº 103/2019), *ainda estamos em crise econômica* e os mesmos arautos do fim de mundo já anunciam, com pesar, que a próxima reforma há de vir em futuro próximo[45]. Mesmo em uma realidade social bem distinta (como a europeia), tem-se advertido quanto a estes aspectos. Como reconheceu o Comitê Europeu dos Direitos Sociais, a propósito da Carta Social Europeia:

> A crise econômica não pode ter como consequência a redução da proteção aos direitos reconhecidos pela Carta. Por isso, os governos estão vinculados a adotar todos os passos necessários para assegurar que os direitos da Carta

---

44. CORREIA, Pedro Miguel Alves Ribeiro; JESUS, Inês Oliveira Andrade de. O princípio da proteção da confiança em tempos de crise – o acórdão nº 509/02 do Tribunal Constitucional Português. **Revista Brasileira de Estudos Constitucionais**, Belo Horizonte, ano 8, n. 28, p. 161-172, jan./abr. 2014. NETO, Luísa. O princípio da protecção da confiança em tempo de crise. *In:* CARVALHO, Ana Celeste (org.). **Jurisdição administrativa e fiscal**: Direito Administrativo, Lisboa: Centro de Estudos Judiciários, 2014, p. 69-106. SANTOS, António Carlos; PALMA, Clotilde Celorico. Os princípios da proteção da confiança legítima e da não retroatividade das normas tributárias em tempos de crise: o caso português. **Revista do Instituto do Direito Brasileiro [RIDB]** [da Faculdade de Direito da Universidade de Lisboa], Lisboa, ano 2, n. 4, p. 3.147-3.182, 2013. Em análise criteriosa a respeito das restrições a direitos prestacionais em tempos de crise, PEREIRA, Anna Carolina Migueis. Crise econômica e direitos sociais: uma análise sobre a constitucionalidade de restrições a direitos prestacionais. **Revista de Estudos Institucionais**, Rio de Janeiro, v. 3, n. 2, p. 1.353-1.392, 2017.
45. Muito a propósito, as manchetes são invariavelmente as mesmas: "Envelhecimento rápido torna *urgente* nova reforma da Previdência" (OSAKABE, Marcelo. Valor Econômico. **Envelhecimento rápido torna urgente nova reforma da Previdência**. Edição de 14.11.2023. Disponível em https://valor.globo.com/brasil/noticia/2023/11/14/envelhecimento-rapido--torna-urgente-nova-reforma-da-previdencia. ghtml. Acesso em: 03 jun. 2024).

sejam efetivamente garantidos em um momento em que os beneficiários mais necessitam de proteção[46].

Regis Fernandes de Oliveira também critica, a propósito, as medidas econômicas governamentais que têm sido habitualmente impostas, com um discurso apocalíptico, como se a legitimidade do governante eleito pudesse ser suficiente para afastar a normatividade da Constituição Federal. Citando o Ministro Celso de Mello, afirma que:

> A Constituição não pode se submeter à vontade dos poderes constituídos, nem ao império dos fatos e das circunstâncias. A supremacia de que ela se reveste, enquanto for respeitada, constituirá a garantia mais efetiva de que os direitos e as liberdades não serão jamais ofendidos. [...] Não me preocupa a relação dilemática por alguns proposta, que chega até mesmo a proclamar, pelo alegado receio da destruição da ordem econômico-social, a virtual possibilidade de desrespeito ao ordenamento constitucional como condição de êxito do Plano Econômico[47].

Assim como os planos econômicos, as reformas constitucionais e legais da Previdência Social estão (ou devem estar) igualmente limitadas pelas restrições constitucionais já examinadas.

8.2.2. As regras de transição da Emenda nº 103/2019 (presentes e ausentes)

O estabelecimento de regras de transição constitui-se em mecanismo tradicional, muitíssimo aplicado para realizar ajustes normativos entre diferentes regimes jurídicos e serve, de regra, como instrumento de concretização do princípio da proteção da confiança.

Como lembra Luís Roberto Barroso, uma das formas pelas quais a tutela das expectativas legítimas se aperfeiçoa é, justamente, "a exigibilidade de regras jurídicas de transição, em hipótese de mudança de regime jurídico

---

46. EUROPEAN COMMITTEE OF SOCIAL RIGHTS. European Social Charter. Conclusions XX-2 (Spain), articles 3, 11, 12, 13 and 14 of the Charter. Disponível em https://www.idhc.org/arxius/noticies/1418903800-SpainXX2_en.pdf. Acesso em: 03 jun. 2024 (traduzimos livremente).

47. OLIVEIRA, Regis Fernandes de. Precatório: análise da EC 30/2000 [parecer]. **Revista dos Tribunais** [fascículo cível], São Paulo, ano 90, v. 794, p. 111-135, dez. 2001.

de alguma dada situação"[48]. François Ost refere-se a um julgado do Tribunal de Justiça Europeu, que reconheceu o dever do Estado de "não impor aos indivíduos uma mudança normativa demasiado brutal; por esta razão, a nova regra deve, pelo menos, comportar medidas transitórias em proveito dos destinatários, que podem alegar uma expectativa legítima"[49].

Misabel Derzi também sustenta que, em lugar de uma "bipolaridade radical" que opõe direitos adquiridos a meras expectativas de direito (sem qualquer proteção, portanto), as Cortes de Justiça de países europeus têm inserido um terceiro ponto mediano, considerando os *direitos de transição como direitos fundamentais*, oponíveis ao legislador, ao juiz e ao administrador público[50]. Mesmo que não se reconheça essa autonomia dos direitos de transição, é inegável que as *regras* de transição representam importantes concretizações do princípio da proteção da confiança.

A própria Lei de Introdução às Normas do Direito Brasileiro (LINDB), nas alterações promovidas em 2018 (artigos 23 e 24), sugere a adoção de

---

48. BARROSO, Luís Roberto. Prefácio a ARAÚJO, Valter Shuenquener de. **O princípio da proteção da confiança**. 2. ed. Niterói: Impetus, 2016, [s. p.].

49. OST, François. **O tempo do direito**. Trad. Élcio Fernandes. Bauru: Editora da Universidade do Sagrado Coração (EDUSC), 2005, p. 349. Wartenberg faz uma avaliação curiosa a respeito da atuação do Tribunal de Justiça da União Europeia, que admite a aplicação da proteção da confiança como critério para limitar a atuação dos Estados nacionais, mas não faz o mesmo para limitar os poderes das próprias instituições europeias (WARTENBERG, Raúl Letelier. Contra la confianza legítima como límite a la invalidación de actos administrativos. **Revista Chilena de Derecho**, Santiago, v. 41, n. 2, p. 609-634, 2014). Um caso ilustrativo dessa aparente incoerência do Tribunal é o processo C-310/99 (República Italiana *vs* Comissão das Comunidades Europeias), em que admitiu que se invoque a proteção da confiança para manter um auxílio social, mesmo concedido ilegalmente, tratando-se de questão a ser examinada pelos Tribunais locais. Mas não aceita tal situação quando tal auxílio é concedido em violação a regras do Tratado da União Europeia (artigos 87 e 88). Também reconhecendo a indispensabilidade de regras de transição destinadas a concretizar a proteção da confiança, dentre outros princípios constitucionais, RAMOS, Marcelene Carvalho da Silva. Regime próprio de previdência do servidor público – os princípios da segurança jurídica e proteção da confiança e os direitos em formação. **A & C – Revista de Direito Administrativo e Constitucional**, Belo Horizonte, ano 7, n. 27, p. 137-156, jan./mar. 2007. Negando a existência de um direito às regras de transição, CASTRO, Carlos Alberto Pereira de; LAZZARI, João Batista. **Manual de direito previdenciário**. 20. ed. Rio de Janeiro: Forense, 2017, p. 74-75.

50. DERZI, Misabel de Abreu Machado. Justiça prospectiva no imposto de renda. **Revista Internacional de Direito Tributário** [da Associação Brasileira de Direito Tributário – ABRADT], Belo Horizonte, Del Rey, v. 5, p. 163-202, jan./jun. 2006.

regras de transição, em diferentes esferas decisórias, o que não deixa de ser uma materialização do próprio princípio da proteção da confiança[51].

Humberto Ávila, depois de examinar os fenômenos da "confiabilidade do Direito" e da "continuidade normativa", faz uma referência muito interessante ao que denomina *segurança rítmica* do ordenamento jurídico, caracterizada pela suavidade das mudanças e pelas regras de transição[52].

O termo usado é mais do que adequado: o Direito deve portar-se como uma banda, orquestra ou "DJ" (*disk jockey*) que, ao se aproximar do final de uma música (ou *setlist*), começa a fazer pequenas variações de ritmo e intensidade e, *sem parar de tocar* (ou de executar a música), inicia outra. A audiência mal percebe e só ouvidos atentos se dão conta que uma melodia foi se sobrepondo a outra, numa transição gradual, até que a nova composição se sobressaia e passe a dominar o ambiente. É exatamente disso de que se trata: mudou-se, mas isso foi feito de forma racional, razoável e proporcional, sem solavancos nem frustrações exageradas. Nada de um *techno, drum'n'base* ou *trash metal* que estanca repentinamente para dar lugar a um bolero ou samba canção (ou vice-versa). A transição é gradual e progressiva. Talvez desagrade alguns, mas se a mudança é inevitável, a proteção da confiança impõe que seja feita de modo a não interromper essa "segurança rítmica", assegurando que a alteração de regime jurídico se dê nesses termos.

As reformas previdenciárias no Brasil sempre se caracterizaram pelo estabelecimento de regras de transição. Isto se deu, inclusive, no plano da Lei, como foi o caso do artigo 142 da Lei nº 8.213/1991, que estabeleceu

---

51. "Art. 23. A decisão administrativa, controladora ou judicial que estabelecer interpretação ou orientação nova sobre norma de conteúdo indeterminado, impondo novo dever ou novo condicionamento de direito, deverá prever regime de transição quando indispensável para que o novo dever ou condicionamento de direito seja cumprido de modo proporcional, equânime e eficiente e sem prejuízo aos interesses gerais. [...] Art. 24. A revisão, nas esferas administrativa, controladora ou judicial, quanto à validade de ato, contrato, ajuste, processo ou norma administrativa cuja produção já se houver completado levará em conta as orientações gerais da época, sendo vedado que, com base em mudança posterior de orientação geral, se declarem inválidas situações plenamente constituídas. Parágrafo único. Consideram-se orientações gerais as interpretações e especificações contidas em atos públicos de caráter geral ou em jurisprudência judicial ou administrativa majoritária, e ainda as adotadas por prática administrativa reiterada e de amplo conhecimento público". Sobre o tema, PALMA, Juliana Bonacorsi de. Segurança jurídica para a inovação pública: a nova Lei de Introdução às Normas do Direito Brasileiro (Lei nº 13.655/2018). **Revista de Direito Administrativo**, Rio de Janeiro, v. 279, n. 2, p. 209-249, mai./ago. 2020.
52. ÁVILA, Humberto. **Teoria da segurança jurídica**. 5. ed. São Paulo: Malheiros, 2019, p. 640-643.

uma escala progressiva para cumprimento da carência das aposentadorias por idade, por tempo de serviço e especial, que variou conforme o ano em que o trabalhador implementou as condições para o benefício. Assim, para o segurado que completou os requisitos em 1991, foram exigidos 60 meses de contribuição (como carência); em 1993, passaram a ser 66 meses de contribuição; em 1994, 72 meses, e assim sucessivamente, até chegar a 180 meses de contribuição em 2011, que passou a ser a regra permanente[53]. Foi também estabelecida uma regra de transição para a aposentadoria por idade do trabalhador rural (artigo 143), no valor de um salário mínimo, exigindo-se comprovação do exercício de atividade rural pelo mesmo número de meses equivalente ao da carência fixada no artigo 142.

Nesses dois exemplos, o legislador teve a sabedoria de identificar que, no regime jurídico anterior, havia um número reduzido de segurados que iria conseguir comprovar a existência de contribuições efetivas por cerca de quinze anos (180 meses). Isto é ainda mais evidente no caso dos trabalhadores rurais, dada a fragilidade do sistema até então instituído (do Fundo de Assistência e Previdência do Trabalhador Rural - FUNRURAL).

A instituição da tabela progressiva foi uma providência destinada a viabilizar uma transição entre diferentes regimes jurídicos, sem deixar ao desamparo trabalhadores que dificilmente teriam condições de cumprir integralmente os requisitos da lei nova. Ao mesmo tempo, a lei redireciona a sociedade para o novo regime jurídico e, também aqui, *induzindo* comportamentos sociais em busca da conformidade previdenciária e contributiva. Pode-se até discutir se esse intento foi realmente alcançado; mas a intenção da lei é bastante clara nesse sentido.

Também no plano das reformas constitucionais, a fixação de regras de transição é uma constante. Na Emenda nº 20/1998, por exemplo, foram estabelecidas regras de transição para a concessão de aposentadorias, que passaram a exigir, por exemplo, certas idades mínimas e "períodos adicionais de contribuição", que ficaram popularmente conhecidos como "pedágios". Este tempo de contribuição adicional foi ali fixado em *20%* (para aposentadoria integral) e *40%* (aposentadoria proporcional), tanto no RGPS como

53. Este artigo 142 da Lei nº 8.213/1991 foi alterado pela Lei nº 9.032/1995, dado que, de início, falava em "ano do requerimento administrativo", expressão substituída, com maior apuro técnico, por "ano de implementação das condições". A regra permanente de carência de 180 meses, para a aposentadoria por idade, por tempo de contribuição e especial, veio prevista no artigo 25, II, da Lei nº 8.213/1991.

nos RPPSs, percentuais que iriam incidir sobre o tempo que, na data da publicação da Emenda (16.12.1998), faltava para alcançar o tempo de contribuição previsto na legislação anterior[54].

Assim, por exemplo, um segurado do RGPS que, na data da Emenda nº 20/1998, tivesse completado 30 anos de contribuição, teria ainda que contribuir por mais 05 anos para alcançar os 35 anos que vigoravam no regime anterior. Como o "pedágio" de 20% sobre o tempo que faltava, a regra de transição passou a exigir-lhe 06 anos de contribuição (5 + 20%).

A Emenda Constitucional nº 41/2003, que tratou apenas do RPPS, também previu períodos adicionais de contribuição de 20% (artigo 2º), também a incidir sobre o tempo que faltava na data da Emenda nº 20/1998.

Esse acréscimo gerou um ônus adicional aos segurados, evidentemente, mas perfeitamente assimilável e em harmonia com a ideia de não onerar desproporcionalmente aqueles que já se encontravam próximos do fim de sua jornada previdenciária. Claro que os segurados não ficaram inteiramente satisfeitos, pois a regra trouxe novas exigências, antes inexistentes. Mas não se viu questionamentos judiciais mais incisivos a respeito do tema, exatamente porque foram novas exigências que passaram com sucesso por um "teste" de proporcionalidade.

Foi exatamente essa proporcionalidade que restou desconsiderada por algumas das regras de transição fixadas pela Emenda nº 103/2019, parte das quais estabeleceu períodos adicionais de contribuição de *50%* ou *100%* (artigos 17 e 20[55]). Há segurados, assim, que passaram à contingência de

---

54. Tais regras estavam previstas nos artigos 8º e 9º da Emenda nº 20/1998.

55. "Art. 17. Ao segurado filiado ao Regime Geral de Previdência Social até a data de entrada em vigor desta Emenda Constitucional e que na referida data contar com mais de 28 (vinte e oito) anos de contribuição, se mulher, e 33 (trinta e três) anos de contribuição, se homem, fica assegurado o direito à aposentadoria quando preencher, cumulativamente, os seguintes requisitos: I – 30 (trinta) anos de contribuição, se mulher, e 35 (trinta e cinco) anos de contribuição, se homem; e II – cumprimento de período adicional correspondente a 50% (cinquenta por cento) do tempo que, na data de entrada em vigor desta Emenda Constitucional, faltaria para atingir 30 (trinta) anos de contribuição, se mulher, e 35 (trinta e cinco) anos de contribuição, se homem. Parágrafo único. O benefício concedido nos termos deste artigo terá seu valor apurado de acordo com a média aritmética simples dos salários de contribuição e das remunerações calculada na forma da lei, multiplicada pelo fator previdenciário, calculado na forma do disposto nos §§ 7º a 9º do art. 29 da Lei nº 8.213, de 24 de julho de 1991". "Art. 20. O segurado ou o servidor público federal que se tenha filiado ao Regime Geral de Previdência Social ou ingressado no serviço público em cargo efetivo até a data de entrada em vigor desta Emenda Constitucional poderá aposentar-se

contribuir *pelo dobro* do tempo que faltava para atingir o tempo mínimo de contribuição (35/30 anos para homem/mulher). Assim, um segurado que em 2019, contava 25 anos de contribuição, tinha perspectiva de se aposentar com proventos integrais em 2029. Com a regra de "transição", seu horizonte previdenciário foi estendido até 2039 (!). E isto, vale observar, acompanhado da exigência de idades mínimas, que podem postergar ainda mais a aquisição do direito.

Pode-se concluir, assim, que tais regras de "transição" assumem uma aparência quase que figurativa, pois o rigor draconiano das normas importa uma ruptura violenta com o regime anterior, onerando desarrazoadamente um grupo pequeno de segurados, em particular os que já vinham contribuindo há tantos anos. Trata-se da antítese da proteção da confiança que deveria estar amparando a transição, uma verdadeira "polirritmia", "polifonia" ou "dodecafonia" jurídica.

A revogação de regras de transição, tanto tempo depois (mais de cinco anos, portanto), não passa pelo teste do "fator tempo" que, conforme

---

voluntariamente quando preencher, cumulativamente, os seguintes requisitos: I – 57 (cinquenta e sete) anos de idade, se mulher, e 60 (sessenta) anos de idade, se homem; II – 30 (trinta) anos de contribuição, se mulher, e 35 (trinta e cinco) anos de contribuição, se homem; III – para os servidores públicos, 20 (vinte) anos de efetivo exercício no serviço público e 5 (cinco) anos no cargo efetivo em que se der a aposentadoria; IV – período adicional de contribuição correspondente ao tempo que, na data de entrada em vigor desta Emenda Constitucional, faltaria para atingir o tempo mínimo de contribuição referido no inciso II. § 1º Para o professor que comprovar exclusivamente tempo de efetivo exercício das funções de magistério na educação infantil e no ensino fundamental e médio serão reduzidos, para ambos os sexos, os requisitos de idade e de tempo de contribuição em 5 (cinco) anos. § 2º O valor das aposentadorias concedidas nos termos do disposto neste artigo corresponderá: I – em relação ao servidor público que tenha ingressado no serviço público em cargo efetivo até 31 de dezembro de 2003 e que não tenha feito a opção de que trata o § 16 do art. 40 da Constituição Federal, à totalidade da remuneração no cargo efetivo em que se der a aposentadoria, observado o disposto no § 8º do art. 4º; e II – em relação aos demais servidores públicos e aos segurados do Regime Geral de Previdência Social, ao valor apurado na forma da lei. § 3º O valor das aposentadorias concedidas nos termos do disposto neste artigo não será inferior ao valor a que se refere o § 2º do art. 201 da Constituição Federal e será reajustado: I – de acordo com o disposto no art. 7º da Emenda Constitucional nº 41, de 19 de dezembro de 2003, se cumpridos os requisitos previstos no inciso I do § 2º; II – nos termos estabelecidos para o Regime Geral de Previdência Social, na hipótese prevista no inciso II do § 2º. § 4º Aplicam-se às aposentadorias dos servidores dos Estados, do Distrito Federal e dos Municípios as normas constitucionais e infraconstitucionais anteriores à data de entrada em vigor desta Emenda Constitucional, enquanto não promovidas alterações na legislação interna relacionada ao respectivo regime próprio de previdência social".

sustentamos, é um bom parâmetro para avaliar a validade da quebra de expectativas legítimas (item 7 deste trabalho).

Como também esclarecem Miguel Horvath Júnior e Marcus Vinicius Rodrigues Lima, a existência de regras de transição proporcionais é da *essência* do equilíbrio do sistema jurídico, fatores também primordiais para a consolidação do Estado Democrático de Direito e da justiça social (artigos 1º e 3º, I, da Constituição Federal)[56].

Sustenta-se, por vezes, que a exigência de regras de transição só se apresentaria no caso de benefícios previdenciários *programados* (aqueles cujo início está sujeito a um evento futuro e certo), como é o caso da maioria das aposentadorias. Para os não programados (como benefícios por incapacidade e pensões por morte), a transição só seria reclamada para os benefícios que demandam carência[57]. Há um equívoco nesta concepção, que confunde a previsibilidade (ou imprevisibilidade) da ocorrência do *evento/contingência* que dará origem a uma prestação previdenciária, com a previsibilidade (ou imprevisibilidade) das *regras jurídicas* que disciplinam o acesso e o cálculo do benefício. A incapacidade para o trabalho pode ser um fato imprevisível; mas as regras que disciplinam o benefício devem ser sempre previsíveis e os ajustes feitos na legislação devem ser gradativos e proporcionais, como temos sustentado.

Como já observamos em trabalho anterior sobre o tema (em coautoria)[58], outra quebra da confiança é decorrente do estabelecimento de *idades mínimas* para a concessão da *aposentadoria especial*, isto é, daquele benefício devido ao segurado que trabalha com exposição a agentes prejudiciais à sua saúde (físicos, químicos, biológicos, ou associação destes). A Emenda nº 103/2019 fixou idades mínimas tanto para o Regime Próprio de Previdência

---

56. HORVATH JÚNIOR, Miguel; LIMA, Marcus Vinicius Rodrigues. A proporcionalidade na fixação imperativa das regras de transição como condição à harmoniosa manutenção do pacto entre gerações. *In:* AMADO, Frederico; MACIEL, Fernando; RIBEIRO, Rodrigo Araújo Ribeiro (coord.). **A reforma da previdência na visão dos advogados públicos**. Salvador: Juspodivm, 2023, p. 245-272.

57. SILVA, Marcelo Rodrigues da. **Limites à alteração da norma constitucional previdenciária**. Curitiba: Juruá, 2022, p. 151-152.

58. MELLO, Gabriela Zancaner Bandeira de; PIRES, Renato Barth. O princípio da proteção da confiança na Constituição Federal de 1988: Limites à reforma da previdência social. **Revista Brasileira de Direito Previdenciário**, Porto Alegre: Magister – Instituto Brasileiro de Direito Previdenciário, v. 73, p. 122-133, fev./mar. 2023.

Social dos servidores públicos federais (art. 10, § 2º, II) como também para o Regime Geral de Previdência Social (art. 19, § 1º, I)[59].

Veja-se que aqui se trata de instituir um *requisito novo*, inexistente nas regras anteriores, sem que tenha sido criada uma regra de transição adequada. Assim, um segurado do regime geral que, na data de vigência da Emenda, já estivesse próximo de completar 25 anos de atividade especial (que é o tempo exigido na maior parte dos casos), mas ainda longe da idade mínima (60 anos), teria que aguardar por muito mais tempo, provavelmente continuando exposto àqueles mesmos agentes nocivos.

Além disso, a própria ideia da idade mínima é, em si, problemática. A aposentadoria especial é um benefício eminentemente *protetivo*: assegura-se o direito à aposentadoria com menor tempo de contribuição tendo por

---

59. "Art. 10. Até que entre em vigor lei federal que discipline os benefícios do regime próprio de previdência social dos servidores da União, aplica-se o disposto neste artigo. [...] § 2º Os servidores públicos federais com direito a idade mínima ou tempo de contribuição distintos da regra geral para concessão de aposentadoria na forma dos §§ 4º-B, 4º-C e 5º do art. 40 da Constituição Federal poderão aposentar-se, observados os seguintes requisitos: [...] II – o servidor público federal cujas atividades sejam exercidas com efetiva exposição a agentes químicos, físicos e biológicos prejudiciais à saúde, ou associação desses agentes, vedada a caracterização por categoria profissional ou ocupação, aos 60 (sessenta) anos de idade, com 25 (vinte e cinco) anos de efetiva exposição e contribuição, 10 (dez) anos de efetivo exercício de serviço público e 5 (cinco) anos no cargo efetivo em que for concedida a aposentadoria; [...]". "Art. 19. Até que lei disponha sobre o tempo de contribuição a que se refere o inciso I do § 7º do art. 201 da Constituição Federal, o segurado filiado ao Regime Geral de Previdência Social após a data de entrada em vigor desta Emenda Constitucional será aposentado aos 62 (sessenta e dois) anos de idade, se mulher, 65 (sessenta e cinco) anos de idade, se homem, com 15 (quinze) anos de tempo de contribuição, se mulher, e 20 (vinte) anos de tempo de contribuição, se homem. § 1º Até que lei complementar disponha sobre a redução de idade mínima ou tempo de contribuição prevista nos §§ 1º e 8º do art. 201 da Constituição Federal, será concedida aposentadoria: I – aos segurados que comprovem o exercício de atividades com efetiva exposição a agentes químicos, físicos e biológicos prejudiciais à saúde, ou associação desses agentes, vedada a caracterização por categoria profissional ou ocupação, durante, no mínimo, 15 (quinze), 20 (vinte) ou 25 (vinte e cinco) anos, nos termos do disposto nos arts. 57 e 58 da Lei nº 8.213, de 24 de julho de 1991, quando cumpridos: a) 55 (cinquenta e cinco) anos de idade, quando se tratar de atividade especial de 15 (quinze) anos de contribuição; b) 58 (cinquenta e oito) anos de idade, quando se tratar de atividade especial de 20 (vinte) anos de contribuição; ou c) 60 (sessenta) anos de idade, quando se tratar de atividade especial de 25 (vinte e cinco) anos de contribuição; [...]". O art. 21 ainda traz uma regra de transição que depende de um certo número de "pontos", a serem alcançados pela soma da idade com o tempo de contribuição. Ainda que não se trate de idade mínima, o critério etário é um dos relevantes para reconhecer o direito ao benefício.

finalidade impedir que o segurado sofra danos em sua saúde. O segurado é conduzido à inatividade, portanto, antes que sofra um dano irreversível em sua saúde.

Esta finalidade foi também reconhecida pelo STF, no julgamento do RE 791.961, em regime de repercussão geral (Rel. Min. Dias Toffoli, DJ 19.8.2020, Tema 709). Neste julgado, o STF declarou a *constitucionalidade* da regra do art. 57, § 8º, da Lei nº 8.213/1991, que, por remissão ao artigo 46 da mesma Lei, autoriza o INSS a cessar a aposentadoria especial caso demonstrado que o segurado permanece trabalhando exposto aos agentes nocivos que levaram à aposentadoria[60].

Há uma clara racionalidade nesse julgamento: se a aposentadoria é concedida com menor tempo de contribuição para impedir que o segurado tenha um dano à sua saúde, seria um rematado contrassenso autorizar que o segurado, agora aposentado, continuasse trabalhando exposto aos mesmos riscos. O aposentado poderá voltar a trabalhar, até na mesma empresa; mas não poderá exercer função que importe exposição aos agentes nocivos constatados para fins de concessão do benefício[61].

---

60. "Art. 57 [...] § 8º Aplica-se o disposto no art. 46 ao segurado aposentado nos termos deste artigo que continuar no exercício de atividade ou operação que o sujeite aos agentes nocivos constantes da relação referida no art. 58 desta Lei". "Art. 46. O aposentado por invalidez que retornar voluntariamente à atividade terá sua aposentadoria automaticamente cancelada, a partir da data do retorno". Como já tratamos em trabalho anterior, essa locução "automaticamente cancelada" não significa que o benefício possa ser cessado sem um regular processo administrativo, em que sejam assegurados o contraditório e a ampla defesa, para que se possa avaliar se houve efetiva continuidade à exposição aos agentes nocivos (PIRES, Renato Barth. **Mandado de segurança em matéria previdenciária**. 6. ed. Salvador: Juspodivm, 2024. p. 283-285).

61. No julgamento de embargos de declaração, o STF entendeu por bem *modular* os efeitos do acórdão embargado e da tese de repercussão geral, de forma a preservar os segurados que tiveram o direito reconhecido por decisão judicial transitada em julgado até a data daquele julgamento [24.02.2021]. Também declarou a irrepetibilidade dos valores alimentares recebidos de boa-fé, por força de decisão judicial ou administrativa, até a proclamação do resultado daquele julgamento [24.02.2021]. Este acórdão foi publicado no DJ em 12.3.2021. Em novos embargos de declaração, o STF suspendeu os efeitos do acórdão em relação aos profissionais de saúde constantes do rol do art. 3º-J da Lei nº 13.979/2020 que estivessem trabalhando diretamente no combate à epidemia da Covid-19 ou prestando serviços de atendimento a pessoas atingidas pela doença em hospitais ou instituições congêneres, públicos ou privados. Houve determinação para que suspensão vigore enquanto perdurarem os efeitos da citada lei (DJ 04.11.2021).

Com a exigência de idade mínima, algumas possibilidades se apresentam. A primeira é que o benefício deixe de ter o caráter protetivo e passe a levar os segurados à *aposentadoria por incapacidade permanente*, quando não ao *óbito*. A outra possibilidade é que esses segurados sejam simplesmente levados ao *desemprego*, dado o natural receio de que as empresas sejam demandadas com ações indenizatórias por obrigar o segurado a continuar a trabalhar naquela atividade nociva à saúde. É claro que o desemprego irá dificultar o acesso a *qualquer outra aposentadoria*, ainda que não a especial.

Cremos ser possível que o Congresso Nacional, por meio de lei complementar, minimize os danos decorrentes da instituição abrupta da idade mínima, quando menos, estabelecendo uma regra de transição adequada e proporcional. Se isso não ocorrer, a solução será mesma a declaração de inconstitucionalidade da norma, por afronta ao princípio da proteção da confiança[62].

Outro aspecto digno de atenção na Emenda nº 103/2019 é a ausência de regras de transição relacionadas com a *fórmula de cálculo dos benefícios previdenciários*. Não se está tratando mais dos requisitos para elegibilidade ao benefício, mas dos critérios de cálculo de suas rendas mensais iniciais.

Este aspecto foi corretamente observado por Sergio Geromes[63], que anota que, diferentemente do que ocorreu em momentos anteriores (casos da Emenda nº 20/1998 e da Lei nº 9.876/1999), a Emenda nº 103/2019 instituiu

---

62. Está em curso no STF a ADI 6.309, Rel. Min. Roberto Barroso, em que se alega a inconstitucionalidade do estabelecimento dessa idade mínima. Na data em que elaborado este trabalho, o julgamento havia sido suspenso por pedido de vista do Min. Alexandre de Moraes. Dentre os fundamentos contidos na inicial não se encontra, todavia, a possível violação ao princípio da proteção da confiança. A petição inicial da ADI padece daquele equívoco que já observamos, ao apontar como violados certos preceitos constitucionais que não são cláusulas pétreas (como é o caso dos artigos 7º, XXII, 170, 193 e 201, § 1º, I). Ver, a respeito, o item 8.1. Também tramita na Câmara dos Deputados o Projeto de Lei Complementar nº 42, de 2023, que pretende alterar a disciplina legal do benefício e fixar idades mínimas bem mais razoáveis (40, 45 e 48 anos, conforme o caso). Na data em que elaborado este trabalho, o projeto havia sido aprovado pela Comissão de Trabalho e aguardava a apreciação dos demais órgãos regimentais.

63. GEROMES, Sergio. Inexistência de regra de transição para o cálculo dos benefícios. *In*: SERAU JUNIOR, Marco Aurélio; VICTORIO, Rodrigo Moreira Sodero (org.). **Teses revisionais e de inconstitucionalidade no Direito Previdenciário**. 2. ed. Curitiba: Juruá, 2023, p. 163-176. Com a mesma constatação, PANCOTTI, Luiz Gustavo Boiam; PANCOTTI, Heloísa Helena Silva. A ofensa da proteção da confiança jurídica em face da insuficiência de regra de transição dos cálculos dos benefícios do RGPS na EC 103/2019. *In*: COGOY, Daniel Mourgues; CERQUEIRA CÉSAR, Guillermo Rojas de (org.). **Comentários à reforma da previdência**: a Lei

novas regras de cálculo de incidência imediata, basicamente enunciadas em seu artigo 26[64].

As novas regras tomam como período básico de cálculo a média aritmética simples de 100% dos salários-de-contribuição do período contributivo,

13.846/2019 e a emenda constitucional 103/2019 na visão dos defensores públicos federais. Curitiba: Juruá, 2020, p. 111.

64. "Art. 26. Até que lei discipline o cálculo dos benefícios do regime próprio de previdência social da União e do Regime Geral de Previdência Social, será utilizada a média aritmética simples dos salários de contribuição e das remunerações adotados como base para contribuições a regime próprio de previdência social e ao Regime Geral de Previdência Social, ou como base para contribuições decorrentes das atividades militares de que tratam os arts. 42 e 142 da Constituição Federal, atualizados monetariamente, correspondentes a 100% (cem por cento) do período contributivo desde a competência julho de 1994 ou desde o início da contribuição, se posterior àquela competência. § 1º A média a que se refere o *caput* será limitada ao valor máximo do salário de contribuição do Regime Geral de Previdência Social para os segurados desse regime e para o servidor que ingressou no serviço público em cargo efetivo após a implantação do regime de previdência complementar ou que tenha exercido a opção correspondente, nos termos do disposto nos §§ 14 a 16 do art. 40 da Constituição Federal. § 2º O valor do benefício de aposentadoria corresponderá a 60% (sessenta por cento) da média aritmética definida na forma prevista no *caput* e no § 1º, com acréscimo de 2 (dois) pontos percentuais para cada ano de contribuição que exceder o tempo de 20 (vinte) anos de contribuição nos casos: I – do inciso II do § 6º do art. 4º, do § 4º do art. 15, do § 3º do art. 16 e do § 2º do art. 18; II – do § 4º do art. 10, ressalvado o disposto no inciso II do § 3º e no § 4º deste artigo; III – de aposentadoria por incapacidade permanente aos segurados do Regime Geral de Previdência Social, ressalvado o disposto no inciso II do § 3º deste artigo; e IV – do § 2º do art. 19 e do § 2º do art. 21, ressalvado o disposto no § 5º deste artigo. § 3º O valor do benefício de aposentadoria corresponderá a 100% (cem por cento) da média aritmética definida na forma prevista no *caput* e no § 1º: I – no caso do inciso II do § 2º do art. 20; II – no caso de aposentadoria por incapacidade permanente, quando decorrer de acidente de trabalho, de doença profissional e de doença do trabalho. § 4º O valor do benefício da aposentadoria de que trata o inciso III do § 1º do art. 10 corresponderá ao resultado do tempo de contribuição dividido por 20 (vinte) anos, limitado a um inteiro, multiplicado pelo valor apurado na forma do *caput* do § 2º deste artigo, ressalvado o caso de cumprimento de critérios de acesso para aposentadoria voluntária que resulte em situação mais favorável. § 5º O acréscimo a que se refere o *caput* do § 2º será aplicado para cada ano que exceder 15 (quinze) anos de tempo de contribuição para os segurados de que tratam a alínea 'a' do inciso I do § 1º do art. 19 e o inciso I do art. 21 e para as mulheres filiadas ao Regime Geral de Previdência Social. § 6º Poderão ser excluídas da média as contribuições que resultem em redução do valor do benefício, desde que mantido o tempo mínimo de contribuição exigido, vedada a utilização do tempo excluído para qualquer finalidade, inclusive para o acréscimo a que se referem os §§ 2º e 5º, para a averbação em outro regime previdenciário ou para a obtenção dos proventos de inatividade das atividades de que tratam os arts. 42 e 142 da Constituição Federal. § 7º Os benefícios calculados nos termos do disposto neste artigo serão reajustados nos termos estabelecidos para o Regime Geral de Previdência Social".

desde julho de 1994, ou desde o início da contribuição, se posterior àquele mês. Só por aqui já se vê uma mudança importante, pois a regra anterior determinava que fossem considerados os 80% maiores salários-de-contribuição (artigo 29, I e II, da Lei nº 8.213/1991, com a redação que lhes foi dada pela Lei nº 9.876/1999). Se todos os salários-de-contribuição passaram a ser computados, mesmo os menores, é evidente que a média aritmética resultará invariavelmente em um valor menor[65].

Mas não é só isso: sobre essa base de cálculo reduzida (o salário-de-benefício), irá incidir um coeficiente que, como regra, será de 60% (sessenta por cento), com o acréscimo de 02 (dois) pontos percentuais a cada ano que contribuição que supere o tempo mínimo de contribuição (15 ou 20 anos, conforme o caso). Tal regra não se aplica apenas aos benefícios decorrentes de acidente do trabalho, doença profissional ou doença do trabalho, em que o coeficiente será sempre de 100%. Mas, na generalidade dos casos, a redução dos benefícios é bastante significativa e o coeficiente de 100% só irá ser aplicado nos casos em que o segurado tenha, no mínimo, 40 anos de contribuição.

Trata-se, também aqui, de regras de incidência imediata, que só não serão aplicadas aos segurados que tiverem preenchidos todos os requisitos para os benefícios conforme as regras anteriores à Emenda nº 103/2019, isto é, àqueles alcançados pela proteção ao direito adquirido.

Seguramente este foi um aspecto negligenciado nos debates congressuais, virtualmente ignorado pela grande imprensa e que só passou a ser concretamente percebido à medida que os segurados passaram a tomar conhecimento do valor dos benefícios decorrente da incidência das novas regras.

Note-se também que esta fórmula de cálculo acaba por desprezar o patrimônio contributivo dos segurados, afetando negativamente mesmo aqueles que trabalharam (e contribuíram para os cofres da Previdência Social) por mais tempo. Esta fórmula, ao exigir a consideração de *todas* as contribuições desde julho de 1994, também aproxima o sistema previdenciário de um modelo de *capitalização simples*, em que o custeio dos benefícios

65. É certo que o § 6º do artigo 26 da Emenda nº 103/2019 poderá trazer alguma compensação, pois admite o "descarte" de contribuições que resultem em redução do benefício. Mas a exclusão das contribuições reduz também o tempo de contribuição, o que faz com que essa regra nem sempre seja favorável, exigindo análise individualizada.

se dá a partir das contribuições vertidas só pelo próprio interessado. Mas é claramente uma capitalização simples fixada de forma *seletiva*, pois estabelecida em um mesmo modelo que exige contribuições também de aposentados e pensionistas, como é o caso dos Regimes Próprios de Previdência Social.

Enfim, era perfeitamente possível à Emenda ter estabelecido uma regra de transição regressiva, em que o coeficiente de 100% (que era o padrão anterior para as aposentadorias integrais) fosse reduzido a cada ano, até chegar nos 60% fixados como regra geral. Assim não o fazendo, o Congresso Nacional terá a oportunidade de corrigir o equívoco, também via lei complementar. A persistir o desinteresse do parlamento em solucionar a questão, cabe invocar a proteção da confiança de forma a assegurar uma transição adequada.

8.2.3. O tratamento desigual, nos regimes próprios de previdência social, entre servidores federais, estaduais, municipais e distritais: proteção da confiança e igualdade material

O art. 4º, § 9º, da Emenda 103/2019, determinou a aplicação, às aposentadorias dos servidores dos Estados, Distrito Federal e Municípios, das regras constitucionais e infraconstitucionais anteriores à entrada em vigor da Emenda, até que fossem feitas as alterações normativas em cada esfera da Federação[66].

Ao que se viu dos debates congressuais, esta foi uma solução de consenso, entendendo-se que não havia condições políticas para aprovar uma reforma que alcançasse todos os servidores públicos, em todos os entes federativos.

Ainda que se admita que, politicamente, esta tenha sido uma saída engenhosa, revelou-se insustentável sob ponto de vista constitucional. Ao consentir em um tratamento jurídico diferente (e claramente prejudicial) apenas para os servidores públicos federais, a Emenda feriu, a um só tempo, o *princípio da isonomia* e a *forma federativa de Estado*. O princípio da isonomia, vale recordar, é um direito individual estampado em inúmeros dispositivos constitucionais (preâmbulo, arts. 3º, III; 4º, V; 5º, "caput" [por

66. Em alguns poucos dispositivos, ao se referir genericamente a "servidor ocupante de cargo efetivo", a Emenda trouxe normas aplicáveis a todos os servidores, de quaisquer das esferas da Federação. Mas, sem dúvida, foi a minoria das modificações então trazidas.

duas vezes] e I; 7º, XXXIV; 14; 37, XXI; 43, "caput" e § 2º, I; 150, II; 165, § 7º; 170, VII; 196; 206, I; 226, § 5º; 227, § 3º, IV, etc.). Nestes termos, uma discriminação desarrazoada como a promovida pela Emenda 103/2019 não pode ser admitida.

O Supremo Tribunal Federal, quando reconheceu a constitucionalidade da instituição da contribuição previdenciária de servidores públicos aposentados e pensionistas, afastou-a em um *único aspecto*, no tocante à possibilidade, trazida pela Emenda 41/2003, de que as bases de cálculo fossem distintas para servidores federais, estaduais e municipais (art. 4º, parágrafo único, I e II)[67]. Ainda que este julgado tenha adotado um enfoque claramente tributário, não deixou de reconhecer que a isonomia e a Federação se constituem em reais limites ao poder de reforma da Constituição. Aliás, uma das características da Federação é, justamente, uma relação de igualdade jurídica entre os entes federativos.

Veja-se que esse tratamento discriminatório poderá produzir reflexos ainda não adequadamente dimensionados em relação à contagem recíproca de tempo de contribuição, isto é, à possibilidade de computar vínculos e contribuições em um regime previdenciário, com vistas à obtenção de um benefício em *outro* regime previdenciário. Paradoxalmente, a Emenda nº 103/2019 deixou expressa a mais ampla possibilidade de computar períodos de qualquer regime para obter benefícios em qualquer regime de previdência, incluindo militares[68]. A radical diversidade de regimes jurídicos, como consequência da Emenda, poderá trazer grande desequilíbrio para efeito de fixar a compensação financeira entre esses regimes.

Ainda neste tema, chama também a atenção a elevação desproporcional e de caráter confiscatório introduzida pela Emenda 103/2019 na contribuição para o custeio da previdência social, que a Emenda limitou ao Regime Próprio de Previdência dos servidores federais (arts. 11, 9º, § 8º, da Emenda,

67. ADI 3.105, red. p/ acórdão Min. Cezar Peluso, DJ 18.02.2005.

68. Conforme as regras inseridas no artigo 201, §§ 9º e 9º-A, da Constituição Federal: "Art. 201 [...] § 9º Para fins de aposentadoria, será assegurada a contagem recíproca do tempo de contribuição entre o Regime Geral de Previdência Social e os regimes próprios de previdência social, e destes entre si, observada a compensação financeira, de acordo com os critérios estabelecidos em lei. § 9º-A. O tempo de serviço militar exercido nas atividades de que tratam os arts. 42, 142 e 143 e o tempo de contribuição ao Regime Geral de Previdência Social ou a regime próprio de previdência social terão contagem recíproca para fins de inativação militar ou aposentadoria, e a compensação financeira será devida entre as receitas de contribuição referentes aos militares e as receitas de contribuição aos demais regimes".

assim como as alterações promovidas nos arts. 149 e 149-A da Constituição). A Emenda determinou a aplicação de alíquotas que podem chegar a 22%, estabelecendo também a possibilidade de criação de contribuições extraordinárias, por até 20 anos (!), para custear possíveis déficits atuariais.

Não é preciso muito para concluir que, em todos esses casos, a Emenda afrontou o princípio constitucional que veda a tributação com efeito de confisco (art. 150, IV, da Constituição), que pode ser considerado um direito individual do contribuinte, à semelhança do que reconheceu o STF quanto ao princípio da anterioridade tributária (art. 150, III, "b")[69].

Como ensina Luciano Amaro, o princípio da vedação de tributo confiscatório não pode ser considerado um "preceito matemático". Antes, é um critério que será utilizado pelo legislador e, além disso, um "preceito dirigido ao intérprete e ao julgador, que, à vista das características da situação concreta, verificarão se um determinado tributo invade ou não o território do confisco"[70].

Portanto, não é possível fazer um juízo meramente abstrato ou teórico a respeito do tema. É indispensável que se faça uma avaliação concreta daquele contribuinte.

Como também já reconheceu o Supremo Tribunal Federal, "o efeito confiscatório da tributação deve levar em conta o limite da capacidade do cidadão de viver e se desenvolver, sempre observada a carga global a que o contribuinte está submetido" (ADI 5.485/DF, Rel. Min. Luiz Fux, DJ 06.7.2020). Tal premissa também restou estabelecida no julgamento da ADI MC 2.010/DF, Rel. Min. Celso de Mello, DJ 12.4.2002, p. 51, para quem a identificação do efeito confiscatório deve ser feita à vista da totalidade da carga tributária, exigindo que se cada uma "verificação da capacidade de que dispõe o contribuinte – considerado o montante de sua riqueza (renda e capital) – para suportar e sofrer a incidência de todos os tributos que ele deverá pagar, dentro de determinado período, à mesma pessoa política que os houver instituído". Assim, se consideramos a contribuição bastante elevada instituída pela Emenda nº 103/2019 e, além disso, o imposto sobre a

69. ADI 939, Rel. Min. Sydney Sanches, DJ 18.3.1994; RE 587.008, Rel. Min. Dias Toffoli, em regime de repercussão geral (Tema 107), DJ 06.5.2011.

70. AMARO, Luciano. **Direito tributário brasileiro**. 2. ed. São Paulo: Saraiva, 1998, p. 139-140.

renda do servidor (com faixas que chegam atualmente a 27,5%[71]), o caráter confiscatório é inegável.

Pode-se considerar tal aumento da contribuição igualmente lesivo ao princípio da isonomia, inclusive em sua vertente específica na área da tributação (art. 150, II, da Constituição Federal[72]). Conforme já observado, os servidores federais, além de terem sido discriminados na elevação substancial da contribuição, foram duplamente prejudicados, dado que as condições de elegibilidade aos benefícios, bem assim a notória redução do valor destes, foram também aplicadas somente aos servidores públicos federais. O "discrímen" adotado pela Emenda nº 103/2019, ao tomar a natureza do vínculo (federal) do servidor como critério para elevação da contribuição previdenciária, não guarda qualquer proporção ou relação com a finalidade da discriminação pretendida. Elevar a contribuição somente para o Regime Próprio de Previdência Social que tem contas mais equilibradas (ou menos "deficitárias") importa clara violação ao padrão constitucional de tributação, que impede que pessoas em situação equivalente sejam discriminadas.

Aliás, a exposição de motivos da PEC nº 6/2019 (de que resultou a Emenda nº 103/2019) reconhecia, expressamente, que os regimes de previdência de servidores públicos dos Estados e Municípios, assim como o regime de previdência dos militares das Forças Armadas, tinham "déficits" superiores aos do RPPS dos servidores da União[73]. É ofensiva à boa-fé objetiva e à proibição do comportamento contraditório (bens jurídicos inerentes à proteção da confiança, portanto), a conduta de deixar de lado aqueles que, racionalmente (e de forma expressamente admitida), justificaram a apresentação da PEC.

Pode-se concluir, assim, que a proteção da confiança foi igualmente afetada por tal tratamento discriminatório. A igualdade de regimes jurídicos previdenciários nas diferentes esferas da Federação vinha estabelecida desde o texto originário da Constituição de 1988, em claro paralelismo como

---

71. Conforme a Lei nº 11.482/2007 e alterações posteriores.

72. "Art. 150. Sem prejuízo de outras garantias asseguradas ao contribuinte, é vedado à União, aos Estados, ao Distrito Federal e aos Municípios: [...] II – instituir tratamento desigual entre contribuintes que se encontrem em situação equivalente, proibida qualquer distinção em razão de ocupação profissional ou função por eles exercida, independentemente da denominação jurídica dos rendimentos, títulos ou direitos".

73. Disponível em https://www.camara.leg.br/proposicoesWeb/prop_mostrarintegra;jsessionid=node08ie8xktt 1vg316jn5ph31r83n20839665.node0?codteor=1712459&filename=PEC+6/2019. Acesso em: 03 jun. 2024.

o regime jurídico único no serviço público (artigo 39[74]). Ou seja, tanto no regime jurídico-administrativo como no regime jurídico-previdenciário, o tratamento constitucional estabelecido foi de igualdade.

Esta mesma igualdade foi também proclamada no próprio âmbito previdenciário, fixando-se as diretrizes de "uniformidade e equivalência dos benefícios e serviços às populações urbanas e rurais" (artigo 194, parágrafo único, II, da Constituição Federal). Tratou-se, como sabido de uma correção da desigualdade histórica existente entre a previdência social urbana e rural, em que os trabalhadores rurais notoriamente desfrutavam de uma previdência de segunda ou terceira classe[75].

A pretensão discriminatória fixada pela Emenda nº 103/2019 quebra a confiança estabelecida havia décadas, desde a promulgação da Constituição de 1988.

74. A Emenda Constitucional nº 19/1998 alterou o citado artigo 39 da Constituição Federal, intentando extinguir a determinação de existência de um regime jurídico único. Tal alteração foi impugnada pela ADI nº 2.135, com julgamento ainda não concluído quando da elaboração deste trabalho. Até este momento, já tinham sido proferidos votos pela Ministra Cármen Lúcia (relatora), que declarava inconstitucional essa alteração, e do Ministro Gilmar Mendes, que julgava improcedente o pedido ali deduzido.

75. Apenas na década de 1970, com a edição da Lei Complementar nº 11/1971, é que foi criado o Fundo de Assistência ao Trabalhador Rural – FUNRURAL, primeiro diploma normativo a incluir os trabalhadores rurais como segurados da Previdência Social e, ainda assim, com uma desigualdade evidente quanto aos benefícios, se considerado o que era previsto para os trabalhadores urbanos.

Capítulo 9

PROTEÇÃO DA CONFIANÇA E ALTERAÇÕES JURISPRUDENCIAIS EM MATÉRIA PREVIDENCIÁRIA

Como visto nos itens anteriores, é possível também cogitar de atos *jurisdicionais* que induzam à construção de expectativas legítimas. Por extensão, também não se pode descartar que novos atos jurisdicionais tenham a aptidão de *frustrar* tais expectativas e, em determinadas situações, serem considerados ofensivos à proteção da confiança. Como lembra Humberto Theodoro Júnior, há certas alterações jurisprudenciais acabam tendo efeito similar ao da modificação da lei, circunstância que *impõe* (não apenas faculta) uma avaliação cuidadosa e, se for o caso, a *modulação* dos efeitos dessas alterações[1].

Há uma série de particularidades que devem ser consideradas no exame dessas questões, tanto quanto à natureza do provimento jurisdicional (se individual, proveniente de jurisdição coletiva ou processos abstratos), à eficácia (ou efeitos) dele decorrentes (*intra partes*, *erga omnes* ou vinculante) e, mais uma vez, o "fator tempo" anteriormente mencionado. Tais especificidades autorizam o tratamento em separado de cada hipótese.

1. THEODORO JÚNIOR, Humberto. O direito jurisprudencial e o Código de Processo Civil de 2015: modulação temporal dos efeitos de mudança na orientação da jurisprudência vinculativa. **Revista de Processo**, São Paulo: Revista dos Tribunais, v. 320, ano 46, p. 365-384, out. 2021. Examinaremos adiante o tema da modulação dos efeitos da declaração de inconstitucionalidade e das alterações da jurisprudência.

9.1. PROTEÇÃO DA CONFIANÇA E DEMANDAS INDIVIDUAIS PREVIDENCIÁRIAS

Na terminologia aqui adotada, "demanda individual" é um conceito adotado por exclusão, isto é, sem considerar instrumentos processuais de jurisdição coletiva (ações coletivas, ações civis públicas, mandados de segurança coletivos, etc.), e também sem considerar as ações de controle concentrado de constitucionalidade (ADI, ADC e ADPF). Assim, serão consideradas "individuais" mesmo as demandas em que haja um litisconsórcio ativo (por exemplo, nos casos em que há mais de um dependente em busca da concessão de uma pensão por morte ou um auxílio-reclusão).

Nestas demandas individuais, avulta uma das características propostas por Humberto Ávila para mensurar a incidência do princípio da proteção da confiança. Tal como visto no item 6.1 deste trabalho, uma dessas características por ele mencionadas é a *individualidade*, no sentido de que, quanto maior o grau de proximidade do ato, maior deve ser a proteção da confiança.

Embora não entendamos possível generalizar a aplicação desse critério, este é um fator a ser considerado quando se trata de *atos jurisdicionais*. De fato, numa demanda proposta por um segurado específico, a existência de um ato jurisdicional impondo a concessão, revisão ou restabelecimento do benefício, faz emergir para este uma *confiança específica* quanto à existência e regularidade do direito subjetivo pretendido.

Como também já observado anteriormente, esse grau de confiança irá crescer à medida que avançam as fórmulas de preclusão[2]. Nestes termos, a concessão de uma tutela provisória de urgência, por exemplo, gera um certo grau de confiança. Uma confiança ainda inicial, de relativa fragilidade, dado que se trata de um provimento jurisdicional em que a cognição é exercida em mero grau de *probabilidade*, não de certeza (artigo 300 do CPC[3]). A

---

2. A *preclusão* é, como lembra Judith Martins-Costa, um dos institutos jurídicos que materializam a segurança jurídica e, em nossa visão, também a proteção da confiança (MARTINS-COSTA, Judith. Almiro do Couto e Silva e a ressignificação do princípio da segurança jurídica na relação entre o Estado e os cidadãos. *In*: ÁVILA, Humberto. **Fundamentos do Estado de Direito**: Estudos em Homenagem ao Professor Almiro do Couto e Silva. São Paulo: Malheiros, 2005, p. 125-129).

3. "Art. 300. A tutela de urgência será concedida quando houver elementos que evidenciem a probabilidade do direito e o perigo de dano ou o risco ao resultado útil do processo. § 1º Para a concessão da tutela de urgência, o juiz pode, conforme o caso, exigir caução real ou fidejussória idônea para ressarcir os danos que a outra parte possa vir a sofrer, podendo

confiança poderá ser maior, todavia, em alguns casos de tutela provisória de evidência (artigo 311 do CPC[4]). Isto porque, das hipóteses legais de cabimento da tutela de evidência, duas (incisos I e IV) só poderão ser deferidas *depois* da contestação (conforme prevê o parágrafo único, *contrario sensu*). Ou seja, como o Juiz concede a medida *depois* de examinar os argumentos e provas contrapostos pelo réu, há certamente uma análise mais extensa da controvérsia, embora ainda provisória. A confiança gerada nesse caso é seguramente maior.

Há, ainda, a hipótese de tutela de evidência prevista no inciso II do artigo 311, que pressupõe: *a)* prova documental dos fatos; e *b)* a existência de tese firmada em julgamento de casos repetitivos (IRDR, RESP e RE repetitivos – artigo 928 do CPC) ou em súmula vinculante. Claro que, nestes casos, há uma confiança reforçada não pelos atributos da decisão individual, em si, mas por ela estar alicerçada em um julgado vinculativo proferido por um Tribunal (artigo 927, II e III, do CPC; artigo 103-A da Constituição Federal)[5].

Veja-se que a tutela de evidência, seja qual for a hipótese de concessão, *dispensa* (ou torna irrelevante) a existência de perigo de dano ou risco ao resultado útil do processo. Isto exige que sua concessão esteja circunscrita às hipóteses em que seus pressupostos legais estejam plenamente caracterizados. É uma situação distinta da tutela de urgência, dado que a experiência forense mostra que, mesmo quando o juízo não está absolutamente convicto

---

a caução ser dispensada se a parte economicamente hipossuficiente não puder oferecê-la. § 2º A tutela de urgência pode ser concedida liminarmente ou após justificação prévia. § 3º A tutela de urgência de natureza antecipada não será concedida quando houver perigo de irreversibilidade dos efeitos da decisão".

4. "Art. 311. A tutela da evidência será concedida, independentemente da demonstração de perigo de dano ou de risco ao resultado útil do processo, quando: I – ficar caracterizado o abuso do direito de defesa ou o manifesto propósito protelatório da parte; II – as alegações de fato puderem ser comprovadas apenas documentalmente e houver tese firmada em julgamento de casos repetitivos ou em súmula vinculante; III – se tratar de pedido reipersecutório fundado em prova documental adequada do contrato de depósito, caso em que será decretada a ordem de entrega do objeto custodiado, sob cominação de multa; IV – a petição inicial for instruída com prova documental suficiente dos fatos constitutivos do direito do autor, a que o réu não oponha prova capaz de gerar dúvida razoável. Parágrafo único. Nas hipóteses dos incisos II e III, o juiz poderá decidir liminarmente".

5. O IRDR (Incidente de Resolução de Demandas Repetitivas) pode ser instaurado perante os Tribunais Superiores, mas também nos Tribunais de Justiça e Tribunais Regionais Federais, sendo certo que a tese jurídica firmada em seu julgamento será aplicada a todos os casos individuais ou coletivos que tramitem na área de jurisdição do tribunal, inclusive nos juizados especiais (art. 985, I e II, do CPC).

da probabilidade do direito, pode deferir a tutela provisória de urgência para impedir um perecimento de direito, atendendo à necessidade de evitar o risco ao resultado útil do processo.

Em matéria previdenciária e assistencial, a natureza alimentar dos benefícios acaba *induzindo* à existência de perigo de dano, pois sua implantação imediata, em caráter provisório, tem a aptidão de substituir os rendimentos do trabalho do segurado, como consequência de alguma daquelas contingências sociais amparada pelo regime de Previdência (incapacidade para o trabalho, desemprego, morte, reclusão, etc.). Como já observamos anteriormente, este sentido de urgência inadiável não está presente em toda e qualquer discussão em matéria previdenciária. Há casos, por exemplo, de *revisão* de benefício previdenciário já concedido, em que mesmo a natureza alimentar não exige uma tutela jurisdicional imediata[6].

Uma tutela provisória para implantação do benefício acaba impondo ao órgão gestor do regime de previdência uma obrigação de fazer que produz claros efeitos concretos, pois o benefício será creditado mensalmente em favor do segurado ou dependente. Tais consequências concretas, em particular quando o beneficiário estava há tempos em uma situação de grande desamparo (caso das pensões por morte e dos benefícios por incapacidade), constituem-se em *indutores significativos da confiança.*

Claro que, do ponto de vista jurídico, trata-se de uma confiança ainda inicial, pois os juízos são ainda de probabilidade (não de certeza) e o próprio Código de Processo Civil estabelece o procedimento para reversão da tutela provisória, caso o juízo provisório não se confirme no exame definitivo da controvérsia (artigo 302)[7]. O Código ainda prevê que "a tutela de urgência de natureza antecipada não será concedida quando houver perigo de irreversibilidade dos efeitos da decisão" (artigo 300, § 3º), a reforçar a

---

6. PIRES, Renato Barth. **Mandado de segurança em matéria previdenciária**. 6. ed. Salvador: Juspodivm, 2024. p. 176-177.

7. "Art. 302. Independentemente da reparação por dano processual, a parte responde pelo prejuízo que a efetivação da tutela de urgência causar à parte adversa, se: I – a sentença lhe for desfavorável; II – obtida liminarmente a tutela em caráter antecedente, não fornecer os meios necessários para a citação do requerido no prazo de 5 (cinco) dias; III – ocorrer a cessação da eficácia da medida em qualquer hipótese legal; IV – o juiz acolher a alegação de decadência ou prescrição da pretensão do autor. Parágrafo único. A indenização será liquidada nos autos em que a medida tiver sido concedida, sempre que possível".

necessidade de que haja uma recomposição ao *status quo ante* no caso de posterior reforma da tutela antes deferida.

Como tranquilamente reconhece a jurisprudência, esse suposto risco de irreversibilidade não impede a concessão de tutela provisória em matéria previdenciária[8]. Aliás, a irreversibilidade da situação de fato poderá ocorrer, em verdade, se for *negada* a tutela provisória, uma vez que o benefício já havia sido indeferido na via administrativa e o beneficiário já está em situação de desamparo[9]. Como já se decidiu,

---

8. Por exemplo, no TRF 3ª Região, AI 5018559-89.2023.4.03.0000, Rel. Desembargadora Federal Leila Paiva Morrison, DJ 14.02.2024; AI 5011589-73.2023.4.03.0000, Rel. Desembargadora Federal Inês Virginia Prado Soares, DJ 22.11.2023; ApCiv 5002931-60.2018.4.03.6103, Rel. Desembargador Federal Sergio Do Nascimento, DJ 25.8.2023. TRF 1ª Região, AC 1000131-07.2017.4.01.3812, Rel. Geneviéve Grossi Orsi, DJ 01.8.2022; AC 0004808-02.2014.4.01.3813, Rel. Murilo Fernandes de Almeida. DJ 15.02.2022. TRF 4ª Região, AG 5050835-83.2022.4.04.0000, Rel. Des. Federal João Batista Pinto Silveira, juntado aos autos em 15.4.2023; AG 5004744-32.2022.4.04.0000, Rel. Des. Federal Taís Schilling Ferraz, juntado aos autos em 08.4.2022.

9. A necessidade de prévio requerimento administrativo em matéria previdenciária foi resolvida pelo STF em regime de repercussão geral (Tema 350, RE 631.240, Rel. Min. Luís Roberto Barroso, DJe 10.11.2014). As teses fixadas foram as seguintes: "[...] 1. A instituição de condições para o regular exercício do direito de ação é compatível com o art. 5º, XXXV, da Constituição. Para se caracterizar a presença de interesse em agir, é preciso haver necessidade de ir a juízo. 2. A concessão de benefícios previdenciários depende de requerimento do interessado, não se caracterizando ameaça ou lesão a direito antes de sua apreciação e indeferimento pelo INSS, ou se excedido o prazo legal para sua análise. É bem de ver, no entanto, que a exigência de prévio requerimento não se confunde com o exaurimento das vias administrativas. 3. A exigência de prévio requerimento administrativo não deve prevalecer quando o entendimento da Administração for notória e reiteradamente contrário à postulação do segurado. 4. Na hipótese de pretensão de revisão, restabelecimento ou manutenção de benefício anteriormente concedido, considerando que o INSS tem o dever legal de conceder a prestação mais vantajosa possível, o pedido poderá ser formulado diretamente em juízo – salvo se depender da análise de matéria de fato ainda não levada ao conhecimento da Administração –, uma vez que, nesses casos, a conduta do INSS já configura o não acolhimento ao menos tácito da pretensão. 5. Tendo em vista a prolongada oscilação jurisprudencial na matéria, inclusive no Supremo Tribunal Federal, deve-se estabelecer uma fórmula de transição para lidar com as ações em curso, nos termos a seguir expostos. 6. Quanto às ações ajuizadas até a conclusão do presente julgamento (03.09.2014), sem que tenha havido prévio requerimento administrativo nas hipóteses em que exigível, será observado o seguinte: (i) caso a ação tenha sido ajuizada no âmbito de Juizado Itinerante, a ausência de anterior pedido administrativo não deverá implicar a extinção do feito; (ii) caso o INSS já tenha apresentado contestação de mérito, está caracterizado o interesse em agir pela resistência à pretensão; (iii) as demais ações que não se enquadrem nos itens (i) e (ii) ficarão sobrestadas, observando-se a sistemática a seguir. 7. Nas ações sobrestadas, o autor será intimado a dar entrada no pedido administrativo em 30 dias, sob pena de extinção do processo. Comprovada a postulação administrativa, o INSS será intimado a se manifestar

> [...] havendo indícios de irreversibilidade para ambos os polos do processo, é o juiz, premido pelas circunstâncias, levado a optar pelo mal menor. In casu, o dano possível ao INSS é proporcionalmente inferior ao severamente imposto àquele que carece do benefício (TRF 3ª Região, AI 0023702-33.2012.4.03.0000, Rel. Raquel Perrini, DJ 20.5.2013).

Se a irreversibilidade pode decorrer da concessão ou da negativa da tutela provisória, certamente não será esta um impedimento à concessão[10].

Pensamos que suportar os efeitos da decisão provisória seja realmente um ônus natural imposto ao Estado-Administração pelo Estado-Juiz, que é inerente ao sistema de freios e contrapesos, ao princípio da separação das funções do Estado e, em particular, ao próprio prestígio constitucionalmente atribuído ao direito fundamental à Previdência Social (artigo 6º da Constituição Federal). Em resumo, é um *preço a pagar* pela relevância dos bens jurídicos em discussão[11].

Conforme também entende o STF, "a decisão na ADC-4 não se aplica à antecipação de tutela em causa de natureza previdenciária" (Súmula 729)[12].

---

acerca do pedido em até 90 dias, prazo dentro do qual a Autarquia deverá colher todas as provas eventualmente necessárias e proferir decisão. Se o pedido for acolhido administrativamente ou não puder ter o seu mérito analisado devido a razões imputáveis ao próprio requerente, extingue-se a ação. Do contrário, estará caracterizado o interesse em agir e o feito deverá prosseguir. 8. Em todos os casos acima – itens (i), (ii) e (iii) –, tanto a análise administrativa quanto a judicial deverão levar em conta a data do início da ação como data de entrada do requerimento, para todos os efeitos legais".

10. "[...] Se houver confronto de irreversibilidades, prevalece a de maior importância, ou 'quando o mal irreversível for maior', ou ainda que o perigo de irreversibilidade, como circunstância impeditiva da antecipação dos efeitos da tutela, deve ser entendido *cum grano salis*, pois, não sendo assim, enquanto não ultrapassado o prazo legal para o exercício da rescisória, não poderia nenhuma sentença ser executada de forma definitiva, dada a sua impossibilidade de sua desconstituição, aplicando-se, na letra da doutrina, o princípio da proporcionalidade" (MARCATO, Antonio Carlos; CIANCI, Mirna; SANTOS, Nelton Agnaldo Moraes dos. **Curso de direito processual civil aplicado**. Barueri: Atlas, 2023, p. 245).

11. Em sentido análogo é o entendimento firmado pelo TRF 1ª Região no caso acima citado: "A irreversibilidade da medida antecipatória não constitui óbice ao deferimento de tutela, sendo risco inerente ao processo judicial e ao Estado Democrático de Direito, a ser suportado por toda a sociedade, especialmente levando-se em consideração que a irreversibilidade meramente econômica não é óbice à antecipação da tutela em matéria previdenciária ou assistencial sempre que a efetiva proteção dos direitos à vida, à saúde, à previdência ou à assistência social não puder ser realizada sem a providência antecipatória" (AC 0004808-02.2014.4.01.3813, Rel. Murilo Fernandes de Almeida. DJ 15.02.2022).

12. No julgamento da citada ADC 4, o STF reconheceu a constitucionalidade da Lei nº 9.494/1997, que fixou certas hipóteses de *proibição* de concessão de tutelas provisórias e outras medidas

Por imposição do princípio da proteção da confiança e também da natureza alimentar dos benefícios previdenciários, entendemos que se aplica ao caso a tese da *irrepetibilidade* de tais verbas pagas por força de decisões provisórias, especialmente nos casos em que está demonstrada a *boa-fé* do beneficiário.

Se a pretensão foi acolhida pelo Judiciário, que reconheceu, ainda que em caráter provisório, a presença de um direito fundamental, a confiança gerada pela decisão é suficientemente intensa para o efeito de derrogar os preceitos do CPC que tratam do tema. Trata-se de reconhecer e prestigiar o exercício da função jurisdicional e, ao mesmo tempo, eleva a responsabilidade do Judiciário na análise dessas questões.

O Supremo Tribunal Federal já chegou a decidir nesse mesmo sentido (AI 746.442-AgR/RS, Rel. Cármen Lúcia, DJe 23.10.2009), embora tenha proclamado, posteriormente, que essa controvérsia seria de natureza infraconstitucional (ARE 722.421 RG, Rel. Min. Presidente, DJ 30.3.2015). Neste julgado foi reconhecida a *ausência* de repercussão geral (Tema 799).

A conclusão é de todo inadequada, pois há diversos direitos fundamentais em jogo (os direitos fundamentais à previdência social e à proteção da confiança, além da própria garantia da inafastabilidade do acesso à jurisdição - artigo 5º, XXXV, da Constituição Federal[13]). Trata-se não apenas de uma controvérsia constitucional, mas uma *controvérsia constitucional qualificada pela relevância dos bens jurídicos em discussão.*

O curioso é que, mesmo depois dessa orientação, em um julgado da Primeira Turma do próprio STF resolveu-se que "a jurisprudência do Supremo Tribunal Federal já assentou que o benefício previdenciário recebido de boa-fé pelo segurado, em decorrência de decisão judicial, não está sujeito à repetição de indébito, em razão de seu caráter alimentar" (ARE 734.242 AgR, Rel. Min. Roberto Barroso, DJ 08.9.2015). O julgamento que assentou a ausência de repercussão geral havia sido proferido poucos meses antes (20 de março de 2015).

No plano infraconstitucional, a Primeira Seção do Superior Tribunal de Justiça havia firmado entendimento diverso, em julgamento proferido em

---

de urgência. Como esclarece o enunciado da Súmula 729, tais restrições não se aplicam à matéria previdenciária (red. p/ acórdão Min. Celso de Mello, DJ 30.10.2014).

13. "Art. 5º [...] XXXV – a lei não excluirá da apreciação do Poder Judiciário lesão ou ameaça a direito".

2014 na sistemática dos recursos especiais repetitivos (Tema 692), resolvendo que "A reforma da decisão que antecipa a tutela obriga o autor da ação a devolver os benefícios previdenciários indevidamente recebidos" (RESP 1.401.560, red. p/ acórdão Min. Ari Pargendler, DJ 13.10.2015).

A Medida Provisória nº 871/2019, convertida na Lei nº 13.876/2019, trouxe novos elementos à discussão, ao alterar a regra do artigo 115, II, da Lei nº 8.213/91 e estabelecer, expressamente, a necessidade de devolução de valores recebidos por força de decisão judicial depois revogada, fixando também o procedimento a ser adotado, com a inscrição em Dívida Ativa, viabilizando a propositura de execução fiscal e, eventualmente, o protesto da CDA[14].

Em maio de 2022, o STJ reexaminou o Tema 692 dos recursos especiais repetitivos, fixando a seguinte tese:

> A reforma da decisão que antecipa os efeitos da tutela final obriga o autor da ação a devolver os valores dos benefícios previdenciários ou assistenciais recebidos, o que pode ser feito por meio de desconto em valor que não exceda 30% (trinta por cento) da importância de eventual benefício que ainda lhe estiver sendo pago (Pet. 12.482/DF, Rel. Min. Og Fernandes, DJe 24.5.2022).

Na data em que elaborado este trabalho, pendiam de julgamento os embargos de declaração interpostos em face do acórdão. Os autos foram redistribuídos, em 24.11.2023, por sucessão, ao Min. Afrânio Vilela.

---

14. "Art. 115. Podem ser descontados dos benefícios: I – contribuições devidas pelo segurado à Previdência Social; II – pagamento administrativo ou judicial de benefício previdenciário ou assistencial indevido, ou além do devido, inclusive na hipótese de cessação do benefício pela revogação de decisão judicial, em valor que não exceda 30% (trinta por cento) da sua importância, nos termos do regulamento; III – Imposto de Renda retido na fonte; § 1º Na hipótese do inciso II, o desconto será feito em parcelas, conforme dispuser o regulamento, salvo má-fé. § 2º Na hipótese dos incisos II e VI, haverá prevalência do desconto do inciso II. § 3º Serão inscritos em dívida ativa pela Procuradoria-Geral Federal os créditos constituídos pelo INSS em decorrência de benefício previdenciário ou assistencial pago indevidamente ou além do devido, inclusive na hipótese de cessação do benefício pela revogação de decisão judicial, nos termos da Lei nº 6.830, de 22 de setembro de 1980, para a execução judicial. § 4º Será objeto de inscrição em dívida ativa, para os fins do disposto no § 3º deste artigo, em conjunto ou separadamente, o terceiro beneficiado que sabia ou deveria saber da origem do benefício pago indevidamente em razão de fraude, de dolo ou de coação, desde que devidamente identificado em procedimento administrativo de responsabilização. § 5º O procedimento de que trata o § 4º deste artigo será disciplinado em regulamento, nos termos da Lei nº 9.784, de 29 de janeiro de 1999, e no art. 27 do Decreto-Lei nº 4.657, de 4 de setembro de 1942".

O Tribunal deixou de examinar a controvérsia sob a perspectiva constitucional, como visto, embora fosse possível ao STJ, ao menos em teoria, a declaração incidental de inconstitucionalidade da norma[15].

A tese firmada também deixou de observar que, na forma dos §§ 3º e 4º do artigo 115 da Lei nº 8.213/1991, com a redação dada pela Medida Provisória nº 871/2019 (convertida na Lei nº 13.846/2019), o meio adequado para reaver tais valores é a *inscrição em Dívida Ativa e posterior propositura da execução fiscal*. A alteração legislativa realmente permite o desconto administrativo do benefício (até 30% deste), mas, não sendo possível o desconto, o procedimento induvidosamente eleito pelo legislador é a inscrição em Dívida Ativa, afastando a regra geral do artigo 302, parágrafo único, do CPC ("A indenização será liquidada nos autos em que a medida tiver sido concedida, sempre que possível").

A Turma Nacional de Uniformização dos Juizados Especiais Federais (TNU) também firmou entendimento quanto à repetibilidade dos valores recebidos, inclusive quando se tratar de sentença proferida em mandado de segurança (PUIL nº 5019587-50.2020.4.02.5101, Rel. p/ acórdão Juiz Federal Leonardo Augusto de Almeida Aguiar: "É cabível a cobrança de valores pagos em cumprimento de tutela provisória (inclusive sentença recorrível em mandado de segurança) posteriormente cassada [ou reformada]")[16].

Cremos que a hipótese é realmente de declaração incidental de inconstitucionalidade da regra, ressalvando-se apenas as hipóteses de comprovada má-fé da parte beneficiária da decisão judicial. É uma solução intermediária que compatibiliza o acesso à jurisdição com a habitual hipossuficiência jurídica e econômica dos segurados e com a [por vezes] falha atuação administrativa da Previdência Social[17].

---

15. Nesse sentido, STF, AI 666.523 AgR, red. p/ acórdão Min. Marco Aurélio, DJe 03.12.2010. A declaração incidental de inconstitucionalidade no STJ está prevista em seu próprio regimento interno, que regulamenta o procedimento necessário para dar cumprimento à norma do artigo 97 da Constituição Federal. A respeito do tema, NERY JR, Nelson. O STJ e o controle de constitucionalidade de lei e ato normativo. **Revista do Superior Tribunal de Justiça**. Doutrina: edição comemorativa 20 anos, p. 453-467, 2009.

16. Em 30.8.2017, foi também cancelada a Súmula 51 da TNU, que fixava a irrepetibilidade em razão da natureza alimentar e da boa-fé em seu recebimento.

17. As estatísticas fornecidas pelo Conselho Nacional de Justiça indicam que o Instituto Nacional do Seguro Social – INSS é o *maior litigante* do Poder Judiciário brasileiro. Considerando apenas as partes que ocupam o polo passivo das relações processuais, o INSS é réu em 4,49% do total das ações em andamento em todo o Poder Judiciário. Na Justiça Federal,

A TNU também já reconheceu que, *exatamente por imposição do princípio da proteção da confiança*, o benefício previdenciário concedido, mesmo irregularmente, é suficiente para atrair a incidência da norma do artigo 15, I, da Lei nº 8.213/91 ("Mantém a qualidade de segurado, independentemente de contribuições [...] sem limite de prazo, quem está em gozo de benefício, exceto do auxílio-acidente"). Ou seja, mesmo que ao final se reconheça que o benefício era indevido, se ele foi concedido a um segurado de boa-fé, será considerado *como se devido fosse*, para efeito de não levar à perda da qualidade de segurado. Afinal de contas, cessar o benefício e, *além disso*, determinar que todo aquele período equivaleria a um "nada" previdenciário, seria altamente lesivo às legítimas expectativas que emanaram do ato administrativo, ainda que posteriormente invalidado. O acórdão está assim ementado:

> [...] 5. Se a Administração Pública concede um benefício previdenciário, é legítima a confiança depositada pelo segurado de boa-fé no ato que reconhece seu direito, razão pela qual uma posterior invalidação deve proteger a expectativa provocada pelo deferimento, de modo a não provocar cenário de total insegurança jurídica, com atribuição de ônus e perdas absolutamente desproporcionais.
>
> 6. Impedir a aplicação do art. 15, I da Lei 8.213/91 nos casos de benefícios irregulares, mesmo sem má-fé do segurado, afronta o parágrafo único, do art. 21 da LINDB, pois gera a perda da proteção previdenciária, sem qualquer culpa do segurado. Basta imaginar um benefício cessado após 5 (cinco) anos; caso não reconhecido o período de graça, a cessação provocará imediatamente a perda da qualidade de segurado, efeito evidentemente desproporcional.
>
> 7. Se houve a concessão do benefício, foram estabelecidas condições para que o segurado confie no atuar do Poder Público, criando-se legítima expectativa de fruição dos efeitos do ato concessório. Por isso, em nome da segurança jurídica, em caso de invalidação do ato, deve ser aplicado o art. 15, I da Lei 8.213/91, sob pena de se atribuir ônus desproporcional ao segurado, o que afronta a previsão do parágrafo único, do art. 21, da LINDB, além de toda a base principiológica citada.

---

o INSS é réu em 19,14% de todos os processos em curso. Os dados foram atualizados em 24.10.2023 e estão disponíveis em https://painel-estatistica.stg.cloud.cnj.jus.br/estatisticas.html. Acesso em: 03 jun. 2024. Claro que tais números precisam ser avaliados em seu contexto, comparando-os com o número de benefícios concedidos administrativamente. Informações contidas no Boletim Estatístico da Previdência Social indicam que os benefícios concedidos judicialmente correspondiam a 14,1% do total de benefícios concedidos no RGPS (dados de fevereiro de 2024, disponíveis em https://www.gov.br/previdencia/pt-br/assuntos/previdencia-social/arquivos/beps022024 _final.pdf. Acesso em: 03 jun. 2024).

> 8. Tese jurídica (tema 245): "A invalidação do ato de concessão de benefício previdenciário não impede a aplicação do art. 15, I da Lei 8.213/91 ao segurado de boa-fé".
>
> (TNU, PUIL 0008405-41.2016.4.01.3802, Rel. Fábio de Souza Silva, DJ 03.3.2021)[18].

Esta orientação é inteiramente aplicável aos casos de benefícios concedidos por decisões judiciais provisórias e depois revogadas. Se um benefício ilegal concedido administrativamente induz a uma expectativa digna de tutela, a mesma *ratio decidendi* deve ser aplicada ao benefício concedido por força de uma decisão judicial depois reformada.

A sentença de procedência do pedido, quer tenha havido tutela provisória (quer não), é seguramente um elemento de reforço da confiança. Isto porque, embora se trate de ato judicial ainda sujeito a recurso, o juízo proferido é de mérito e a cognição é de *certeza*, não mais de probabilidade. Aliás, na técnica de redação da sentença, o magistrado deve atentar até para a terminologia que adota. Se no exame da tutela provisória pode-se falar em algo que "parece", "aparenta" ou "é provável", na sentença esse algo "é" (ou "não é"). O juízo é mesmo de *certeza* sobre os fatos e sobre as consequências jurídicas a serem atribuídas a esses fatos.

Mesmo em uma hipótese de improcedência do pedido motivada pela circunstância de não ter o autor provado os fatos constitutivos de seu direito (cujo ônus é seu, na forma do artigo 373, I, do CPC[19]), o juízo ainda é de certeza. O juiz está *certo* quanto aos fatos provados (ou não provados) e a cognição é *definitiva*.

Em matéria previdenciária, há uma peculiaridade que foi reconhecida pelo STJ na sistemática dos recursos especiais repetitivos (Tema 629), em que fixada a seguinte tese:

---

18. Orientação similar foi estabelecida nos casos em que o empregador não autoriza o retorno ao trabalho do segurado, por considerá-lo incapacitado. É aquela situação que ficou conhecida como "limbo previdenciário", pois o segurado não consegue obter um benefício por incapacidade, nem retornar efetivamente ao trabalho, pois a empresa entende que ele ainda não está apto. Nesse caso, diz a TNU, a qualidade de segurado será mantida até o formal encerramento do vínculo de trabalho, que ocorrerá com a rescisão contratual, aplicando-se a regra do artigo 15, II, da Lei nº 8.213/1991 (Tema 300, PEDILEF 0513030-88.2020.4.05.8400/RN, red. p/ acórdão Fábio Cordeiro de Lima, DJ 13.12.2022).

19. "Art. 373. O ônus da prova incumbe: I – ao autor, quanto ao fato constitutivo de seu direito".

A ausência de conteúdo probatório eficaz a instruir a inicial, conforme determina o art. 283 do CPC, implica a carência de pressuposto de constituição e desenvolvimento válido do processo, impondo a sua extinção sem o julgamento do mérito (art. 267, IV do CPC) e a consequente possibilidade de o autor intentar novamente a ação (art. 268 do CPC), caso reúna os elementos necessários à tal iniciativa" (Tema 629, RESP 1.352.721/SP. Rel. Min. Napoleão Nunes Maia Filho, DJe 28.4.2016).

Os artigos citados são do CPC de 1973 e correspondem aos artigos 320, 485, IV, e 486 do CPC de 2015. Portanto, em matéria previdenciária, a improcedência do pedido por falta de provas corresponde a uma situação em que o juiz não resolverá o mérito (art. 485 do CPC), autorizando-se a propositura de uma nova ação, instruída por novas provas.

Tais conclusões são um tanto inusitadas, sob a perspectiva da ortodoxia do processo civil tradicional, e podem ser questionadas até do ponto de vista constitucional. Afinal de contas, a proteção à coisa julgada, como aspecto ou desdobramento do direito fundamental à segurança jurídica, está contida no mesmo preceito constitucional que cuida do direito adquirido (artigo 5º, XXXVI, da Constituição Federal). A repentina "transformação" da coisa julgada material em uma sentença terminativa realmente causa alguma perplexidade[20].

De toda forma, as conclusões do STJ a respeito podem ser justificadas de duas maneiras: ou seriam decorrentes da idealização de um "Direito Processual Previdenciário", ou seja, de um novo ramo do conhecimento jurídico, com regras e princípios distintos do processo civil "tradicional"; ou pela mitigação das regras processuais, o que seria uma decorrência da natureza do direito material em discussão, pois se trata, como sabido, de um direito fundamental[21]. Nesta visão, a tutela jurisdicional de um direito fundamental atrairia um regime jurídico-processual diferenciado.

Seja qual for o fundamento, a tese fixada pelo STJ está amparada, muito mais do que em razões jurídicas, na experiência forense. Apesar da notória

---

20. Com bons argumentos sustentando a inaplicabilidade da coisa julgada conforme a (in) suficiência de provas, FREITAS, Felipe Sumor. Da inaplicabilidade da coisa julgada *secundum eventum probationis* nas ações individuais previdenciárias como condição para um processo justo. **Revista de Direito Previdenciário**, São Paulo, v. 1, p. 89-130, nov. 2013.

21. Tratamos deste tema em nosso Processo judicial previdenciário, Fazenda Pública e o ônus da impugnação específica. **Revista Brasileira de Direito Social (RBDS)**, Belo Horizonte, v. 6, n. 1, p. 64-73, 2023.

expansão do Direito Previdenciário nas últimas décadas, é certo que só mais recentemente passou a figurar na grade de disciplinas da maioria das Faculdades de Direito no Brasil. Além disso, somente em 2023 passou a ser uma disciplina exigida no Exame da Ordem dos Advogados do Brasil. Isto explica, em alguma medida, a hipossuficiência jurídica de muitos segurados e dependentes da Previdência Social, que ainda se arriscam a litígios judiciais sem um acervo probatório adequado, produzido de forma tempestiva. Além disso, uma parcela importantíssima dos litígios previdenciários é de competência dos Juizados Especiais Federais, para os quais a lei dispensa a assistência por advogado[22]. Claro que alguém desassistido juridicamente terá muito maior dificuldade em reunir as provas necessárias à demonstração dos fatos em que se alicerça a sua pretensão. Portanto, há razões mais do que suficientes para concordarmos com as teses estabelecidas pelo STJ no Tema 629.

A manutenção (ou atribuição) de um juízo de procedência em segundo grau de jurisdição é outro fator de *reforço da confiança*. Afinal, a análise feita pelos Tribunais Regionais Federais ou pelas Turmas Recursais dos Juizados Especiais Federais, nas apelações e recursos contra sentenças, constitui-se na última instância de análise de fatos e de provas.

A partir daí o que se têm são questões de direito (constitucional ou federal), mesmo no âmbito dos incidentes de uniformização de jurisprudência. Nas outras etapas do procedimento, pode-se até tangenciar na análise desses fatos e provas, ou mesmo atribuir diferentes qualificações jurídicas aos fatos e às provas. Mas não há mais campo para verificar se determinado fato existiu ou não existiu, com estas ou aquelas características.

Trata-se, como visto, de um grau adicional de reforço da confiança, que continua progredindo com o avançar das etapas recursais, até que se forma a *coisa julgada*.

A coisa julgada, vale lembrar, recebe o mesmo amparo constitucional da proteção ao direito adquirido (artigo 5º, XXXVI, da Constituição Federal). É, induvidosamente, um dos aspectos em que a proteção da confiança

---

22. A desnecessidade de representação por advogado nos Juizados Especiais Federais está prevista no art. 10 da Lei nº 10.259/2001, sendo que o artigo 41, § 2º, da Lei nº 9.099/1995 (aplicável subsidiariamente ao JEF) exige que a parte esteja representada por advogado *apenas em grau de recurso*.

se manifesta, gravada pela "imutabilidade" e "indiscutibilidade" da decisão judicial (artigo 502 do CPC)[23].

A legislação processual prevê hipóteses restritas de desconstituição da imutabilidade coisa julgada, quer por ação rescisória (artigo 966 do CPC), quer pela ação anulatória de que trata o § 4º desse mesmo artigo. O prazo máximo da propositura da ação rescisória é de 02 (dois) anos, que se conta do trânsito em julgado da última decisão proferida no processo (artigo 975), ou da descoberta da prova nova (hipótese do incido VII do artigo 966), limitado ao máximo de cinco anos da última decisão proferida.

Ultrapassados os prazos da ação rescisória, forma-se o que se denomina *coisa julgada soberana* (ou *coisa soberanamente julgada*), que, em teoria, não admitiria mais modificação. Em teoria, claro, porque o próprio Código de Processo Civil contempla situações em que a autoridade da coisa julgada poderá ser afastada, em particular nos casos em que o julgamento encerra solução que contraria o entendimento firmado pelo Supremo Tribunal Federal a respeito da constitucionalidade ou inconstitucionalidade de uma norma.

O CPC prevê certas hipóteses de cabimento de impugnação ao cumprimento de sentença transitada em julgado, tanto nas demandas entre particulares, como naquelas em que a Fazenda Pública é parte. Uma dessas hipóteses é a "inexigibilidade da obrigação", que pode ocorrer, dentre outras situações, nos casos de:

> [...] obrigação reconhecida em título executivo judicial fundado em lei ou ato normativo considerado inconstitucional pelo Supremo Tribunal Federal, ou fundado em aplicação ou interpretação da lei ou do ato normativo tido pelo Supremo Tribunal Federal como incompatível com a Constituição Federal, em controle de constitucionalidade concentrado ou difuso (artigo 525, § 12; artigo 535, § 5º).

São dois dispositivos do Código que têm a mesma redação, um no cumprimento de sentença que reconhece a exigibilidade de obrigação de pagar quantia certa (art. 525), outro no cumprimento de sentença contra a Fazenda Pública (art. 535). Em todos os casos, exige-se uma controvérsia judicial sobre um *tema constitucional*, em que a solução fixada no julgado é contrária ao entendimento formado no STF a respeito da questão.

---

23. "Art. 502. Denomina-se coisa julgada material a autoridade que torna imutável e indiscutível a decisão de mérito não mais sujeita a recurso".

Quer se trate de Fazenda Pública, quer não, o CPC prevê então *duas possibilidades*: *a)* se a decisão do STF tiver sido proferida *antes* do trânsito em julgado da decisão exequenda, a questão será discutida em impugnação ao cumprimento de sentença (art. 525, § 14; art. 535, § 7º); *b)* se a decisão do STF tiver sido proferida *depois* do trânsito em julgado da decisão exequenda, a questão deverá ser objeto de ação rescisória (art. 525, § 15; art. 535, § 8º). Neste último caso, o prazo da ação rescisória é contado do trânsito em julgado da decisão proferida pelo STF.

A solução legislativa acena para uma padronização da jurisprudência e reforça a autoridade dos julgados do STF, tanto no controle concentrado como também no controle difuso de constitucionalidade. Mas há aqui um certo exagero, ao menos em três pontos: no primeiro, por permitir uma vantagem muitíssimo exagerada ao litigante que, por algum defeito formal de postulação, ou mesmo por desídia ou desinteresse (na perda de um prazo processual, por exemplo), deixa de prosseguir na discussão judicial do caso. Ou seja, há situações em que o STF já tinha decidido a questão e a parte, por algum daqueles motivos, não atua de forma eficaz para adequar o caso individual ao precedente firmado pela Suprema Corte. Existe aí um estímulo a uma má-litigância ou a uma litigância desidiosa.

O outro aspecto a ser considerado é que o prazo para a rescisória tem início no trânsito em julgado do acórdão do STF, o que pode levar a uma rediscussão de uma causa transitada em julgado *há décadas*. Basta lembrar que não há prazo prescricional aplicável às ações diretas de inconstitucionalidade[24]. Pode ocorrer, assim, que o Supremo Tribunal Federal declare a

24. Esta é uma orientação já sedimentada, que decorre do fato de que, no controle concentrado de constitucionalidade, está em discussão a integridade do ordenamento jurídico, não direitos subjetivos. Assim, tais ações não estão sujeitas a prazos prescricionais. A respeito do tema, VELLOSO, Carlos Mário da Silva. Controle concentrado e difuso: prescrição e efeitos da decisão. **Revista Ius Gentium**, Curitiba, v. 7, n. 2, p. 176-178, jul./dez. 2016; MENDES, Gilmar Ferreira; BRANCO, Paulo Gustavo Gonet. **Curso de direito constitucional**. 18. ed. São Paulo: SaraivaJur, 2023, p. 661; CLÈVE, Clèmerson Merlin. **A fiscalização abstrata de constitucionalidade no Direito brasileiro**. São Paulo: Revista dos Tribunais, 2000, p. 23. Em sentido contrário, sustentando que se deva aplicar o maior prazo prescricional previsto na legislação, BARROSO, Luís Roberto. **O controle de constitucionalidade no direito brasileiro**. 8. ed. São Paulo: Saraiva Educação, 2019, p. 289-290. Este autor argumenta que a ausência de prazos de prescrição no controle concentrado de constitucionalidade poderá levar a um conjunto de casos que poderia ser reaberto *ad eternum*. Mas o problema está, segundo pensamos, na fixação do termo inicial da ação rescisória na data do trânsito em julgado do acórdão do STF, não na ausência de prazos prescricionais. Há hipóteses em que

inconstitucionalidade de uma lei trinta ou quarenta anos depois de sua promulgação, em solução oposta a uma sentença transitada em julgado há tantos anos. Muito embora o CPC tenha previsto a possibilidade de modulação de efeitos, para "favorecer a segurança jurídica" (art. 525, § 13; art. 535, § 6º), a solução é insuficiente para evitar os problemas advindos da opção legislativa.

O terceiro ponto é que a técnica legal prevista nesses dois preceitos do CPC não traz solução razoável para as mudanças jurisprudenciais que, para o bem ou para o mal, têm sido frequentes em nosso meio. Ou seja, não é nada incomum que o STF tenha em determinado momento reconhecido que uma controvérsia seria *infraconstitucional* (vimos casos assim linhas atrás) e, algum tempo depois, mude completamente de ideia, para reconhecer a natureza constitucional da controvérsia e proclamar a inconstitucionalidade de uma regra legal vigente há muitos anos[25]. Essas mudanças, conjugadas à aplicação dessas regras do CPC, são potencialmente capazes de trazer uma gravíssima insegurança jurídica, a verdadeira antítese da proteção da confiança que deveria emergir de sentenças judiciais já transitadas em julgado.

Como se não bastasse tudo isso para fragilizar a proteção da confiança, o Supremo Tribunal Federal ainda vem de reconhecer a desconstituição imediata de sentenças transitadas em julgado, em matéria tributária, nos casos em que o julgado fixa orientação contrária à estabelecida pelo próprio STF. Já o mencionamos no item 3 deste trabalho, mas cabe aqui renovar a análise: é o que ocorreu no julgamento do Tema 881 da repercussão geral, em que fixadas as seguintes teses:

> 1. As decisões do STF em controle incidental de constitucionalidade, anteriores à instituição do regime de repercussão geral, não impactam automaticamente

---

a percepção de inconstitucionalidade de uma norma legal só surge quando há alguma alteração no contexto social. Aquilo que parecia ser compatível com a Constituição deixa de sê-lo, não pelo teor da norma, em si, mas por emergir um sentido ou significado não mais compatível com a realidade social. Estabelecer prazos de prescrição, sem previsão legal expressa, ao menos neste caso, acaba impedindo o exame originário da causa pelo STF.

25. Esta questão surgiu claramente na discussão a respeito da inclusão (ou não) do ICMS nas bases de cálculo da COFINS e da contribuição ao PIS. Depois de décadas em que dizia que se tratava de uma questão infraconstitucional (por exemplo, RE 178.361 AgR, Rel. Min. Maurício Corrêa, DJ 25.10.1996), o STF não apenas mudou de ideia, mas também declarou a inconstitucionalidade dessa inclusão (Tema 69 da repercussão geral – RE 574.706, Rel. Min. Cármen Lúcia, DJ 02.10.2017). Veja-se que o STJ havia resolvido há anos a questão, no sentido da legalidade da inclusão do ICMS na base de cálculo da contribuição ao PIS (Súmula 68, aprovada em 15.12.1992, que acabou cancelada em 2019).

a coisa julgada que se tenha formado, mesmo nas relações jurídicas tributárias de trato sucessivo.

2. Já as decisões proferidas em ação direta ou em sede de repercussão geral interrompem automaticamente os efeitos temporais das decisões transitadas em julgado nas referidas relações, respeitadas a irretroatividade, a anterioridade anual e a noventena ou a anterioridade nonagesimal, conforme a natureza do tributo" (RE 949.297, Rel. Min. Edson Fachin, red. p/ acórdão Min. Luis Roberto Barroso, DJ 05.5.2023).

A hipótese ali em discussão era de pessoas jurídicas beneficiárias de sentenças transitadas em julgado, havia muitos anos, reconhecendo a inexistência de relação jurídico-tributária que as obrigassem ao pagamento de certo tributo. Anos depois, sobrevém acórdão do STF, em controle concentrado, declarando que o tributo é devido. A solução fixada pelo STF é pela *desconstituição automática* daquelas sentenças, independentemente de ação rescisória ou qualquer outra medida judicial.

A impressão que se tem é que, a pretexto de reafirmar a autoridade de seus próprios julgados, o Tribunal faz pouco caso de outros bens constitucionais relevantíssimos, caso da imutabilidade da coisa julgada material, da segurança jurídica e da proteção da confiança. Não se ignora, ainda, que tal orientação é quase que uma *premiação* ao Poder Público que, seja lá qual tenha sido a razão, não foi suficientemente diligente e/ou competente para levar *aquela mesma causa* a julgamento no próprio STF e, além disso, *perdeu o prazo legal da ação rescisória*[26].

Tal precedente é bastante ilustrativo das razões pelas quais sempre vimos com muitas reservas as discussões a respeito da *coisa julgada inconstitucional*. Se tal instituto até tem alguma pertinência em algumas "ações de estado" (investigações de paternidade, por exemplo), certamente não tem cabimento como instrumento para corrigir erros judiciários ou deficiências na defesa jurídica, em particular do Poder Público.

Uma palavra ainda deve ser dita a respeito do procedimento dos Juizados Especiais Federais (Lei nº 10.259/2001) que concentra grande parte das ações judiciais envolvendo benefícios previdenciários e assistenciais, nas causas de valor até sessenta salários mínimos (artigo 3º da Lei). Aplica-se

26. A regra que prevê a contagem do prazo da ação rescisória a partir do trânsito em julgado do acórdão do STF foi instituída pelo CPC de 2015. Assim, para a coisa julgada formada anteriormente, o prazo da rescisória era o tradicional (a data do trânsito em julgado da sentença ou acórdão rescindendos).

aos Juizados Especiais Federais, subsidiariamente, a Lei nº 9.099/1995, que, em seu artigo 59, determina que "não se admitirá ação rescisória nas causas sujeitas ao procedimento instituído por esta Lei".

Portanto, ressalvada aquela hipótese de improcedência por insuficiência de provas (Tema 629/STJ), um juízo de mérito torna-se definitivo, sendo insuscetível de desconstituição por qualquer meio processual.

O Supremo Tribunal Federal ressalvou, todavia, em regime de repercussão geral, aquelas hipóteses em que o julgado do Juizado Especial contraria orientação firmada pelo Tribunal em temas constitucionais. As teses fixadas foram as seguintes (Tema 100):

> 1) É possível aplicar o artigo 741, parágrafo único, do CPC/73, atual art. 535, § 5º, do CPC/2015, aos feitos submetidos ao procedimento sumaríssimo, desde que o trânsito em julgado da fase de conhecimento seja posterior a 27.8.2001;
>
> 2) É admissível a invocação como fundamento da inexigibilidade de ser o título judicial fundado em 'aplicação ou interpretação tida como incompatível com a Constituição' quando houver pronunciamento jurisdicional, contrário ao decidido pelo Plenário do Supremo Tribunal Federal, seja no controle difuso, seja no controle concentrado de constitucionalidade;
>
> 3) O art. 59 da Lei 9.099/1995 não impede a desconstituição da coisa julgada quando o título executivo judicial se amparar em contrariedade à interpretação ou sentido da norma conferida pela Suprema Corte, anterior ou posterior ao trânsito em julgado, admitindo, respectivamente, o manejo (i) de impugnação ao cumprimento de sentença ou (ii) de simples petição, a ser apresentada em prazo equivalente ao da ação rescisória (RE 586.068, Rel. Min. Rosa Weber, red. p/ acórdão Min. Gilmar Mendes, DJ 31.01.2024).

Veja-se que o STF criou uma figura anômala, pois *sem afirmar que é uma ação rescisória* (dada a proibição legal expressa), previu uma "simples petição" para desconstituir uma sentença transitada em julgado, a ser apresentada *no prazo da ação rescisória*. É um caso típico de dizer algo sem assumir que se o está fazendo. Aliás, coubesse a ação rescisória, esta seria julgada pelo órgão jurisdicional *ad quem* (caso das Turmas Recursais ou das Turmas de Uniformização). Mas, com a solução proposta, é o próprio juiz de primeiro grau quem irá desconstituir acórdãos de instâncias superiores (!). Este caso tipicamente trata de um problema cuja solução deveria ser trazida pela via legislativa. Não é tolerável que certas opções político-legislativas, mesmo que imperfeitas, sejam contornadas pela via de interpretação judicial. O desacordo jurisprudencial com escolhas da lei processual deve ser manifestado, claro, mas seguido de ações concretas para provocar a alteração da lei.

Em síntese, valem para os Juizados Especiais Federais as mesmas objeções que fizemos a respeito da regra do artigo 535, § 5º, do CPC. Se a autoridade dos julgados do Supremo Tribunal Federal é um valor a ser prestigiado, o mesmo poderá ser dito da segurança jurídica, proteção da confiança e previsibilidade dos comportamentos dos atores do processo judicial.

9.2. PROTEÇÃO DA CONFIANÇA E OS INSTRUMENTOS DE JURISDIÇÃO COLETIVA

A Constituição Federal e a legislação processual preveem diversos instrumentos da "jurisdição coletiva", que têm como objetivo evidente obter uma prestação jurisdicional mais célere e efetiva. Por meio de um único processo judicial, busca-se realizar a tutela do direito de um sem-número de beneficiários, sem necessidade de mandato específico, evitando a repetição de milhares de demandas idênticas, em prejuízo da boa prestação jurisdicional[27]. São hipóteses em que o ordenamento jurídico prevê expressamente que certas pessoas e entidades pleiteiem em juízo, em nome próprio, a tutela do direito alheio. São exceções, portanto, à regra geral do artigo 18 do CPC ("Ninguém poderá pleitear direito alheio em nome próprio, salvo quando autorizado pelo ordenamento jurídico").

É o caso, por exemplo, do mandado de segurança coletivo (artigo 5º, LXX, da Constituição Federal; artigos 21 e 22 da Lei nº 12.016/2009), da ação civil pública (artigo 129, III, da Constituição Federal; Lei nº 7.347/1985), da ação popular (art. 5º, LXXIII, da Constituição; Lei nº 4.717/1965) e das ações coletivas para defesa de interesses individuais homogêneos (artigos 90 a 100 do Código de Defesa do Consumidor – Lei nº 8.078/1990)[28].

A particularidade dessas ações, considerando o princípio da proteção da confiança, diz respeito aos limites da coisa julgada que se formar. É que, por sua conformação legal, essas ações podem atingir uma coletividade de

---

27. Como lembra Luiz Gustavo Boiam Pancotti, "a abertura subjetiva que determinadas situações de desproteção social gera não se subsume no interesse individual do segurado face ao instituto de Previdência Social, mas da necessidade de uma efetiva prestação jurisdicional coletiva que conceda a todos o acesso isonômico a um sistema de seguridade social, garantindo-se a mesma prestação aos segurados que se encontrem em situações semelhantes" (PANCOTTI, Luiz Gustavo Boiam. **Direito previdenciário difuso**. Curitiba: Juruá, 2021, p. 156).

28. A respeito do conceito de processo coletivo, DIDIER JR., Fredie; ZANETTI JR., Hermes. Conceito de processo jurisdicional coletivo. **Revista do Ministério Público do Rio de Janeiro: MPRJ**, Rio de Janeiro, n. 5, p. 57-63, jul./set. 2014.

sujeitos (que integram uma classe ou categoria de pessoas) ou mesmo sujeitos indeterminados (caso da tutela de direitos difusos e da eficácia *erga omnes* da sentença proferida na ação popular e na ação civil pública)[29].

Assim, diferentemente do que ocorre com as demandas individuais, em que aflora o critério da "individualidade" na configuração da confiança (conforme critérios propostos por Humberto Ávila), a característica que surge aqui é a da *indução* (quanto maior o grau de indução, maior deve ser a proteção da confiança). De fato, na medida em que há uma coletividade de destinatários da decisão judicial, a maior abrangência subjetiva do julgado multiplica a confiança por ele gerada. Aliás, até involuntariamente, o juízo pode ser tentado a avaliar as consequências práticas do que decide, incluindo as decisões provisórias e acauteladoras, e a concessão de uma medida de urgência em uma ação de jurisdição coletiva é normalmente produto de uma reflexão mais aprofundada[30].

---

29. Lei nº 7.347/1985 (ação civil pública): "Art. 16. A sentença civil fará coisa julgada *erga omnes*, nos limites da competência territorial do órgão prolator, exceto se o pedido for julgado improcedente por insuficiência de provas, hipótese em que qualquer legitimado poderá intentar outra ação com idêntico fundamento, valendo-se de nova prova". O STF declarou a inconstitucionalidade do trecho da norma que restringe os efeitos da sentença aos limites da competência territorial do órgão prolator (RE 1.101.937, Rel. Min. Alexandre de Moraes, DJ 14.6.2021, Tema 1.075 da repercussão geral). Na ação popular, a sentença também terá eficácia *erga omnes*, com uma particularidade relativa à improcedência por falta de provas (Lei nº 4.717/1965: "Art. 18. A sentença terá eficácia de coisa julgada oponível 'erga omnes', exceto no caso de haver sido a ação julgada improcedente por deficiência de prova; neste caso, qualquer cidadão poderá intentar outra ação com idêntico fundamento, valendo-se de nova prova"). Aqui se vê, também, uma hipótese de coisa julgada *secundum eventum litis*, também relativizada em razão da relevância dos bens constitucionais protegidos pela ação (solução similar à fixada no Tema 629/STJ, portanto).

30. É grande a complexidade e atualidade das discussões relativas ao "consequencialismo" das decisões judiciais, que se viram reforçadas pelo advento do artigo 20 da Lei de Introdução às Normas do Direito Brasileiro (LINDB), com a redação que lhe foi dada pela Lei nº 13.655/2018, que passou a determinar que "nas esferas administrativa, controladora e judicial, não se decidirá com base em valores jurídicos abstratos sem que sejam consideradas as consequências práticas da decisão". A complexidade tem início na duvidosa validade de que uma norma legal (ainda que com as funções da LINDB) possa estabelecer critérios extrajurídicos para a interpretação judicial. Mas a experiência forense mostra que juízos costumam ponderar até intuitivamente sobre os efeitos práticos de suas decisões, no mínimo para não proferir decisões inexequíveis ou simplesmente impossíveis de serem cumpridas, que levariam ao desprestígio da função jurisdicional, ou decisões teratológicas que seriam invariavelmente suspensas em grau de recurso. Claro que, ao menos na generalidade dos casos, o juiz só profere decisões em relação às quais está convicto do acerto da solução e que esta não será reformada com base em um pretexto qualquer. Qualquer juiz quer que

Para este tipo de ação, também é possível falar em uma confiança crescente, à medida que vão avançando as fórmulas de preclusão.

9.3. PROTEÇÃO DA CONFIANÇA E OS JULGADOS VINCULATIVOS ("PRECEDENTES" OU "INDEXADORES JURISPRUDENCIAIS")

9.3.1. O efeito vinculante na jurisdição constitucional

Diferentemente do que ocorre com os países de *common law*, com sua conhecida força vinculativa dos precedentes jurisprudenciais, nos sistemas de tradição romano-germânica (*civil law*), a jurisprudência assumia, de regra, um papel secundário como fonte do direito. No Brasil isto também se verificou, com a concepção da lei como fonte primária do direito.

Reconhecia-se na "jurisprudência", no sentido próprio do termo (uma *reiteração* de julgados de um tribunal a respeito de um determinado tema), uma força *persuasiva*, mas não vinculativa[31].

---

suas decisões sejam mantidas, embora a possibilidade de reforma seja uma inerência ao próprio sistema judiciário. Como bem observa Georges Abboud, "o juiz deve levar em conta as consequências previsíveis de suas decisões, de modo a poder se perpetuar como um agente politicamente responsável pela concretização da Constituição Federal, e não como um agente voluntarista que vê na decisão judicial a oportunidade de levantar determinada bandeira" (ABBOUD, Georges. Modulação de efeitos como categoria consequencialista: das funções tradicionais às contemporâneas. **Suprema – Revista de Estudos Constitucionais**, Brasília, v. 1, n. 2, p. 363-393, jul./dez. 2021). A respeito desse tema, VALADÃO, Evaldo, **O consequencialismo e as decisões pautadas em valores abstratos**. Disponível em https://www.editorajc.com.br/o-consequencialismo-e-as-decisoes-pautadas--em-valores-juridicos--abstratos/. Acesso em: 03 jun. 2024. MORAIS, Fausto Santos de; ZOLET, Lucas. A nova LINDB e os problemas da argumentação consequencialista. **Revista Jurídica**, [s. l.], v. 3, n. 52, p. 497-523, set. 2018. Disponível em: <https://revista.unicuritiba.edu.br/index.php/RevJur/article/view/3229>. Acesso em: 03 jun. 2024.

31. DINIZ, Maria Helena. **Compêndio de introdução à ciência do direito**. 27. ed. São Paulo: Saraiva Educação, 2019, p. 312-313. Observa Montoro que alguns autores chegam a considerar a jurisprudência um tipo de "costume judiciário" (em oposição ao "costume popular") exatamente por se configurar a partir de "sentenças idênticas", ou, como dizia Savigny, "com a aceitação comum, reiterada e pacífica, por parte dos tribunais, dos preceitos consubstanciados em decisões idênticas" (MONTORO, André Franco. **Introdução à ciência do direito**. 25. ed., São Paulo: Revista dos Tribunais, 1999, p. 353). Também assim é a lição de Miguel Reale: "Pela palavra 'jurisprudência' (*stricto sensu*) devemos entender a forma de revelação do direito que se processa, através do exercício da jurisdição, em virtude de uma sucessão harmônica de decisões de tribunais" (REALE, Miguel. **Lições preliminares de direito**. 27. ed., São Paulo: Saraiva, 2002, p. 167).

Embora a jurisprudência formada indicasse a existência de algum grau de previsibilidade quanto a julgamentos futuros, via de regra não se tinha critério universal válido para sua formação. Afinal, a partir de quantos julgados no mesmo sentido se poderia falar em uma verdadeira "jurisprudência"? De outro lado, quais seriam as amarras jurídicas que concretamente impediriam um tribunal que, por exemplo, tivesse uma alteração na sua composição, passasse a decidir de forma diversa da que vinha reiteradamente decidindo?

Nada disso vinha especificamente disciplinado no ordenamento jurídico na tradição romano-germânica. A formação e a estabilização da jurisprudência eram quase fatos culturais, que dependiam muito mais da vontade dos julgadores e das praxes forenses, do que do próprio Direito [positivo].

É ilustrativa, no caso brasileiro, a criação da "súmula da jurisprudência predominante" do Supremo Tribunal Federal, iniciativa capitaneada pelo Ministro Victor Nunes Leal, com a finalidade de organizar e sintetizar os entendimentos mais importantes do Tribunal, de forma a "documentar o consenso", mas também com função apenas persuasiva[32].

Mas tal estado de coisas começa a mudar, não apenas no Brasil, como lembra Antonio do Passo Cabral[33]. Mesmo nos países de tradição de direito escrito e de precedentes meramente persuasivos, começam a surgir previsões normativas que atribuem efeito obrigatório para certos julgados.

No plano constitucional brasileiro, é merecedora de atenção a Emenda Constitucional nº 3/1993, que criou a Ação Declaratória de Constitucionalidade (ADC), com o ineditismo de seu "efeito vinculante", a alcançar não apenas os demais órgãos do Poder Judiciário, mas também o Poder Executivo[34]. Os questionamentos a respeito da constitucionalidade dessa inovação

---

32. Como registrou o próprio Ministro, "nem a súmula ficou com efeitos que se pudesse comparar com os da lei, nem a adoção de novos enunciados se faz de modo automático, pela só razão da maioria qualificada ou da reafirmação de julgados [...]. Isso confere aos ministros ampla margem de apreciação quanto à conveniência e oportunidade. De fato, somente eles podem saber, na intimidade da casa, se há expectativa de serem alteradas, a breve termo, intepretações ali já adotadas" (LEAL, Victor Nunes. Passado e futuro da Súmula do STF. **Revista de Direito Administrativo**, Rio de Janeiro, v. 145, p. 01-20, jul./set. 1981).

33. CABRAL, Antonio do Passo. A técnica do julgamento-alerta na mudança de jurisprudência consolidada. **Revista de Processo**, São Paulo, v. 221, p. 13-48, jul. 2013.

34. Isto se deu com a alteração do § 2º do artigo 102 da Constituição Federal, que passou a estabelecer: "as decisões definitivas de mérito, proferidas pelo Supremo Tribunal Federal, nas ações declaratórias de constitucionalidade de lei ou ato normativo federal, produzirão

foram tantos e de tal extensão[35] que, antes de analisar o mérito da primeira ADC (nº 1-1/DF), o relator submeteu ao Tribunal Pleno uma questão de ordem, que gerou um acórdão de quase noventa páginas (!), apenas para que se proclamasse, incidentalmente, a *constitucionalidade* dessa ação[36].

Naquela conformação constitucional trazida pela Emenda nº 3/1993, a ADC só poderia ser proposta pelo Presidente da República, pela Mesa do Senado Federal, pela Mesa da Câmara dos Deputados ou pelo Procurador-Geral da República. Ficaram de fora, em um verdadeiro "silêncio eloquente", todos os demais legitimados para a ADI (art. 103), sendo circunscrito o objeto da ação às leis e atos normativos *federais* (excluindo os estaduais, portanto). Isso revelou, claramente, que a ADC havia sido concebida para resolver certos problemas judiciários que afetavam os *interesses do Estado* brasileiro, em particular os da União. Não foi coincidência que a primeira ADC (nº 1-1) versasse, justamente, sobre a criação da Contribuição para o Financiamento da Seguridade Social (COFINS), que havia sido instituída pela Lei Complementar nº 70/1991 e era objeto de ações judiciais propostas por milhares de contribuintes diante da União.

Tanto a jurisprudência do STF[37] como a Lei nº 9.868/1999, regulamentadora do procedimento da ADI e da ADC, passaram a exigir a prova de uma "controvérsia judicial relevante sobre a aplicação da disposição objeto da ação declaratória" (art. 14, III). Diante da premissa de que o STF não poderia figurar como mero órgão de consulta, sua atuação só se justificaria

---

eficácia contra todos e efeito vinculante, relativamente aos demais órgãos do Poder Judiciário e ao Poder Executivo".

35. Mencione-se, exemplificativamente, FIGUEIREDO, Marcelo. Ação declaratória de constitucionalidade: inovação infeliz. *In:* CLÈVE, Clèmerson Merlin; BARROSO, Luís Roberto (org.). **Doutrinas essenciais de direito constitucional**, v. 5, São Paulo: Revista dos Tribunais, 2011, p. 1159-1182; ATALIBA, Geraldo. Ação declaratória de constitucionalidade. **Revista de Direito Administrativo**, Rio de Janeiro, n. 192, p. 361-362, abr./jun. 1993.

36. ADC 1 QO, Rel. Min. Moreira Alves, Tribunal Pleno, julgado em 27.10.1993, DJ 16.6.1995.

37. "[...] Desde o julgamento da ADC nº 1, Rel. Min. Moreira Alves, Tribunal Pleno, DJ de 16/6/95, o Supremo Tribunal Federal firmou orientação quanto à exigência, para a caracterização de uma controvérsia judicial relevante, de 'antagonismo interpretativo em proporção que gere um estado de insegurança jurídica apto a abalar a presunção de constitucionalidade imanente aos atos legislativos, sem o qual a ação declaratória se converteria em inadmissível instrumento de consulta sobre a validade constitucional de determinada lei ou ato normativo (v.g., ADC n 23 AgR, Rel. Min. Edson Fachin, Tribunal Pleno, DJe de 1º/2/16 e ADC nº 8 MC, Rel. Min. Celso de Mello, Tribunal Pleno, DJ de 4/4/03)'" (ADC 31, Rel. Min. Dias Toffoli, Tribunal Pleno, DJ 15.02.2022).

caso presente, concretamente, uma situação de grave insegurança jurídica gerada por decisões judiciais contraditórias. Esta é uma explicação razoavelmente aceitável para a existência do efeito vinculante, que tem por finalidade, exatamente, uniformizar o entendimento judicial a respeito desse tema e tornar obrigatória sua aplicação, inclusive no âmbito da Administração Pública, como se viu.

A Lei nº 9.868/1999 acabou por estender esse efeito vinculante também para a Ação Direta de Inconstitucionalidade (artigo 28, parágrafo único), o que também gerou controvérsias, muito embora essa orientação tenha sido validada pelo STF[38]. O efeito vinculante também para a ADI restou definitivamente fixado, no plano da Constituição, com a Emenda nº 45/2004, que deu nova redação ao § 2º do artigo 103[39]. A Emenda nº 45/2004 também *igualou*, a partir de sua vigência, os legitimados para a ADI e para a ADC, que passaram a ser todos os entes e autoridades enumerados no artigo 103 da Constituição.

A mesma Emenda nº 45/2004 previu a aprovação da *súmula vinculante*, que passou a ter por objetivo a "validade, a interpretação e a eficácia de normas determinadas, acerca das quais haja controvérsia atual entre órgãos judiciários ou entre esses e a administração pública que acarrete grave insegurança jurídica e relevante multiplicação de processos sobre questão idêntica". Diz o artigo 103-A da Constituição Federal, com a redação da Emenda, que o STF poderá, "mediante decisão de dois terços dos seus membros, após reiteradas decisões sobre matéria constitucional, aprovar súmula que, a partir de sua publicação na imprensa oficial, terá efeito vinculante em relação aos demais órgãos do Poder Judiciário" e à Administração Pública, em todas as esferas da Federação[40].

A Constituição Federal exige, como se viu, "reiteradas decisões", algo que nem sempre tem sido observado pelo STF[41]. Mas se trata de instituto

38. Rcl 1880 AgR, Rel. Min. Maurício Corrêa, DJ 19.3.2004.

39. "As decisões definitivas de mérito, proferidas pelo Supremo Tribunal Federal, nas ações diretas de inconstitucionalidade e nas ações declaratórias de constitucionalidade produzirão eficácia contra todos e efeito vinculante, relativamente aos demais órgãos do Poder Judiciário e à administração pública direta e indireta, nas esferas federal, estadual e municipal".

40. O procedimento da súmula vinculante veio disciplinado pela Lei nº 11.417/2006.

41. Vide o caso, por exemplo, da Súmula Vinculante 11, que tratou do uso de algemas ("Só é lícito o uso de algemas em casos de resistência e de fundado receio de fuga ou de perigo à integridade física própria ou alheia, por parte do preso ou de terceiros, justificada

jurídico concebido com a exata finalidade de restaurar (ou manter) a segurança jurídica a respeito de temas constitucionais.

A despeito desses questionamentos iniciais, com argumentos mais do que respeitáveis, é também verdade que o sistema judiciário brasileiro padecia de um alto nível de imprevisibilidade, que alguns chegaram a denominar "loteria judiciária", consistente no desrespeito sistemático aos julgamentos de tribunais[42]. Em passagem esclarecedora, Aluísio Gonçalves de Castro Mendes observa que:

> [...] Não precisa ser um estudioso do processo, para se perceber que a falta de unidade na interpretação das normas pelos órgãos judiciais faz crescer o número de recursos, mas, também, o número de demandas ajuizadas. É claro, se há sempre uma possibilidade de se obter uma solução favorável no Judiciário, porque as pessoas, naturais ou jurídicas, iriam ajustar o seu comportamento ao da jurisprudência? Por que não demandar ou resistir à pretensão, ainda quando os tribunais superiores ou a jurisprudência do tribunal local esteja em sentido oposto, se há, também, juízes e tribunais desafiando o entendimento majoritário? Não por outra razão, já se falou de "loteria judiciária", o que expressa, naturalmente, sentido altamente depreciativo[43].

Se a absoluta imprevisibilidade das decisões judiciais é fato que depõe contra a proteção da confiança, um sistema que manieta totalmente as decisões judiciais de instâncias inferiores, sem abrir campo para outras possibilidades interpretativas, também reduz a legitimidade democrática do Poder Judiciário e institui um verdadeiro sistema de dominação e controle

a excepcionalidade por escrito, sob pena de responsabilidade disciplinar, civil e penal do agente ou da autoridade e de nulidade da prisão ou do ato processual a que se refere, sem prejuízo da responsabilidade civil do Estado"). A própria página do STF na *internet* indica como "precedentes representativos" para a súmula **dois** habeas corpus, sendo que um deles tratava do caso específico do preso apresentado algemado para julgamento perante o Tribunal do Júri (HC 91.952, Rel. Min. Marco Aurélio, DJ 19.12.2008). Ora, é claro que a apresentação do preso algemado perante os jurados, que são pessoas comuns, sem conhecimento jurídico, pode causar alguma impressão negativa que os influencie psicologicamente no julgamento. Mas daí a generalizar a proibição de uso de algemas vai uma distância enorme.

42. WAMBIER, Teresa Arruda Alvim. **Direito jurisprudencial**. São Paulo: Revista dos Tribunais, 2012, p. 377.

43. MENDES, Aluísio Gonçalves de Castro. Breves considerações sobre o caráter vinculativo da jurisprudência e dos precedentes no artigo 927 do novo Código de Processo Civil. *In:* NUNES, Dierle; MENDES, Aluísio, JAYME, Fernando Gonzaga (org.). **A nova aplicação da jurisprudência e precedentes no CPC/2015 (Estudos em homenagem à Professora Teresa Arruda Alvim)**. São Paulo: Revista dos Tribunais, 2017, p. 126.

social[44]. Parafraseando Aristóteles[45], cremos que a virtude está no "meio", no equilíbrio entre os extremos, de admitir provimentos de natureza vinculativa (ao menos aqueles que têm assento constitucional[46]), sem abrir mão de outras possibilidades, trazidas pelas inovações sociais, novos fatos, novos tempos e nova visão. Se a proteção da confiança exige um balanceamento entre estabilidade e inovação, claro que os Tribunais devem ser também permeáveis à atualização de seus entendimentos.

Um caso bastante importante e que ilustra essa questão, do ponto de vista do Direito da Seguridade Social, diz respeito à interpretação jurisprudencial fixada a respeito do critério econômico a ser considerado para fins de concessão do *benefício assistencial à pessoa idosa e à pessoa com deficiência*, sobre o qual nos referimos no item 6.2 deste trabalho.

Nos termos do artigo 203, V, da Constituição, esse benefício será devido às pessoas idosas e às pessoas com deficiência "que comprovem não possuir

44. "[...] Tomar apenas as decisões proferidas pelo STF e pelo STJ como representativas do Direito nacional pode gerar um problema de diminuição da importância institucional dos demais Tribunais pátrios no desenvolvimento do Direito – ou até a perda da autonomia do Direito, que passaria a estar sequestrado por alguns. Concomitantemente, engendrar-se-ia uma dependência sistêmica dos Tribunais de vértice, no sentido de que apenas se poderia confiar nas decisões por eles proferidas, além de limitar o Direito uniformizado ao restrito quadro de casos que seriam julgados por esses Tribunais" (NUNES, Dierle; PEDRON, Flávio Quinaud; HORTA, André Frederico de Sena. Os precedentes judiciais, o art. 926 do CPC e suas propostas de fundamentação: um diálogo com concepções contrastantes. **Revista de Processo**, São Paulo, v. 263, 2017, p. 335-396, jan. 2017).

45. ARISTÓTELES. **Ética a Nicômaco**. Trad. e notas Luciano Ferreira de Souza. São Paulo: Martins Claret, 2015.

46. Cassio Scarpinella Bueno nega a possibilidade de atribuir efeitos vinculantes a decisões judiciais fora dos casos previstos na Constituição Federal. Para as hipóteses previstas apenas na lei, admite considerar sua *força persuasiva*, assim como a necessidade de estabelecer uma política pública destinada a atribuir maior racionalização às decisões judiciais e à observância das decisões dos Tribunais (BUENO, Cassio Scarpinella. **Curso sistematizado de direito processual civil**: procedimento comum, processos nos tribunais e recursos. 12. ed. V. 2, São Paulo: SaraivaJur, 2023, p. 211). Suas observações são pertinentes, em particular, no que diz respeito às Súmulas "tradicionais" do STF. Por força do artigo 8º da Emenda nº 45/2004, determinou-se expressamente que "as atuais súmulas do Supremo Tribunal Federal somente produzirão efeito vinculante após sua confirmação por dois terços de seus integrantes e publicação na imprensa oficial". O artigo 927, IV, do CPC, ao atribuir caráter obrigatório às súmulas "comuns", sem qualquer confirmação posterior, aparenta contradizer a regra da Emenda nº 45/2004. Há um diferencial, é certo, pois a súmula vinculante espraia seus efeitos também para a Administração Pública, o que não ocorre com as súmulas tradicionais, nem mesmo depois do CPC/2015.

meios de prover à própria manutenção ou de tê-la provida por sua família, conforme dispuser a lei".

Ao regulamentar esse benefício, a Lei nº 8.742/1993, em seu artigo 20, § 3º, em sua redação original, prescreveu: "considera-se incapaz de prover a manutenção da pessoa portadora de deficiência ou idosa a família cuja renda mensal *per capita* seja inferior a 1/4 (um quarto) do salário mínimo". Ou seja, foi estabelecido um critério aritmético exato, de tal forma que, se a renda mensal familiar ultrapassasse em alguns centavos esse limite, o benefício seria considerado indevido, independentemente de qualquer consideração a respeito da situação específica daquela família, ou das despesas especialmente agravadas em razão da idade ou da deficiência. Claro que tal entendimento compeliu os pretendentes ao benefício a uma judicialização massiva, dada a manifesta inadequação da regulamentação legal do benefício[47].

Foi proposta, em seguida, a Ação Direta de Inconstitucionalidade nº 1.232/DF, julgada em 1998, cujo acórdão foi assim ementado:

> CONSTITUCIONAL. IMPUGNA DISPOSITIVO DE LEI FEDERAL QUE ESTABELECE O CRITÉRIO PARA RECEBER O BENEFÍCIO DO INCISO V DO ART. 203, DA CF. INEXISTE A RESTRIÇÃO ALEGADA EM FACE AO PRÓPRIO DISPOSITIVO CONSTITUCIONAL QUE REPORTA À LEI PARA FIXAR OS CRITÉRIOS DE GARANTIA DO BENEFÍCIO DE SALÁRIO MÍNIMO À PESSOA PORTADORA DE DEFICIÊNCIA FÍSICA E AO IDOSO. ESTA LEI TRAZ HIPÓTESE OBJETIVA DE PRESTAÇÃO ASSISTENCIAL DO ESTADO. AÇÃO JULGADA IMPROCEDENTE (ADI 1.232, Rel. Min. Ilmar Galvão, redator p/ acórdão Min. Nelson Jobim, Tribunal Pleno, julgado em 27.8.1998, DJ 01.6.2001).

A ementa só não é mais sucinta do que o voto do Ministro Nelson Jobim, redator para o acórdão, que fez um raciocínio muito direto: a Constituição diz que o benefício será criado por lei; a lei é esta; logo, a lei é constitucional. Claro que tal linha de argumentação não resiste a qualquer análise racional, muito menos se compatibiliza com uma interpretação constitucionalmente

47. Uma das características normalmente associadas aos direitos fundamentais é o que se denomina "princípio da vinculação aos Poderes Públicos". Os "poderes públicos", em sentido amplo, estão vinculados à concretização dos direitos fundamentais. No caso específico do Poder Legislativo, essa vinculação se expressa no dever de dar aos direitos fundamentais, quando necessária, uma "regulamentação adequada" e as possíveis restrições a esses direitos devem preservar o seu núcleo essencial (MENDES, Gilmar Ferreira; BRANCO, Paulo Gustavo Gonet. **Curso de direito constitucional**. 18. ed. São Paulo: SaraivaJur, 2023, p. 66).

adequada de um benefício que materializa um direito fundamental (já que o direito à assistência aos desamparados está previsto como direito social – artigo 6º da Constituição Federal).

De todo modo, como consequência desse julgamento, o STF passou a acolher sistematicamente reclamações propostas contra outras decisões judiciais que reconheciam o direito ao benefício, quando superado o limite de renda fixado na lei[48]. A despeito disso, este tema não se pacificou nas instâncias inferiores da Justiça Federal, por um natural inconformismo com uma solução verdadeiramente *imposta* pelo STF, mas sem que este tivesse se desincumbido de um ônus argumentativo ao menos razoável.

Além disso, o próprio Poder Legislativo acabou fixando, em diferentes leis, outros critérios para mensurar a vulnerabilidade econômica, todos eles mais flexíveis do que o critério estabelecido na Lei nº 8.742/1993[49]. Essa contínua discussão judicial do tema fez com que o STF acabasse reexaminando a questão. No julgamento dos recursos extraordinários de nº 567.985 e 580.963, com repercussão geral reconhecida, bem como da Reclamação 4.374, declarou a inconstitucionalidade parcial, sem pronúncia de nulidade, do § 3º do art. 20 da Lei nº 8.742/1993[50]. A técnica de julgamento adotada (declaração de inconstitucionalidade sem pronúncia de nulidade) tinha uma finalidade específica, pois a declaração de inconstitucionalidade, pura e simples, importaria a retirada da norma do sistema jurídico, de tal forma que o benefício não poderia ser pago a ninguém[51]. Mas ao não modular os efeitos da declaração de inconstitucionalidade, nem fixar prazo para que o legislador estabelecesse novo critério econômico a ser considerado, o STF acabou por prolongar a discussão, que continua a levar a uma judicialização muito significativa do benefício. De todo modo, em termos práticos, o STF superou o entendimento fixado no julgamento da ADI 1.232.

---

48. Rcl 4.363 AgR, Rel. Min. Ricardo Lewandowski, DJ 19.10.2007; Rcl 2.323, Rel. Min. Eros Grau, DJ 20.5.2005; Rcl 4.427 MC-AgR, Rel. Min. Cezar Peluso, DJ 29.6.2007; Rcl 2.303 AgR, Rel. Min. Ellen Gracie, DJ 01.4.2005.

49. Foi o caso, por exemplo, da Lei 10.836/2004 (Bolsa Família), da Lei 10.689/2003 (Programa Nacional de Acesso à Alimentação), da Lei 10.219/2001 (Bolsa Escola) e da Lei 9.533/1997 (apoio financeiro a Municípios que instituírem programas de renda mínima).

50. RE 580.963, Rel. Min. Gilmar Mendes, DJ 14.11.2013 (Tema 312 da repercussão geral); RE 567.985, red. p/ acórdão Min. Gilmar Mendes, DJe 03.10.2013 (Tema 27 da repercussão geral); Rcl 4.374, Rel. Min. Gilmar Mendes, DJ 04.9.2013.

51. A respeito da declaração de inconstitucionalidade como sinônimo de declaração de *nulidade* da norma, vide o item 9.4.2.

A matéria ainda foi objeto das Leis nº 13.981/2020 e 13.982/2020, que intentaram fazer modificações nesse critério legal, vigendo atualmente a Medida Provisória nº 1.023/2020, que se converteu na Lei nº 14.176/2021, que ainda se refere à renda familiar "per capita" inferior a um quarto do salário mínimo. Admite, ainda, que, conforme vier a ser previsto em regulamento, tal limite possa ser elevado para "até 1/2 (meio) salário mínimo" (§ 11-A do artigo 20). Tal alteração ainda não foi feita pelo Poder Executivo.

O histórico normativo revela, de um lado, que o Congresso Nacional, sensível ao que decidiu o STF, tentou modificar o critério legal para ajustá-lo ao que estabelece a Constituição Federal. Por outro lado, o Presidente da República, além de vetar todas as propostas de alteração, ainda editou uma Medida Provisória que reafirma e reincide na inconstitucionalidade já proclamada pelo Supremo Tribunal Federal. Também não editou decreto regulamentar que viabilizasse a elevação do critério para até meio salário mínimo, como agora autorizado por lei.

Portanto, a despeito da alteração da lei, a inconstitucionalidade ainda está presente. Assim, para aferir a incapacidade da família de manutenção da pessoa com deficiência ou idosa, o INSS (e também o Poder Judiciário) podem se valer de outros critérios além do da renda *per capita* inferior a 1/4 do salário-mínimo[52].

Esse histórico mostra, desde logo, que a estabilidade desejada com a edição de um provimento vinculativo pode, em certos casos, resultar em uma solução contrária ao que proclama a Constituição Federal. Nestes termos, o provimento vinculativo não pode ser visto como instrumento que interdite o debate judicial da questão. Cabe à legislação processual prever meios de revisão dos entendimentos, quando inadequados ou devam ser superados em razão de mudanças sociais ou legislativas.

---

52. Como decidiu a TNU, "o critério objetivo consubstanciado na exigência de renda familiar *per capita* inferior a ¼ do salário-mínimo gera uma presunção relativa de miserabilidade, que pode, portanto, ser afastada por outros elementos de prova" (Tema 122, PEDILEF 5000493-92.2014.4.04.7002, Rel. Daniel Machado da Rocha, DJ 15.4.2016). Em sentido análogo é o Tema 185/STJ: "A limitação do valor da renda *per capita* familiar não deve ser considerada a única forma de se comprovar que a pessoa não possui outros meios para prover a própria manutenção ou de tê-la provida por sua família, pois é apenas um elemento objetivo para se aferir a necessidade, ou seja, presume-se absolutamente a miserabilidade quando comprovada a renda per capita inferior a 1/4 do salário mínimo" (RESP 1.112.557, Rel. Min. Napoleão Nunes Maia Filho, DJ 20.11.2009).

9.3.2.Os provimentos vinculativos no Código de Processo Civil

A entrada em vigor do Código de Processo Civil de 2015 (Lei nº 13.105/2015) trouxe uma nova configuração à força vinculativa dos julgados dos tribunais e sua exata conformação é motivo (ainda) de grandes discussões. Mesmo antes do CPC de 2015, várias alterações no Código de 1973 foram atribuindo cada vez mais força à jurisprudência dos Tribunais, em particular quanto à crescente possibilidade de julgamentos monocráticos, nos casos em que o tema em decisão já tivesse sido analisado anteriormente[53].

O primeiro dos preceitos do Código de 2015 que precisa ser mencionado é a norma contida em seu artigo 926, que determina que "os tribunais devem uniformizar sua jurisprudência e mantê-la estável, íntegra e coerente".

À primeira vista, parecia ser uma norma expletiva ou redundante, pois assim é a expressão "jurisprudência uniforme" (se é "jurisprudência", só pode ser "uniforme"). Se verificarmos que o § 1º desse mesmo artigo faz uso da expressão "jurisprudência dominante", aí teremos a redundância das redundâncias.

Mas o *caput* do artigo expressa uma normal legal que parece ter sido feita sob medida para a realidade judiciária brasileira, em que se podia colher inúmeros exemplos de julgados contraditórios no mesmo Tribunal, por vezes no mesmo órgão fracionário (Turma, Câmara ou Seção), às vezes do mesmo Relator, não raro na mesma sessão de julgamento. A realidade expressou um claro reconhecimento de que o antigo incidente de uniformização de jurisprudência, previsto nos artigos 476 a 479 do CPC/1973, não tinha recebido atenção ou o interesse que seriam necessários para alcançar a finalidade por ele pretendida[54].

O CPC de 2015 não se contenta com a mera uniformização da jurisprudência, mas impõe simultaneamente os deveres de *estabilidade*, *integridade* e *coerência*. Tais deveres jurisdicionais assumem os papeis de verdadeiros *atributos* da jurisprudência. Isto importa, inclusive, uma necessária mudança de *referencial* nos julgamentos colegiados. Aquele olhar que se dirigia apenas aos fatos e às normas jurídicas daquele caso específico em julgamento, precisa ser necessariamente ampliado, para alcançar normas, fatos e os *julgados*

53. Cassio Scarpinella Bueno, citando José Carlos Barbosa Moreira, faz um apanhado dessa evolução normativa (**Curso sistematizado de direito processual civil**: procedimento comum, processos nos tribunais e recursos. 12. ed. V. 2, São Paulo: SaraivaJur, 2023, p. 222).

54. Cassio Scarpinella Bueno, *op. cit.*, p. 209.

anteriores a respeito daquele mesmo tema, quer se subsumam ao conceito de "jurisprudência", quer não.

A concretização desses deveres/atributos exige, inclusive, uma postura de reverência, humildade e até despojamento do órgão julgador. Tais virtudes devem prevalecer, em particular, quando ocorre uma alteração na composição dos Tribunais. Em um País em que tantas questões capitais são resolvidas por maiorias apertadas, a alteração da composição poderá simplesmente inverter o resultado do julgamento anterior, algo que precisa ser avaliado com muita cautela (como se verá adiante).

O outro artigo do CPC relacionado com este tema (e que gera as maiores controvérsias a respeito), é o multicitado artigo 927, que assim prescreve:

> Art. 927. Os juízes e os tribunais observarão:
>
> I – as decisões do Supremo Tribunal Federal em controle concentrado de constitucionalidade;
>
> II – os enunciados de súmula vinculante;
>
> III – os acórdãos em incidente de assunção de competência ou de resolução de demandas repetitivas e em julgamento de recursos extraordinário e especial repetitivos;
>
> IV – os enunciados das súmulas do Supremo Tribunal Federal em matéria constitucional e do Superior Tribunal de Justiça em matéria infraconstitucional;
>
> V – a orientação do plenário ou do órgão especial aos quais estiverem vinculados.
>
> § 1º Os juízes e os tribunais observarão o disposto no art. 10 e no art. 489, § 1º, quando decidirem com fundamento neste artigo.
>
> § 2º A alteração de tese jurídica adotada em enunciado de súmula ou em julgamento de casos repetitivos poderá ser precedida de audiências públicas e da participação de pessoas, órgãos ou entidades que possam contribuir para a rediscussão da tese.
>
> § 3º Na hipótese de alteração de jurisprudência dominante do Supremo Tribunal Federal e dos tribunais superiores ou daquela oriunda de julgamento de casos repetitivos, pode haver modulação dos efeitos da alteração no interesse social e no da segurança jurídica.
>
> § 4º A modificação de enunciado de súmula, de jurisprudência pacificada ou de tese adotada em julgamento de casos repetitivos observará a necessidade de fundamentação adequada e específica, considerando os princípios da segurança jurídica, da proteção da confiança e da isonomia.
>
> § 5º Os tribunais darão publicidade a seus precedentes, organizando-os por questão jurídica decidida e divulgando-os, preferencialmente, na rede mundial de computadores.

Nos limites dos objetivos deste trabalho, o tema não comporta compilar todo o âmbito de discussões doutrinárias travadas a respeito da interpretação deste dispositivo. Por isso, a opção metodológica de estender a análise somente para o que necessário para exame das questões de fundo.

Mas para não deixar a abordagem totalmente em aberto, há na doutrina quem vislumbre que o CPC teria instituído um verdadeiro sistema de precedentes[55], à semelhança do *stare decisis* próprio dos sistemas de *common law*. O STF, no julgamento do RE 655.265, em regime de repercussão geral (Tema 509), aparenta corroborar tal entendimento:

> INGRESSO NA CARREIRA DA MAGISTRATURA. ART. 93, I, CRFB. EC 45/2004. TRIÊNIO DE ATIVIDADE JURÍDICA PRIVATIVA DE BACHAREL EM DIREITO. REQUISITO DE EXPERIMENTAÇÃO PROFISSIONAL. MOMENTO DA COMPROVAÇÃO. INSCRIÇÃO DEFINITIVA. CONSTITUCIONALIDADE DA EXIGÊNCIA. ADI 3.460. REAFIRMAÇÃO DO PRECEDENTE PELA SUPREMA CORTE. PAPEL DA CORTE DE VÉRTICE. UNIDADE E ESTABILIDADE DO DIREITO. VINCULAÇÃO AOS SEUS PRECEDENTES. *STARE DECISIS*. PRINCÍPIOS DA SEGURANÇA JURÍDICA E DA ISONOMIA. AUSÊNCIA DOS REQUISITOS DE SUPERAÇÃO TOTAL (*OVERRULING*) DO PRECEDENTE. 1. A exigência de comprovação, no momento da inscrição definitiva (e não na posse), do triênio de atividade jurídica privativa de bacharel em Direito como condição de ingresso nas carreiras da magistratura e do ministério público (arts. 93, I e 129, § 3º, CRFB – na redação da Emenda Constitucional n. 45/2004) foi declarada constitucional pelo STF na ADI 3.460. 2. Mantidas as premissas fáticas e normativas que nortearam aquele julgamento, reafirmam-se as conclusões (*ratio decidendi*) da Corte na referida ação declaratória. 3. O papel de Corte de Vértice do Supremo Tribunal Federal impõe-lhe dar unidade ao direito e estabilidade aos seus precedentes. 4. Conclusão corroborada pelo Novo Código de Processo Civil, especialmente em seu artigo 926, que ratifica a adoção – por nosso sistema

55. MARINONI, Luiz Guilherme. **Precedentes obrigatórios**. 3. ed. São Paulo: Revista dos Tribunais, 2022. MITIDIERO, Daniel. **Precedentes**: da persuasão à vinculação. 5. ed. São Paulo: Revista dos Tribunais, 2023. DIDIER JR., Fredie. Sistema brasileiro de precedentes judiciais obrigatórios e os deveres institucionais dos Tribunais: uniformidade, estabilidade, integridade e coerência da jurisprudência. **Revista do Ministério Público do Rio de Janeiro**, Rio de Janeiro, n. 64, p. 135-147, abr./jun. 2017. CÂMARA, Alexandre Freitas. **O novo processo civil brasileiro**. 4. ed. São Paulo: Atlas, 2018, p. 419. THAMAY, Rennan; GARCIA JUNIOR, Vanderlei; FROTA JR., Clóvis Smith. **Precedentes judiciais**. São Paulo: Saraiva Educação, 2021, p. 120. Utilizando também a terminologia "precedentes", ARRUDA ALVIM, Teresa. Reflexões a respeito do tema "precedentes no Brasil do século 21". **Revista de Doutrina da 4ª Região**, Porto Alegre, n. 78, jun. 2017. Disponível em: http://www.revistadoutrina.trf4.jus.br/artigos/edicao078/Teresa_Arruda_Alvim.html. Acesso em: 03 jun. 2024.

– da regra do *stare decisis*, que "densifica a segurança jurídica e promove a liberdade e a igualdade em uma ordem jurídica que se serve de uma perspectiva lógico-argumentativa da interpretação". (MITIDIERO, Daniel. Precedentes: da persuasão à vinculação. São Paulo: Revista dos Tribunais, 2016). 5. A vinculação vertical e horizontal decorrente do stare decisis relaciona-se umbilicalmente à segurança jurídica, que "impõe imediatamente a imprescindibilidade de o direito ser cognoscível, estável, confiável e efetivo, mediante a formação e o respeito aos precedentes como meio geral para obtenção da tutela dos direitos". (MITIDIERO, Daniel. Cortes superiores e cortes supremas: do controle à interpretação, da jurisprudência ao precedente. São Paulo: Revista do Tribunais, 2013). 6. Igualmente, a regra do stare decisis ou da vinculação aos precedentes judiciais "é uma decorrência do próprio princípio da igualdade: onde existirem as mesmas razões, devem ser proferidas as mesmas decisões, salvo se houver uma justificativa para a mudança de orientação, a ser devidamente objeto de mais severa fundamentação. Daí se dizer que os precedentes possuem uma força presumida ou subsidiária" (ÁVILA, Humberto. Segurança jurídica: entre permanência, mudança e realização no Direito Tributário. São Paulo: Malheiros, 2011). 7. Nessa perspectiva, a superação total de precedente da Suprema Corte depende de demonstração de circunstâncias (fáticas e jurídicas) que indiquem que a continuidade de sua aplicação implicam ou implicarão inconstitucionalidade. 8. A inocorrência desses fatores conduz, inexoravelmente, à manutenção do precedente já firmado. 9. Tese reafirmada: "é constitucional a regra que exige a comprovação do triênio de atividade jurídica privativa de bacharel em Direito no momento da inscrição definitiva". 10. Recurso extraordinário desprovido (RE 655.265, Rel. Min. Luiz Fux, red. p/ acórdão Min, Edson Fachin, DJe 05.8.2016).

A tendência, nessa perspectiva, é de *denominar* os institutos jurídicos enumerados no artigo 927 do CPC de "precedentes", que formariam o "sistema" em questão. Há inúmeros críticos dessa tese, pois no *common law* o precedente é algo fruto da construção de uma cultura jurídica, de uma *práxis* judiciária, um verdadeiro processo histórico, não algo que possa ser imposto por meio de lei. Além disso, no *common law*, o julgamento anterior é um ponto de partida para a interpretação jurídica e só se fala em "precedente", em sentido específico, na medida em que a orientação antes estabelecida passa a ser reproduzida por juízos e tribunais. Para estes autores, mesmo os provimentos estabelecidos no artigo 927 não podem ser aplicados senão depois de um processo de interpretação[56].

56. Nesse sentido, ABBOUD, Georges. **Processo constitucional brasileiro**. 2. ed. São Paulo: Revista dos Tribunais, 2018, p. 936 e 949-959. STRECK, Lenio Luiz. **Precedentes judiciais e hermenêutica**: o sentido da vinculação no CPC/2015. 4. ed., Salvador: Juspodivm, 2023.

Para os objetivos deste trabalho, tem menor relevância a discussão a respeito da terminologia a ser adotada, quer para saber se temos um verdadeiro "sistema de precedentes", se teríamos um "precedentalismo à brasileira", se estamos diante de provimentos vinculativos ou de "indexadores jurisprudenciais"[57].

Importa saber é que o legislador, de uma forma claramente *imperativa*, fixou certos provimentos jurisdicionais que *deverão ser observados* por juízes e tribunais inferiores. Além disso, foi construído todo um sistema processual destinado a tornar *efetivos* tais comandos e preservar a autoridade desses institutos. Isto pode ser visto em diversas regras do Código, como por exemplo, ao autorizar que tais julgados justifiquem decisões monocráticas de juízes e tribunais, inclusive em caráter liminar (arts. 332 e 932); imponham a devolução e juízos de retratação nos tribunais (arts. 1.030, II, V, "c", 1.041, § 1º); justifiquem o cabimento da reclamação (arts. 988 a 993); dispensem o duplo grau de jurisdição obrigatório (art. 496, § 4º), e assim por diante.

Não se pode falar, é certo, de uma real migração para um sistema de *common law*. A lei continua a ser, entre nós, a fonte primária do Direito, por excelência. Ainda vigora, evidentemente, a conformação constitucional do princípio da legalidade (artigos 5º, II, XXXIX, 37, 150, I, etc.), que o Código de Processo Civil não teria como modificar.

Mas o sistema, tal como concebido pelo legislador, pode abrir a possibilidade de que esses limites constitucionais sejam ultrapassados. Às vezes, para o "bem" ou por motivos elogiáveis, como foi o caso da vedação ao nepotismo e da incidência direta da norma constitucional relativa à moralidade administrativa[58]. Em outras tantas vezes, pode-se correr o risco de quebra do princípio fundamental da separação das funções do Estado.

Mesmo adotando o "sistema de precedentes", há quem sustente a necessidade de interpretação, à semelhança de quaisquer outros preceitos normativos (PIRES, Michel Hernane Noronha. **A superação dos precedentes vinculantes**: como se justifica a revogação de um precedente? Curitiba: Editora Direito Contemporâneo, 2023, p. 37).

57. Esta última nomenclatura é proposta por BUENO, Cassio Scarpinella. **Curso sistematizado de direito processual civil**: procedimento comum, processos nos tribunais e recursos. 12. ed. V. 2, São Paulo: SaraivaJur, 2023.

58. O STF extraiu tais consequências a partir de uma intepretação do princípio constitucional da moralidade administrativa, mesmo sem determinação constitucional ou legal expressa (STF, ADC 12, Rel. Min. Carlos Britto, DJ 18.12.2009). Em razão desse entendimento, também editou a Súmula vinculante 13: "A nomeação de cônjuge, companheiro ou parente em linha reta, colateral ou por afinidade, até o terceiro grau, inclusive, da autoridade nomeante ou de

A partir daí surge um dever de que os Tribunais exerçam uma postura de *autocontenção*, ou, se preferirmos, de *prudência*, e só editem esses provimentos vinculativos depois de uma reflexão muito criteriosa[59]. Existem temas em que é dificílimo fixar uma orientação única e a insistência na solução padronizada pode resultar em problemas muito maiores, em que o ideal de proteção da confiança fica muito longe de ser alcançado. Um caso emblemático é o do Tema nº 6/STF, que diz respeito ao dever do Estado no fornecimento de medicamentos de alto custo. Trata-se de um assunto em que é muito difícil pensar em *standards* decisórios, exatamente porque a solução das controvérsias pressupõe uma análise individualizada de fatos e de provas. Não é por acaso que o STF há tantos anos iniciou (e ainda não concluiu) o julgamento desse caso[60].

Mas em questões meramente de Direito (ou predominantemente de Direito), como revisões de benefícios previdenciários, discussões sobre constitucionalidade de tributos, verbas salariais para servidores públicos, interpretação de cláusulas contratuais padronizadas, etc., a formação do "precedente" (para usar essa terminologia) é a única forma de conferir previsibilidade aos julgamentos e minimizar aquela "loteria" judiciária vivenciada nos anos 1990-2000 em temas como esses, que tornava a jurisdição completamente disfuncional, fazendo muito mal não só ao Poder Judiciário, mas ao próprio País.

---

servidor da mesma pessoa jurídica investido em cargo de direção, chefia ou assessoramento, para o exercício de cargo em comissão ou de confiança ou, ainda, de função gratificada na administração pública direta e indireta em qualquer dos poderes da União, dos Estados, do Distrito Federal e dos Municípios, compreendido o ajuste mediante designações recíprocas, viola a Constituição Federal".

59. A respeito dessa "autocontenção", vide as observações que fizemos no item 7 deste trabalho.

60. RE 566.471, Rel. Min. André Mendonça. Trata-se recurso distribuído em 2007 e, na data em que elaborado este trabalho, ainda não tinha sido definitivamente julgado. A despeito da indefinição do Tema 6, o STF deu solução a essa questão dos medicamentos no julgamento do Tema 1.234 da repercussão geral, com riqueza de detalhes (RE 1.366.243, Rel. Min. Gilmar Mendes, ata publicada em 19.9.2024). O STF também aprovou a Súmula Vinculante 60: "O pedido e a análise administrativos de fármacos na rede pública de saúde, a judicialização do caso, bem ainda seus desdobramentos (administrativos e jurisdicionais), devem observar os termos dos 3 (três) acordos interfederativos (e seus fluxos) homologados pelo Supremo Tribunal Federal, em governança judicial colaborativa, no tema 1.234 da sistemática da repercussão geral (RE 1.366.243)".

Outra questão que deve ser avaliada é que o CPC/2015 propõe que o julgamento de casos repetitivos seja realizado ao final de um processo democrático e colaborativo, que compreende, por exemplo, a requisição de outros recursos representativos da controvérsia (art. 1.037, II), a solicitação e admissão de *amici curiae*, a realização de audiências públicas, requisição de outras informações, etc. (art. 1.038). Claro que a pluralidade do debate precisa ser efetiva, não uma simples formalidade "desagradável" a ser cumprida. É plenamente compatível com esse sistema que juízes e tribunais inferiores, diretamente ou por meio das associações de magistrados, tenham uma atuação mais proativa. Afinal, se aqueles casos afetados ao julgamento repetitivo irão influenciar milhares de processos sob responsabilidade das instâncias inferiores, porque estas não deveriam ser ouvidas pelos Tribunais ao julgarem o tema?

Não é preciso mais para concluir que a *elaboração* desses provimentos de aplicação obrigatória, atribuindo razoável previsibilidade de reprodução em casos futuros, é fator concretizador da proteção da confiança.

O caráter obrigatório induz a comportamentos não apenas no ambiente judiciário, mas na sociedade, em geral. À vista da perspectiva segura de solução para aquele conflito de interesses, é mais do que natural que os atores sociais, depois de um aconselhamento jurídico, passem a conformar seus comportamentos à orientação estabelecida no "precedente". A "jurisprudência", mantida íntegra, estável e coerente, é fator fundamental para concretizar a proteção da confiança em uma sociedade de massa.

O CPC ainda teve a sabedoria de reconhecer que esses provimentos vinculativos nem sempre serão certa e inexoravelmente aplicados. Afinal, a aplicação da "tese" ou da "súmula" pressupõe que os *fatos* em julgamento atual sejam iguais (ou similares) aos *fatos* que foram considerados por ocasião do julgamento paradigma. Como visto no item 5.2.1, o "precedente" só pode ser assim considerado diante das particularidades do caso concreto que a ele deram origem. Não é por outra razão que o § 2º do artigo 927 do CPC prescreve que "ao editar enunciados de súmula, os tribunais devem ater-se às *circunstâncias fáticas dos precedentes que motivaram sua criação*". Esta norma é quase um *precepto didatico*, a ser empregado na elaboração de *quaisquer* dos provimentos vinculativos do art. 927.

Então, deve-se olhar para o caso concreto no momento de *fixar* o precedente; deve-se fazer o mesmo no momento de *aplicar* (ou não) o precedente e, se for o caso, realizando a "distinção", nos termos previstos expressamente no próprio CPC (art. 489, § 1º, V e VI)[61]. Também não é possível aplicar o precedente sem ter identificado a *ratio decidendi* (razão de decidir), separando-a do simples *obiter dicta* (fundamentos acessórios e não relevantes para o julgamento)[62]. Na experiência brasileira, esta é uma tarefa das mais difíceis, que decorre também da prática de elaboração de votos individuais por cada julgador. Em muitos casos, tem-se a impressão de que há uma convergência de entendimentos em relação à *conclusão* do julgamento. Mas os *caminhos* percorridos para chegar a essa conclusão podem ser os mais diferentes, o que claramente dificulta a identificação de qual é a real *ratio decidendi* naquele caso.

9.4. ALTERAÇÕES DE JURISPRUDÊNCIA E MODULAÇÃO DAS DECLARAÇÕES DE INCONSTITUCIONALIDADE: INSTRUMENTOS CONFORMADORES DA PROTEÇÃO DA CONFIANÇA NOS ATOS JURISDICIONAIS

9.4.1. Generalidades

Fleury Antonio Pires, Desembargador Federal do TRF 3ª Região e Professor de Direito, ao discorrer sobre as particularidades dos julgamentos colegiados, costumava indicar que uma das maiores dificuldades da função era de manter uma *coerência argumentativa*[63]. Em uma época em que a criação e o acesso às bases de dados jurisprudenciais eram atividades feitas manualmente, de forma quase que artesanal, a preocupação por ele manifestada tinha razão de ser: afinal, seria inadmissível que um mesmo Tribunal, um mesmo órgão julgador, ou um mesmo Relator, expusessem pontos de vista distintos a respeito do mesmo tema, em julgamentos subsequentes. Na

61. "Art. 489 [...] § 1º Não se considera fundamentada qualquer decisão judicial, seja ela interlocutória, sentença ou acórdão, que: [...] V – se limitar a invocar precedente ou enunciado de súmula, sem identificar seus fundamentos determinantes nem demonstrar que o caso sob julgamento se ajusta àqueles fundamentos; VI – deixar de seguir enunciado de súmula, jurisprudência ou precedente invocado pela parte, sem demonstrar a existência de distinção no caso em julgamento ou a superação do entendimento".

62. A respeito destes temas, RIBEIRO II, Ricardo Chamon. A identificação da (s) *ratio (nes) decidendi* e o *distinguishing* no modelo de precedentes do CPC/2015. **Revista de Processo**, São Paulo, n. 326, p. 361-385, abr. 2022. SANTOS, Ramon Ouais; PUGLIESE, William Soares. A teoria dos precedentes como uma teoria normativa da jurisdição. **Revista de Processo**, São Paulo, n. 272, p. 375-396, out. 2017.

63. Observações colhidas em entrevista pessoal.

litigância de massa que, já naquela época (anos 1990), assolava os tribunais, a tarefa de recuperar os julgamentos anteriores e mantê-los ao alcance dos olhos era realmente uma tarefa difícil. Mas, mesmo naquele contexto, mudar de ideia não era algo ruim, em si. Dizia o Desembargador, a propósito, que "só não muda de ideia quem não as tem". Aliás, em julgamentos colegiados, não era tão incomum assim que um julgador, confrontado com pontos de vista distintos, acabasse se convencendo do desacerto da solução que havia originariamente proposto. É mesmo da essência dos julgamentos colegiados a construção de consensos, às vezes do *consenso possível*.

O *mudar de ideia* não deixa de ser, é certo, um reconhecimento de que a jurisprudência antiga era uma expressão de uma má compreensão do Direito[64]. Trata-se de algo que muito raramente é dito de forma explícita no cotidiano forense, mas, como se verá adiante, agora assume foros de *dever judicante*. Mas a alteração da jurisprudência nem sempre decorre de erro ou equívoco. Pode decorrer de um sem-número de motivos, dentre os quais a alteração legislativa[65], ou mesmo de mudanças sociais que impactem nas soluções jurisdicionais adequadas aos conflitos.

Sustenta-se, além disso, que uma real alteração de jurisprudência só estaria caracterizada nos casos em que o entendimento anterior estivesse fixado em ato judicial *transitado em julgado*[66]. Não nos parece possível tomar tais conclusões em termos tão estritos. Afinal, pode ocorrer de um tema já ter sido reiteradamente julgado no âmbito dos Tribunais de Justiça ou dos Tribunais Regionais Federais, mas sem trânsito em julgado. Esta situação pode ser decorrente, por exemplo, de uma ordem de sobrestamento emitida em recursos especial ou extraordinário repetitivos ou com repercussão geral (arts. 1.030, III, 1.035, § 5º, 1.037, II, todos do CPC). A experiência mostra que podem ser necessários vários anos até que o trânsito em julgado esteja

---

64. ARAÚJO, Valter Shuenquener de. **O princípio da proteção da confiança**. 2. ed. Niterói: Impetus, 2016, p. 225.

65. Humberto Ávila sustenta, diversamente, que a alteração de jurisprudência só poderá ocorrer quando comparadas duas decisões contraditórias e eficazes a respeito da mesma matéria, com mesmo fundamento e mesma situação fática. Assim, mudanças de "base normativa", para ele, não se caracterizam como mudança jurisprudencial, o mesmo se aplicando em relação às alterações das situações de fato (ÁVILA, Humberto. **Teoria da segurança jurídica**. 5. ed. São Paulo: Malheiros, 2019, p. 497).

66. Humberto Ávila, *op. cit.*, p. 498.

consumado e não é possível afirmar que não haja "jurisprudência" no Tribunal local a respeito do tema[67].

Além disso, sendo notória a prodigalidade com que a legislação processual prevê recursos, incidentes e outros meio de impugnação de decisões judiciais, assim como a generosidade com que alguns tribunais admitem tais incidentes, o trânsito em julgado pode ser algo que se adie praticamente *ad eternum*[68]. Assim, para que se possa falar em uma "jurisprudência", deve haver uma reiteração de julgamentos em igual sentido, ainda que o trânsito em julgado não tenha ocorrido.

O Código de Processo Civil, em seu art. 927, § 4º, fixou os critérios a serem adotados no caso de modificação de "enunciado de súmula, de jurisprudência pacificada ou de tese adotada em julgamento de casos repetitivos", impondo-se a "necessidade de fundamentação adequada e específica, considerando os princípios da segurança jurídica, da proteção da confiança e da isonomia".

Ao enunciar os provimentos judiciais, percebe-se claramente que houve algum "cochilo" redacional desse preceito, dado que não há muito sentido em exigir tais requisitos para esses expressamente enumerados e deixar de os exigir, por exemplo, em um incidente de assunção de competência

---

67. O CPC/2015 previa, originalmente, que as ordens de sobrestamento iriam perdurar por, no máximo, um ano, após o que os processos voltariam a tramitar normalmente (art. 1.035, § 10; art. 1.037, § 5º). Ambas as regras foram *revogadas* ainda no período de *vacatio legis* do Código pela Lei nº 13.256/2016. O cotidiano forense mostra que não são incomuns situações em que determinado tema é julgado pelo STJ depois de *anos* de sobrestamento. Diante desse acórdão, é interposto recurso extraordinário e, em seguida, sobrevém nova ordem de sobrestamento, que também perdura por longo tempo. É o que ocorreu, por exemplo, com a discussão relacionada com a aposentadoria especial para trabalhadores que exercem o ofício de *guarda* ou *vigilante*. O recurso especial foi distribuído no STJ em 2019, mesmo ano em que foi proferida decisão de sobrestamento (Tema 1.031). O mérito do recurso foi julgado em março de 2021; em fevereiro de 2022, à vista do recurso extraordinário interposto pelo INSS, houve nova ordem de sobrestamento, com remessa dos autos ao STF, onde ficou reconhecida a repercussão geral (Tema 1.209), em acórdão de abril de 2022. Até a data em que elaborado este trabalho, o mérito do recurso ainda não havia sido julgado, de tal modo que a determinação de sobrestamento já perdura há (pelo menos) cinco anos.

68. O STF tem exemplos em sua jurisprudência de recursos sucessivamente interpostos na mesma instância, de forma protelatória, que acabam exigindo providências drásticas para combater a litigância de má-fé. Assim, já se viu "embargos de declaração no agravo regimental nos embargos de divergência nos embargos de declaração no agravo regimental no recurso extraordinário com agravo", dentre outras "pérolas" (ARE 1.158.085 AgR-ED-EDv-AgR-ED, Rel. Min. Edson Fachin, DJ 04.02.2021).

(IAC). Com isso, a interpretação adequada a este parágrafo é de aplicar tais exigências a *todos os provimentos vinculativos.*

O preceito exige, desde logo, que haja uma *fundamentação adequada e específica*. Isto significa que o CPC definitivamente afasta aquela má prática judicial de decidir de uma forma em uma semana, de forma distinta na semana seguinte, e de uma terceira maneira na semana subsequente. Trata-se de uma praxe que deve ser definitivamente excluída da realidade forense[69]. Se o Tribunal quer *mudar de ideia*, está perfeitamente habilitado a tanto. Mas deve fazer isso a partir de uma *fundamentação adequada e específica*, isto é, deve, em primeiro lugar, *reconhecer que está mudando de ideia*; em segundo, deve expor, de forma racional, adequada e suficiente, os motivos pelos quais as *razões de hoje* são melhores que as *razões de ontem*.

É certo que tal dever de fundamentação já se achava expresso na própria Constituição Federal, que estabelece que "todos os julgamentos dos órgãos do Poder Judiciário serão públicos, e fundamentadas todas as decisões, sob pena de nulidade" (artigo 93, IX). Mas a realidade experimentada nos anos de vigência da Constituição de 1988 fez com que fosse mais do que recomendável tal explicitação, o mesmo se podendo afirmar a respeito do próprio § 1º do artigo 489, que expressa as situações em que "não se considera fundamentada qualquer decisão judicial, seja ela interlocutória, sentença ou acórdão [...]".

Portanto, a exigência legal não mais se contenta com o *decidir diferente*. Deve-se decidir diferente, reconhecendo-se expressamente que se o faz e explicando as razões que justificam tal mudança.

Para além da fundamentação, o CPC também indica quais são os princípios que o Tribunal deve levar em conta para alterar sua jurisprudência, ou, para ser mais específico, para resolver *se*, *quando* e *como* mudar: os

---

69. É ilustrativo o acórdão da Corte Especial do Superior Tribunal de Justiça no AgRg no ERESP 228.432: "[...] O Superior Tribunal de Justiça foi concebido para um escopo especial: orientar a aplicação da lei federal e unificar-lhe a interpretação, em todo o Brasil. Se assim ocorre, é necessário que sua jurisprudência seja observada, para se manter firme e coerente. Assim sempre ocorreu em relação ao Supremo Tribunal Federal, de quem o STJ é sucessor, nesse mister. Em verdade, o Poder Judiciário mantém sagrado compromisso com a justiça e a segurança. Se deixarmos que nossa jurisprudência varie ao sabor das convicções pessoais, estaremos prestando um desserviço a nossas instituições. Se nós, os integrantes da Corte, não observarmos as decisões que ajudamos a formar, estaremos dando sinal, para que os demais órgãos judiciários façam o mesmo. Estou certo de que, em acontecendo isso, perde sentido a existência de nossa Corte. Melhor será extingui-la" (Rel. Min. Humberto Gomes de Barros, Corte Especial, DJ 18.3.2002).

princípios da *segurança jurídica*, da *proteção da confiança* e da *isonomia*. Estamos diante de verdadeiros critérios referenciais a serem considerados.

Veja-se que o Código tem aqui uma coerência intrínseca, porque demonstra uma grande cautela na *formação* desses provimentos, à vista de todo o rigor procedimental e de todo o debate amplo e democrático exigido, como já se viu. Por identidade de razões, a mesma cautela mostra quando se tratar de *alterar* os provimentos estabelecidos.

Ao fixar a proteção da confiança como um dos aspectos a serem considerados na mudança de jurisprudência, é claro que não estamos tratando de uma mera *criação do legislador infraconstitucional*, mas de uma *interpretação legislativa de um princípio constitucional implícito*. Não por acaso o próprio CPC inicia estabelecendo que "o processo civil será ordenado, disciplinado e interpretado conforme os valores e as normas fundamentais estabelecidos na Constituição da República Federativa do Brasil". O Código enuncia, portanto, sua inspiração explícita na Constituição Federal, estatuindo um verdadeiro "modelo constitucional do Direito Processual Civil", na feliz expressão de Cassio Scarpinella Bueno[70].

Assim, os Tribunais, sempre que pretenderem alterar seus entendimentos consolidados, devem levar em conta as legítimas expectativas que esses mesmos julgados criaram no corpo da sociedade.

Por exemplo, se o Superior Tribunal de Justiça, em um julgamento de um recurso especial repetitivo, estabelece que determinada cláusula nos contratos de consumo é abusiva, é razoável supor que esse entendimento irá acabar levando muitos fornecedores de bens e serviços a alterarem seus contratos-padrão que celebram com seus clientes. Afinal, se todos os clientes dessas empresas moverem ações judiciais, a chance de se saírem vencedores é muito grande, exatamente pela vinculação estabelecida no art. 927, III, do CPC.

Em consequência disso, não poderá o STJ alterar esse entendimento sem realizar, desde logo, uma fundamentação adequada e específica, mas também que leve em conta que sua decisão anterior criou legítimas expectativas na sociedade, que não podem ser sumariamente ignoradas. Isto pode levar o Tribunal, por exemplo, a *modular os efeitos do novo entendimento*, de modo

70. BUENO, Cassio Scarpinella O "modelo constitucional do direito processual civil". **Revista de Processo**, São Paulo, v. 33, n. 161, p. 261-270, jul. 2008.

a preservar as situações consolidadas, prestigiando, aqui também, o direito fundamental à segurança jurídica. A modulação de efeitos na alteração da jurisprudência, inclusive no julgamento de casos repetitivos, está prevista expressamente no § 3º do mesmo art. 927 do CPC.

Vale aqui traçar uma linha de conexão entre as alterações jurisprudenciais, aqui tratadas, com as alterações da legislação, de que cuidamos ao longo do trabalho. Afinal, se o Poder Judiciário está obrigado, por força de lei, a levar em consideração as expectativas legítimas que criou, como consequência de sua própria atuação, *por qual razão o Poder Legislativo poderia ignorar essas mesmas expectativas?* O que haveria de substancialmente distinto entre as funções jurisdicional e legislativa que autorizaria que esta última pudesse desconsiderar os comportamentos que induziu na sociedade? Não há, evidentemente, uma explicação racional ou jurídica para exigir cautela do julgador, mas dispensar dessa mesma cautela o legislador, ordinário ou constitucional.

Cremos também ser possível invocar aquele "fator tempo" a que fizemos referência no item 7: se o provimento vinculativo (ou a jurisprudência, de forma mais ampla), foram estabelecidos *há mais de cinco anos*, não será mais cabível a mudança de entendimento, ou, quando menos, esta deverá preservar integralmente os efeitos jurídicos do precedente anterior, mesmo os futuros.

Por exemplo, tome-se a conhecida pretensão de revisão de benefícios previdenciários, que decorre da discussão a respeito do alegado direito dos aposentados, cujos benefícios foram concedidos a partir da vigência da Lei nº 9.876/1999, de optarem pela regra de cálculo mais vantajosa, considerando a regra permanente (art. 29, I e II, da Lei nº 8.213/91) ou, se for o caso, pela regra temporária de cálculo (art. 3º da Lei nº 9.876/1999). Esta discussão passou a receber o nome de "revisão da vida toda", ou "revisão da vida inteira", de forma um tanto inexata, mas para diferenciar o primeiro caso, em que a regra considerava "todo o período contributivo", do segundo caso, em que tomava "todo o período contributivo decorrido desde a competência julho de 1994".

O Superior Tribunal de Justiça, na sistemática dos recursos especiais repetitivos, reconheceu o direito de opção (Tema 999, RESP 1.554.596, Rel. Min. Napoleão Nunes Maia Filho, julgado em 11.12.2019, DJ 17.12.2019). O Supremo Tribunal Federal, em regime de repercussão geral, também acolheu a pretensão revisional, fixando a seguinte tese: "O segurado que implementou as condições para o benefício previdenciário após a vigência da lei de 9.876/99 e antes da vigência das novas regras constitucionais introduzidas pela EC 103/19 tem o direito de optar pela regra definitiva caso esta seja mais favorável" (Tema 1.102, RE 1.276.977, Rel. Min. Marco Aurélio, redator para o acórdão Min. Alexandre de Moraes, DJ 13.4.2023).

Na data em que elaborado este trabalho, isto é, mais de um ano depois do julgamento, ainda estavam pendentes de exame os embargos de declaração interpostos, em que se discutia, dentre outros pontos, uma possível modulação dos efeitos da decisão. A rigor, sequer se poderia cogitar da modulação, pois não se tratava, em absoluto, de *alteração da jurisprudência*. O que havia (se é que havia) eram provimentos monocráticos, alguns deles que tangenciaram apenas a admissibilidade de recursos, não o mérito destes. Mudança de *jurisprudência*, no sentido próprio do termo, seguramente não houve.

Mas a tese que aqui sustentamos é que, em razão do "fator tempo", a modulação não poderia ser *sequer cogitada* quando ultrapassado o prazo de cinco anos, contado da fixação do precedente. Assim, julgado o recurso especial repetitivo em novembro de 2019, a modulação seria cabível apenas até novembro de 2024. Se realizada depois, não poderia alcançar sequer os efeitos futuros dos benefícios, considerando os segurados que haviam depositado sua confiança no precedente anterior.

Nesse mesmo caso, em uma reviravolta de fazer inveja aos mais conhecidos *plot twists* da história do cinema, o STF, *antes de finalizar o julgamento dos embargos de declaração*, redescobriu duas ações diretas de inconstitucionalidade, propostas havia 24 anos, que estavam pendentes de julgamento definitivo (ADI 2.110 e 2.111). Em uma inversão de pauta, as duas ações foram julgadas e, no que importa ao tema, explicitando "que o art. 3º da Lei nº 9.876/1999 tem natureza cogente, não tendo o segurado o direito de opção por critério diverso" (Rel. Min. Nunes Marques, DJ 24.5.2024). O STF julgou, em 30.9.2024, dois embargos de declaração interpostos em face desses v. acórdãos. Um deles não foi conhecido e o outro foi improvido, ficando mantidos, assim, os acórdãos que negaram o direito à opção (ata de julgamento publicada em 03.10.2024).

Este julgamento é muito ilustrativo do que estamos a afirmar ao longo deste trabalho: o recurso extraordinário havia sido julgado por uma certa composição do STF; uma maioria apertada havia dado ganho de causa aos segurados; altera-se a composição do STF em razão da aposentadoria de alguns ministros; imagina-se uma solução que permita que os novos ministros possam também decidir a causa, em ações que tramitavam havia décadas; supera-se o entendimento firmado anteriormente, sem qualquer reflexão específica das razões que justificariam a mudança de entendimento, em tão pouco tempo, que não a convicção pessoal dos novos votantes. Ainda levará tempo para assimilar todas as consequências desse modo de proceder, em particular nos seus efeitos para a proteção da confiança constitucionalmente estabelecida.

Ainda sobre casos análogos a esse, deve-se lembrar que, a rigor, os recursos extraordinário e especial têm âmbitos de cognição distintos: um tem por meta a correta aplicação da Constituição Federal, enquanto o segundo diz respeito à tutela da integridade do direito infraconstitucional federal. Assim, ao menos em tese, tais âmbitos de cognição não levariam, necessariamente, à reforma do acórdão do STJ pelo STF, exceto se o acórdão do STJ incidisse em uma inconstitucionalidade. O julgamento do caso a partir da lei federal não será necessariamente superado pelo julgamento do caso a partir da Constituição Federal.

Isto também ocorreu no julgamento da chamada "desaposentação", isto é, do suposto direito do aposentado de renunciar ao benefício concedido anteriormente e obter novo benefício, computando também as contribuições vertidas depois da concessão inicial. Essa possibilidade foi inicialmente admitida pelo STJ (Tema 563, RESP 1.334.488, Rel. Min. Herman Benjamin, DJ 14.5.2013), mas rejeitada pelo STF (Tema 503, RE 661.256, red. p/ acórdão Min. Dias Toffoli, DJ 28.9.2017), levando o próprio STJ a reformular a tese anterior ("No âmbito do Regime Geral de Previdência Social - RGPS, somente lei pode criar benefícios e vantagens previdenciárias, não havendo, por ora, previsão legal do direito à 'desaposentação', sendo constitucional a regra do art. 18, § 2º, da Lei nº 8.213/91" - RESP 1.334.488, DJ 29.5.2019).

Aqui houve uma particularidade, pois o STF acabou reconhecendo que se tratava de *criação de um benefício sem previsão legal*, de que decorreria uma inconstitucionalidade. O curioso é que o STJ, no caso, curador da interpretação das leis federais, havia validado o procedimento mesmo sem qualquer lei que o previsse. De todo modo, tratou-se aqui, claramente, de uma *alteração da jurisprudência*, que poderia justificar a modulação de efeitos (pois antes de decorridos cinco anos do provimento vinculativo anterior).

Outro caso a ser citado é o da tese que pretendia estender para outras aposentadorias o *adicional de 25%* previsto para a aposentadoria por incapacidade permanente (a antiga aposentadoria por invalidez). Tal adicional vem estabelecido no artigo 45 da Lei nº 8.213/1991, nos seguintes termos:

> Art. 45. O valor da aposentadoria por invalidez do segurado que necessitar da assistência permanente de outra pessoa será acrescido de 25% (vinte e cinco por cento).
>
> Parágrafo único. O acréscimo de que trata este artigo:
>
> a) será devido ainda que o valor da aposentadoria atinja o limite máximo legal;
>
> b) será recalculado quando o benefício que lhe deu origem for reajustado;
>
> c) cessará com a morte do aposentado, não sendo incorporável ao valor da pensão.

O acréscimo, que se convencionou chamar de "auxílio-acompanhante", ou "auxílio para a grande invalidez", tem natureza claramente indenizatória, tanto assim que não se sujeita ao teto de benefícios do INSS e não produz reflexos em eventual pensão por morte.

O Superior Tribunal de Justiça, analisando a questão na sistemática dos recursos especiais repetitivos, entendeu que "comprovadas a invalidez e a necessidade de assistência permanente de terceiro, é devido o acréscimo de 25% (vinte e cinco por cento), previsto no art. 45 da Lei n. 8.213/91, a todos os aposentados pelo RGPS, independentemente da modalidade de aposentadoria" (Tema 982, RESP 1.648.305, Rel. Min. Assusete Magalhães, red. p/ acórdão Min. Regina Helena Costa, j. em 22.8.2018, DJ 26.9.2018). Tal entendimento restou afastado pelo STF, em regime de repercussão geral, reconhecendo-se que "no âmbito do Regime Geral de Previdência Social (RGPS), somente lei pode criar ou ampliar benefícios e vantagens previdenciárias, não sendo possível, por ora, a extensão do auxílio da grande invalidez (art. 45 da Lei n. 8.213/91) a todas as espécies de aposentadoria" (Tema 1.095, RE 1.221.446, Rel. Min. Dias Toffoli, DJ 04.8.2021). Vê-se que a *ratio decidendi* foi bastante similar à fixada no caso da "desaposentação", firmando-se a impossibilidade de criação ou extensão de benefícios sem lei específica.

De todo modo, estas são particularidades que precisam ficar bem assentadas. Mesmo que os âmbitos de cognição sejam distintos (RESP/RE), um provimento de aplicação obrigatória emanado do STJ é suficientemente relevante para atribuir uma *grande confiança* na correção do entendimento fixado. Portanto, no momento de julgar o recurso extraordinário, cabe ao STF também levar em consideração o precedente anterior do STJ, que, inegavelmente, já começou a produzir os efeitos expansivos previstos no artigo 927, III, do CPC, mesmo que se trate de acórdão ainda sujeito a recurso[71]. Tanto quanto possível, o STF deverá atribuir tratamento preferencial ao julgamento do recurso extraordinário, para permitir uma pacificação da questão controvertida o quanto antes. O mesmo deverá ser feito nos casos em que há ações de controle concentrado de constitucionalidade pendentes de julgamento, como foi o caso da citada "revisão da vida toda".

Em conclusão, constata-se que o artigo 926 do CPC, ao determinar que a jurisprudência seja *uniforme* e deva ser mantida *estável*, *íntegra* e *coerente*, claramente tentou impor, pela via legislativa, certos padrões de conduta aos Tribunais.

Mas de nada adianta fixar tais atributos da jurisprudência se o seu descumprimento não vier acompanhado de sanções adequadas. Sem essas sanções, os deveres fixados no CPC representam apenas "boas intenções" estipuladas pelo legislador, mas cujo descumprimento não pode ser controlado juridicamente.

Nisso vai uma grande diferença entre a sistemática do CPC e o *stare decisis* do sistema de *common law*. O *stare decisis* (dever de respeitar os próprios entendimentos) é concebido como *valor institucional* do sistema judiciário. No próprio sistema jurídico, isto é concebido *como um valor em si*, que normalmente não tem previsão expressa na Constituição ou na lei[72]. O respeito ao precedente é um bem juridicamente prestigiado, *por si próprio*, independentemente de cogitar do acerto ou desacerto da solução fixada anteriormente.

Por isso é que a superação do precedente, na *common law*, não é algo que se faça apenas a partir da análise da correção ou incorreção do julgamento anterior. Independentemente do *conteúdo* do julgado anterior, o que se examina é se ocorreram alterações de fato e/ou de direito suficientemente relevantes para justificar a alteração daquele entendimento.

---

71. O STJ tem diversos julgados entendendo ser desnecessário aguardar o trânsito em julgado para aplicação da tese fixada em recurso repetitivo ou em repercussão geral. Por exemplo, AgInt no RESP 1.844.447, Rel. Min. Mauro Campbell Marques, DJ 19.12.2023; AgInt no ARESP 2.337.287, Rel. Min. Herman Benjamin, DJ 19.12.2023; AgInt no RESP 2.023.118, Rel. Min. Ricardo Villas Bôas Cueva, DJ 31.8.2023. Também assim, no STF, Rcl 49.360 AgR, Rel. Min. Alexandre de Moraes, DJ 25.10.2021; Rcl 50.706 AgR, Rel. Min. Dias Toffoli, DJ 30.3.2022.

72. PIRES, Michel Hernane Noronha. **A superação dos precedentes vinculantes**: como se justifica a revogação de um precedente? Curitiba: Editora Direito Contemporâneo, 2023, p. 42.

Normalmente, nessa análise não é feita qualquer avaliação a partir da convicção pessoal dos julgadores, sejam os mesmos que participaram do julgamento anterior, sejam novos magistrados. A mera discordância com a solução ou a convicção de que a solução estava errada, nada disso será razão suficiente para afastar o precedente.

Isto é o que vem sendo denominado pela doutrina como uma *vinculação horizontal*: além da vinculação de ordem vertical que se dá em relação a juízos e tribunais inferiores, o "precedente" é capaz de vincular o próprio Tribunal que o editou. É este o sentido da expressão em inglês "constraint by precedent". O "precedente" constitui um constrangimento suficiente para que o entendimento nele fixado seja reproduzido pela própria Corte que o elaborou. Por isso é que a superação do precedente pressupõe um "juízo próprio e autônomo", que exige avaliação de critérios específicos.

Michel Hernane Noronha Pires propõe, na linha do pensamento de Melvin Aron Eisenberg, que um precedente deve ser superado se: "(i) deixar de satisfazer os padrões de congruência social e consistência sistêmica e, cumulativamente, (ii) os valores que sustentam o princípio do *stare decisis* – isonomia, proteção da confiança, estabilidade, vedação à surpresa – não constituam razões fortes o suficiente para justificar sua preservação"[73].

Essa doutrina de Eisenberg foi claramente adotada na 3ª Jornada de Direito Processual Civil do Centro de Estudos Judiciários do Conselho da Justiça Federal (CEJ/CJF), que aprovou o seu Enunciado 205: "A fundamentação da superação de tese firmada em recurso repetitivo deve apontar, expressamente, os critérios autorizadores da superação de precedentes: incongruência social ou inconsistência sistêmica".

Quer-nos parecer que tais critérios tenham sido estabelecidos *de lege ferenda*, dado que o CPC se limita a exigir fundamentação, sem enunciar quais são os possíveis argumentos a serem utilizados[74].

---

73. PIRES, Michel Hernane Noronha, *op. cit.*, p. 126-127. A obra fundamental de Melvin Aron Eisenberg sobre o tema é **The nature of common law**. Cambridge: Harvard University Press, 1991.

74. A doutrina de Eisenberg tem sido objeto de crítica, em particular por considerar que a superação do precedente (*perspective overruling*) é um elemento da doutrina dos precedentes (parte desta), não algo extrínseco a ela. Nesse sentido, AUERBACH, Carl A. A revival of some ancient learning: a critique of Eisenberg's The Nature of the Common Law (1991). **Minnesota Law Review**, Minneapolis, v. 75, n. 957, p. 539-580, 1991. Disponível em https://scholarship.law.umn.edu/mlr/957. Acesso em: 03 jun. 2024.

De todo modo, na experiência brasileira, muito raramente se vê Tribunais afirmando a autoridade do precedente *como um valor em si*. No mais das vezes, o que ganha relevo é que simples alterações da composição do Tribunal sejam suficientes para inverter maiorias apertadas. Para isso concorrem tanto o *aplauso* daqueles que ficaram anteriormente vencidos, mas também o *silêncio* daqueles que tinham sido vencedores. Tais mudanças acabam sendo realizadas com uma naturalidade tal só explicável pelo fato de este sistema não ter sido fruto de uma construção histórica ou de uma limitação estabelecida pelo próprio Tribunal, mas de uma *imposição do legislador positivo*. É um tanto inusitado que um sistema jurídico de direito escrito renda tão pouco respeito à própria lei, tida como fonte primária do Direito. A norma do artigo 926 do CPC é um bom exemplo de norma legal com eficácia jurídica, mas que ainda tem muito a evoluir para conquistar uma real eficácia social ou efetividade.

Um dos raros casos em que se viu uma deferência ao julgamento anterior foi o entendimento expresso pela Ministra Rosa Weber no julgamento do HC 152.752/PR, em um dos (vários) momentos em que o Tribunal se manifestou sobre a possibilidade de início de cumprimento de pena depois de uma condenação em segundo grau de jurisdição (Rel. Min. Edson Fachin, DJ 27.6.2018).

O caso foi peculiar porque a Ministra havia ficado vencida em julgamento anterior sobre o mesmo tema e, no novo julgamento, votou conforme a maioria que havia sido formada anteriormente, *mesmo contra sua convicção pessoal*. Em passagem bem ilustrativa, invocou o *princípio da colegialidade*, para compreender que o entendimento do Tribunal deve ser unívoco e representar mais do que as vozes individuais de seus integrantes:

> A colegialidade, como método decisório dos julgamentos em órgãos coletivos pelo qual o decidir se dá em conjunto, impõe, aos integrantes do grupo, da assembleia ou do tribunal, procedimento decisório distinto daquele a que submetido o juiz singular.
>
> Por funcionar como um colegiado, em um tribunal, a justificação da decisão judicial não se detém no raciocínio jurídico de um único juiz, avançando à fase da deliberação, na qual as manifestações individuais são postas em confronto e têm sua consistência e validade testadas, para, na etapa seguinte, proclamar-se resultado que expresse a opinião unânime ou majoritária do tribunal, enquanto voz e voto de um ente coletivo.
>
> A colegialidade, nesse enfoque, assume, em um primeiro olhar, estrutura procedimental marcada pela igualdade e liberdade dos julgadores no com-

> partilhamento dos argumentos jurídicos a fim de compor uma racionalidade única, institucional, do tribunal, conquanto comporte, por óbvio, expressão de divergências.
>
> Em uma segunda dimensão, a colegialidade, quanto ao seu elemento funcional, exige a direta interação, por meio do respeito e confiança recíprocos, entre os membros do grupo para a formação da vontade coletiva, que não se perfectibiliza com a soma de várias vozes, e sim com a sua conjugação em uníssono, a voz da Corte para toda sociedade a conformar a ordem normativa constitucional.
>
> Em outras palavras, as vozes individuais vão cedendo em favor de uma voz institucional, objetiva, desvinculada das diversas interpretações jurídicas colocadas na mesa para deliberação. Essa compreensão tem sido endossada por expressivos doutrinadores brasileiros dedicados ao estudo do processo constitucional, dentre os quais lembram Luiz Guilherme Marinoni, Conrado Hubner Mendes e Virgílio Afonso da Silva.
>
> Nesse contexto normativo e institucional, reputo o princípio da colegialidade imprescindível (isto é, necessário e suficiente) para o sistema, porquanto a individualidade dentro do tribunal, no processo decisório, tem um momento delimitado, a partir do qual cede espaço para a razão institucional revelada no voto majoritário da Corte. [...]
>
> Em resumo, compartilho da visão de que os juízes, individualmente considerados, de uma Corte Constitucional estão a serviço de um propósito institucional. O incremento da cultura constitucional e da legitimidade da jurisdição constitucional no corpo social e dos demais atores institucionais da democracia deve ser fomentado, precipuamente, por este Supremo Tribunal Federal [...] (suprimimos as referências e notas de rodapé).

Vê-se aí um reconhecimento de que *compete ao próprio STF* ser um fomentador do respeito aos seus precedentes. Se o Tribunal não exerce esse papel, ou fornece exemplos diametralmente opostos, isto acaba exercendo um papel "pedagógico" inverso, que se espraia para outros juízos e tribunais[75].

---

75. Além do caso da prisão depois da condenação em segundo grau de jurisdição, cuja interpretação foi alterada várias vezes pelo STF, outro caso emblemático diz respeito aos limites do foro por prerrogativa de função. O tema foi objeto da Súmula 394 do STF ("Cometido o crime durante o exercício funcional, prevalece a competência especial por prerrogativa de função, ainda que o inquérito ou a ação penal sejam iniciados após a cessação daquele exercício"). A Súmula acabou *cancelada* em 1999, em uma interpretação coerente com a finalidade da prerrogativa, que é proteger o exercício do *cargo*, não a pessoa que o exerce. Em 2018, o STF acabou alterando sua jurisprudência e fixou duas teses a respeito: "(i) O foro por prerrogativa de função aplica-se apenas aos crimes cometidos durante o exercício do cargo e relacionados às funções desempenhadas; e (ii) Após o final da instrução processual, com a publicação do despacho de intimação para apresentação de alegações finais, a competência para processar e julgar ações penais não será mais afetada em razão de o agente público

Outros exemplos dessa rara reverência aos entendimentos anteriores podem ser vistos na ADI 5.127, também no voto da Ministra Rosa Weber (DJ 11.5.2016), e no RE 655.265, Rel. Min. Luiz Fux, red. p/ acórdão Min. Edson Fachin (Tema 509 da repercussão geral, DJ 05.8.2016)[76]. Mas se trata de fato realmente incomum.

Se acrescentarmos que o STF não é alcançado pelo efeito vinculante no controle concentrado de constitucionalidade (como visto no item 6.4), percebe-se que fica completamente à vontade para alterar sua jurisprudência, como se não lhe aplicassem os deveres inscritos no artigo 926 do CPC. Trata-se de um problema real, que não pode deixar de ser apontado, tanto em trabalhos acadêmicos como também no cotidiano das ações e recursos em trâmite perante o Tribunal.

9.4.2.Modulação de efeitos no controle de constitucionalidade

O exame deste tema deve partir da identificação da *natureza* da inconstitucionalidade no sistema jurídico brasileiro. Isto porque, diferentemente de outros sistemas, no Brasil sempre prevaleceu a ideia de que a inconstitucionalidade é uma espécie de *nulidade*. Assim, a norma declarada inconstitucional é, por extensão, uma norma *nula*. Por consequência, a declaração de sua inconstitucionalidade exigiria que fossem *desfeitos* os atos praticados com base na norma inconstitucional[77]. A declaração de inconstitucionalida-

vir a ocupar cargo ou deixar o cargo que ocupava, qualquer que seja o motivo" (AP 937 QO, Rel. Min. Roberto Barroso, DJ 11.12.2018). Mas em 2024, no julgamento do HC 232.627, Rel. Min. Gilmar Mendes, foi proposta uma nova revisão desse entendimento, fixando-se outra tese: "a prerrogativa de foro para julgamento de crimes praticados no cargo e em razão das funções subsiste mesmo após o afastamento do cargo, ainda que o inquérito ou a ação penal sejam iniciados depois de cessado seu exercício". Não se vê dessa proposta qualquer outra referência específica que não o descontentamento ou a "incorreção" da tese anteriormente fixada. Na data em que foi elaborado este trabalho, a alteração já contava seis votos favoráveis, um contrário (do Ministro André Mendonça), e o julgamento tinha sido suspenso por pedido de vista do Ministro Nunes Marques.

76. Ambos os julgados foram compilados por PIRES, Michel Hernane Noronha. Um precedente vinculante pode ser superado? O que justifica? **Consultor Jurídico**, edição de 22 dez. 2023. Disponível em https://www.conjur.com.br/2023-dez-22/um-precedente-vinculante-pode-ser-superado-o-que-justifica-a-superacao/. Acesso em: 03 jun. 2024.

77. BUZAID, Alfredo. Da ação direta de declaração de inconstitucionalidade no direito brasileiro. **Revista Forense**, v. 179, ano 55, p. 14-37, set./out. 1958. BARBOSA, Rui. **Os actos inconstitucionaes no Congresso e do Executivo ante a Justiça Federal**. Capital Federal [Rio de Janeiro]: Companhia Impressora, 1893. Disponível em https://www2.senado.leg.br/bdsf/handle/

de da norma, portanto, ao menos como regra geral, produz efeitos *ex tunc* (retroativos à data de vigência da norma).

Em oposição a esse modelo pode-se citar o *modelo austríaco* (que é seguido, em linhas gerais, na Alemanha, Itália, Espanha, Turquia, Chipre, Grécia, Bélgica e, em parte, Portugal). Tal modelo foi concebido em 1920, baseado na doutrina de Hans Kelsen, segundo o qual a lei contrária à Constituição não é propriamente nula ou inexistente, mas apenas passível de ser revogada por outra lei e por um processo especial previsto na própria Constituição. Em consequência, "a lei inconstitucional não é nula, mas sim anulável, sendo válida até a sua anulação". Além disso, a decisão que reconhece a inconstitucionalidade tem natureza constitutiva, com efeitos *ex nunc* (não retroativos), e deve ser proferida não pelo Judiciário, mas por um órgão autônomo, que exerça essa "função legislativa negativa". A reforma constitucional de 1929 acrescentou, além do controle abstrato exercido exclusivamente pela Corte Constitucional, um controle concreto exercido apenas por órgãos jurisdicionais de segunda instância[78].

No Brasil, todavia, como se viu, a regra é a da inconstitucionalidade como sinônimo de nulidade, sendo certo que, de modo geral, a declaração de inconstitucionalidade retroage à data de edição da norma.

Não é difícil visualizar, todavia, certas situações em que o "desfazimento" dos efeitos produzidos em decorrência da norma declarada inconstitucional pode ser muito problemático. A depender da norma e, em especial, a depender do *tempo* em que a norma produziu efeitos jurídicos, essa tentativa pode ser virtualmente impossível.

O exemplo clássico a ser citado é da lei estadual que cria cargos de Procurador do Estado e, décadas depois, é declarada inconstitucional pelo Supremo Tribunal Federal. Recorde-se que o entendimento predominante é de que não há prazo prescricional aplicável às ações do controle concentrado de constitucionalidade, como visto no item 9.1. Na aplicação da teoria da *nulidade*, a declaração de inconstitucionalidade exigiria, *ipso facto*, a

id/224197. Acesso em: 03 jun. 2024. BARROSO, Luís Roberto. **O controle de constitucionalidade no direito brasileiro**. 8. ed. São Paulo: Saraiva Educação, 2019, p. 37-40. Com análise da evolução histórica dessa orientação, FIGUEIREDO, Marcelo. **O controle de constitucionalidade e de convencionalidade no Brasil**. São Paulo: Malheiros, 2016, p. 15-17.

78. CLÈVE, Clèmerson Merlin. **A fiscalização abstrata de constitucionalidade no direito brasileiro**. São Paulo: Revista dos Tribunais, 1995. MENDES, Gilmar Ferreira; BRANCO, Paulo Gustavo Gonet. **Curso de direito constitucional**. 18. ed. São Paulo: SaraivaJur, 2023, p. 578.

invalidação de todos os atos de nomeação dos titulares dos cargos criados pela lei; a anulação de todos os atos processuais praticados por esses titulares; a devolução de todos os salários recebidos, etc.[79]

Claro que a teoria tradicionalmente adotada entre nós não fornece respostas aceitáveis para o caso, pois, a pretexto de assegurar a supremacia da Constituição e a autoridade das decisões do Supremo Tribunal Federal, a solução importaria uma gravíssima insegurança jurídica. Quanto maior o tempo em que a lei produziu efeitos, mais grave é essa insegurança.

Estas particularidades já vinham sendo observadas na jurisprudência do Supremo Tribunal Federal que, mesmo em momento em que não havia previsão legal expressa, procurava mitigar aquele entendimento tradicional e atribuindo efeitos prospectivos à declaração de inconstitucionalidade, exatamente nas hipóteses em que a declaração de nulidade produziria efeitos indesejáveis ou de muito difícil aplicação.

Trata-se do que se passou a denominar *modulação dos efeitos da declaração de inconstitucionalidade*, que se constitui em um claríssimo instrumento concretizador do princípio da proteção da confiança, como bem destaca o Ministro Celso de Mello no voto que proferiu no RE 586.453 (Rel. Min. Ellen Gracie, red. p/ acórdão Min. Dias Toffoli, DJ 06.6.2013):

> Na realidade, os postulados da segurança jurídica e da proteção da confiança, enquanto expressões do Estado Democrático de Direito, mostram-se impregnados de elevado conteúdo ético, social e jurídico, projetando-se sobre as relações jurídicas, inclusive as de direito público, sempre que se registre alteração

---

79. O STF examinou um caso com semelhanças ao do exemplo, que era a declaração de inconstitucionalidade de lei que havia colocado agentes públicos do Poder Executivo para trabalharem ao lado de juízes, fazendo as vezes de oficiais de justiça. Aplicando a conhecida teoria do "funcionário de fato", oriunda do Direito Administrativo, o Tribunal afirmou que tais pessoas não seriam "usurpadoras" e, se o Direito reconhece a validade de atos de "funcionários de fato", estranhos ao serviço público, com maior razão deve proclamar a validade dos atos praticados por esses agentes públicos (RE 79.628, Rel. Min. Aliomar Baleeiro, DJ 13.12.1974). Também assim foi o decidido no RE 79.343, Rel. Min. Leitão de Abreu, DJ 02.9.1977: "[...] A tutela da boa-fé exige que, em determinadas circunstâncias, notadamente quando, sob a lei ainda não declarada inconstitucional, se estabeleceram relações entre o particular e poder público, se apure, prudencialmente, até que ponto a retroatividade da decisão, que decreta-a inconstitucional, pode atingir, prejudicando-o, o agente que teve por legítimo o ato e, fundado nele, operou na presunção de que estava procedendo sob o amparo do direito objetivo". Tratamos das relações entre proteção da confiança e boa-fé objetiva no item 4.4.

> substancial de diretrizes hermenêuticas ou, como na espécie, que se verifique grave dissídio interpretativo em tema de índole constitucional, impondo-se à observância de qualquer dos Poderes do Estado, em ordem a permitir, desse modo, a preservação de situações já consolidadas no passado e anteriores aos marcos temporais definidos por este próprio Tribunal (suprimimos os destaques do original)[80].

Do ponto de vista legislativo, todavia, tais possibilidades foram previstas no artigo 27 da Lei nº 9.868/1999 (ADI e ADC), no artigo 11 da Lei nº 9.882/1999 (ADPF) e no artigo 4º da Lei nº 11.417/2006 (súmula vinculante)[81]. Há elementos em comum a essas três realidades: a) o quórum; b) os pressupostos de aplicação da modulação; e c) o âmbito de restrição.

O quórum previsto é bastante qualificado (2/3 dos membros do órgão julgador), superior ao da mera declaração de inconstitucionalidade (maioria absoluta – artigo 97 da Constituição), tratando-se, vale lembrar, do maior quórum de deliberação dentre os previstos na própria Constituição Federal[82].

---

80. Em outro julgado, o Ministro Gilmar Mendes também anotou que esse "princípio" da nulidade poderia ser afastado não apenas nos casos em que pudesse causar graves danos à segurança jurídica, mas também nos casos de omissão ou exclusão de benefício incompatível com o princípio da igualdade (RE 364.304 AgR, DJ 06.11.2006). Trata-se de uma variação da declaração de inconstitucionalidade sem pronúncia de nulidade, como foi feito no tema do critério da renda familiar *per capita* no benefício assistencial à pessoa idosa e à pessoa com deficiência (item 9.3.1 deste trabalho). A declaração de inconstitucionalidade, pura e simples, iria retirar a norma do sistema jurídico e ninguém mais poderia receber o benefício (pois este será concedido, diz o artigo 203, V, da Constituição Federal, "conforme dispuser a lei"). A lei não é declarada nula, mas admite-se a avaliação da vulnerabilidade econômica do beneficiário fazendo uso de outros critérios que não o puramente aritmético.

81. Lei nº 9.868/1999: "Art. 27. Ao declarar a inconstitucionalidade de lei ou ato normativo, e tendo em vista razões de segurança jurídica ou de excepcional interesse social, poderá o Supremo Tribunal Federal, por maioria de dois terços de seus membros, restringir os efeitos daquela declaração ou decidir que ela só tenha eficácia a partir de seu trânsito em julgado ou de outro momento que venha a ser fixado". Lei nº 9.882/1999: "Art. 11. Ao declarar a inconstitucionalidade de lei ou ato normativo, no processo de arguição de descumprimento de preceito fundamental, e tendo em vista razões de segurança jurídica ou de excepcional interesse social, poderá o Supremo Tribunal Federal, por maioria de dois terços de seus membros, restringir os efeitos daquela declaração ou decidir que ela só tenha eficácia a partir de seu trânsito em julgado ou de outro momento que venha a ser fixado". Lei nº 11.417/2006: "Art. 4º A súmula com efeito vinculante tem eficácia imediata, mas o Supremo Tribunal Federal, por decisão de 2/3 (dois terços) dos seus membros, poderá restringir os efeitos vinculantes ou decidir que só tenha eficácia a partir de outro momento, tendo em vista razões de segurança jurídica ou de excepcional interesse público".

82. É o quórum previsto para aprovação das leis orgânicas dos municípios e do Distrito Federal (arts. 29 e 32); para rejeição, nas Câmaras Municipais, do parecer prévio do Tribunal

Os pressupostos para a modulação são também expressos: *segurança jurídica* ou *excepcional interesse social*. A redação das leis autoriza concluir que tais pressupostos são *alternativos*, não cumulativos. Assim, basta que a situação em julgamento se enquadre em *uma* dessas previsões para que a modulação possa ser feita. Como é intuitivo, estamos diante de dois *conceitos jurídicos indeterminados*, que deverão ser reduzidos a uma das zonas de certeza (positiva ou negativa) por via de interpretação.

Georges Abboud afirma que não há "discricionariedade" do STF na deliberação sobre a modulação[83]. A afirmação é correta, *em termos*, se compreendermos que não se trata de uma escolha arbitrária ou aleatória do Tribunal, mas uma escolha a ser feita dentre limites bem estabelecidos. Mas é também verdade que a "discricionariedade", no sentido que lhe é atribuído pelo Direito Administrativo, tampouco é uma escolha arbitrária, mas uma escolha a ser feita dentro de limites preestabelecidos pelo próprio ordenamento[84].

É um enorme desafio a tentativa de dar contornos seguros a essas duas hipóteses, mas algumas premissas devem ser consideradas. Em primeiro lugar, cabe ao Tribunal exercer com critério e racionalidade o *dever de fundamentação*. Este dever de fundamentação, como já visto, nasce na Constituição Federal (art. 93, IX) e é explicitado em inúmeros preceitos do Código de Processo Civil (arts. 11, 173, § 2º, 370, parágrafo único, 373, § 1º, 426, 489, § 1º, 647, parágrafo único, 919, § 2º, 927, § 4º, 980, parágrafo único, 1.021, § 4º, 1.026, § 2º, etc.). Veja-se, mais uma vez, como a repetição

---

de Contas sobre as contas do Prefeito (art. 31, § 2º); para autorização do processo e para o julgamento do *impeachment* do Presidente da República (arts. 51, I, e 52, parágrafo único); para suspensão das imunidades parlamentares durante o estado de sítio (art. 53, § 8º); para recusa à promoção de juiz mais antigo na carreira (art. 93, II, "d"); para recusa ao reconhecimento da repercussão geral, para fins de recurso extraordinário (art. 102, § 3º); para aprovação da súmula vinculante (art. 103-A); e para a recusa à relevância da questão de direito federal infraconstitucional, para fins de recurso especial (art. 105, § 2º).

83. ABBOUD, Georges. **Processo constitucional brasileiro**. 2. ed. São Paulo: Revista dos Tribunais, 2018, p. 627-628.

84. A respeito da competência discricionária e de seu controle judicial, MELLO, Celso Antônio Bandeira de. **Curso de direito administrativo**. 35. ed. São Paulo: Malheiros, 2021. p. 913-940. Com visões distintas, mas ainda compreendendo que se trata de uma escolha limitada, FIGUEIREDO, Lucia Valle. **Curso de direito administrativo**. 3. ed. São Paulo: Malheiros, 1998, p. 163-183; GARCÍA DE ENTERRÍA, Eduardo. **La lucha contra las inmunidades del poder**. Madrid: Cuadernos Civitas, 1983.

da mesma ideia ao longo de um diploma normativo pode ter um sentido verdadeiramente simbólico.

Os conceitos são abertos, mas não são vazios de significado, nem se trata de uma autorização legal para voluntarismos judiciais ou para considerações extrajurídicas. Claro que não é possível fazer esses juízos sem examinar os efeitos que *concretamente* tenham derivado da aplicação da norma declarada inconstitucional. A constatação tem que ser concreta e fundada; não raro o Tribunal se depara com argumentos "ad terrorem", ou juízos de "fim de mundo", em particular em temas que poderão produzir efeitos econômicos desfavoráveis ao Estado ou a grandes corporações[85].

O argumento puramente econômico não é, por si, um critério legítimo a ser considerado. Aliás, nessas questões, existe sempre um *argumento econômico reverso*: afinal, nas relações jurídicas subjacentes, há quase sempre uma parte que suportou o ônus econômico da aplicação da norma ao longo de muitos anos (pagando um tributo inconstitucional, recebendo um benefício previdenciário em valor menor do que o devido, etc.). A situação também pode ser inversa: alguém que solapou a concorrência em certo setor da economia justamente porque não pagava o tributo; alguém que recebeu por muitos anos um benefício de valor maior do que o correto, etc.[86]

---

85. Essa linha de argumentação foi apresentada para sustentar a modulação de efeitos em dois casos bem conhecidos. O primeiro é o Tema 69 da repercussão geral, que tratava da exclusão do ICMS na base de cálculo da COFINS e da contribuição ao PIS, em que a modulação foi acolhida pelo Tribunal, para fixar que a tese iria produzir efeitos apenas a partir de 15.3.2017 (data do julgamento – RE 574.706 ED, Rel. Min. Cármen Lúcia, DJ 12.8.2021; RE 1.452.421 RG, Rel. Min. Presidente, Tema 1.279 da repercussão geral, DJ 29.9.2023). O segundo caso é o da "revisão da vida toda" (Tema 1.102 da repercussão geral – RE 1.276.977, red. p/ acórdão Min. Alexandre de Moraes), em que os embargos de declaração interpostos pelo INSS, mesmo sem tratar diretamente do aspecto econômico envolvido, mencionam o número de benefícios que teriam sido concedidos deste a vigência da Lei nº 9.876/1999 (superior a 88 milhões). Na data em que elaborado este trabalho, os embargos de declaração ainda pendiam de julgamento definitivo, muito embora tenham sido julgadas duas ADIs sobre o tema (conforme visto anteriormente).

86. No exame dos julgamentos do STF, nota-se a grande recorrência com que o critério econômico foi objetivamente utilizado para aplicar a modulação (AMARAL, Paulo Adyr Dias; RODRIGUES, Raphael Silva; BRAZIOLO, Diogo Mello. O significado das expressões "segurança jurídica" e "excepcional interesse social" nas fundamentações das modulações de efeitos das declarações de inconstitucionalidade de norma tributária. **Revista Fórum de Direito Tributário**, Belo Horizonte, ano 16, n. 94, p. 105-137, jul./ago. 2018). Também já se observou que os litigantes "repetitivos" ou "habituais" (incluindo a Fazenda Pública) têm uma maior capacidade de influenciar a modulação, ao menos considerando o universo de recursos extraordinários em

Veja-se aqui também como "fator tempo" pode ser determinante: afinal de contas, quanto mais demora o Poder Judiciário para concluir o julgamento dessas causas de grande amplitude, maior é a repercussão econômica que poderá advir da declaração de inconstitucionalidade.

Um caso emblemático foi julgado pelo STF em temas previdenciários, que indica como o "tempo" de percepção do benefício pode ser determinante para autorizar a modulação. Trata-se de ADI 4.545, que impugnava dispositivo de Constituição estadual e suas leis regulamentadoras, que previam o pagamento de subsídio mensal e vitalício a ex-governadores de Estado que tinham exercido o cargo em caráter permanente, bem como a transferência de tal subsídio, na forma de pensão, aos cônjuges supérstites ("viúvas"). Embora tenha declarado a *inconstitucionalidade* dessa transferência, o STF afastou a necessidade de devolução dos valores recebidos até a publicação do acórdão:

> [...] O caráter alimentar das verbas recebidas de boa-fé, por significativo lapso temporal, assim como a confiança justificada e segurança jurídica dos atos praticados pelo poder público estadual, impõe restrição aos efeitos da declaração de inconstitucionalidade, assentando a inexigibilidade de devolução dos valores recebidos até a publicação do acórdão do presente julgado [...] (Tribunal Pleno, ADI 4.545, Rel. Min. Rosa Weber, j. em 05.12.2019, DJ 07.4.2020).

Foram interpostos embargos de declaração em que se pretendia estender a modulação, de forma a manter o benefício àqueles que já o haviam recebendo, mas tais argumentos foram rejeitados pelo Tribunal (ADI 4.545 ED, Rel. Min. Rosa Weber, j. em 29.6.2020, DJ 13.8.2020), sobrevindo o trânsito em julgado.

O curioso é que a Segunda Turma do STF, no exame de *reclamação* proposta contra ato do Governador do Estado que determinou a suspensão do pagamento dessas aposentadorias e pensões, deliberou *manter a pensão*,

---

regime de repercussão geral (COSTA, Susana Henriques da; SILVA, Marcos Rolim da. Litigantes repetitivos e modulação no controle de constitucionalidade. **Suprema – Revista de Estudos Constitucionais**, Brasília, v. 2, n. 1, p. 185-223, jan./jun. 2022). Sustentando (corretamente) que a modulação não pode ser ditada por argumentos meramente consequencialistas, MOHRER, Michelle Ris. A modulação puramente prospectiva na alteração do precedente vinculante e da jurisprudência dominante como forma autêntica de preservar os princípios da isonomia e da proteção à confiança. **Revista de Processo**, São Paulo, v. 323, p. 423-446, jan. 2022.

para beneficiários específicos, com idade avançada e que vinham recebendo o benefício há décadas. Colhe-se do voto condutor o seguinte trecho:

> [...] Como se vê, o Tribunal lançou mão da modulação dos efeitos da decisão para reconhecer a estabilidade dos valores já percebidos com amparo na norma declarada inconstitucional em razão do decurso do tempo. Penso que a distinção entre a norma declarada inconstitucional e o ato singular impõe a manutenção das pensões concedidas aos reclamantes, tendo em vista as peculiaridades fáticas sublinhadas nesta reclamação.
>
> Pois bem. O tema da segurança jurídica é pedra angular do Estado de Direito sob a forma de proteção da confiança. É o que destaca Karl Larenz:
>
> > "O ordenamento jurídico protege a confiança suscitada pelo comportamento do outro e não tem mais remédio que protegê-la, porque poder confiar (...) é condição fundamental para uma pacífica vida coletiva e uma conduta de cooperação entre os homens e, portanto, da paz jurídica". (Derecho Justo Fundamentos de Ética Jurídica. Madri. Civitas, 1985, p. 91).
>
> O autor tedesco prossegue afirmando que o princípio da confiança tem um componente de ética jurídica, que se expressa no princípio da boa-fé:
>
> > "Dito princípio consagra que uma confiança despertada de um modo imputável deve ser mantida quando efetivamente se creu nela. A suscitação da confiança é imputável, quando o que a suscita sabia ou tinha que saber que o outro ia confiar. Nesta medida é idêntico ao princípio da confiança. (...) Segundo a opinião atual, [este princípio da boa-fé] se aplica nas relações jurídicas de direito público" (Derecho Justo Fundamentos de Ética Jurídica. Madri. Civitas, 1985, p. 95-96). [...].
>
> Nessa linha, penso que o princípio da segurança jurídica deve nortear a aplicação do precedente ao caso concreto, balizando o exame da validade de atos singulares que, malgrado fundados em norma posteriormente declarada inconstitucional, merecem proteção especial à luz da confiança legítima dos cidadãos em atos estatais presumivelmente legítimos.
>
> Em diversas oportunidades já me manifestei pela possibilidade de mitigação dos efeitos de atos inconstitucionais em prol de razões de segurança jurídica. Em tais ocasiões, ressaltei a necessidade da comprovação da boa-fé daqueles que se beneficiaram da situação inconstitucional decorrente da dúvida plausível acerca da solução da controvérsia.
>
> Cito, como exemplo, o caso emblemático da Infraero (MS 22.357), no qual se evidenciaram circunstâncias específicas e excepcionais, reveladoras da boa-fé dos envolvidos (funcionários da Infraero), tais como a realização de processo seletivo rigoroso e a existência de controvérsia, à época das contratações, quanto à exigência de concurso público no âmbito das empresas públicas e sociedades de economia mista. [...]

> Verifico a presença, no caso dos autos, de situação análoga, apta a legitimar constitucionalmente a manutenção dos atos singulares que resultaram na concessão das pensões aos reclamantes por longo período.
>
> **Com efeito, quando da interposição do agravo regimental, quatro dos agravantes tinham mais de noventa anos; três, mais de oitenta; dois, mais de setenta; e um, sessenta e sete. Há quem receba a pensão há mais de cinquenta anos. Isso é fruto da presunção de legitimidade do ato administrativo.**
>
> **Não há cruzada moral que justifique, à luz das garantias constitucionais, a abrupta supressão dos benefícios recebidos de boa-fé durante décadas por pessoas idosas, sem condições de reinserção no mercado de trabalho.**
>
> Diante dessas circunstâncias específicas as pensões em tela, longe de constituírem privilégio odioso, representam benefício de caráter alimentar recebido por anos por indivíduos que, tendo confiado na legislação e na administração, já não mais têm condições de suprir, em razão da avançada idade, suas necessidades no mercado de trabalho. Assim, mostra-se necessária a incidência à espécie o princípio da confiança legítima.
>
> Atenta a circunstâncias dessa natureza, esta Turma reconheceu, em precedente recente, a necessidade de prestigiar, por razões de segurança jurídica, atos singulares formalizados com fundamento em norma posteriormente declarada inconstitucional [...] (STF, Segunda Turma, Rcl 44.776 AgR-ED, Rel. Min. Min. Gilmar Mendes, DJ 05.3.2024, destaques do original).

O julgado é interessante porque se tratou de um caso em que o Plenário do STF *já havia fixado os termos da modulação* e, por consequência, não caberia a um órgão fracionário (a Turma) deliberar em sentido diverso. Mas não deixa de ser correta a distinção entre o *efeito vinculante que decorre da declaração abstrata de inconstitucionalidade* e os *reflexos concretos da declaração de inconstitucionalidade*, nos casos de atos administrativos editados para o fim de cumprir o julgado vinculativo. A violação à proteção da confiança certamente será mais bem avaliada à luz do caso individual. É a aplicação do critério da *individualidade* proposto por Humberto Ávila, conforme indicado no item 6.1. Resta saber se o STF terá a mesma flexibilidade quando se deparar com distinções realizadas por juízos e tribunais de instâncias inferiores.

Enfim, a modulação de efeitos da declaração de inconstitucionalidade não pode ser motivada por razões puramente econômicas. Do contrário, tal possibilidade seria um grave estímulo à edição de normas inconstitucionais, o que certamente não está em harmonia com a proteção da confiança e com o próprio sistema constitucional.

O "interesse social" descrito nas leis como autorizador da modulação não é um *interesse qualquer*. É um "excepcional" interesse, assim entendido aquele que ultrapassa os limites de razoabilidade e daquilo que poderia ser justificadamente suportado na sociedade. Além disso, não é possível confundir o "interesse social" com o "interesse público" [secundário], assim entendido o interesse da pessoa jurídica de direito público interno que é parte na relação jurídica de base[87]. Como bem ensina Pietro de Jesús Lora Alarcón, "o Estado não pode se utilizar da categoria interesse público para subordinar direitos fundamentais, o que reforça a ideia de que todo e qualquer interesse do Estado não é *ipso facto* um interesse público"[88].

Finalmente, quanto ao *âmbito de restrição*, as três leis que tratam da modulação permitem que o STF possa restringir os efeitos da declaração de inconstitucionalidade ou decidir que ela só tenha eficácia a partir de seu trânsito em julgado ou de outro momento que venha a ser fixado. Temos aí, portanto, em primeiro lugar, uma possibilidade específica de *restrição temporal*. Ao invés de aplicar o entendimento tradicional, de atribuir efeitos retroativos à declaração de inconstitucionalidade, esta poderá produzir efeitos a partir do trânsito em julgado "ou de outro momento" qualquer, a ser fixado de forma fundamentada. O STF, não raro, utiliza a data de seu próprio julgamento como referencial, ou da publicação da ata de julgamento ou do acórdão.

A segunda possibilidade é de uma "restrição genérica", digamos assim, pois as leis não fixam nenhum critério específico. Assim, por exemplo, poderá o Tribunal deliberar que a declaração de inconstitucionalidade não irá alcançar os efeitos jurídicos já exauridos de certos atos administrativos (obstando a repetição de indébito, por exemplo). Não há condicionamentos legais expressos, cabendo ao STF deliberar a respeito de forma fundamentada. No caso específico da súmula vinculante, a lei fala em "restringir os efeitos vinculantes", admitindo, em teoria, que o Tribunal possa separar casos em que a vinculação não se estabelecerá.

---

87. Nesse sentido, Georges Abboud, *op. cit.*, p. 641-642. A distinção entre "interesse público primário" (da coletividade) e "interesse público secundário" (do ente estatal) é baseada na doutrina clássica de Renato Alessi, divulgada, entre nós, por MELLO, Celso Antônio Bandeira de. **Curso de direito administrativo**. 35. ed. São Paulo: Malheiros, 2021, p. 56.

88. ALARCÓN, Pietro de Jesús Lora. **Ciência política, Estado e direito público**: uma introdução ao direito público da contemporaneidade. 5. ed. São Paulo: Tirant Lo Blanch, 2022, p. 158.

Como se viu, a modulação está prevista legalmente para os instrumentos do controle concentrado de constitucionalidade, mas tanto a doutrina como o próprio STF têm admitido sua aplicação no controle difuso de constitucionalidade. Pensamos que, ante a crescente "abstrativização" do controle difuso, esta é uma possibilidade que deve ser adotada também para esta modalidade[89].

Recorde-se que, tradicionalmente, o STF entendia que, no controle difuso, a declaração de inconstitucionalidade só produziria efeitos "erga omnes" quando da edição da Resolução do Senado Federal, no exercício da competência estabelecida no artigo 52, X, da Constituição Federal[90].

A partir do julgamento da Reclamação nº 4.335 (Rel. Min. Gilmar Mendes, DJe 22.10.2014) e das ADIs 3.406 e 3.470 (Rel. Min. Rosa Weber, DJe 01.12.2017), todavia, o STF mudou de orientação quanto ao papel do Senado, reconhecendo ter havido uma *mutação constitucional*, a partir da qual a própria decisão do STF já produziria efeitos contra todos. O Senado passaria a assumir um papel de dar mera publicidade ao julgado da Suprema Corte, ou de ampliar a publicidade (v., a respeito, os votos dos Ministros Gilmar Mendes e Celso de Mello, que bem explicitam a alteração da jurisprudência do Tribunal sobre o assunto). Cremos que essa súbita mudança de entendimento tenha sido ditada por um desrespeito sistemático a orientações do STF firmadas no controle difuso, o que vinha sendo objeto de crítica do próprio Tribunal[91]. Mas, para contornar tal problema, não era necessário, em

---

89. ABBOUD, Georges. **Processo constitucional brasileiro**. 2. ed. São Paulo: Revista dos Tribunais, 2018, p. 648-651; MENDES, Gilmar Ferreira; BRANCO, Paulo Gustavo Gonet. **Curso de direito constitucional**. 18. ed. São Paulo: SaraivaJur, 2023, p. 648. No STF, RE 638.115 (ED-ED), Rel. Min. Gilmar Mendes, DJ 08.5.2020. Em sentido contrário, MARINONI, Luiz Guilherme. Eficácia temporal da revogação da jurisprudência consolidada dos tribunais superiores. **Revista dos Tribunais**, São Paulo, v. 906, p. 255-284, abr. 2011. Este autor parte do pressuposto de que apenas as decisões do controle concentrado poderiam induzir à proteção da confiança, orientação da qual não partilhamos, como se viu no item 9.1.

90. "Art. 52. Compete privativamente ao Senado Federal: [...] X – suspender a execução, no todo ou em parte, de lei declarada inconstitucional por decisão definitiva do Supremo Tribunal Federal".

91. Foi o caso, por exemplo, da inconstitucionalidade da norma que impunha o regime inteiramente fechado para cumprimento de pena em crimes hediondos, que havia sido pronunciada pelo STF em *2006* (HC 82.959, Rel. Min. Marco Aurélio, DJ 01.9.2006). O desrespeito sistemático ao precedente acabou levando à edição, em *2009*, da Súmula Vinculante 26 ("Para efeito de progressão de regime no cumprimento de pena por crime hediondo, ou equiparado, o juízo da execução observará a inconstitucionalidade do art. 2º da Lei 8.072, de 25 de julho

absoluto, alterar um entendimento solidificado há décadas, que conseguia harmonizar as relações entre os "poderes" e não trazia maiores problemas práticos. Bastava ao STF editar, nesses casos extremos, uma *súmula vinculante*, sem necessidade de toda essa construção jurisprudencial realizada.

De qualquer modo, com o advento do CPC de 2015, a modulação passou a ser possível em quaisquer hipóteses de alteração de "jurisprudência dominante", no STF, tribunais superiores e daquele originada de julgamento de casos repetitivos, o que evidentemente deverá incluir o controle difuso de constitucionalidade (art. 927, § 3º).

Finalmente, vale fazer uma referência a duas *técnicas de julgamento* no controle de constitucionalidade que não são, em si, modulações dos efeitos da declaração de inconstitucionalidade, mas são também expressões da proteção da confiança.

Em primeiro lugar, a técnica que o STF vem denominando de "lei ainda constitucional", isto é, um juízo complexo, que envolve *diagnóstico* e *prognóstico* de fatos e normas legais, à vista do que prevê a Constituição Federal. O caso emblemático submetido ao exame do Tribunal foi o da Lei nº 7.871/1989, que havia atribuído os prazos processuais *em dobro* para as Defensorias Públicas (HC 70.514, Rel. Min. Sidney Sanches, DJ 27.6.1997).

Entendeu o STF, na ocasião, que não se tratava de reconhecer a inconstitucionalidade dessa prerrogativa da Defensoria Pública, "ao menos até que sua organização, nos Estados, alcance o nível de organização do respectivo Ministério Público, que é a parte adversa, como órgão de acusação, no processo da ação penal pública". Ou seja, o diagnóstico factual realizado demonstrava que, *naquele momento*, as Defensorias não estavam suficientemente estruturadas (ao menos no nível dos Ministérios Públicos) de modo a dispensar o prazo diferenciado. Lembre-se que a causa de origem era *criminal*, o que justifica o juízo comparativo realizado (Defensoria Pública *vs* Ministério Público).

---

de 1990, sem prejuízo de avaliar se o condenado preenche, ou não, os requisitos objetivos e subjetivos do benefício, podendo determinar, para tal fim, de modo fundamentado, a realização de exame criminológico"), bem como à posterior fixação da mesma tese em regime de repercussão geral ("É inconstitucional a fixação *ex lege*, com base no art. 2º, § 1º, da Lei 8.072/1990, do regime inicial fechado, devendo o julgador, quando da condenação, ater-se aos parâmetros previstos no artigo 33 do Código Penal" – ARE 1.052.700 RG, Rel. Min. Edson Fachin, DJ 01.02.2018, Tema 972).

Mas o julgamento não deixa de ser um tipo de *alerta* ao legislador (ou ao Estado, em sentido amplo), em particular para que dessem às Defensorias uma estrutura adequada às suas competências constitucionais (art. 134 da Constituição Federal). O curioso é que o CPC/2015 *manteve* o prazo em dobro (art. 186), o mesmo se podendo afirmar da Lei Complementar nº 80/1994 (com as alterações da Lei Complementar nº 132/2009) - arts. 44, I, 89, I, 128, I.

Embora o julgamento assuma uma aparência de um mero constrangimento moral ao legislador, não deixa de ser um indutor da proteção da confiança. Afinal, o legislador não poderá, no futuro, sustentar ter sido surpreendido por uma declaração de inconstitucionalidade da norma, dado o diagnóstico e o prognóstico realizados pelo STF no julgamento anterior.

A outra técnica de julgamento que deve ser mencionada é o "apelo ao legislador", construção com origem no direito alemão, pensada para os casos de omissão inconstitucional. Nesses casos, o Tribunal reconhece que a lei questionada ainda é compatível com a Constituição, mas que o legislador deve adotar as medidas necessárias para evitar que se atinja uma situação de inconstitucionalidade. A lei é também "ainda constitucional", mas poderá haver um *trânsito para a inconstitucionalidade*, caso persista a omissão do legislador para o caso. Também aqui não se tem muito bem estabelecidas as consequências da persistência da omissão, muito embora o STF já tenha adotado tal técnica em casos específicos[92]. De igual forma, o julgamento realizado é um indutor da proteção da confiança, pois sinaliza a possibilidade de declaração futura da inconstitucionalidade, caso o legislador permaneça inerte na regulamentação constitucionalmente adequada do tema.

92. Por exemplo, no caso dos optometristas (ADPF 131, Rel. Min. Gilmar Mendes, DJ 21.10.2020) e no caso das ordens de desocupação e despejo durante a pandemia da COVID-19 (ADPF 828 TPI-Ref, Rel. Min. Roberto Barroso, DJ 10.02.2022).

Capítulo 10

PROTEÇÃO DA CONFIANÇA E A AUTOTUTELA ADMINISTRATIVA NO ÂMBITO PREVIDENCIÁRIO

O princípio da proteção da confiança teve suas primeiras manifestações no âmbito do Direito Administrativo. Não é por acaso que os principais autores brasileiros que tratam do tema o façam a partir de perspectiva deste ramo do conhecimento jurídico. Pensamos ter demonstrado neste trabalho que o princípio da proteção da confiança espraia seus efeitos para além do Direito Administrativo, alcançando todo o regime jurídico dos direitos e garantias fundamentais. Não se nega, entretanto, que a tutela das expectativas legítimas que derivam de atos administrativos seja uma de suas manifestações mais significativas.

No direito comparado, dois casos são frequentemente mencionados e indicados como marcos na construção do princípio. O primeiro deles é o famoso caso da "viúva de Berlim", que representou um ponto de inflexão no direito alemão, que, até então, calcado no princípio da legalidade, tinha por dogma que os atos administrativos ilegais poderiam ser revisados a qualquer tempo[1]. O caso em questão era de uma viúva que tinha sido esposa de um

1. Na doutrina estrangeira, são comuns referências à "revogação" ou "retratação" do ato administrativo. Mas é preciso cautela porque, do ponto de vista do direito brasileiro, esses termos assumem significados distintos, com regimes jurídicos também diferentes. Em nosso sistema, a *revogação* é uma espécie de retirada do ato administrativo ditada por razões de conveniência e oportunidade. Já a *invalidação* (ou *anulação*) é cabível justamente nos casos de ilegalidade do ato administrativo, sentido que mais se aproxima da temática aqui discutida. A respeito do tema, MELLO, Celso Antônio Bandeira de. **Curso de direito administrativo**. 35. ed. São Paulo: Malheiros, 2021, p. 367-389; ALESSI, Renato. **A revogação dos atos administrativos**. Trad. da 2. ed., com comentários e notas explicativas de Antonio Araldo Ferraz Dal Pozzo, Augusto Neves Dal Pozzo e Ricardo Marcondes Martins. São Paulo: Contracorrente, 2022, p. 72-146.

ex-funcionário público da República Democrática Alemã (RDA – a Alemanha Oriental), que havia recebido uma pensão deixada por seu ex-marido até 1945. Em 1953, ela fez uma consulta e recebeu uma resposta do *Senator* do Estado de Berlim, segundo o qual ela teria direito de voltar a receber a pensão, nos termos do artigo 131 da Constituição da República Alemã, mas somente se mudasse seu domicílio para Berlim Ocidental. E assim a viúva o fez, passando a receber a pensão desde 23 de setembro de 1953, com efeitos retroativos a 1º de setembro daquele ano. Mas, em outubro de 1954, um novo ato afirmou que a viúva não tinha preenchido os requisitos para o benefício, razão pela qual determinou seu cancelamento, obrigando-a à devolução de tudo o que tinha sido pago anteriormente.

A viúva então alega que a retirada desse ato afronta a confiança que tinha, derivada de um ato do próprio Estado, de que bastava se mudar para Berlim Ocidental para ter direito à pensão. Alegou, ainda, que não iria devolver os valores recebidos, pois havia seguido, de boa-fé, as instruções que havia recebido do Estado, além do que não haviam sido considerados os vultosos gastos que teve com a mudança.

Esse pleito da viúva acabou sendo acolhido pelo Tribunal Contencioso Administrativo de Berlim em 1956, decisão depois confirmada pelo Tribunal Federal Contencioso, que reconheceu que o ato administrativo que havia concedido a pensão não poderia ser invalidado sem vulnerar a confiança legítima por ela depositada no ato[2].

O outro caso muito conhecido de aplicação do princípio foi "Arrêt Dame Cachet", no Conselho de Estado Francês. O caso envolvia uma lei de 1918, que havia isentado certas pessoas do pagamento de aluguéis, mediante indenizações aos proprietários dos imóveis. *Dame* Cachet era uma proprietária de imóvel que estava alugado nessas condições e, descontente com o valor da indenização que estava sendo pago, concedida na primeira instância administrativa, apresentou um recurso ao Ministro das Finanças. Ao examinar o recurso, o Ministro não só negou o acréscimo, mas também entendeu que a proprietária não teria direito a nenhuma indenização, pois se tratava de

2. Síntese feita por BARRIOS, Julio Rafael Montoya; SIERRA, Carlos Alberto Cárdenas. El principio de la confianza legítima como modo de prevenir el impacto del cambio en la posición de las autoridades. **Pensamiento americano**, n. 15, año 30, p. 1-20. Disponível em https://publicaciones.americana.edu.co/index.php/pensamientoamericano/article/view/537. Acesso em: 03 jun. 2024. Também descreve o caso, com detalhes, ARAÚJO, Valter Shuenquener de. **O princípio da proteção da confiança**. 2ª. ed. Niterói: Impetus, 2016, p. 136-142.

imóvel rural. Em consequência, negou provimento ao recurso e cancelou definitivamente a indenização. Um exemplo claro do que podemos chamar, guardadas as proporções, de violação à proibição da *reformatio in pejus*.

A proprietária então recorreu ao Conselho de Estado, que fixou entendimento de que o caso em questão era similar ao da anulação judicial de um ato administrativo, para a qual estava previsto um prazo decadencial de dois meses. O Conselho de Estado entendeu aplicável tal prazo também para o caso Cachet, de tal modo que a Administração não poderia mais anular aquele ato[3]. A mesma orientação foi adotada em julgamentos subsequentes, em 1923 (*affaire* Vallois e Gros de Beler) e em 1935 (*affaire* Dame Inglis).

Os exemplos citados são ilustrativos, simbólicos mesmo, de uma quebra ou mitigação do princípio da legalidade, pois se estava diante, na origem, de atos ilegais, mas cujos efeitos restaram mantidos em razão das peculiaridades que apresentavam. Quer pela confiança depositada pelo indivíduo, quer pelo transcurso do tempo (também expressão da confiança), entendeu-se que a invalidação dos atos administrativos representaria medida inadequada, incompatível com outros bens jurídicos merecedores de igual proteção.

Veja-se que uma das características marcantes do regime jurídico-administrativo é o *princípio da supremacia do interesse público*, do qual deriva o *princípio da autotutela* (ou *princípio do controle administrativo*)[4]. A autotutela materializa a prerrogativa da Administração Pública de revogar os atos administrativos, por razões de conveniência e oportunidade, mas também o dever de invalidar (anular) os atos administrativos, quando ilegais. A autotutela *reafirma*, assim, o próprio princípio da legalidade. Mas, por força do princípio da proteção da confiança, nem sempre o dever de invalidar deverá ser exercido, ou, quando menos, deverá ser exercido dentro de certas condições.

Como ensina Lucia Valle Figueiredo, o princípio da legalidade pode ser entendido em duas vertentes. Em primeiro lugar, em um *sentido estrito*, que decorre da dicção do artigo 5º, II, da Constituição Federal ("ninguém será

3. SILVA, Almiro do Couto e. O princípio da segurança jurídica (proteção à confiança) no Direito Público brasileiro e o direito da Administração Pública de anular seus próprios atos administrativos: o prazo decadencial do art. 54 da Lei do Processo Administrativo da União (Lei nº 9.784/99). **Revista de Direito Administrativo**, Rio de Janeiro, n. 237, p. 298, jul./set. 2004. ARAÚJO, Valter Shuenquener de, *op. cit.*, p. 19-21.

4. MELLO, Celso Antônio Bandeira de. **Curso de direito administrativo**. 35. ed. São Paulo: Malheiros, 2021, p. 59 e seguintes.

obrigado a fazer ou deixar de fazer alguma coisa senão em virtude de lei"). Além disso, um *sentido amplo*, a designar que o Administrador Público não está sujeito apenas à lei, mas ao Direito, como um todo, ao ordenamento jurídico, incluindo regras e princípios constitucionais[5]. Marco Aurélio Serau Junior adota conclusão similar, preferindo falar no *princípio da juridicidade*, a indicar que a vinculação da atividade administrativa se opera em relação a todo o ordenamento jurídico, incluindo regras e princípios constitucionais, não apenas à lei em sentido estrito e formal[6].

Assim, os princípios da legalidade e da proteção da confiança não são propriamente inconciliáveis, sendo possível ao intérprete realizar um balanceamento entre os valores jurídicos em aparente conflito diante de um caso concreto.

O dever de autotutela também é largamente reconhecido na jurisprudência, como se vê, por exemplo, das antigas Súmula 346 e 473 do Supremo Tribunal Federal, que têm o seguinte teor:

> Súmula 346: A Administração Pública pode declarar a nulidade dos seus próprios atos.
>
> Súmula 473: A Administração pode anular seus próprios atos, quando eivados de vícios que os tornam ilegais, porque deles não se originam direitos; ou revogá-los, por motivo de conveniência ou oportunidade, respeitados os direitos adquiridos, e ressalvada, em todos os casos, a apreciação judicial.

Claro que o termo "pode", que consta das súmulas, ao menos quanto à anulação (invalidação), não deve ser entendido como uma mera *faculdade* da Administração Pública, mas um *dever*. A Administração Pública "pode", no sentido de que *tem competência* para a prática do ato administrativo que invalida o ato anterior.

Em questões previdenciárias, a Lei nº 8.212/1991, em seu artigo 69 (alterado pelas Leis nº 13.846/2019 e 14.973/2024), impõe uma série de formalidades para a revisão de benefícios já concedidos, inclusive para as

---

5. FIGUEIREDO, Lucia Valle. **Curso de direito administrativo**. 3. ed. São Paulo: Malheiros, 1998, p. 39-40.
6. SERAU JUNIOR, Marco Aurélio. **Seguridade social e direitos fundamentais**. 4. ed. Curitiba: Juruá, 2020, p. 201. Também nesse sentido, SCHMIDT, Luísa Silva. A proteção da confiança legítima e a superação do paradigma da legalidade estrita. **Revista do CEJ** [Centro de Estudos Judiciários do Conselho da Justiça Federal], Brasília, ano XXIII, n. 78, p. 69-78, jul./dez. 2019.

hipóteses de concessão irregular ou mediante fraude. Este dispositivo determina ao INSS que mantenha um "programa permanente de revisão da concessão e da manutenção dos benefícios por ele administrados, a fim de apurar irregularidades ou erros materiais"[7]. O que é "permanente", evidentemente, é o *programa de revisão*, o que não significa, em absoluto, que os benefícios possam ser revistos a qualquer tempo, dada a existência de um prazo decadencial fixado em lei (art. 103-A da Lei nº 8.213/1991), como será visto em seguida[8].

Assim, ante a presença de indícios de irregularidades, o INSS deve: a) notificar o beneficiário para apresentar defesa, provas ou documentos de que dispuser, no prazo de 30 (trinta) dias (para trabalhadores urbanos) ou 60 (sessenta) dias (para trabalhadores rurais individuais e avulsos, agricultores familiares ou segurados especiais); b) findo esse prazo sem manifestação, ou se a defesa for considerada insuficiente, o benefício será suspenso; c) o interessado deverá ser notificado da suspensão, tendo o prazo de 30 dias para interpor recurso; e d) se não houver recurso, o benefício será cancelado. Com as alterações da Lei nº 14.793/2024, autorizou-se que, "na ausência de ciência, em até 30 (trinta) dias, da notificação", o benefício será "bloqueado", conforme regulamentação a ser editada pelo Poder Executivo (redação dada ao § 2º-A do artigo 69 da Lei nº 8.212/1991). Este preceito é bastante controverso, pois sugere a possibilidade de bloqueio do benefício mesmo sem a ciência do interessado. Ora, a regular notificação do beneficiário constitui *ônus do INSS*, cuja realização se dá por imposição da garantia constitucional do contraditório. Cabe à própria autarquia diligenciar para que a notificação

---

7. A Emenda Constitucional nº 103/2019 inovou ao estabelecer um dever de que os regimes próprios de previdência observem "os princípios relacionados com governança, controle interno e transparência" (norma incluída no artigo 40, § 22. VII, da Constituição). Trata-se de uma determinação que vai além do princípio da eficiência administrativa (artigo 37 da Constituição da República) e, em uma interpretação sistemática, tem aplicação para os diferentes regimes previdenciários. Embora a "governança" (*compliance*) seja tradicionalmente relacionada com a preservação de valores éticos e de controle interno, também pode ser aplicada no sentido de controles de legalidade dos atos praticados em favor de beneficiários e assistidos. A respeito deste tema, MORAIS, Océlio de Jesus C. Princípios do *compliance* e da governança previdenciária. **Revista de Direito do Trabalho e Seguridade Social**, São Paulo, v. 230, ano 49, p. 227-243, jul./ago. 2023.

8. SAVARIS, José Antonio; SANTOS, Bruno Henrique Silva. A revisão de benefícios pelo INSS e a "fishing expedition" previdenciária. **Consultor Jurídico**, 21 dez. 2021, disponível em https://www.conjur.com.br/2020-dez-21/opiniao-inss-fishing-expedition-previdenciaria/. Acesso em: 03 jun. 2024.

seja regularmente feita, ainda que pelos meios eletrônicos referidos no § 2º, I, desse mesmo artigo.

Essas regras representam a consagração, na Lei, da antiga orientação jurisprudencial fixada pelo extinto Tribunal Federal de Recursos em sua Súmula 160 ("A suspeita de fraude na concessão de benefício previdenciário não enseja, de plano, a sua suspensão ou cancelamento, mas dependerá de apuração em procedimento administrativo"). O Enunciado 16 do Conselho de Recursos da Previdência Social (CRPS) também reproduz a necessidade de prévio processo administrativo, assegurados o contraditório e a ampla defesa, para apuração de fraudes em benefícios previdenciários ou assistenciais[9].

O STF já decidiu, em regime de repercussão geral, que "ao Estado é facultada a revogação de atos que repute ilegalmente praticados; porém, se de tais atos já tiverem decorrido efeitos concretos, seu desfazimento deve ser precedido de regular processo administrativo" (Tema 138, RE 594.296, Rel. Min. Dias Toffoli, DJe 13.02.2012). A tese fixada tem duas impropriedades terminológicas, já que, como anteriormente apontado, a "revogação" é uma espécie de retirada do ato administrativo ditada por razões de conveniência e oportunidade. Quando se trata de ilegalidade, cabe ao Estado promover a anulação (ou invalidação) do ato. Também não se trata de uma "faculdade" do Estado, mas um dever (ou poder-dever), como visto.

Como é possível perceber, tais regras também servem para concretizar as garantias constitucionais do devido processo legal, do contraditório e da ampla defesa, que são plenamente aplicáveis ao processo administrativo (art. 5º, LIV e LV da Constituição Federal).

Ainda no âmbito da autotutela administrativa previdenciária, cabe uma menção às regras introduzidas pelo artigo 27 da Lei nº 14.973/2024, que previu a possibilidade de adoção, pelo INSS, de "medidas cautelares visando a conter gastos e prejuízos no pagamento de benefícios por ele administrados, decorrentes de irregularidades ou fraudes". O § 2º do citado artigo 27 descreve as hipóteses em que tais medidas poderão ser adotadas, basicamente no caso de benefícios concedidos a partir de documentos de

9. "A suspeita de fraude na concessão de benefício previdenciário ou assistencial não enseja, de plano, a sua suspensão ou cancelamento, mas dependerá de apuração em procedimento administrativo, observados os princípios do contraditório e da ampla defesa e as disposições do art. 69 da Lei nº 8.212/91".

identificação falsos (material ou ideologicamente), ou da inserção de dados falsos nos sistemas informatizados do INSS (ou alteração fraudulenta desses dados). Diz o § 3º tais situações levarão ao "bloqueio imediato do pagamento e [à] suspensão do benefício" (esclarecemos). O § 4º, por sua vez, estabelece que "os requisitos de aplicação das medidas cautelares de que trata este artigo, observado o devido processo legal, serão disciplinados na forma de regulamento".

Como se vê, a Lei não especificou o *procedimento* a ser adotado nesses casos (forma, competência, defesa administrativa, análise de eventual impugnação, etc.). Imagina-se que tudo isso irá ser disciplinado por meio de decreto regulamentar.

O artigo 179-E do Decreto nº 3.048/1999, inserido pelo Decreto nº 10.410/2020, já havia previsto a possibilidade de bloqueio cautelar de benefícios com suspeita de irregularidade ou concessão de fraude. Esta medida foi disciplinada pela Portaria Conjunta MTP/INSS nº 28, de 27 de setembro de 2022, e pressupõe decisão administrativa fundamentada. O preceito regulamentar estabelece a possibilidade de apresentação de defesa, cuja análise deverá ser concluída no prazo de trinta dias, ao cabo do qual o benefício deve ser desbloqueado automaticamente (caso não tenha sido analisada, evidentemente).

Embora tais regras sejam todas *anteriores* à Lei nº 14.973/2024, é razoável supor que esse procedimento seja mantido, ao menos em linhas gerais.

De toda forma, trata-se de providência a ser tomada com o máximo de cautela, em razão da natureza alimentar dos benefícios, e apenas nos casos em que haja grave suspeita de fraude ou irregularidade. Em uma conjuntura em que o INSS não tem conseguido cumprir quaisquer prazos para análise administrativa, nada indica que estes trinta dias serão observados[10]. Privar alguém de alimentos, ainda que por "apenas" 30 dias, é algo bastante problemático, por si. Diante disso, é altamente recomendável que o INSS esteja aparelhado para responder tempestivamente aos pedidos de desbloqueio e que a reativação possa realmente ocorrer de forma automática.

Vejamos, em seguida, outras aplicações específicas da proteção da confiança nos atos administrativos praticados no âmbito previdenciário.

10. Vide, a respeito, o nosso **Mandado de segurança em matéria previdenciária**. 6. ed. Salvador: Juspodivm, 2024.

10.1. DECADÊNCIA APLICÁVEL A BENEFÍCIOS PREVIDENCIÁRIOS

Um dos instrumentos mais utilizados na legislação, como expressões do princípio da proteção da confiança, é o estabelecimento de prazos decadenciais e prescricionais. Ambos têm por finalidade última propiciar a estabilização das relações jurídicas, no caso do decurso de um prazo legal razoável. Sanciona-se, assim, a inércia do titular do direito (da ação ou da pretensão) que não os exercitou no prazo fixado em lei[11].

No âmbito previdenciário, há diversas normas estabelecendo prazos decadenciais e prescricionais, valendo referência, inicialmente, ao artigo 54 da Lei nº 9.784/1999, que assim estabelece:

> Art. 54. O direito da Administração de anular os atos administrativos de que decorram efeitos favoráveis para os destinatários decai em cinco anos, contados da data em que foram praticados, salvo comprovada má-fé.
>
> § 1º No caso de efeitos patrimoniais contínuos, o prazo de decadência contar-se-á da percepção do primeiro pagamento.
>
> § 2º Considera-se exercício do direito de anular qualquer medida de autoridade administrativa que importe impugnação à validade do ato.

Trata-se induvidosamente da instituição de um prazo decadencial, pois importa a caducidade do *direito* da Administração. Além disso, o § 1º faz expressa menção ao "prazo de decadência", o que afasta qualquer controvérsia eventualmente existente. A lei também faz uso daquele mesmo referencial normativo de *cinco anos*, tantas vezes reproduzidos em outras normas legais. Este preceito revogou tacitamente, em nosso entender, a regra do artigo 114 da Lei nº 8.112/1990, que prescrevia que "a administração deverá rever seus atos, *a qualquer tempo*, quando eivados de ilegalidade".

---

11. Judith Martins-Costa realizou interessante compilação da jurisprudência do STF, para concluir que a segurança jurídica alicerça diferentes institutos: decadência, prescrição, preclusão, coisa julgada, direito adquirido, ato jurídico perfeito, imodificabilidade unilateral de certos atos administrativos, adstrição às formas processuais e irretroatividade da lei. Isto pode também ser dito [acrescentamos] a respeito da proteção da confiança, que integra, como já dito, a mesma "constelação de valores" da segurança jurídica (MARTINS-COSTA, Judith. Almiro do Couto e Silva e a ressignificação do princípio da segurança jurídica na relação entre o Estado e os cidadãos. *In*: ÁVILA, Humberto. **Fundamentos do Estado de Direito**: Estudos em Homenagem ao Professor Almiro do Couto e Silva. São Paulo: Malheiros, 2005, p. 125-129).

Posteriormente, foi editada a Medida Provisória nº 138, de 19 de novembro de 2003, convertida na Lei nº 10.839/2004, que acrescentou o artigo 103-A à Lei nº 8.213/1991, nos seguintes termos:

> Art. 103-A. O direito da Previdência Social de anular os atos administrativos de que decorram efeitos favoráveis para os seus beneficiários decai em dez anos, contados da data em que foram praticados, salvo comprovada má-fé.
>
> § 1º No caso de efeitos patrimoniais contínuos, o prazo decadencial contar-se-á da percepção do primeiro pagamento.
>
> § 2º Considera-se exercício do direito de anular qualquer medida de autoridade administrativa que importe impugnação à validade do ato.

Este prazo é específico para as relações jurídicas entre a Previdência Social e seus beneficiários, que irá prevalecer, portanto, a partir da sua instituição, sobre o prazo geral da Lei nº 9.784/1999, por aplicação da regra do art. 2º, § 2º, da LINDB ("A lei nova, que estabeleça disposições gerais ou especiais a par das já existentes, não revoga nem modifica a lei anterior").

Esta sucessão de normas deixou algumas dúvidas em aberto quanto aos seus efeitos no tempo, em particular quanto à possibilidade de revisão de atos praticados *antes* da Lei nº 9.784/1999, da Medida Provisória nº 138/2003 e da Lei nº 10.839/2004.

O Superior Tribunal de Justiça, examinando essas questões sob o regime dos recursos especiais repetitivos (Tema 214), assim decidiu:

> RECURSO ESPECIAL REPETITIVO. ART. 105, III, ALÍNEA A DA CF. DIREITO PREVIDENCIÁRIO. REVISÃO DA RENDA MENSAL INICIAL DOS BENEFÍCIOS PREVIDENCIÁRIOS CONCEDIDOS EM DATA ANTERIOR À VIGÊNCIA DA LEI 9.787/99. PRAZO DECADENCIAL DE 5 ANOS, A CONTAR DA DATA DA VIGÊNCIA DA LEI 9.784/99. RESSALVA DO PONTO DE VISTA DO RELATOR. ART. 103-A DA LEI 8.213/91, ACRESCENTADO PELA MP 19.11.2003, CONVERTIDA NA LEI 10.839/2004. AUMENTO DO PRAZO DECADENCIAL PARA 10 ANOS. PARECER DO MINISTÉRIO PÚBLICO FEDERAL PELO DESPROVIMENTO DO RECURSO. RECURSO ESPECIAL PROVIDO, NO ENTANTO. 1. A colenda Corte Especial do STJ firmou o entendimento de que os atos administrativos praticados antes da Lei 9.784/99 podem ser revistos pela Administração a qualquer tempo, por inexistir norma legal expressa prevendo prazo para tal iniciativa. Somente após a Lei 9.784/99 incide o prazo decadencial de 5 anos nela previsto, tendo como termo inicial a data de sua vigência (01.02.99). Ressalva do ponto de vista do Relator. 2. Antes de decorridos 5 anos da Lei 9.784/99, a matéria passou a ser tratada no âmbito previdenciário pela MP 138, de 19.11.2003, convertida na

> Lei 10.839/2004, que acrescentou o art. 103-A à Lei 8.213/91 (LBPS) e fixou em 10 anos o prazo decadencial para o INSS rever os seus atos de que decorram efeitos favoráveis a seus beneficiários. 3. Tendo o benefício do autor sido concedido em 30.7.1997 e o procedimento de revisão administrativa sido iniciado em janeiro de 2006, não se consumou o prazo decadencial de 10 anos para a Autarquia Previdenciária rever o seu ato. 4. Recurso Especial do INSS provido para afastar a incidência da decadência declarada e determinar o retorno dos autos ao TRF da 5ª Região, para análise da alegada inobservância do contraditório e da ampla defesa do procedimento que culminou com a suspensão do benefício previdenciário do autor. (Terceira Seção, RESP 1.114.938/AL, Rel. Min. Napoleão Nunes Maia Filho, DJe 02.8.2010).

Sustentamos que a fixação de prazos decadenciais vem estabelecida por normas de direito material (e não processual). Tais normas, por natureza e por força de garantia constitucional expressa (art. 5º, XXXVI, da Constituição Federal de 1988), não poderiam alcançar o ato jurídico perfeito, inclusive o de concessão de benefício. Trata-se de interpretação que leva em conta a segurança jurídica e a proteção da confiança, além de prestigiar a diretriz estabelecida pelo art. 2º, XIII, da Lei nº 9.784/1999, que impõe a "interpretação da norma administrativa da forma que melhor garanta o atendimento do fim público a que se dirige, vedada aplicação retroativa de nova interpretação".

No caso, todavia, a diretriz fixada pelo STJ é de reconhecer a incidência *imediata* das normas que instituem prazos decadenciais. Mas o termo inicial do prazo de decadência é a *data da vigência da norma*, podendo alcançar, todavia, os benefícios concedidos anteriormente.

A norma aqui estabelece um prazo mais dilatado (de dez anos), deixando de lado aquele referencial habitual de cinco anos, mas por uma razão muito clara: este prazo de dez anos *é o mesmo* de que dispõe o segurado para a *revisão do ato de concessão do benefício*, conforme prescreve o artigo 103 da mesma Lei.

Há uma razoabilidade em fixar o *mesmo prazo de dez anos* tanto para o direito do INSS de anular os atos que geram efeitos favoráveis aos segurados, como também para o direito dos segurados de postularem a revisão do ato de concessão do benefício. Por isso, entendemos que se mantém a tese aqui sustentada de aplicação do prazo de *cinco anos* como referencial de interpretação do princípio da proteção da confiança, como critério geral, que não exclui a existência de prazos diferenciados fixados no direito positivo, nem a possibilidade de aplicar o princípio para prazos menores, a depender da situação concreta.

Em resumo, o direito positivo acabou por estabelecer um critério jurídico objetivo, a partir do qual se considera aplicável a proteção da confiança e não mais é lícita a pretensão de revisão do ato administrativo.

O art. 103-A da Lei nº 8.213/1991 estipula dois termos iniciais específicos do prazo decadencial (a data da prática do ato ou a data do primeiro pagamento), que vão se aplicar, evidentemente, aos benefícios concedidos *depois* da vigência da Lei. Para os benefícios anteriores, o termo inicial é a data da própria Lei, conforme já referido.

O mesmo preceito legal também ressalva, de modo expresso, as hipóteses de *má-fé*. Esta regra tem relação direta com a *legitimidade* das expectativas que são geradas pelo ato administrativo. Assim, se o interessado deliberadamente pratica uma fraude que leva à concessão do benefício, poderá até ter uma expectativa, mas esta não será suficientemente *legítima* para atrair a aplicação do princípio da proteção da confiança[12].

Entende-se predominantemente que a lei trata da *má-fé do beneficiário*, não de eventual má-fé do agente público responsável pela concessão do benefício ou de terceiros[13]. Nesse sentido já decidiu o Superior Tribunal de Justiça:

> PROCESSUAL CIVIL. AGRAVO INTERNO NO AGRAVO INTERNO NO AGRAVO EM RECURSO ESPECIAL. SERVIDOR PÚBLICO. ANULAÇÃO DO ATO DE CONCESSÃO DE PENSÃO POR MORTE. DECADÊNCIA RECONHECIDA. ART. 54 DA LEI N. 9.784/1999. APENAS A MÁ-FÉ DO BENEFICIÁRIO DO ATO AFASTA O PRAZO DECADENCIAL. RECURSO IMPROVIDO.
>
> 1. Apenas a má-fé do beneficiário do ato tem o condão de afastar a incidência do prazo decadencial, não a má-fé de terceiros. Isso porque o prazo decadencial de cinco anos previsto no art. 54 da Lei 9.784/1999 visa resguardar a legítima

12. Recorde-se, apenas, o que dissemos no item 6.1, a respeito da inexistência de uma dicotomia absoluta entre expectativas legítimas *vs* ilegítimas, havendo nuances e diferenças de grau a considerar.

13. SILVA, Almiro do Couto e. O princípio da segurança jurídica (proteção à confiança) no Direito Público brasileiro e o direito da Administração Pública de anular seus próprios atos administrativos: o prazo decadencial do art. 54 da Lei do Processo Administrativo da União (Lei nº 9.784/99). **Revista de Direito Administrativo**, Rio de Janeiro, n. 237, p. 298, jul./set. 2004. O autor refere-se à regra da Lei nº 9.784/1999, mas o raciocínio é igualmente aplicável ao art. 103-A da Lei nº 8.213/1991. Também nesse sentido, IBRAHIM, Fábio Zambitte. **Curso de direito previdenciário**. 17. ed. Niterói: Impetus, 2012, p. 423.

> confiança dos beneficiários dos atos administrativos, em razão da estabilização das relações jurídicas entre os sujeitos de direito.
>
> 2. No caso, em que pese ao instituidor do benefício ter agido de má-fé, ao adotar a sua neta com intuito previdenciário, conforme circunstância reconhecida no Tribunal de origem, ele não é o beneficiário do ato que concedeu a pensão. Assim, não é a sua legítima confiança que se visa resguardar com o reconhecimento da decadência, mas sim a da pensionista.
>
> 3. Ademais, como a adoção em questão ocorreu quando a recorrente possuía apenas dois anos de idade, não há como se cogitar a sua má-fé nesse evento, por uma questão de obviedade.
>
> 4. A reversão da cota-parte da mãe biológica em favor da recorrente, ocorrida em 2014, não teve o condão de reiniciar o prazo decadencial, tendo em vista que a ilegalidade reconhecida pela administração não foi da reversão, mas sim da própria concessão do benefício previdenciário à interessada.
>
> 5. Agravo interno a que se nega provimento.
>
> (AgInt no AgInt no AREsp n. 1.890.557/RJ, Rel. Min. Og Fernandes, DJ 17.5.2022).

O acórdão tratou de benefício do RPPS, para o qual incidiria o prazo decadencial de cinco anos (não dez). Mas não há dúvida de que a *ratio decidendi* também se aplica aos benefícios do RGPS.

Veja-se que o caso julgado tinha uma particularidade, pois a conduta de má-fé teria sido do *segurado* (ou servidor). Mas este não deixa de ser um "terceiro", considerada a relação jurídica formada entre o INSS (ou o órgão gestor do RPPS) e a dependente. Assim, se a beneficiária desconhecia o ilícito e agiu de boa-fé, o decurso do prazo de dez anos (ou cinco, nesse caso) faz consumar a decadência e o benefício não poderá ser mais invalidado.

Como também sabido, a boa-fé é presumida, enquanto a má-fé depende de prova[14], a ser colhida em um regular processo administrativo, em que sejam asseguradas ao interessado todas as prerrogativas inerentes à cláusula do devido processo legal. Sustenta-se, corretamente, que a instauração de procedimento apuratório, nos casos em que ultrapassado o prazo de decadência, exige não apenas *indícios da irregularidade*, mas também *indícios da má-fé*

14. "A presunção de boa-fé é princípio geral de direito universalmente aceito, sendo milenar parêmia: a boa-fé se presume; a má-fé se prova" (STJ, RESP 956.943, Rel. Min. Nancy Andrighi, DJ 01.12.2014, Tema 243 dos recursos especiais repetitivos).

do beneficiário[15]. A presunção, ainda que relativa, atribui *à parte adversa* o ônus de desconstitui-la. Ou seja, não se exige daquele em favor de quem milita a presunção que produza outras provas para confirmar a presunção. Aliás, tal exigência faria com que a presunção simplesmente desaparecesse. Portanto, sendo presumida a boa-fé, é necessário reunir elementos mínimos de má-fé para iniciar o procedimento de revisão e, confirmada esta, a revisão poderá ser concluída com a invalidação do ato administrativo.

O Conselho de Recursos da Previdência Social fixou entendimento de que "a má-fé afasta a decadência, mas não a prescrição, e deve ser comprovada em procedimento próprio, no caso concreto, assegurado o contraditório e a ampla defesa" (item III do Enunciado 10). Assim, a prova da má-fé autoriza invalidar o benefício, mesmo depois de decorridos 10 anos, mas o INSS não poderá exigir a devolução de valores pagos anteriormente aos cinco anos.

Outro aspecto que deve ser avaliado é que há alguns benefícios previdenciários que deverão ser mantidos *enquanto subsistirem suas causas*. É o que ocorre, por exemplo, nos benefícios por incapacidade (auxílio por incapacidade temporária e aposentadoria por incapacidade permanente) e também no benefício assistencial à pessoa idosa e à pessoa com deficiência, aos quais nos referimos no item 6.2. Se o INSS tem o direito de revisar periodicamente a subsistência dos requisitos para a manutenção desses benefícios, é evidente que a eles não vai se aplicar o prazo de decadência[16]. Mas não se

---

15. SAVARIS, José Antonio; SANTOS, Bruno Henrique Silva. A revisão de benefícios pelo INSS e a "fishing expedition" previdenciária. **Consultor Jurídico**, 21 dez. 2021, disponível em https://www.conjur.com.br/2020-dez-21/opiniao-inss-fishing-expedition-previdenciaria/. Acesso em: 03 jun. 2024.

16. Esta particularidade também foi observada pelo STJ: "[...] Com efeito, prevê o art. 103-A da Lei n. 8.213/1991 que o direito de o INSS anular os atos administrativos de que decorram efeitos favoráveis para os seus beneficiários decai em 10 anos, contados da data da prática do ato, ressalvados os casos de má-fé. Como se verifica da dicção do texto legal expresso, haveria decadência contra a Previdência Social em relação à eventual possibilidade de revogação ou anulação de ato administrativo de que decorram efeitos favoráveis aos seus administrados/beneficiários, no prazo de 10 anos. Entretanto, o caso dos autos é diverso, não se trata de anulação/revogação do ato de aposentadoria por invalidez e, sim, cessação da causa que ensejou o benefício, a incapacidade laboral. Ou seja, não se revogou o ato de concessão ocorrido em 2002, que se efetivou na concessão da aposentadoria por invalidez, mas, tão somente, após exame médico revisional, constatou-se que o estado de saúde do beneficiário evoluiu, não persistindo os sintomas que acarretaram na concessão do benefício por invalidez" (AgInt no AREsp 1.865.781/SP, Rel. Min. Francisco Falcão, DJ 15.12.2021). Também nesse sentido é o Enunciado 10, item IV, do Conselho de Recursos da Previdência Social: "Não se aplica a decadência prevista no art. 103-A da Lei nº 8.213/91 ao auxílio por

descarta a possibilidade de que sejam mantidos, mesmo sem considerar a questão da decadência, nos casos concretos em que houver lesão evidente à proteção da confiança. Há algumas hipóteses legais em que a revisão é dispensada (vide o item 6.2), podendo-se concluir que, nesses casos, há uma *presunção* de violação à proteção da confiança.

Resta examinar, neste item, a *decadência do direito à revisão dos benefícios por iniciativa dos beneficiários*, que está prevista no artigo 103, "caput", da Lei nº 8.213/1991:

> Art. 103. É de dez anos o prazo de decadência de todo e qualquer direito ou ação do segurado ou beneficiário para a revisão do ato de concessão de benefício, a contar do dia primeiro do mês seguinte ao do recebimento da primeira prestação ou, quando for o caso, do dia em que tomar conhecimento da decisão indeferitória definitiva no âmbito administrativo.
>
> Parágrafo único. Prescreve em cinco anos, a contar da data em que deveriam ter sido pagas, toda e qualquer ação para haver prestações vencidas ou quaisquer restituições ou diferenças devidas pela Previdência Social, salvo o direito dos menores, incapazes e ausentes, na forma do Código Civil.

O STJ reconheceu a validade dessa norma, também sob o rito dos recursos especiais repetitivos (Tema 544):

> O suporte de incidência do prazo decadencial previsto no art. 103 da Lei 8.213/1991 é o direito de revisão dos benefícios, e não o direito ao benefício previdenciário. Incide o prazo de decadência do art. 103 da Lei 8.213/1991, instituído pela Medida Provisória 1.523-9/1997, convertida na Lei 9.528/1997, no direito de revisão dos benefícios concedidos ou indeferidos anteriormente a esse preceito normativo, com termo *a quo* a contar da sua vigência (28.6.1997) (RESP 1.309.529, Rel. Min. Herman Benjamin, DJ 04.6.2013).

O STF também proclamou a *constitucionalidade* dessa regra (Tema 313 da repercussão geral - RE 626.489, Rel. Min. Roberto Barroso, DJ 23.9.2014). O Tribunal entendeu que esse prazo (dez anos) é aplicável também aos benefícios concedidos anteriormente, mas o termo inicial deste é o dia 1º de agosto de 1997, data indicada na Medida Provisória nº 1.523-9/1997, que foi sucessivamente reeditada até que convertida na Lei nº 9.527/1997.

---

incapacidade temporária, à aposentadoria por incapacidade permanente e aos benefícios assistenciais sujeitos a revisão periódica prevista na legislação".

Como já observado anteriormente, este artigo 103 teve nova redação dada pela Medida Provisória nº 871/2009, convertida na Lei nº 13.846/2019, mas tal alteração foi *declarada inconstitucional* pelo STF, no julgamento da ADI 6.096 (ver o item 6.3 deste trabalho). Manteve-se, com isso, a decadência aplicável apenas às pretensões de *revisão* do benefício[17]. Para a *concessão* do benefício não há qualquer prazo, exceto os de prescrição, como será visto adiante (art. 103, parágrafo único, da Lei nº 8.213/91).

Uma observação ainda é necessária quanto ao termo inicial deste prazo decadencial. Excluindo os benefícios concedidos antes da lei (em que a decadência é contada a partir de 01.8.1997), para os demais benefícios a lei prevê duas possibilidades: *a)* o dia primeiro do mês seguinte ao do recebimento da primeira prestação; ou *b)* o dia em que o interessado tomar conhecimento da decisão indeferitória definitiva no âmbito administrativo. Esta decisão "indeferitória", obviamente, diz respeito ao *indeferimento do pedido de revisão*, não do pedido de concessão do benefício, pelos fundamentos já expostos. Na praxe forense, é muito comum que as partes façam cálculos da decadência levando em conta a data de entrada do requerimento administrativo do benefício (DER), ou mesmo a data de início do benefício (DIB). Mas, como visto, tais datas *não são* relevantes para cômputo do prazo de decadência.

O reconhecimento da aplicabilidade imediata da regra legal em questão afasta a possibilidade de indagar dos *motivos* ou dos *fundamentos* que dariam origem à revisão. Assim, quer a revisão seja fundada em erro de fato, formal ou material, quer derivada de um *fato novo*, não analisado na via administrativa, quer de eventual ilegalidade perpetrada pelo órgão gestor do regime, ainda assim cabia ao interessado reclamar a revisão no prazo legal. Não há, assim, *distinção* que autorize afastar os precedentes vinculativos fixados pelos Tribunais Superiores.

O STJ também reconheceu, em recurso especial repetitivo, que a decadência alcança inclusive os pedidos de revisão fundados em questões

---

17. A Súmula 64 da Turma Nacional de Uniformização dos Juizados Especiais Federais (TNU), que pretendia aplicar a decadência aos atos de "indeferimento de benefício previdenciário ou assistencial", acabou *cancelada* na sessão de 18.6.2015. Editou-se, em seguida, a Súmula 81: "A impugnação de ato de indeferimento, cessação ou cancelamento de benefício previdenciário não se submete a qualquer prazo extintivo, seja em relação à revisão desses atos, seja em relação ao fundo de direito" (redação ajustada em decorrência do julgamento do Tema 265). No Tema 264, aplicou-se o mesmo entendimento também aos benefícios "previdenciários" (em sentido amplo), decorrentes de óbito de militares (PEDILEF 0508974-10.2018.4.05.8100, Rel. Luis Eduardo Bianchi Cerqueira, DJ 26.02.2021).

não apreciadas na via administrativa (RESP 1.644.191, Rel. Min. Herman Benjamin, Tema 975, DJe 04.8.2020).

Mesmo a alegação de existência de direito adquirido à revisão ou à concessão de um benefício mais vantajoso (de que tratamos no item 5.2) não serve para afastar o reconhecimento da decadência. Esta orientação foi também adotada pelo STJ (RESP 1.612.818, Rel. Min. Mauro Campbell Marques, Tema 966, DJ 13.3.2019). Assim, mesmo aquele que tem um direito adquirido deve se movimentar para exercitá-lo antes do prazo decadencial fixado em lei.

Há um único diferencial a ser reconhecido: naquelas revisões em que se pretende incluir, no cálculo do benefício previdenciário, verbas recebidas por força de reclamações trabalhistas. Este tema foi também julgado pelo STJ na sistemática dos recursos especiais repetitivos (Tema 1.117), adotando-se a seguinte tese:

> O marco inicial da fluência do prazo decadencial, previsto no *caput* do art. 103 da Lei n. 8.213/1991, quando houver pedido de revisão da renda mensal inicial (RMI) para incluir verbas remuneratórias recebidas em ação trabalhista nos salários de contribuição que integraram o período básico de cálculo (PBC) do benefício, deve ser o trânsito em julgado da sentença na respectiva reclamatória (RESP 1.947.419, Rel. Min. Gurgel de Faria, DJ 30.8.2022).

O entendimento aí firmado é essencialmente correto, pois expressa o reconhecimento de que a finalidade de quaisquer prazos legais de prescrição e decadência é *sancionar a inércia* do titular da pretensão ou do direito. Esta ideia vem sintetizada na máxima *actio nata*. Só é possível sancionar a inércia (com o reconhecimento da decadência ou da prescrição) naqueles casos em que o interessado *podia* exercer o direito ou pretensão, mas, ainda assim, permaneceu inerme. No caso analisado, é evidente que só se pode falar em inércia do titular do direito no momento em que transita em julgado a sentença proferida na reclamação trabalhista. Só aí é possível falar verdadeiramente em inércia, razão pela qual as conclusões firmadas pelo STJ são adequadas.

Finalmente, deve-se recordar que a decadência do direito à revisão do benefício poderá se comunicar aos pensionistas, conforme as diferentes situações já também fixadas pelo STJ (Tema 1.057):

> (i) O disposto no art. 112 da Lei n. 8.213/1991, segundo o qual "o valor não recebido em vida pelo segurado só será pago aos seus dependentes habilitados à pensão por morte ou, na falta deles, aos seus sucessores na forma da lei civil,

independentemente de inventário ou arrolamento", é aplicável aos âmbitos judicial e administrativo;

(ii) Os pensionistas detêm legitimidade ativa para pleitear, por direito próprio, a revisão do benefício derivado (pensão por morte) – caso não alcançada pela decadência –, fazendo jus a diferenças pecuniárias pretéritas não prescritas, decorrentes da pensão recalculada;

(iii) Caso não decaído o direito de revisar a renda mensal inicial do benefício originário do segurado instituidor, os pensionistas poderão postular a revisão da aposentadoria, a fim de auferirem eventuais parcelas não prescritas resultantes da readequação do benefício original, bem como os reflexos na graduação econômica da pensão por morte; e

(iv) À falta de dependentes legais habilitados à pensão por morte, os sucessores (herdeiros) do segurado instituidor, definidos na lei civil, são partes legítimas para pleitear, por ação e em nome próprios, a revisão do benefício original – salvo se decaído o direito ao instituidor – e, por conseguinte, de haverem eventuais diferenças pecuniárias não prescritas, oriundas do recálculo da aposentadoria do "de cujus" (RESP 1.856.967, Rel. Min. Regina Helena Costa, DJ 28.6.2021).

10.2. PROTEÇÃO DA CONFIANÇA E PRESCRIÇÃO EM MATÉRIA PREVIDENCIÁRIA

Em matéria previdenciária, a prescrição também se apresenta como um instrumento viabilizador da proteção da confiança. Na regulamentação legal, pelo menos no Regime Geral de Previdência Social – RGPS, o decurso do prazo prescricional não atinge o "fundo de direito", mas somente as prestações que se venceram antes dos cinco anos, conforme a regra do art. 103, parágrafo único, da Lei nº 8.213/1991[18], mesma ideia já presente no artigo 3º do Decreto nº 20.910/1932 ("Quando o pagamento se dividir por dias, meses ou anos, a prescrição atingirá progressivamente as prestações à medida que completarem os prazos estabelecidos pelo presente decreto"). A determinação legal também incorpora a tese contida na Súmula 85 do STJ[19], de tal modo que estarão prescritas apenas as parcelas vencidas antes do quinquênio legal.

---

18. "Prescreve em cinco anos, a contar da data em que deveriam ter sido pagas, toda e qualquer ação para haver prestações vencidas ou quaisquer restituições ou diferenças devidas pela Previdência Social, salvo o direito dos menores, incapazes e ausentes, na forma do Código Civil".

19. Súmula 85: "Nas relações jurídicas de trato sucessivo em que a Fazenda Pública figure como devedora, quando não tiver sido negado o próprio direito reclamado, a prescrição atinge apenas as prestações vencidas antes do quinquênio anterior à propositura da ação".

O STJ também fixou a mesma orientação quanto à pretensão de concessão ou de revisão de ato de indeferimento, cancelamento ou cessação do benefício assistencial à pessoa idosa e à pessoa com deficiência, para concluir que a prescrição que não alcança o fundo de direito, mas apenas as "prestações sucessivas anteriores ao lustro prescricional previsto no art. 1º do Decreto nº 20.910/1932"[20].

Algumas particularidades precisam ser consideradas. A primeira delas diz respeito ao curso do prazo de prescrição quanto às prestações envolvendo *incapazes*. Isto porque a Medida Provisória nº 871/2019, depois convertida na Lei nº 13.846/2019, *revogou* o artigo 79 da Lei nº 8.213/1991, que estabelecia que "não se aplica o disposto no art. 103 desta Lei ao pensionista menor, incapaz ou ausente, na forma da lei".

Mas não foi alterado o artigo 103, que, no parágrafo único, ressalva o "direito dos menores, incapazes e ausentes, na forma do Código Civil". Embora a revogação do artigo 79 sugira que o legislador tinha intenção de tornar prescritíveis as pretensões dos incapazes, a manutenção incólume da regra do art. 103, parágrafo único, aliada às próprias regras do Código Civil, são suficientes para manter a imprescritibilidade.

Aliás, se temos presente que a prescrição (tal como a decadência) se destina a *sancionar a inércia*, é evidente que só é possível atribuir tal sanção se o titular da pretensão tinha *discernimento* suficiente para exercê-la. No caso dos incapazes, ocorre exatamente o inverso: a lei presume a ausência de discernimento, daí porque não corre qualquer prazo de prescrição.

A outra questão relevante é: a *quais* incapazes a lei está se referindo? Aos absoluta ou aos relativamente incapazes? Diante da ausência de especificação

---

20. Trata-se de julgamento de uniformização da Primeira Seção do STJ: RESP 1.803.530, Rel. Min. Herman Benjamin, DJ 28.02.2024. Entendeu-se que não seria possível atribuir ao benefício assistencial um regime jurídico mais rigoroso do que aos benefícios previdenciários, "sendo estes menos essenciais à dignidade humana do que o benefício assistencial". Esta última conclusão deve ser aceita com alguma reserva, pois, de fato, os destinatários do benefício assistencial estão em condição de maior vulnerabilidade social, dado que não têm condições sequer de contribuir para a Previdência Social. A assistência social, diz o art. 203 da Constituição Federal, será prestada "a quem dela necessitar, independentemente de contribuição à seguridade social". Mas há uma distância em reconhecer tal vulnerabilidade e dizer que os benefícios previdenciários são "menos essenciais". Para os segurados, dependentes ou beneficiários, a essencialidade será *a mesma*, pois todos eles se destinam a substituir os rendimentos do trabalho nos casos em que advém alguma contingência ou evento que os coloque em situação de desamparo.

na lei, deve-se adotar uma interpretação que fortaleça o cunho protetivo da norma legal, para afastar a prescrição para *quaisquer incapazes*[21].

Ainda sobre o tema da prescrição, discute-se a respeito do transcurso dos prazos legais enquanto está pendente de deliberação administrativa o requerimento do benefício. Não é incomum que o INSS leve um tempo considerável para analisar o requerimento administrativo e o indeferimento é impugnado por recurso administrativo, que habitualmente também tem sido julgado pelo Conselho de Recursos da Previdência Social (CRPS) com alguma demora.

Aqui, novamente, incide a máxima *actio nata*: enquanto pendente de deliberação definitiva, não têm início quaisquer prazos de prescrição. Esta regra está contida, inclusive, no art. 4º do Decreto nº 20.910/1932[22]. É a orientação também fixada na Súmula 443 do Supremo Tribunal Federal: "A prescrição das prestações anteriores ao período previsto em lei não ocorre quando não tiver sido negado, antes daquele prazo, o próprio direito reclamado, ou situação jurídica de que ele resulta"[23].

Outra questão que frequentemente surge no cotidiano forense diz respeito à ocorrência (ou não) de interrupção da prescrição, para a propositura de ações individuais, em razão de anterior ação civil pública. Em nossa visão, a mera propositura de uma ação civil pública não é suficiente para interromper o prazo prescricional, o que só poderia ocorrer no caso de reconhecimento da procedência do pedido ou da edição de um ato administrativo reconhecendo o direito à revisão. Nestes dois casos, haveria clara renúncia à prescrição. Mas, na generalidade dos casos, a interrupção da prescrição irá ocorre apenas com a propositura da ação individual, ou com o pedido de suspensão formulado de acordo com o art. 104 da Lei nº 8.078/1990[24].

---

21. Nesse sentido, TRF 3ª Região, ApelRemNec 5001484-13.2023.4.03.9999, Rel. Desembargador Federal Sergio do Nascimento, DJ 07.02.2024; ApCiv 5000959-07.2018.4.03.9999, Rel. José Denílson Branco, DJ 15.02.2024. Em sentido contrário, ApCiv 5017095-97.2022.4.03.6100, Rel. Desembargadora Federal Leila Paiva Morrison, DJ 20.6.2023.

22. "Não corre a prescrição durante a demora que, no estudo, ao reconhecimento ou no pagamento da dívida, considerada líquida, tiverem as repartições ou funcionários encarregados de estudar e apurá-la".

23. Em sentido análogo é a Súmula 74 da TNU: "O prazo de prescrição fica suspenso pela formulação de requerimento administrativo e volta a correr pelo saldo remanescente após a ciência da decisão administrativa final".

24. "Art. 104. As ações coletivas, previstas nos incisos I e II e do parágrafo único do art. 81, não induzem litispendência para as ações individuais, mas os efeitos da coisa julgada *erga*

Nas questões relacionadas à prescrição, constata-se que a jurisprudência tem fixado soluções diferenciadas nos Regimes Próprios de Previdência Social, sem que se tenha feito uma *distinção* razoável. Em muitos casos, tem-se reconhecido que o transcurso do prazo de cinco anos, a contar a concessão do benefício, acarreta a *prescrição do fundo de direito*. Nesse sentido:

> PROCESSUAL CIVIL. ADMINISTRATIVO. SERVIDOR PÚBLICO. AGRAVO INTERNO NO AGRAVO EM RECURSO ESPECIAL. APOSENTADORIA. REVISÃO. PRESCRIÇÃO DO FUNDO DE DIREITO. OCORRÊNCIA.
>
> 1. É firme o entendimento desta Corte no sentido de que "é de cinco anos o prazo prescricional para o servidor inativo postular a revisão do benefício de aposentadoria, considerando-se como termo inicial a data em que aquele passou à inatividade, nos termos do art. 1º do Decreto 20.910/32. Nesses casos, a prescrição atinge o próprio fundo de direito, não se cogitando de relação de trato sucessivo" (REsp n. 1.833.214/PA, relator Ministro HERMAN BENJAMIN, SEGUNDA TURMA, DJe de 11/10/2019). Nesse mesmo sentido: AgInt no REsp n. 2.026.938/RN, relatora Ministra REGINA HELENA COSTA, PRIMEIRA TURMA, DJe de 22/6/2023.
>
> 2. Da mesma forma, "o requerimento administrativo formulado quando já operada a prescrição do próprio fundo de direito não tem o poder de reabrir o prazo prescricional" (AgRg no REsp 1.197.202/RJ, Rel. Ministro ARNALDO ESTEVES LIMA, PRIMEIRA TURMA, julgado em 04/11/2010, DJe 12/11/2010) (AgInt no REsp n. 1.591.726/RS, relator Ministro SÉRGIO KUKINA, PRIMEIRA TURMA, DJe de 18/8/2020).
>
> 3. Caso concreto em que a ora agravante foi aposentada em 12/2/2014, inexistindo controvérsia de que o requerimento administrativo de revisão do ato de aposentação fora protocolizado tão somente em 6/6/2019, ou seja, quando já ultrapassado o prazo prescricional.
>
> 4. Agravo interno desprovido.
>
> (AgInt no AREsp n. 2.184.270/SP, Primeira Turma, Rel. Min. Sérgio Kukina, DJ 31.8.2023)

---

omnes ou *ultra partes* a que aludem os incisos II e III do artigo anterior não beneficiarão os autores das ações individuais, se não for requerida sua suspensão no prazo de trinta dias, a contar da ciência nos autos do ajuizamento da ação coletiva". Nesse sentido decidiu o STJ, na sistemática dos recursos especiais repetitivos (Tema 1.005: "Na ação de conhecimento individual, proposta com o objetivo de adequar a renda mensal do benefício previdenciário aos tetos fixados pelas Emendas Constitucionais 20/98 e 41/2003 e cujo pedido coincide com aquele anteriormente formulado em ação civil pública, a interrupção da prescrição quinquenal, para recebimento das parcelas vencidas, ocorre na data de ajuizamento da lide individual, salvo se requerida a sua suspensão, na forma do art. 104 da Lei 8.078/90" – RESP 1.761.874, Rel. Min. Assusete Magalhães, DJ 01.7.2021).

ADMINISTRATIVO E PROCESSUAL CIVIL. AGRAVO INTERNO NOS EMBARGOS DE DECLARAÇÃO NO AGRAVO EM RECURSO ESPECIAL. SERVIDOR PÚBLICO. REVISÃO DE APOSENTADORIA, PARA CONTAGEM DE TEMPO DE SERVIÇO PRESTADO EM CONDIÇÕES NOCIVAS. RECONHECIMENTO DA PRESCRIÇÃO DO DIREITO DE AÇÃO. AGRAVO INTERNO IMPROVIDO.

I. Agravo interno aviado contra decisão que julgara Agravo em Recurso Especial interposto contra decisum publicado na vigência do CPC/2015.

II. Na forma da jurisprudência, "a Segunda Turma desta Corte Superior estabelece que, em hipóteses como a dos autos, na qual se pretende a modificação do ato de aposentação do servidor público a pretexto de computar-se, de forma diferenciada, o tempo de serviço prestado em condições especiais insalubres, a prescrição atinge o próprio fundo de direito. Assim, a contagem do prazo quinquenal de prescrição deve ser realizada a partir de cada ato de aposentadoria" (STJ, REsp 1.259.558/PE, Rel. Ministro OG FERNANDES, SEGUNDA TURMA, DJe de 09/08/2017). Nesse sentido: STJ, AgInt nos EDcl no AREsp 2.054.348/PR, Rel. Ministro SÉRGIO KUKINA, PRIMEIRA TURMA, DJe de 25/8/2022; AgInt no REsp 1.907.477/SP, Rel. Ministro OG FERNANDES, SEGUNDA TURMA, DJe de 24/6/2022; AgInt no REsp 1.742.406/RS, Rel. Ministro FRANCISCO FALCÃO, SEGUNDA TURMA, DJe de 22/3/2021; AgInt no AREsp 1.731.648/PR, Rel. Ministro HERMAN BENJAMIN, SEGUNDA TURMA, DJe de 19/3/2021; AgInt no REsp 1.371.295/RS, Rel. Ministra ASSUSETE MAGALHÃES, SEGUNDA TURMA, DJe de 05/05/2020; AREsp 1.586.046/RS, Rel. Ministro HERMAN BENJAMIN, SEGUNDA TURMA, DJe de 19/12/2019; AgInt no REsp 1.518.027/MG, Rel. Ministro BENEDITO GONÇALVES, PRIMEIRA TURMA, DJe de 02/08/2017; AgInt no AREsp 864.023/SP, Rel. Ministro MAURO CAMPBELL MARQUES, SEGUNDA TURMA, DJe de 21/06/2016; AgRg no AREsp 211.941/RS, Rel. Ministra REGINA HELENA COSTA, PRIMEIRA TURMA, DJe de 19/04/2016.

III. Ademais, é de se salientar que, conforme já decidiu o STJ, "o requerimento administrativo formulado quando já operada a prescrição do próprio fundo de direito não tem o poder de reabrir o prazo prescricional" (AgRg no REsp 1.197.202/RJ, Rel. Ministro ARNALDO ESTEVES LIMA, PRIMEIRA TURMA, julgado em 04/11/2010, DJe 12/11/2010).

IV. Agravo interno improvido.

(AgInt nos EDcl no AREsp 1.929.354/AL, Segunda Turma, Rel. Min. Assusete Magalhães, DJ 03.4.2023).

Estes julgados refletem aquela questão, de que já tratamos, de acórdãos que fazem referência a acórdãos, que remetem a ementas de outros acórdãos, que aludem a outras ementas, e assim sucessivamente, sem que seja analisada a *ratio decidendi*.

Afinal, sendo certo que tais julgados proclamam a ocorrência de *prescrição*, não de decadência, não haveria razão para deixar de aplicar a orientação da Súmula 85. Se a revisão do ato de aposentadoria iria importar o pagamento de parcelas mensais sucessivas, é exatamente o mesmo que ocorre nos benefícios do Regime Geral de Previdência Social – RGPS. O fato de não haver previsão legal de um prazo de decadência, para tal situação, não leva à conclusão de que haveria prescrição do fundo de direito.

A única ressalva que o Tribunal tem feito é reconhecer que a concessão do benefício no RPPS não importa, por si, a expressa negativa do direito ao reconhecimento e ao cômputo de verbas não concedidas quando em atividade. A tese firmada foi a seguinte (Tema 1.017):

> O ato administrativo de aposentadoria de servidor público não configura, por si só, para fins do art. 1º do Decreto 20.910/1932 e da Súmula 85/STJ, expressa negativa do direito ao reconhecimento e ao cômputo de verbas não concedidas enquanto ele estava em atividade, salvo quando houver, no mesmo ato, inequívoco indeferimento pela Administração, situação essa que culminará na prescrição do fundo de direito se decorrido o prazo prescricional (RESP 1.772.848, Rel. Min. Herman Benjamin, DJ 01.7.2021).

Mas isso não tem impedido, como se viu, que julgados posteriores a esse tenham reconhecido a prescrição do fundo de direito.

Uma última observação cabível neste tópico é que a fixação de prazos legais de prescrição não é incompatível com o reconhecimento da *renúncia à prescrição*. De fato, se a Administração Pública pratica um ato inequívoco reconhecendo o direito do segurado (ou servidor), mesmo depois do decurso do prazo legal, tal ato tem aptidão de afastar a incidência dos prazos prescricionais. Trata-se de conclusão que decorre da regra do art. 191 do Código Civil[25]. A despeito disso, há entendimento no sentido de que, no regime jurídico administrativo, a renúncia à prescrição dependeria de lei autorizativa[26].

---

25. "Art. 191. A renúncia da prescrição pode ser expressa ou tácita, e só valerá, sendo feita, sem prejuízo de terceiro, depois que a prescrição se consumar; tácita é a renúncia quando se presume de fatos do interessado, incompatíveis com a prescrição".

26. "Não ocorre renúncia tácita à prescrição (art. 191 do Código Civil), a ensejar o pagamento retroativo de parcelas anteriores à mudança de orientação jurídica, quando a Administração Pública, inexistindo lei que, no caso concreto, autorize a mencionada retroação, reconhece administrativamente o direito pleiteado pelo interessado" (STJ, Tema 1.109, RESP 1.925.192, Rel. Min. Sérgio Kukina, DJ 02.10.2023).

10.3. PROTEÇÃO DA CONFIANÇA E A REGULAMENTAÇÃO INFRALEGAL DE BENEFÍCIOS PREVIDENCIÁRIOS

O Direito Previdenciário é um ramo do conhecimento jurídico que se caracteriza, por vezes, por uma excessiva regulamentação via atos infralegais, não só pelo decreto regulamentar (Decreto nº 3.048/1999), como também a Instrução Normativa INSS/PRES nº 128/2022 e outras portarias que a complementam (da Diretoria de Benefícios do INSS).

Em alguma medida, tal definição tem também uma finalidade de esclarecer e orientar os próprios servidores do INSS na sua atuação concreta. Mas há riscos a serem considerados. Marco Aurélio Serau Junior denomina esse fenômeno de "portarização" do Direito Previdenciário, representada por uma vontade irrefreável de regular este ramo do Direito via atos administrativos (como as "portarias", instruções normativas e ordens de serviço), em afronta ao princípio da legalidade e mesmo aos limites constitucionais à competência regulamentar[27].

Dado o campo material muito restrito que a Constituição Federal reserva à competência do Presidente da República para editar decretos regulamentares (art. 84, IV), realmente não se defere a este instrumento normativo a tarefa de inovar originariamente o ordenamento jurídico, criando proibições, restrições ou impondo deveres e obrigações sem o necessário fundamento legal de validade. Trata-se também de uma imposição ditada pelos artigos 5º, II, e 49, V, da Constituição Federal.

Mas uma característica bastante comum no âmbito do Direito Previdenciário é a existência de certas hipóteses de *delegação legislativa*, em que a lei transfere a disciplina de determinado assunto para o decreto regulamentar.

Tome-se o exemplo da regra contida no artigo 58 da Lei nº 8.213/1991, que, ao tratar da aposentadoria especial, estabeleceu que "a relação dos agentes nocivos químicos, físicos e biológicos ou associação de agentes prejudiciais à saúde ou à integridade física" [...] "será definida pelo Poder

---

27. SERAU JUNIOR. Marco Aurélio. **A "portarização" do Direito Previdenciário**. Disponível em https://blog.grupogen.com.br/juridico/areas-de-interesse/previdenciario/portarizacao-do-direito-previdenciario/. Acesso em: 03 jun. 2024. Sobre os limites constitucionais à competência regulamentar, vide o nosso Competência regulamentar no Direito Previdenciário. *In:* SERAU JUNIOR, Marco Aurélio (org.). **Comentários ao Regulamento da Previdência Social**. Belo Horizonte: Editora IEPREV, 2021, p. 63-85. Também MELLO, Vanessa Vieira de. **Regime jurídico da competência regulamentar**. São Paulo: Dialética, 2001.

Executivo" (redação dada pela Lei nº 9.528/1997). Muito embora a redação original desse dispositivo legal determinasse que essa relação de agentes nocivos seria estabelecida em *lei específica*, tem-se aqui um raro caso em que a remissão ao decreto regulamentar foi absolutamente razoável e pertinente.

De fato, essa relação de agentes nocivos é de tal especificidade que não se pode exigir que venha minudentemente estabelecida na lei. Ao contrário, a evolução científica e tecnológica ininterrupta torna razoável que esses agentes venham definidos em normas de estatura infralegal. Isso não importa, no entanto, sujeitar o segurado ao exclusivo arbítrio do Poder Executivo, que não tem competência para inovar originariamente o ordenamento jurídico, mas sim uma margem de regulamentação que deve ceder passo diante da prova inequívoca de afronta aos princípios da razoabilidade e da proporcionalidade, como deve acontecer, aliás, sempre que se está diante do exercício de qualquer competência discricionária.

Portanto, neste exemplo, não há problemas na referência ao regulamento, em si, ou ao Poder Executivo. Poderá haver problemas, todavia, quando se analisa o *conteúdo do decreto regulamentar*, inclusive quando da eventual *modificação* deste, que deve ser devidamente motivada e amparada em fundamentos técnicos sólidos e, em particular, *deve igual respeito ao princípio da proteção da confiança.*

Um caso bastante emblemático, em que se discutiu a modificação do regulamento, envolveu a alteração dos níveis de tolerância para *ruído* (de 80 para 90 e depois 85 dB [A]), consequência dos Decretos de nº 2.172/1997, 3.048/1999 e 4.882/2003. O Superior Tribunal de Justiça resolveu definitivamente a questão no julgamento do RESP 1.398.260/PR, Rel. Min. Herman Benjamin, na sistemática dos recursos especiais repetitivos (Tema 1.083). O acórdão ficou assim ementado:

> ADMINISTRATIVO E PROCESSUAL CIVIL. MATÉRIA REPETITIVA. ART. 543-C DO CPC E RESOLUÇÃO STJ 8/2008. RECURSO REPRESENTATIVO DE CONTROVÉRSIA. PREVIDENCIÁRIO. REGIME GERAL DE PREVIDÊNCIA SOCIAL. TEMPO ESPECIAL. RUÍDO. LIMITE DE 90 DB NO PERÍODO DE 6.3.1997 A 18.11.2003. DECRETO 4.882/2003. LIMITE DE 85 DB. RETROAÇÃO. IMPOSSIBILIDADE. APLICAÇÃO DA LEI VIGENTE À ÉPOCA DA PRESTAÇÃO DO SERVIÇO. Controvérsia submetida ao rito do art. 543-C do CPC 1. Está pacificado no STJ o entendimento de que a lei que rege o tempo de serviço é aquela vigente no momento da prestação do labor. Nessa mesma linha: REsp 1.151.363/MG, Rel. Ministro Jorge Mussi, Terceira Seção, DJe 5.4.2011; REsp 1.310.034/PR, Rel. Ministro Herman Benjamin,

> Primeira Seção, DJe 19.12.2012, ambos julgados sob o regime do art. 543-C do CPC. 2. O limite de tolerância para configuração da especialidade do tempo de serviço para o agente ruído deve ser de 90 dB no período de 6.3.1997 a 18.11.2003, conforme Anexo IV do Decreto 2.172/1997 e Anexo IV do Decreto 3.048/1999, sendo impossível aplicação retroativa do Decreto 4.882/2003, que reduziu o patamar para 85 dB, sob pena de ofensa ao art. 6º da LINDB (ex--LICC). Precedentes do STJ. Caso concreto. 3. Na hipótese dos autos, a redução do tempo de serviço decorrente da supressão do acréscimo da especialidade do período controvertido não prejudica a concessão da aposentadoria integral. 4. Recurso Especial parcialmente provido. Acórdão submetido ao regime do art. 543-C do CPC e da Resolução STJ 8/2008 (RESP 1.398.260/PR, Rel. Min. Herman Benjamin, DJ 05.12.2014).

É curioso que o ponto fundamental sobre o qual recaíram os debates tenha sido a aplicação (ou não) da máxima *tempus regit actum*, mas quase nada se viu a respeito da suficiência (ou não) dos fundamentos que (presume--se) tenham subsidiado tecnicamente as sucessivas alterações do decreto regulamentar. O voto do Ministro Ari Pargendler referiu-se, solitariamente, aos avanços da Ciência influenciando as regras jurídicas. Mas ficou vencido no julgamento em questão.

Neste caso, embora a remissão ao decreto regulamentar não fosse, em si, inválida, uma análise técnica mais aprofundada sobre as razões das alterações do regulamento poderia resultar em uma solução diversa. Afinal, aos olhos de um leigo na Medicina do Trabalho, parece um tanto inusual que os níveis de ruído aceitáveis deem esses "saltos", para mais ou para menos. O intervalo de alguns poucos anos certamente não foi suficiente para mudar as conclusões científicas a respeito da potencialidade de danos à saúde causados por diferentes níveis de ruído.

Se lembrarmos que o benefício em questão tem natureza *protetiva* (como visto no item 8.2.2), o princípio da proteção da confiança atribui ao Presidente da República um *ônus argumentativo adicional*, tanto para que o decreto regulamentar esteja circunscrito aos limites legais e constitucionais, mas para que as eventuais alterações também levem em conta as legítimas expectativas que ele próprio criou.

Outro aspecto que merece ser destacado é a reiterada determinação de *incidência imediata* de certas normas regulamentares e administrativas, a serem aplicadas inclusive a requerimentos administrativos pendentes de análise.

Trata-se de fenômeno que já estava presente no Regulamento da Previdência Social (Decreto nº 3.048/1999), que, em seu artigo 381, determinou que "as normas deste Regulamento de natureza procedimental aplicam-se imediatamente a todos os processos pendentes no Ministério da Previdência e Assistência Social e no Instituto Nacional do Seguro Social".

Veja-se que a incidência imediata ficou restrita às *normas de caráter procedimental*, no que está em harmonia com a tradição do direito brasileiro. Esta tradição é revelada não apenas pela Lei de Introdução às Normas do Direito Brasileiro (Decreto-lei nº 4.657/1942) e seu "efeito imediato e geral" da lei (art. 6º), mas também pelo Código de Processo Penal (art. 2º[28]) e pelo Código de Processo Civil (arts. 14 e 1.046[29]). Portanto, é razoável que o Regulamento, mesmo sem previsão legal expressa, tenha adotado uma técnica que é fruto de uma tradição histórica legislativa brasileira.

Outros atos normativos do INSS aparentam reproduzir tal fórmula. É o caso, por exemplo, da Instrução Normativa INSS/PRES nº 128/2022, cujo artigo 674 prescreveu que "esta Instrução Normativa entra em vigor na data de sua publicação, devendo ser aplicada a todos os processos pendentes de análise e decisão". A mesma técnica normativa foi inserida nas Portarias DIRBEN complementares à Instrução Normativa (nº 990 a 999/2022), que invariavelmente determinaram sua aplicação imediata aos processos pendentes de análise e decisão (sempre nos artigos 2º de cada um desses atos administrativos).

Ocorre que o problema tem complexidade bem maior do que pode parecer à primeira vista. De fato, basta uma leitura inicial desses atos

---

28. "Art. 2º A lei processual penal aplicar-se-á desde logo, sem prejuízo da validade dos atos realizados sob a vigência da lei anterior".

29. "Art. 14. A norma processual não retroagirá e será aplicável imediatamente aos processos em curso, respeitados os atos processuais praticados e as situações jurídicas consolidadas sob a vigência da norma revogada". "Art. 1.046. Ao entrar em vigor este Código, suas disposições se aplicarão desde logo aos processos pendentes, ficando revogada a Lei nº 5.869, de 11 de janeiro de 1973. § 1º As disposições da Lei nº 5.869, de 11 de janeiro de 1973, relativas ao procedimento sumário e aos procedimentos especiais que forem revogadas aplicar-se-ão às ações propostas e não sentenciadas até o início da vigência deste Código. § 2º Permanecem em vigor as disposições especiais dos procedimentos regulados em outras leis, aos quais se aplicará supletivamente este Código. § 3º Os processos mencionados no art. 1.218 da Lei nº 5.869, de 11 de janeiro de 1973, cujo procedimento ainda não tenha sido incorporado por lei submetem-se ao procedimento comum previsto neste Código. § 4º As remissões a disposições do Código de Processo Civil revogado, existentes em outras leis, passam a referir-se às que lhes são correspondentes neste Código. § 5º A primeira lista de processos para julgamento em ordem cronológica observará a antiguidade da distribuição entre os já conclusos na data da entrada em vigor deste Código".

normativos para verificar que *nem todas as suas regras têm caráter meramente procedimental.*

Para ficar em um exemplo, tome-se o tema do direito ao benefício mais vantajoso, de que tratamos no item 5.2 deste trabalho. A revogada Instrução Normativa INSS/PRES nº 77/2015 previa explicitamente que "o INSS deve conceder o melhor benefício a que o segurado fizer jus, cabendo ao servidor orientar nesse sentido". A Instrução Normativa INSS/PRES nº 128/2022 não deixou de assegurar tal direito, mas enunciando-o sob forma de *opção* do beneficiário[30].

A inovação é *sutil*, mas não desimportante. Uma coisa é dizer que o servidor do INSS tem o *dever de informar* o segurado sobre as possibilidades de escolha; neste caso, o simples descumprimento desse dever de informar já invalida o ato administrativo.

Outra coisa é simplesmente *permitir a revisão*. Como é intuitivo, o requerimento de revisão só ocorrerá se o interessado estiver suficientemente informado das diferentes possibilidades, para o que se exige um aconselhamento jurídico e de cálculos previdenciários. Claro que haverá segurados que jamais tomarão conhecimento dessas opções e há tantos outros que demorarão longo tempo para requerer as revisões. Sem contar a incidência dos prazos legais de decadência e de prescrição, poderá haver, no mínimo, uma discussão sobre o termo inicial dos efeitos financeiros dessas revisões.

Com isso já se vê que a alteração em questão não é puramente procedimental, mas afeta o *núcleo do direito material* ao benefício mais vantajoso. Portanto, a incidência imediata das novas regras é potencialmente violadora ao princípio da irretroatividade das normas, um dos vários aspectos da proteção da confiança, como ficou demonstrado no item 5.1.

Outro caso em que o mesmo problema se apresentou disse respeito à disciplina infralegal do recolhimento das contribuições em atraso, objeto da Portaria INSS/PRES nº 1.382/2021. A pretexto de regulamentar os procedimentos aplicáveis a esses recolhimentos, a Portaria criou uma regra

30. "Art. 222. [...] § 3º Na hipótese de ser identificado o direito a mais de uma forma de cálculo de aposentadoria, fica resguardada a opção pelo cálculo mais vantajoso, observada a reafirmação da data de entrada do requerimento administrativo a critério do segurado, se for o caso, na forma do art. 577". "Art. 589. [...] § 1º Na hipótese de o segurado ter implementado todas as condições para mais de uma espécie de aposentadoria na data da entrada do requerimento e em não tendo sido lhe oferecido o direito de opção pelo melhor benefício, poderá solicitar revisão e alteração para espécie que lhe é mais vantajosa".

proibitiva. A Portaria determinou que só poderiam ser considerados, para efeito de analisar o direito a benefícios conforme regras anteriores à Emenda nº 103/2019, ou o direito à aplicação das regras de transição da própria emenda (artigos 17 e 20), os recolhimentos feitos "até a data de verificação do direito"[31]. Claro que tais restrições ultrapassam os limites da competência da autoridade administrativa, que estabeleceu limitação não contida sequer no Decreto nº 3.048/1999 e que tampouco estava prevista na Emenda nº 103/2019. Nesses casos em que o cômputo do tempo de contribuição depende de prova de pagamento da indenização correspondente às contribuições não recolhidas no tempo correto, deve-se fazer uma distinção: uma coisa é o pagamento da indenização, que é um *elemento constitutivo do direito do segurado*; outra coisa é identificar os critérios de elegibilidade e a fórmula de cálculo do benefício, que deve seguir a máxima *tempus regit actum*. Assim, mesmo que o recolhimento das contribuições (na forma de indenização) seja feito *depois* "da data de verificação do direito", é possível aplicar as regras anteriores à Emenda nº 103/2019, ou mesmo as regras de transição desta, caso preenchidos os respectivos requisitos[32]. É até correto sustentar que o

---

31. "Art. 9º Para fins de cômputo da carência, do tempo de contribuição, do Período Básico de Cálculo – PBC e da manutenção da qualidade de segurado, para os segurados a que se refere o art. 2º, não deverão ser consideradas as contribuições efetuadas em atraso após o fato gerador, independentemente de referirem-se a competências anteriores. [...] § 5º Para fins de análise a direito adquirido, somente poderão ser considerados os recolhimentos em atraso efetuados até a data da verificação do direito. Os recolhimentos com data de pagamento posterior à data da análise do direito não integrarão o cálculo de tempo de contribuição nessa regra, mesmo que se refiram a competências anteriores. § 6º Para fins de verificação do tempo de contribuição apurado até 13 de novembro de 2019, utilizado para verificação das regras de transição da aposentadoria por tempo de contribuição com pedágio de 50% (cinquenta por cento) e de 100% (cem por cento), previstos nos arts. 17 e 20 da Emenda Constitucional nº 103, de 12 de novembro de 2019, os recolhimentos realizados em atraso em data posterior não serão considerados. § 7º Todos os recolhimentos em atraso realizados até a data de entrada do requerimento serão considerados, inclusive para cômputo no tempo total calculado para a verificação do direito às regras de transição aplicadas nas aposentadorias por idade, tempo de contribuição, do professor e especial, observado o disposto no § 6º".

32. Nesse sentido é o julgado das Segunda Turma Recursal dos Juizados Especiais Federais do Rio Grande do Sul: "É viável o reconhecimento e averbação de tempo de serviço rural exercido após 01/11/1991 para fins de acesso aos benefícios previstos no inciso II do art. 39 da Lei nº 8.213/91. O emprego do período, contudo, fica condicionado ao pagamento da indenização, a qual deve ocorrer no momento do exercício da atividade, ou em momento posterior, na forma prevista pelo art. 45-A da Lei nº 8.213/91, mas sempre antes da concessão do benefício. [...] No entanto, deve-se observar, quanto ao efetivo aproveitamento do tempo rural, o seguinte julgado da Turma Regional de Uniformização da 4ª Região: 'Uma situação

termo inicial do benefício deva ser postergado para depois do pagamento da indenização; afinal, sem a indenização não há benefício. Mas isso não interfere no reconhecimento do direito ao benefício e no cálculo da renda mensal inicial conforme as regras já citadas.

é a comprovação do tempo rural que possui efeitos declaratórios e alcança a DER. Outra situação distinta é a utilização desse tempo quando depende de prévia indenização. Essa utilização, condicionada que está ao pagamento da indenização correspondente, somente poderá produzir efeitos na esfera jurídica do segurado, se e quando vier a ser indenizada. A indenização é, neste caso, elemento constitutivo do direito do segurado'. (TRU, 5003533-26.2017.4.04.7213, FLÁVIA DA SILVA XAVIER, juntado aos autos em 31/05/2019). O tempo de serviço se incorpora ao patrimônio do trabalhador com base na lei vigente na data em que o trabalho foi prestado. Contudo, se a contribuição deveria ser paga por iniciativa do trabalhador, ele não poderá computar o referido período enquanto não for paga a respectiva indenização. Desde já esclareço que a lei a ser aplicada é a lei vigente na data em que foram implementados os requisitos para a aposentadoria, mesmo que a indenização do período ocorra depois da EC nº 103/2019. Se os requisitos foram implementados em momento anterior, o pagamento da indenização é condição necessária para que o benefício seja exigível, mas o fato de ela ter sido paga em momento anterior não determina a aplicação da legislação posterior, salvo se ela for mais benéfica" (RC 5001992-60.2019.4.04.7124, Rel. Daniel Machado da Rocha, j. em 27.4.2021).

Capítulo 11

CONSIDERAÇÕES FINAIS

O trabalho procurou demonstrar que as esperanças, expectativas e a confiança têm sido objeto de estudo de diferentes áreas do conhecimento humano. Psicologia, Ética e Sociologia debruçam-se sobre esses temas. Há interesse no exame da confiança, em particular, a partir da Sociologia do Direito, dado que suas reflexões muitas vezes inspiram o legislador positivo.

Do ponto de vista sociológico, a confiança vem sendo compreendida como um elemento de redutor da complexidade social, estabilizador das expectativas e das relações sociais. A confiança assume um papel de "fato elementar da vida social", presente nas relações entre indivíduos, mas também nas relações dos indivíduos com o Estado.

O tema da confiança conecta-se com a "reputação", compreendida em um aspecto positivo (a "boa reputação"), atributo que pode ser verificado em diferentes indivíduos e, em alguma medida, também no Estado. Essa reputação estatal poderá recair sobre as *normas* que o Estado produz, o que vem se mostrando cada vez mais relevante, exatamente em razão da complexidade das relações sociais no mundo contemporâneo.

O Estado pode atuar como indutor de bons comportamentos na sociedade, no que vem sendo denominado efeito *spillover* (transbordamento). O reverso também pode ser verdade, com a má-conduta dos agentes estatais influenciando maus comportamentos na sociedade.

Em dado momento, as expectativas, esperanças e a confiança deixam de ser preocupações apenas da Psicologia ou da Sociologia, e passam a ser objeto de atenção da Ciência do Direito. Há uma proteção jurídica *prospectiva*, que se traduz em um olhar jurídico para o futuro desses fenômenos. Mas também é possível mencionar uma visão *retrospectiva*, em que as expectativas e a confiança devem ser protegidas em relação a fatos passados, ou a efeitos presentes e futuros de fatos passados.

Na doutrina, há diferentes formas de abordagem do princípio da proteção da confiança, ditadas por diversas opções metodológicas. É preciso ter cautela nessas diferentes abordagens, para afastar o risco de incorrer em um certo "furor classificatório" que por vezes acomete a Ciência Jurídica, em que alguns insistem em inserir as criações do legislador em categorias classificatórias previamente estabelecidas. O legislador nem sempre guarda total coerência nesses parâmetros e as tentativas de sistematização absoluta acabam levando a encruzilhadas, becos sem saída e à natureza "sui generis" de certos institutos jurídicos.

O "ponto de chegada" proposto é de considerar a proteção da confiança como um *direito fundamental* e, mais ainda, como um *princípio constitucional implícito*. Embora possa causar estranheza que um instituto tenha mais de uma natureza, tal restrição não se aplica à proteção da confiança. Essa dupla natureza jurídica é aceitável e, mais ainda, inafastável, quando se trata de *prescrições estabelecidas pelo direito positivo*. Ao "criar suas próprias realidades", o Direito pode inclusive atribuir a um mesmo instituto elementos que o subsumem a essas duas categorias jurídicas.

Os princípios implícitos são alcançados por via de interpretação do sistema jurídico, que os extrai a partir de diferentes "enunciados linguísticos" (ou textos normativos). A partir de uma interpretação do sistema é identificada a norma jurídica que veicula o princípio da proteção da confiança.

O princípio da proteção da confiança é dotado de fundamentalidade formal, pois extraível diretamente da Constituição de 1988 e, além disso, de uma fundamentalidade material (ou substancial), abrangida pela cláusula de abertura prevista no § 2º do artigo 5º da Constituição Federal de 1988. O princípio da proteção da confiança também tem uma relação de grande proximidade com o princípio da dignidade da pessoa humana, que é critério também revelador da fundamentalidade material de um direito.

Os "elementos linguísticos" que amparam a proteção da confiança, na Constituição Federal de 1988, são o princípio da segurança jurídica, expresso em inúmeros dispositivos constitucionais; os princípios do Estado de Direito e da legalidade; o princípio da boa-fé objetiva.

Na vertente *retrospectiva*, o princípio da proteção da confiança irradia seus efeitos em dois âmbitos: a irretroatividade das leis e a proteção a situações consolidadas. Quanto à irretroatividade, concluímos que se trata de um bem jurídico relativo, pois não há determinação constitucional que impeça a retroatividade de leis em todo e qualquer caso. A regra é o efeito imediato (e prospectivo) das leis, que é uma decorrência da ideia geral de Direito. Mas retroatividade poderá ocorrer quando em *benefício* do titular de um direito e, em casos específicos, quando presentes certas *situações-limite*, em que a irretroatividade poderá afetar gravemente outros bens constitucionalmente prestigiados.

O direito adquirido é merecedor de proteção constitucional expressa, com a estatura de cláusula pétrea, e tem importantes aplicações no Direito Previdenciário, em diferentes âmbitos. Em várias situações, a proteção ao direito adquirido vem pormenorizada em regras legais. O Supremo Tribunal Federal tem reconhecido, inclusive, a existência de um direito adquirido ao benefício mais vantajoso possível. Também assim o Superior Tribunal de Justiça, nos casos em que o segurado propõe ação judicial para concessão do benefício e, no curso desta, obtém o benefício na via administrativa. Reconhece-se o direito ao benefício deferido administrativamente (normalmente mais vantajoso), mais os atrasados do benefício concedido em Juízo.

A lei que atinge direitos adquiridos é, como regra, *ineficaz* em relação àqueles que já tinham incorporado certo direito à sua pessoa ou ao seu patrimônio. Poderá ser *inválida*, todavia, nos casos em que a lei pretende alcançar *somente* aqueles que já tinham direitos adquiridos.

A proteção ao direito adquirido dirige-se, indistintamente, tanto às alterações da lei como às alterações da Constituição Federal. A natureza de direito fundamental atrai a aplicação do princípio da máxima efetividade em matéria de hermenêutica de direitos e garantias fundamentais, exigindo uma solução que resulte na sua maior efetividade possível.

Em matéria previdenciária, as sucessivas emendas constitucionais acabaram respeitando os direitos adquiridos anteriormente à sua vigência. A Emenda nº 103/2019, todavia, em um aspecto (art. 25, § 3º), poderá vir a ser questionada, pois atinge direitos que já se haviam incorporado às pessoas de certos aposentados.

O Supremo Tribunal Federal tem uma jurisprudência sedimentada quanto à inexistência de direito adquirido a regime jurídico, orientação que é sempre reproduzida no exame de questões previdenciárias. Este entendimento não é consentâneo com o sistema constitucional, a partir do qual é possível atestar a insuficiência da doutrina do direito adquirido para atender às demandas sociais relativas a situações jurídicas ainda em vias de consolidação.

Reconhecer que "não existe direito adquirido a regime jurídico" não significa reconhecer que as expectativas legítimas decorrentes de atos do próprio Estado devam ficar ao absoluto desamparo do Direito. Nas relações jurídico-previdenciárias, as soluções podem (e devem) ser distintas. Trata-se de uma área em que as pessoas traçam planos, tanto financeiros como de vida. Esse planejamento normalmente se estende por décadas. Não é por acaso que se costuma afirmar que a previdência social é um "pacto entre gerações". Conclui-se que, *em determinadas e específicas situações*, a partir de certos requisitos bem delimitados, a solução dada pelo Direito, inspirada pelo regime jurídico dos direitos e garantias fundamentais, seja diferente.

Em sua vertente *perspectiva*, a proteção da confiança exige a presença de certos "requisitos", "pressupostos", "elementos" ou "condições para emprego": a base da confiança, a confiança objetivamente depositada na base e o ato estatal que frustra a confiança. A base da confiança é sempre uma conduta de outrem, que edita um ato jurídico (legislativo, administrativo ou jurisdicional). Para os fins deste trabalho, este ato será sempre um *ato estatal*. Embora exista na doutrina quem sustente que tal conduta deverá criar uma *expectativa legítima*, concluímos que não existe uma dicotomia absoluta entre expectativas legítimas e ilegítimas. Adotamos, em parte, as regras propostas por Humberto Ávila para graduar a aplicação do princípio da proteção da confiança. Dentre essas regras ou critérios, no âmbito previdenciário destacam-se três: a modificabilidade (quanto maior for o grau de permanência do ato, maior é a proteção da confiança a ele atribuída); a indução (quanto maior o grau de indução, maior deve ser a proteção da confiança); e a durabilidade (quanto mais duradoura a eficácia temporal do ato, maior proteção merece a confiança nele depositada).

A "confiança depositada na base" deve ser avaliada em termos puramente objetivos, dada a grande dificuldade em verificar se aquele indivíduo específico, subjetivamente, confiou no ato estatal ou na subsistência dos efeitos jurídicos deste. No âmbito previdenciário há benefícios cuja conformação legal leva a crer que são eminentemente provisórios (ou temporários), o que fragiliza essa confiança. Outros benefícios têm maior grau de permanência, embora ainda revisíveis, no âmbito da autotutela administrativa. Os atos jurisdicionais caracterizam-se por gerar confiança em grau progressivo, conforme avançam as fórmulas de preclusão e/ou coisa julgada. Embora seja comum afirmar-se que os atos legislativos tenham maior estabilidade, isto não é necessariamente verdadeiro na realidade brasileira e pode variar significativamente no direito comparado.

O ato estatal que frustra a confiança é uma exigência que *caracteriza* o princípio da proteção da confiança. A frustração pode vir de um ato jurídico de natureza jurídica diferente do ato que induziu à confiança, sejam legislativos, administrativos ou jurisdicionais.

Um dos aspectos mais característicos da Previdência Social é o "fator tempo", que perpassa diferentes aspectos deste ramo do conhecimento jurídico. Há uma dúvida, que se pretendeu resolver, a respeito da identificado de *quanto tempo* é necessário para fazer emergir uma expectativa digna de proteção constitucional. A partir de uma interpretação sistemática do ordenamento jurídico, considerando também o direito infraconstitucional, conclui-se que esse tempo será de *cinco anos*. Este critério também foi empregado pelo Supremo Tribunal Federal, ao resolver um tema especificamente previdenciário (Tema 445 da repercussão geral). A solução adotada está em harmonia com o sistema constitucional e não importou uma invasão indevida da função legislativa. O prazo de cinco anos poderá ceder quando em confronto com prazos maiores fixados pelo direito positivo. O prazo poderá ser também menor que cinco anos, a depender das circunstâncias do caso concreto.

O princípio da proteção da confiança é especialmente aplicável no âmbito das reformas da Previdência Social, fenômeno constante pelo qual o Brasil vem se submetendo já há algumas décadas. Assentada a possibilidade de controle de constitucionalidade das emendas à Constituição, estas poderão ser declaradas inconstitucionais, caso violem as limitações formais, circunstanciais e materiais à competência reformadora.

Há aspectos específicos da Emenda nº 103/2019 que afetam o princípio da proteção da confiança: a) a "desconstitucionalização" da Previdência Social; b) as regras de transição, tanto presentes quanto ausentes; e c) o tratamento desigual entre diferentes regimes próprios de Previdência Social.

A proteção da confiança também produz efeitos significativos no exame das alterações jurisprudenciais em temas previdenciários, apresentando características distintas nas demandas individuais, nos processos de jurisdição coletiva e nos julgados de efeitos vinculativos. Nestes julgados vinculativos, há características e consequências também distintas quando se examina o efeito vinculante da jurisdição constitucional e os provimentos vinculativos previstos no Código de Processo Civil. Merece destaque o tema da modulação dos efeitos das decisões judiciais, tanto nas declarações de inconstitucionalidade como também nas alterações de jurisprudência consolidada.

A proteção da confiança tem laços muito próximos com a autotutela dos atos administrativos no âmbito previdenciário. A origem histórica do princípio, no direito comparado, está diretamente relacionada com os temas da revogação e invalidação dos atos administrativos. A confiança decorrente da prática do ato administrativo passa a ser reconhecida como um limite objetivo à retirada desse ato, quer por razões de conveniência e oportunidade, quer por questões de ilegalidade.

O princípio da legalidade, em sua vertente mais contemporânea, está relacionado não apenas ao dever de cumprimento da lei, em sentido estrito, mas ao dever de observância ao ordenamento jurídico, de forma ampla, o que evidentemente abrange regras e princípios constitucionais, inclusive o princípio da proteção da confiança. São também expressões da proteção da confiança, em matéria previdenciária, as regras relacionadas à decadência, tanto a que se aplica ao direito do Estado de invalidar um ato administrativo previdenciário, como também ao beneficiário de pleitear a revisão de um benefício já concedido. São igualmente manifestações da proteção da confiança os prazos prescricionais aplicáveis à concessão, revisão e restabelecimento de benefícios.

O trabalho encerra-se com reflexões a respeito da regulamentação infralegal de benefícios previdenciários e os limites a essas alterações, derivados da aplicação do princípio da proteção da confiança.

REFERÊNCIAS

ABBOUD, Georges. **Processo constitucional brasileiro**. 2. ed. São Paulo: Revista dos Tribunais, 2018.

ABBOUD, Georges. Modulação de efeitos como categoria consequencialista: das funções tradicionais às contemporâneas. **Suprema – Revista de Estudos Constitucionais**, Brasília, v. 1, n. 2, p. 363-393, jul./dez. 2021.

ALARCÓN, Pietro. O princípio constitucional da dignidade humana e o direito à vida: a constitucionalidade do artigo 5º da Lei 11.105 de 2005. **Argumenta Journal Law**, [s. l.], v. 10, n. 10, p. 265-275, 2013. Disponível em: https://seer.uenp.edu.br/index.php/argumenta/article/view/673. Acesso em: 21 jun. 2024.

ALARCÓN, Pietro de Jesús Lora. **Ciência política, Estado e direito público**: uma introdução ao direito público da contemporaneidade. 5. ed. São Paulo: Tirant Lo Blanch, 2022.

ALESSI, Renato. **A revogação dos atos administrativos**. Trad. da 2. ed., com comentários e notas explicativas de Antonio Araldo Ferraz Dal Pozzo, Augusto Neves Dal Pozzo e Ricardo Marcondes Martins. São Paulo: Contracorrente, 2022.

ALEXY, Robert. **Teoria dos direitos fundamentais**. 3. ed. São Paulo: Malheiros, 2024.

ALIANAK, Raquel Cynthia. Seguridad jurídica, buena fe y confianza legítima frente a actos estatales. **Revista Eurolatinoamericana de Derecho Administrativo**, Santa Fé, v. 2, n. 2, p. 85-97, jul./dic. 2015.

ALMEIDA, André Galvão Vasconcelos de. (Des) confiança sistêmica e o direito como generalizador congruente de expectativas normativas. **Revista de Informação Legislativa [do Senado Federal]**, Brasília, ano 54, n. 213, p. 241-263, jan./mar. 2017.

ALMEIDA, Lilian Barros de Oliveira. **Direito adquirido**: uma questão em aberto. São Paulo: Saraiva, 2012.

ALONSO, Juan Pablo. Principios implícitos y fuentes sociales del derecho. In: DOXA. **Cuadernos de Filosofía del Derecho**, Alicante, v. 41, p. 63-83, 2018.

ALVES, Andressa Munaro; MIRANDA, Ricardo Scott Hood. **Pacto intergeracional nas relações previdenciárias como positivação do princípio da fraternidade**. DOI 10.22533/at.ed.40323220315. Disponível em https://www.atenaeditora.com.br/catalogo/post/pacto-intergeracional-nas-relacoes-previdenciarias-como-positivacao-do-principio-da-fraternidade. Acesso em: 03 jun. 2024.

AMARAL, Maria Lúcia. O tempo e a protecção da confiança. *In:* **Encontro de Professores Portugueses de Direito Público**, 5, **Anais...** Lisboa: Instituto de Ciências Jurídico Políticas, 2012. p. 21-22.

AMARAL, Paulo Adyr Dias; RODRIGUES, Raphael Silva; BRAZIOLO, Diogo Mello. O significado das expressões "segurança jurídica" e "excepcional interesse social" nas fundamentações das modulações de efeitos das declarações de inconstitucionalidade de norma tributária. **Revista Fórum de Direito Tributário**, Belo Horizonte, ano 16, n. 94, p. 105-137, jul./ago. 2018.

AMARO, Luciano. **Direito tributário brasileiro**. 2. ed. São Paulo: Saraiva, 1998.

ANDRADE, José Carlos Vieira de. **Os direitos fundamentais** [na Constituição Portuguesa de 1976]. Coimbra: Almedina, 2001.

ARAUJO, Luiz Alberto David; NUNES JÚNIOR, Vidal Serrano. **Curso de direito constitucional**. 23. ed. São Paulo: Manole, 2021.

ARAÚJO, Valter Shuenquener de. **O princípio da proteção da confiança**. 2. ed. Niterói: Impetus, 2016.

ARISTÓTELES. **Metafísica**. 2. ed., São Paulo: Edipro, 2012.

ARISTÓTELES. **Ética a Nicômaco**. Trad. e notas Luciano Ferreira de Souza. São Paulo: Martins Claret, 2015.

ARRUDA ALVIM, Teresa. Reflexões a respeito do tema "precedentes no Brasil do século 21". **Revista de Doutrina da 4ª Região**, Porto Alegre, n. 78, jun. 2017. Disponível em: http://www.revistadoutrina.trf4.jus.br/artigos/edicao078/Teresa_Arruda_Alvim.html. Acesso em: 03 jun. 2024.

ATALIBA, Geraldo. Ação declaratória de constitucionalidade. **Revista de Direito Administrativo**, Rio de Janeiro, n. 192, p. 361-362, abr./jun. 1993.

ATALIBA, Geraldo. **República e Constituição**. 3. ed. São Paulo: Malheiros, 2011.

ATALIBA, Geraldo. **Hipótese de incidência tributária**. 6. ed. São Paulo: Malheiros, 2018.

AUERBACH, Carl A. A revival of some ancient learning: a critique of Eisenberg's The Nature of the Common Law (1991). **Minnesota Law Review**, Minneapolis, v. 75, n. 957, p. 539-580, 1991. Disponível em https://scholarship.law.umn.edu/mlr/957. Acesso em: 03 jun. 2024.

ÁVILA, Humberto. **Teoria da segurança jurídica**. 5. ed. São Paulo: Malheiros, 2019.

ÁVILA, Humberto. **Teoria dos princípios**: da definição à aplicação dos princípios jurídicos. 21. ed. São Paulo/Salvador: Malheiros/Juspodivm, 2022.

BACHOF, Otto. **Normas constitucionais inconstitucionais?** Coimbra: Livraria Almedina, 1994.

BANACO, Roberto Alves. Emoção e ação pedagógica na infância: contribuições da psicologia comportamental. **Temas em psicologia**, [s. l.], v. 1, n. 3, p. 57-65, 1993. Disponível em http://pepsic.bvsalud.org/scielo.php?pid=S1413-389X1993000300008&script=sci_arttext. Acesso em: 03 jun. 2024.

BAPTISTA, Patrícia Ferreira. **Segurança jurídica e proteção da confiança legítima no direito administrativo**: análise sistemática e critérios de aplicação no Direito Administrativo brasileiro. 2006. Tese (Doutorado em Direito). Faculdade de Direito da Universidade de São Paulo, São Paulo, 2006.

BARBALHO U. C., João. **Constituição Federal Brazileira. Commentarios**. Rio de Janeiro: Typographia da Companhia Litho-Typographia, 1902.

BARBOSA, Rui. **Os actos inconstitucionaes no Congresso e do Executivo ante a Justiça Federal**. Capital Federal [Rio de Janeiro]: Companhia Impressora, 1893. Disponível em https://www2.senado.leg.br/bdsf/handle/id/224197. Acesso em: 03 jun. 2024.

BARRIOS, Julio Rafael Montoya; SIERRA, Carlos Alberto Cárdenas. El principio de la confianza legítima como modo de prevenir el impacto del cambio en la posición de las autoridades. **Pensamiento Americano**, n. 15, año 30, p. 1-20. Disponível em https://publicaciones.americana.edu.co/index.php/pensamientoamericano/article/view/537. Acesso em: 03 jun. 2024.

BARROSO, Luís Roberto. Dez anos da Constituição de 1988 (Foi bom pra você também?). **Revista de Direito Administrativo**, Rio de Janeiro, n. 214, p. 1-25, out./dez. 1998.

BARROSO, Luís Roberto. Constitucionalidade e legitimidade da reforma da Previdência: ascensão e queda de um regime de erros e privilégios. **Revista de Direito da Procuradoria Geral** [do Estado do Rio de Janeiro], Rio de Janeiro, n. 58, p. 125-160, 2004.

BARROSO, Luís Roberto. **Temas de direito constitucional**. T. III. Rio de Janeiro-São Paulo: Renovar, 2005.

BARROSO, Luís Roberto. **Interpretação e aplicação da Constituição**: fundamentos de uma dogmática constitucional transformadora. 7. ed., São Paulo: Saraiva, 2009.

BARROSO, Luís Roberto. **O controle de constitucionalidade no direito brasileiro**. 8. ed. São Paulo: Saraiva Educação, 2019.

BARROSO, Luís Roberto. **Curso de direito constitucional contemporâneo**: os conceitos fundamentais e a construção do novo modelo. 11. ed. São Paulo: SaraivaJur, 2023.

BASTIANON, Stefano. **La tutela del legittimo affidamento nel diritto dell'unione europea**. Milano: Giuffré, 2012.

BASTOS, Celso Ribeiro; MARTINS, Ives Gandra. **Comentários à Constituição do Brasil** (promulgada em 5 de outubro de 1988). V. 2, São Paulo: Saraiva, 1989.

BASTOS, Celso Ribeiro. **Hermenêutica e interpretação constitucional**. São Paulo: Celso Bastos Editor – Instituto Brasileiro de Direito Constitucional, 1997.

BASTOS, Celso Ribeiro. **Curso de direito constitucional**. 21. ed. São Paulo: Saraiva, 2000.

BOBBIO, Norberto. La certezza del diritto è un mito? **Rivista Internazionale di Filosofia del Diritto**, n. 28, 1951, p. 146-157.

BRAGA, Cristina Alves da Silva; FRANÇA, Vladimir da Rocha. A Lei de Introdução às Normas no Direito Brasileiro e a interpretação das normas jurídicas pelo Poder Judiciário. **Revista digital Constituição e garantia de direitos**, [s. l.], v. 14, n. 1, p. 56-67, 2022.

BRANCO, Gerson Luiz Carlos. A proteção das expectativas legítimas derivadas de situações de confiança: elementos formadores do princípio da confiança e seus efeitos. **Revista de Direito Privado**, São Paulo, n. 12, p. 169-225, out./dez. 2002.

BRAUDEL, Fernand. História e Ciências Sociais: a longa duração. **Revista de História**, v. XXX, n. 62, ano XVI, p. 261-294, 1965.

BRITO, Isabel. A saúde mental na gravidez e primeira infância. **Revista Portuguesa de Medicina Geral e Familiar**, Lisboa, v. 25, n. 5, p. 600-604, set. 2009. Disponível em: https://www.rpmgf.pt/ojs/index.php/rpmgf/article/view/10678/10414. Acesso em: 03 jun. 2024.

BRITTO, Carlos Ayres; PONTES FILHO, Valmir. Direito adquirido contra as emendas constitucionais. **Revista de Direito Administrativo**, Rio de Janeiro, n. 202, p. 75-80, out./dez. 1995.

BRITTO, Carlos Ayres. **Teoria da Constituição**. Rio de Janeiro: Forense, 2003.

BUENO, Cassio Scarpinella O "modelo constitucional do direito processual civil". **Revista de Processo**, São Paulo, v. 33, n. 161, p. 261-270, jul. 2008.

BUENO, Cassio Scarpinella. **Curso sistematizado de direito processual civil**: procedimento comum, processos nos tribunais e recursos. 12. ed. V. 2, São Paulo: SaraivaJur, 2023.

BUSTAMANTE, Thomas. O argumento *ad absurdum* na interpretação do direito (seus usos e significado normativo). **Revista de Informação Legislativa [do Senado Federal]**, Brasília, ano 49, n. 196, p. 07-26, out./dez. 2012.

BUZAID, Alfredo. Da ação direta de declaração de inconstitucionalidade no direito brasileiro. **Revista Forense**, v. 179, ano 55, p. 14-37, set./out. 1958.

CABRAL, Antonio do Passo. A técnica do julgamento-alerta na mudança de jurisprudência consolidada. **Revista de Processo**, São Paulo, v. 221, p. 13-48, jul. 2013.

CALMES-BRUNET, Sylvia. **Du principe de protection de la confiance legitime en droits allemand communautaire et francais**. Paris: Dalloz, 2001.

CÂMARA, Alexandre Freitas. **O novo processo civil brasileiro**. 4. ed. São Paulo: Atlas, 2018.

CAMPOS, Marcelo Barroso Lima Brito de. **Direitos previdenciários expectados**: a segurança na relação jurídica previdenciária dos servidores públicos. Curitiba: Juruá, 2012.

CANARIS, Claus-Wilhelm. **Die Vertraueshaftng im Deutrschen Privatrecht**. Munique: Verlag C. H. Beck, 1971.

CANOTILHO, José Joaquim Gomes. **Direito constitucional e teoria da constituição.** Coimbra: Livraria Almedina, 1997.

CARDOZO, José Eduardo Martins. **Da retroatividade da lei**. São Paulo: Revista dos Tribunais, 1995.

CARLOMAGNO, Lívia Lopes Lucas *et al.* Relações entre criatividade, esperança, otimismo e desempenho profissional. **Temas em Psicologia**, Ribeirão Preto, v. 22, n. 2, p. 497-508, 2014.

CARRAZZA, Roque Antonio. **Curso de direito constitucional tributário**. 19. ed. São Paulo: Malheiros, 2003.

CARRAZZA, Roque Antonio. **Princípio republicano**. Enciclopédia jurídica da PUC-SP. Celso Fernandes Campilongo, Alvaro de Azevedo Gonzaga e André Luiz Freire (coords.). Tomo: Direito Administrativo e Constitucional. Vidal Serrano Nunes Jr., Maurício Zockun, Carolina Zancaner Zockun, André Luiz Freire (coord. de tomo). 2. ed. São Paulo: Pontifícia Universidade Católica de São Paulo, 2021. Disponível em: https://enciclopediajuridica.pucsp.br/verbete/93/edicao-2/principio-republicano. Acesso em: 03 jun. 2024.

CARRIÓ, Genaro. **Notas sobre derecho y lenguaje**. Buenos Aires: Abeledo Perrot, 2016.

CARTWRIGHT, Mark. “Pandora”. *In*: **World History Encyclopedia** (em Português). Disponível em https://www.worldhistory.org/trans/pt/1-13940/pandora/. Acesso em: 03 jun. 2024.

CASTRO, Carlos Alberto Pereira de; LAZZARI, João Batista. **Manual de direito previdenciário**. 20. ed. Rio de Janeiro: Forense, 2017.

CAVALCANTI FILHO, Theophilo. **O problema da segurança no direito**. São Paulo: Revista dos Tribunais, 1964.

CAVANAUGH, William T. Strange Gods: idolatry in the twenty-first century. **Commonweal Magazine**. Edição de 21 out. 2020. Disponível em https://www.commonwealmagazine.org/strange-gods. Acesso em: 03 jun. 2024.

CLAYTON, Richard. Legitimate expectations, policy and the principle of consistency. **Cambridge Law Journal**, n. 62 (1), p. 93-105, mar. 2003.

CLÈVE, Clèmerson Merlin. A fiscalização abstrata de constitucionalidade no Direito brasileiro. São Paulo: Revista dos Tribunais, 2000.

COMPARATO, Fábio Konder. **A afirmação histórica dos direitos humanos**. 12. ed. São Paulo: SaraivaJur, 2019.

CORREIA, Marcus Orione Gonçalves; CORREIA, Érica Paula Barcha. **Curso de direito da seguridade social**. 6. ed. São Paulo: Saraiva, 2012.

CORREIA, Pedro Miguel Alves Ribeiro; JESUS, Inês Oliveira Andrade de. O princípio da proteção da confiança em tempos de crise – o acórdão nº 509/02 do Tribunal Constitucional Português. **Revista Brasileira de Estudos Constitucionais**, Belo Horizonte, ano 8, n. 28, p. 161-172, jan./abr. 2014.

COSTA, Susana Henriques da; SILVA, Marcos Rolim da. Litigantes repetitivos e modulação no controle de constitucionalidade. **Suprema – Revista de Estudos Constitucionais**, Brasília, v. 2, n. 1, p. 185-223, jan./jun. 2022.

COUSINS, Mel. Legitimate expectation and the social security law under the european convention of human rights. **European Journal of Social Security**, v. 23 (1), p. 24-43, 2021.

CRUZ, André Gonzales. O ato concessivo de aposentadoria, reforma ou pensão, o princípio constitucional da segurança jurídica e a decadência administrativa. **Revista dos Tribunais**, São Paulo, v. 966, p. 83-06, abr. 2016.

CURRAN, John Philpot. **Speeches of the Right Honorable John Philpot Curran ... On the Late Very Interesting State Trials**. Charleston: Nabu Press, 2010.

DAL POZZO, Augusto Neves; ROCHA, Sílvio Luís Ferreira da. **Curso de direito administrativo**. São Paulo: Thomsom Reuters Brasil, 2024.

DE BECKER, Eleni. Social security in the fundamental rights case law of Court of Justice. *In:* PENNINGS, Frans; VONK, Gijsbert (org.) **Research handbook on european social security law**. 2. ed. Cheltenham/Northampton: Edward Elgar Publishing Ltd., 2023, p. 02-29.

DERZI, Misabel Abreu Machado. Justiça prospectiva no imposto de renda. **Revista Internacional de Direito Tributário** [da Associação Brasileira de Direito Tributário - ABRADT], Belo Horizonte, Del Rey, v. 5, p. 163-202, jan./jun. 2006.

DERZI, Misabel Abreu Machado. **Modificações da jurisprudência no direito tributário**. São Paulo: Noeses, 2009.

DIDIER JR., Fredie; ZANETTI JR., Hermes. Conceito de processo jurisdicional coletivo. **Revista do Ministério Público do Rio de Janeiro: MPRJ**, Rio de Janeiro, n. 5, p. 57-63, jul./set. 2014.

DIDIER JR., Fredie. Sistema brasileiro de precedentes judiciais obrigatórios e os deveres institucionais dos Tribunais: uniformidade, estabilidade, integridade e coerência da jurisprudência. **Revista do Ministério Público do Rio de Janeiro**, Rio de Janeiro, n. 64, p. 135-147, abr./jun. 2017.

DINIZ, Maria Helena. **Norma constitucional e seus efeitos**. São Paulo: Saraiva, 1989.

DINIZ, Maria Helena. **Compêndio de introdução à ciência do direito**. 27. ed. São Paulo: Saraiva Educação, 2019.

EISENBERG, Melvin Aron. **The nature of common law**. Cambridge: Harvard University Press, 1991.

EUROPEAN COMMITTEE OF SOCIAL RIGHTS. European Social Charter. **Conclusions XX-2 (Spain), articles 3, 11, 12, 13 and 14 of the Charter**. Disponível em https://www.idhc.org/arxius/noticies/1418903800-SpainXX2_en.pdf. Acesso em: 03 jun. 2024.

FARIA, José Eduardo. Entre a rigidez e a mudança da Constituição no tempo. **Revista Brasileira de Direito Constitucional**, São Paulo, n. 2, p. 199-207, jul./dez. 2003.

FEIJÓO SÁNCHEZ, Bernardo. El principio de confianza como criterio normativo de imputación en el derecho penal: fundamento y consecuencias dogmáticas. **Derecho Penal y Criminología**, Bogotá, v. 21, n. 69, p. 38-75, jun. 2000.

FERRARI, Juliana Spinelli. "Frustração". **Brasil Escola**. Disponível em: https://brasilescola.uol.com.br/psicologia/frustracao.htm. Acesso em: 03 jun. 2024.

FERRAZ, Anna Cândida da Cunha. **Processos informais de mudança da Constituição**. São Paulo: Max Limonad, 1986.

FERRAZ JR., Tércio Sampaio. Segurança jurídica e normas gerais tributárias. **Revista de Direito Tributário**, São Paulo, ano V, n. 17/18, jul./dez. 1981.

FERRAZ JR., Tércio Sampaio. **Introdução ao estudo do direito**: técnica, decisão, dominação. 11ª ed., São Paulo: Atlas, 2019.

FERREIRA FILHO, Manoel Gonçalves. **O poder constituinte**. 6. ed. São Paulo: Saraiva, 2013.

FIDALGO, Sónia Mariza Florêncio. **O princípio da confiança no direito penal: implicações na dogmática do facto negligente**. Tese (Doutorado em Direito), Universidade de Coimbra, Coimbra, 2015.

FIGUEIREDO, Lucia Valle. **Curso de direito administrativo**. 3. ed. São Paulo: Malheiros, 1998.

FIGUEIREDO, Marcelo de Oliveira Fausto. **A medida provisória na Constituição**: doutrina, decisões judiciais. São Paulo: Atlas, 1991.

FIGUEIREDO, Marcelo de Oliveira Fausto. Reflexões a respeito da medida provisória na Constituição. *In:* GRAU, Eros Roberto; CUNHA, Sérgio Sérvulo da (org.). **Estudos de Direito Constitucional em Homenagem a José Afonso da Silva**. São Paulo: Malheiros, 2003, p. 387-408.

FIGUEIREDO, Marcelo. Reformas constitucionais e os direitos – adquiridos ou desrespeitados? *In:* MARTINS, Ives Gandra; MENDES, Gilmar Ferreira; TAVARES, André Ramos (org.). **Lições de direito constitucional**: em homenagem ao jurista Celso Bastos. São Paulo: Saraiva, 2005, p. 92-100.

FIGUEIREDO, Marcelo. **Teoria geral do Estado**. 3. ed., São Paulo: Atlas, 2009.

FIGUEIREDO, Marcelo. Ação declaratória de constitucionalidade: inovação infeliz. *In:* CLÈVE, Clèmerson Merlin; BARROSO, Luís Roberto (org.). **Doutrinas essenciais de direito constitucional**, v. 5, São Paulo: Revista dos Tribunais, 2011, p. 1159-1182.

FIGUEIREDO, Marcelo. Direito à probidade administrativa – a lei da ficha limpa: um lento e bom caminho, mas ainda insuficiente: uma análise comparada Brasil - Colômbia. *In:* MARQUES NETO, Floriano Azevedo (org.). **Direito e administração pública**: estudos em homenagem a Maria Sylvia Zanella Di Pietro. São Paulo: Atlas, 2013, p. 1049-1068.

FIGUEIREDO, Marcelo. **O controle de constitucionalidade e de convencionalidade no Brasil**. São Paulo: Malheiros, 2016.

FRADERA, Véra Maria Jacob de. A boa-fé objetiva: uma noção comum no conceito alemão, brasileiro e japonês de contrato. *In*: ÁVILA, Humberto (org.). **Fundamentos do Estado de Direito** (estudos em homenagem ao Professor Almiro do Couto e Silva). São Paulo: Malheiros 2005, p. 357-371.

FREITAS, Felipe Sumor. Da inaplicabilidade da coisa julgada *secundum eventum probationis* nas ações individuais previdenciárias como condição para um processo justo. **Revista de Direito Previdenciário**, São Paulo, v. 1, p. 89-130, nov. 2013.

GAMA, Marina Faraco Lacerda. Deixando de lado o "ativismo" e a "autocontenção" judicial. **Revista do Advogado** [da Associação dos Advogados de São Paulo], São Paulo, v. 38, n. 140, p. 147-155, nov. 2018.

GARCÍA DE ENTERRÍA, Eduardo. **La lucha contra las inmunidades del poder**. Madrid: Cuadernos Civitas, 1983.

GEROMES, Sergio. Inexistência de regra de transição para o cálculo dos benefícios. *In:* SERAU JUNIOR, Marco Aurélio; VICTORIO, Rodrigo Moreira Sodero (org.). **Teses revisionais e de inconstitucionalidade no Direito Previdenciário**. 2. ed. Curitiba: Juruá, 2023, p. 163-176.

GORDILLO, Agustín. **Tratado de derecho administrativo**. T. I. Buenos Aires: Fundación de Derecho Administrativo, 2017.

GUEDES, Luciano Palhano. O princípio do equilíbrio econômico e financeiro no Regime Geral de Previdência Social. **Revista da AGU** [Advocacia Geral da União], Brasília, v. 15, n. 03, p. 241-262, jan./mar. 2017.

HESSE, Konrad. **Escritos de Derecho Constitucional**. Madrid: Centro de Estudios Constitucionales, 1983.

HESSE, Konrad. **Elementos de direito constitucional da República Federal da Alemanha**. Trad. Luís Afonso Heck. Porto Alegre: Sergio Antonio Fabris Editor, 1998.

HESSE, Konrad. **Temas fundamentais do Direito Constitucional**. São Paulo: Saraiva, 2009.

HETFIELD, James; ULRICH, Lars. **Nothing else matters**. North Hollywood: Elektra, 1991.

HIRSCH, Fábio Periandro de Almeida. **Direito adquirido a regime jurídico**: confiança legítima, segurança jurídica e proteção das expectativas no âmbito das relações de direito público. Tese (Doutorado em Direito Público). Universidade Federal da Bahia (UFBA), Salvador, 2012.

HOBBES, Thomas. **Leviatã ou matéria, forma e poder de um Estado eclesiástico e civil**. São Paulo: Martin Claret, 2003.

HORVATH JÚNIOR, Miguel. **Direito previdenciário.** 13. ed. São Paulo: Rideel, 2022.

HORVATH JÚNIOR, Miguel; LIMA, Marcus Vinicius Rodrigues. A proporcionalidade na fixação imperativa das regras de transição como condição à harmoniosa manutenção do pacto entre gerações. *In:* AMADO, Frederico; MACIEL, Fernando; RIBEIRO, Rodrigo Araújo Ribeiro (coord.). **A reforma da previdência na visão dos advogados públicos**. Salvador: Juspodivm, 2023, p. 245-272.

HUGLO, Jean-Guy. La Cour de cassation et le principe de la sécurité juridique. **Cahiers du Conseil Constitutionnel**, Paris: Dalloz, n. 11, déc. 2001. Disponível em https://www.conseil-constitutionnel.fr/nouveaux-cahiers-du-conseil-constitutionnel/la-cour-de-cassation-et-le-principe-de-la-securite-juridique#:~:text=De%20la%20m%C3% AAme%20mani%C3%A 8re%2C%20la, une%20norme%20de%20droit%20sup%C3%A9rieur. Acesso em: 03 jun. 2024.

IBRAHIM, Fábio Zambitte. **Curso de direito previdenciário**. 17. ed. Niterói: Impetus, 2012.

JOVCHELOVITCH, Sandra. Trust and social representations: understanding relations between self and other in Brazilian public sphere. *In*. MARKOVA, Ivana; GILLESPIE, Alex. **Trust and distrust: sociocultural perspectives**. Charlotte (NC): Information Age Publishing Inc., p. 105-120, 2007.

KELLER, Helen. **Optimism**: an Essay. Ithaca: Cornell University Library, 2009 [1903].

KÖCHE, Rafael. Costume fiscal e a normatividade das práticas reiteradas da Administração: uma leitura sistêmica do Direito Tributário. **Revista Direito GV**, v. 11, n. 1, p. 141-158. jan./jun. 2015.

LAUTH, Hans-Joachim. Rule of law and informal institutions. **Revista do Direito**, Santa Cruz do Sul, n. 65, p. 122-139, set./dez. 2021.

LEAL, Victor Nunes. Passado e futuro da Súmula do STF. **Revista de Direito Administrativo**, Rio de Janeiro, v. 145, p. 01-20, jul./set. 1981.

LEÃO, Fernanda Teles de Paula; PETRECHEN, Mariela Martins Pacheco. A irretroatividade da lei tributária e sua limitação ao poder legislativo como forma de resguardar a segurança jurídica. **Revista de Direito Tributário Contemporâneo**, São Paulo, ano 5, v. 26, p. 37-59, set./out. 2020.

LIMA, Artur Carnaúba Guerra Sangreman. A proibição do comportamento contraditório aplicada à Administração Pública. **Olhares Plurais: Revista eletrônica multidisciplinar**, Maceió, v. 1, n. 12, [s. p.], 2015.

LINS, Bruno Jorge Rijo Lamenha. Segurança, Estado e direitos humanos: algumas reflexões acerca do direito humano à segurança sob a égide da sociedade ocidental contemporânea. *In*: XIX Encontro Nacional do CONPEDI, 2010. **Anais [...]** Fortaleza, Ceará, p. 4.808-4.818. Disponível em http://www.publicadireito.com.br/conpedi/manaus/arquivos/anais/fortaleza/ 3114.pdf. Acesso em: 03 jun. 2024.

LOSSO, Marcelo Ribeiro. **O princípio da proteção à confiança nas relações contratuais entre o Estado e agente privado**. Dissertação (Mestrado em Direito). Programa de Pós-Graduação em Direito Econômico e Social da Pontifícia Universidade Católica do Paraná, Curitiba, 2008.

LUHMANN, Niklas. **Sociologia do direito**. V 1. Rio de Janeiro: Tempo Brasileiro, 1983.

LUHMANN, Niklas. **Confianza**. Barcelona: Antrophos Editorial, 1996.

MACHADO, João Baptista. **Introdução ao direito e ao discurso legitimador**. Coimbra: Almedina, 2011.

MAFFINI, Rafael da Cás. **O princípio substancial da proteção da confiança no Direito Administrativo brasileiro**. Porto Alegre: Verbo Jurídico, 2006.

MAFFINI, Rafael da Cás. **Princípio da proteção da confiança legítima**. Enciclopédia jurídica da PUC-SP. Celso Fernandes Campilongo, Alvaro de Azevedo Gonzaga e André Luiz Freire (coords.). Tomo: Direito Administrativo e Constitucional. Vidal Serrano Nunes Jr., Maurício Zockun, Carolina Zancaner Zockun, André Luiz Freire (coord. de tomo). 2. ed. São Paulo: Pontifícia Universidade Católica de São Paulo, 2021. Disponível em: https://enciclopediajuridica.pucsp.br/verbete/120/edicao-2/principio-da-protecao-da-confianca-legitima. Acesso em: 03 jun. 2024.

MARCATO, Antonio Carlos; CIANCI, Mirna; SANTOS, Nelton Agnaldo Moraes dos. **Curso de direito processual civil aplicado**. Barueri: Atlas, 2023.

MARICÁ, Marquês de. **Máximas, pensamentos e reflexões**. Rio de Janeiro: Fundação Biblioteca Nacional [s. d.]. Disponível em https://objdigital.bn.br/Acervo_Digital/livros_eletronicos/maximas_pensamentos_e_reflexoes.pdf. Acesso em: 03 jun. 2024.

MARINONI, Luiz Guilherme. Eficácia temporal da revogação da jurisprudência consolidada dos tribunais superiores. **Revista dos Tribunais**, São Paulo, v. 906, p. 255-284, abr. 2011.

MARINONI, Luiz Guilherme. **Precedentes obrigatórios**. 3. ed. São Paulo: Revista dos Tribunais, 2022.

MARMELSTEIN, George. **Curso de direitos fundamentais**. 4. ed. São Paulo: Atlas, 2013.

MARTINS-COSTA, Judith. Almiro do Couto e Silva e a ressignificação do princípio da segurança jurídica na relação entre o Estado e os cidadãos. *In*: ÁVILA, Humberto. **Fundamentos do Estado de Direito**: Estudos em Homenagem ao Professor Almiro do Couto e Silva. São Paulo: Malheiros, 2005, p. 121-148.

MARTINS-COSTA, Judith. **A boa fé no direito privado**: critérios para sua aplicação. São Paulo: Revista dos Tribunais, 2018.

MARTINS, Raphael Manhães. O princípio da confiança legítima e o enunciado nº 362 da IV Jornada de Direito Civil. **Revista do Centro de Estudos Judiciários** [do Conselho da Justiça Federal], Brasília, ano XII, n. 40, p. 11-19, jan./mar. 2008.

MASCARO, Alysson Leandro. **Filosofia do Direito**. 8. ed. São Paulo: Atlas, 2021.

MATHIAS, Emmanuel. Economic success and social trust: evidence from the Baltic States. *In*. MARKOVA, Ivana; GILLESPIE, Alex. **Trust and distrust: socio-cultural perspectives**. Charlotte (NC): Information Age Publishing Inc., p. 219-245, 2007.

MAURER, Hartmut. **Contributos para o Direito do Estado**. Trad. Luís Afonso Heck. Porto Alegre: Livraria do Advogado, 2007.

MEDAUAR, Odete. Segurança jurídica e confiança legítima. **Cadernos da Escola de Direito e Relações Internacionais da UniBrasil**, Curitiba, n. 8, p. 227–231, jan./jul. 2008.

MELLO, Celso Antonio Bandeira de. Estado de Direito e segurança jurídica. *In*: DAL POZZO, Augusto Neves; OLIVEIRA, José Roberto Pimenta; VALIM, Rafael (org.). **Tratado sobre o princípio da segurança jurídica no direito administrativo**. São Paulo: Fórum, 2013, p. 42-46.

MELLO, Celso Antônio Bandeira de. **Curso de direito administrativo**. 35. ed. São Paulo: Malheiros, 2021.

MELLO, Cláudio Ari. **Democracia constitucional e direitos fundamentais**. Porto Alegre: Livraria do Advogado, 2004.

MELLO, Gabriela Zancaner Bandeira de; PIRES, Renato Barth. O princípio da proteção da confiança na Constituição Federal de 1988: Limites à reforma da previdência social. **Revista Brasileira de Direito Previdenciário**, Porto Alegre: Magister – Instituto Brasileiro de Direito Previdenciário, v. 73, p. 122-133, fev./mar. 2023.

MELLO, Vanessa Vieira de. **Regime jurídico da competência regulamentar**. São Paulo: Dialética, 2001.

MENDES, Aluísio Gonçalves de Castro. Breves considerações sobre o caráter vinculativo da jurisprudência e dos precedentes no artigo 927 do novo Código de Processo Civil. *In:* NUNES, Dierle; MENDES, Aluísio, JAYME, Fernando Gonzaga (org.). **A nova aplicação da jurisprudência e precedentes no CPC/2015 (estudos em homenagem à Professora Teresa Arruda Alvim)**. São Paulo: Revista dos Tribunais, 2017.

MENDES, Gilmar Ferreira. Os limites da revisão constitucional. **Revista de Direito Constitucional e Internacional**, v. 21, p. 69-91, out./dez. 1997.

MENDES, Gilmar Ferreira; BRANCO, Paulo Gustavo Gonet. **Curso de direito constitucional**. 18. ed. São Paulo: SaraivaJur, 2023.

MIRAGEM, Bruno. A proteção da confiança no direito privado: notas sobre a contribuição da Cláudia Lima Marques para a construção do conceito no direito brasileiro. **Revista de Direito do Consumidor**, São Paulo, ano 26, v. 114, p. 397-407, nov./dez. 2017.

MIRANDA, Jorge. **Manual de Direito Constitucional**. T. II. 5. ed. Coimbra: Coimbra, 2003.

MISZTAL, Barbara A. **Trust in modern societies**: the search of the bases of social order. Cambridge: Polity Press, 1996.

MITIDIERO, Daniel. **Precedentes**: da persuasão à vinculação. 5. ed. São Paulo: Revista dos Tribunais, 2023.

MODESTO, Paulo. Controle jurídico do comportamento ético da Administração Pública no Brasil. **Revista de Direito Administrativo**, Rio de Janeiro, n. 709, p. 71-80, jul./set. 1997.

MODESTO, Paulo. Disposições constitucionais transitórias na reforma da previdência: proteção da confiança e proporcionalidade. **Revista Brasileira de Direito Público (RBDP)**, Belo Horizonte, ano 15, n. 56, p. 09-57, jan./mar. 2017.

MOHRER, Michelle Ris. A modulação puramente prospectiva na alteração do precedente vinculante e da jurisprudência dominante como forma autêntica de preservar os princípios da isonomia e da proteção à confiança. **Revista de Processo**, São Paulo, v. 323, p. 423-446, jan. 2022.

MÖLLERING, Guido. The nature of trust: from Georg Simmel to a theory of expectation, interpretation and suspension. **Sociology**, Durham, v. 35, n. 2, p. 403-420, 2001.

MONTEIRO LOBATO, José Bento. **Fábulas e histórias diversas**. Obras completas de Monteiro Lobato, v. 15, 2ª série, São Paulo, Brasiliense, 1956.

MONTES, Gabriel Caldas; FEIJÓ, Carmem Aparecida. Reputação, credibilidade e transparência da autoridade monetária e o estado de expectativa. **Economia e Sociedade**. Campinas, v. 16, n. 2 (30), p. 151-170, ago. 2007.

MONTORO, André Franco. **Introdução à ciência do direito**. 25. ed., São Paulo: Revista dos Tribunais, 1999.

MORAIS, Fausto Santos de; ZOLET, Lucas. A nova LINDB e os problemas da argumentação consequencialista. **Revista Jurídica**, [s. l.], v. 3, n. 52, p. 497-523, set. 2018. Disponível em: https://revista.unicuritiba.edu.br/index.php/RevJur/article/view/3229. Acesso em: 03 jun. 2024.

MORAIS, Océlio de Jesus C. Princípios do *compliance* e da governança previdenciária. **Revista de Direito do Trabalho e Seguridade Social**, São Paulo, v. 230, ano 49, p. 227-243, jul./ago. 2023.

MOTA, Rodrigo. Confiança e complexidade social em Niklas Luhmann. **PLURAL – Revista do Programa de Pós-Graduação em Sociologia da USP**, São Paulo, v. 23.2, p. 182-197, 2016.

MOTA, Rodrigo. Simmel e a confiança. **Revista Novos Rumos Sociológicos**, Pelotas, v. 5, n. 7, p. 25-39, jan./jul. 2017.

NERY JR., Nelson. O STJ e o controle de constitucionalidade de lei e ato normativo. **Revista do Superior Tribunal de Justiça**. Doutrina: edição comemorativa 20 anos, p. 453-467, 2009.

NETO, Luísa. O princípio da protecção da confiança em tempo de crise. *In*: CARVALHO, Ana Celeste (org.). **Jurisdição administrativa e fiscal**: Direito Administrativo, Lisboa: Centro de Estudos Judiciários, 2014, p. 69-106.

NETTO, Luísa. Criteria to scrutinize new rights: protecting rights against artificial proliferation. **Revista de investigações constitucionais**, Curitiba, v. 8, n. 1, p. 11-75, jan./abr. 2021.

NOVAIS, Jorge Reis. **A dignidade da pessoa humana**. V. 1: Dignidade e direitos fundamentais. 2. ed., Coimbra: Almedina, 2018.

NOVAIS, Jorge Reis. O direito fundamental à pensão de reforma em situação de emergência financeira. **Revista Eletrônica de Direito Público**, v. 1, n. 1, jan. 2014. Disponível em https://e-publica.pt/article/34590. Acesso em: 03 jun. 2024.

NUNES, Dierle; PEDRON, Flávio Quinaud; HORTA, André Frederico de Sena. Os precedentes judiciais, o art. 926 do CPC e suas propostas de fundamentação: um diálogo com concepções contrastantes. **Revista de Processo**, São Paulo, v. 263, 2017, p. 335-396, jan. 2017.

NUNES, Jorge Amaury Maia. Segurança jurídica. **Revista dos Estudantes de Direito da Universidade de Brasília (UNB)**, Brasília, v. 6., n. 1, p. 299-333, 2010. Disponível em: https://periodicos.unb.br/index.php/redunb/article/view/20435. Acesso em: 03 jun. 2024.

OLIVEIRA, João Elias de. COSTA-NETO, João. **Direito civil**: volume único. 2. ed. Rio de Janeiro: Método, 2023.

OLIVEIRA, Lucas Soares. Reforma da previdência e desconstitucionalização. **Revista da Procuradoria-Geral do Estado de São Paulo**, São Paulo, n. 91-92, p. 03-16, jan./dez. 2020.

OLIVEIRA, Regis Fernandes de. Precatório: análise da EC 30/2000 [parecer]. **Revista dos Tribunais** [fascículo cível], São Paulo, ano 90, v. 794, p. 111-135, dez. 2001.

OLIVEIRA, Regis Fernandes de. **Curso de direito financeiro**. 9. ed. Belo Horizonte: Editora Fórum, 2022.

OST, François. **O tempo do direito**. Trad. Élcio Fernandes. Bauru: Editora da Universidade do Sagrado Coração (EDUSC), 2005.

OSAKABE, Marcelo. Envelhecimento rápido torna urgente nova reforma da Previdência. **Valor Econômico**. Edição de 14.11.2023. Disponível em https://valor.globo.com/brasil/noticia/2023/11/14/envelhecimento-rapido-torna-urgente-nova-reforma-da-previdencia.ghtml. Acesso em: 03 jun. 2024.

PALMA, Juliana Bonacorsi de. Segurança jurídica para a inovação pública: a nova Lei de Introdução às Normas do Direito Brasileiro (Lei nº 13.655/2018). **Revista de Direito Administrativo**, Rio de Janeiro, v. 279, n. 2, p. 209-249, mai./ago. 2020.

PANCOTTI, Luiz Gustavo Boiam; PANCOTTI, Heloísa Helena Silva. A ofensa da proteção da confiança jurídica em face da insuficiência de regra de transição dos cálculos dos benefícios do RGPS na EC 103/2019. *In:* COGOY, Daniel Mourgues; CERQUEIRA CÉSAR, Guillermo Rojas de (org.). **Comentários à reforma da previdência:** a Lei 13.846/2019 e a emenda constitucional 103/2019 na visão dos defensores públicos federais. Curitiba: Juruá, 2020, p. 95-114.

PANCOTTI, Luiz Gustavo Boiam. **Direito previdenciário difuso**. Curitiba: Juruá, 2021.

PANOFSKY, Dora Mosse; PANOFSKY, Erwin. **A caixa de Pandora**: as transformações de um símbolo mítico. Trad. Vera Maria Pereira. São Paulo: Companhia das Letras, 2009.

PAULSEN, Leandro. **Segurança jurídica, certeza do direito e tributação**: a concretização da certeza quanto à instituição de tributos através das garantias da legalidade, da irretroatividade e da anterioridade. Porto Alegre: Livraria do Advogado, 2006.

PEIXOTO, Ravi. A modulação de efeitos em favor dos entes públicos na superação de precedentes: uma análise da sua (im)possibilidade. **Revista de Processo**, São Paulo, v. 246, p. 381-399, ago. 2015.

PEIXOTO, Ravi de Medeiros. **A modulação da eficácia temporal na revogação de precedentes**: uma análise a partir da segurança jurídica e da confiança legítima. Dissertação (Mestrado em Direito). Universidade Federal de Pernambuco, Recife, 2015.

PEREIRA, Anna Carolina Migueis. Crise econômica e direitos sociais: uma análise sobre a constitucionalidade de restrições a direitos prestacionais. **Revista de Estudos Institucionais**, Rio de Janeiro, v. 3, n. 2, p. 1.353-1.392, 2017.

PEREIRA, Cláudio Augusto Gonçalves; COTTER, Juan Patricio. A proteção da confiança e a revisão aduaneira. **Revista de Direito Aduaneiro, Marítimo e Portuário**, São Paulo, n. 72, p. 73-92, jan./fev. 2023.

PÉREZ LUÑO, Antonio-Enrique. La seguridad jurídica: una garantía del derecho y la justicia. **Boletín de la Facultad de Derecho de la UNED**, Madrid, n. 15, p. 25-38, año 2000.

PEYREFITTE, Alain. **A sociedade de confiança**: ensaio sobre a origem e a natureza do desenvolvimento. Rio de Janeiro: Topbooks, 1999.

PIOVESAN, Flávia. **Direitos humanos e o direito constitucional internacional**. 12. ed. São Paulo: Saraiva, 2011.

PIRES, Michel Hernane Noronha. **A superação dos precedentes vinculantes**: como se justifica a revogação de um precedente? Curitiba: Editora Direito Contemporâneo, 2023.

PIRES, Michel Hernane Noronha. Um precedente vinculante pode ser superado? O que justifica? **Consultor Jurídico**, edição de 22 dez. 2023. Disponível em https://www.conjur.com.br/2023-dez-22/um-precedente-vinculante-pode-ser--superado-o-que-justifica-a-superacao/. Acesso em: 03 jun. 2024.

PIRES, Renato Barth. Competência regulamentar no Direito Previdenciário. *In:* SERAU JUNIOR, Marco Aurélio (org.). **Comentários ao Regulamento da Previdência Social**. Belo Horizonte: Editora IEPREV, 2021, p. 63-85.

PIRES, Renato Barth. Normas constitucionais inconstitucionais e o direito previdenciário pós-reforma. *In*: SERAU JUNIOR, Marco Aurélio; VICTORIO, Rodrigo Moreira Sodero (org.). **Teses revisionais e de inconstitucionalidade no Direito Previdenciário**. 2. ed. Curitiba: Juruá, 2023, p. 11-32.

PIRES, Renato Barth. Processo judicial previdenciário, Fazenda Pública e o ônus da impugnação específica. **Revista Brasileira de Direito Social (RBDS)**, Belo Horizonte, v. 6, n. 1, p. 64-73, 2023.

PIRES, Renato Barth. **Mandado de segurança em matéria previdenciária**. 6. ed. Salvador: Juspodivm, 2024.

PONGO, Alejandro Arrieta. El principio de protección de la confianza legítima ¿intento de inclusión en el ordenamiento peruano? **Revista Ita Ius Esto**, Piúra, ano IV, n. 7, p. 41-51, 2012. Disponível em https://www.itaiusesto.com/el-principio-de-proteccion-de-la-confianza-legitima-intento-de-inclusion-en--el-ordenamiento-peruano/. Acesso em: 03 jun. 2024.

PONTES DE MIRANDA, Francisco Cavalcanti. **Comentários à Constituição de 1946**. V. III, Rio de Janeiro: Henrique Cahen, 1954.

PONTES DE MIRANDA, Francisco Cavalcanti. **Tratado de direito privado**: parte geral. Rio de Janeiro: Borsoi, 1955, t. V.

PORTO, Éderson Garin. O princípio da proteção da confiança e a boa-fé objetiva no direito público. **Revista da Ajuris**, Porto Alegre, v. 33, n. 102, p. 127-142, 2006.

PRIETO-SANCHIS, Luis. **Sobre principios y normas**: problemas del razonamiento jurídico. Madrid: Centro de Estudios Constitucionales, 1992.

QUAMMEN, David. **Contágio**: infecções de origem animal e a evolução das pandemias. São Paulo: Companhia das Letras, 2020.

QUINTELA, Guilherme Camargos. **Segurança jurídica e proteção da confiança**: a justiça prospectiva na estabilização das expectativas no direito tributário brasileiro. Belo Horizonte: Fórum, 2013.

RAMOS, André de Carvalho; GRAMSTRUP, Erik Frederico. **Comentários à Lei de Introdução às Normas do Direito Brasileiro – LINDB**. 2. ed. São Paulo: Saraiva Educação, 2021.

RAMOS, André de Carvalho; GAMA, Marina Faraco Lacerda. A dimensão contemporânea da dignidade da pessoa na ordem econômica brasileira. **Revista Pensamento Jurídico**, São Paulo, v. 17, n. 3, p. 01-24, set./dez. 2023.

RAMOS, Marcelene Carvalho da Silva. Regime próprio de previdência do servidor público – os princípios da segurança jurídica e proteção da confiança e os direitos em formação. **A & C – Revista de Direito Administrativo e Constitucional**, Belo Horizonte, ano 7, n. 27, p. 137-156, jan./mar. 2007.

RÁO, Vicente. **O direito e a vida dos direitos**. 7. ed. São Paulo: Revista dos Tribunais, 2013.

REALE, Miguel. **Lições preliminares de direito**. 27. ed., São Paulo: Saraiva, 2002.

REZENDE, Renato Monteiro de. **O Poder Legislativo como revisor de decisões do Judiciário ou do órgão de jurisdição constitucional**: que harmonia se pode extrair do silenciamento de um Poder? Brasília: Núcleo de Estudos e Pesquisas/CONLEG/Senado, novembro 2023 (Texto para Discussão nº 322). Disponível em: https://www12.senado.leg.br/publicacoes/estudos-legislativos/tipos-de-estudos/textos-para-discussao/td322. Acesso em: 03 jun. 2024.

RIBEIRO II, Ricardo Chamon. A identificação da(s) *ratio(nes) decidendi* e o *distinguishing* no modelo de precedentes do CPC/2015. **Revista de Processo**, São Paulo, n. 326, p. 361-385, abr. 2022.

ROCHA, Daniel Machado da. Uma contribuição para o estudo da relação jurídica de previdência social. *In:* ROCHA, Daniel Machado da; SAVARIS, José Antonio (coord.). **Curso de especialização em direito previdenciário**: benefícios previdenciários. V. 2, 1. ed., 3. tir., 2008, p. 09-43.

ROCHA, Joaquim Freitas da. Direito pós-moderno, patologias normativas e protecção da confiança. **Revista da Faculdade de Direito da Universidade do Porto**, Porto, ano VII, [*s. n.*], p. 383, 2010. Disponível em https://repositorium.sdum.uminho.pt/handle/1822/35602. Acesso em: 03 jun. 2024.

RODRÍGUEZ-ARANA, Jaime. El principio general del derecho de confianza legítima. **Ciencia Jurídica**. Universidad de Guanajuato. Departamento de Derecho. División de Derecho Política y Gobierno, Guanajuato, año 1, n. 4, p. 59-70, 2013.

SALES, Caio Lucio Monteiro. **A boa-fé objetiva e o princípio da proteção à confiança como vetores de mitigação do princípio da legalidade estrita na administração pública brasileira**: rumo à eficiência. Dissertação (Mestrado em Direito). Programa de Pós-Graduação *Stricto Sensu* – Mestrado em Direito da Universidade Federal da Bahia, Salvador, 2012.

SAMPAIO, Nelson de Souza. **O poder de reforma constitucional**. 3. ed. Belo Horizonte: Nova Alvorada, 1995.

SAMPAIO, Nelson de Souza. Inconstitucionalidade de emenda constitucional. *In:* CLÈVE, Clèmerson Merlin; BARROSO, Luís Roberto (Org.). **Doutrinas essenciais de direito constitucional**, v. V, São Paulo: Revista dos Tribunais, 2011, p. 1.189-1234.

SANTOS, António Carlos; PALMA, Clotilde Celorico. Os princípios da proteção da confiança legítima e da não retroatividade das normas tributárias em tempos de crise: o caso português. **Revista do Instituto do Direito Brasileiro (RIDB)** [da Faculdade de Direito da Universidade de Lisboa], Lisboa, ano 2, n. 4, p. 3.147-3.182, 2013.

SANTOS, Ramon Ouais; PUGLIESE, William Soares. A teoria dos precedentes como uma teoria normativa da jurisdição. **Revista de Processo**, São Paulo, n. 272, p. 375-396, out. 2017.

SARLET, Ingo Wolfgang. Os direitos fundamentais na Constituição de 1988. **Revista Diálogo Jurídico**, Salvador, ano I, v. I, n. 1, p. 01-46, abr. 2001.

SARLET, Ingo Wolfgang. A eficácia do direito fundamental à segurança jurídica: dignidade da pessoa humana, direitos fundamentais e proibição de retrocesso social no Direito Constitucional brasileiro. *In*: ROCHA, Cármen Lúcia Antunes (org.). **Constituição e segurança jurídica: direito adquirido, ato jurídico perfeito e coisa julgada**. Estudos em homenagem a José Paulo Sepúlveda Pertence. 2. ed. Belo Horizonte: Fórum, 2009, p. 85-129.

SARLET, Ingo Wolfgang; BRANDÃO, Rodrigo. Da emenda à Constituição, *In:* CANOTILHO, J. J. Gomes *et al* (org.), **Comentários à Constituição do Brasil**. 2. ed. São Paulo: Saraiva Educação, 2018. p. 1213-1226.

SARLET, Ingo Wolfgang. **Conceito de direitos e garantias fundamentais**. Enciclopédia jurídica da PUC-SP. Celso Fernandes Campilongo, Alvaro de Azevedo Gonzaga e André Luiz Freire (coords.). Tomo: Direito Administrativo e Constitucional. Vidal Serrano Nunes Jr., Maurício Zockun, Carolina Zancaner Zockun, André Luiz Freire (coord. de tomo). 2. ed. São Paulo: Pontifícia Universidade Católica de São Paulo, 2021. Disponível em: https://enciclopediajuridica.pucsp.br/verbete/67/edicao-2/conceito-de-direitos-e-garantias-fundamentais. Acesso em: 03 jun. 2024.

SARLET, Ingo Wolfgang; ZOCKUN, Carolina Zancaner. Notas sobre o mínimo existencial e sua interpretação pelo STF no âmbito do controle judicial das políticas públicas com base nos direitos sociais. **Revista de investigações constitucionais**, Curitiba, v. 3, n. 2, p. 115-141, mai./ago. 2016.

SARMENTO, Daniel. Dimensão objetiva dos direitos fundamentais: fragmentos de uma teoria. *In*: **Arquivos de direitos humanos**. Rio de Janeiro: Renovar, 2002, v. 4.

SARMENTO, Daniel. Direito adquirido, emenda constitucional, democracia e justiça social. **Revista Eletrônica sobre a Reforma do Estado**, Salvador, n. 12., dez./jan./fev. 2008. Disponível em http://www.direitodoestado.com.br/codrevista.asp?cod=248. Acesso em: 03 jun. 2024.

SAVARIS, José Antonio; SANTOS, Bruno Henrique Silva. A revisão de benefícios pelo INSS e a "fishing expedition" previdenciária. **Consultor Jurídico**, 21 dez. 2021, disponível em https://www.conjur.com.br/2020-dez-21/opiniao-inss-fishing-expedition-previdenciaria/. Acesso em: 03 jun. 2024.

SCHMIDT, Luísa Silva. A proteção da confiança legítima e a superação do paradigma da legalidade estrita. **Revista do CEJ** [Centro de Estudos Judiciários do Conselho da Justiça Federal]. Brasília, ano XXIII, n. 78, p. 69-78, jul./dez. 2019.

SCHREIBER, Anderson. **A proibição de comportamento contraditório**: tutela de confiança e *venire contra factum proprium*. 4. ed., São Paulo: Atlas, 2016.

SERAU JUNIOR, Marco Aurélio. Principais aspectos da PEC 6/2019 – reforma previdenciária. **Revista Jurídica da Escola Superior da Advocacia da OAB-PR**, Curitiba, v. 4, nº 2, p. 01-25, out. 2019.

SERAU JUNIOR, Marco Aurélio. **Seguridade social e direitos fundamentais**. 4. ed. Curitiba: Juruá, 2020.

SERAU JUNIOR. Marco Aurélio. **A "portarização" do Direito Previdenciário**. Disponível em https://blog.grupogen.com.br/juridico/areas-de-interesse/previdenciario/portarizacao-do-direito-previdenciario/. Acesso em: 03 jun. 2024.

SICHES, Luís Recaséns. **Introducción al estudio del derecho**. 12. ed. Ciudad de México: Porrúa, 1997.

SILVA, Almiro do Couto e. Princípios da legalidade da administração pública e da segurança jurídica no Estado de Direito contemporâneo. **Revista da Procuradoria Geral do Estado do Rio Grande do Sul**. Cadernos de Direito Público, Porto Alegre, n. 57 – supl., p. 13-34, dez. 2003.

SILVA, Almiro do Couto e. O princípio da segurança jurídica (proteção à confiança) no Direito Público brasileiro e o direito da Administração Pública de anular seus próprios atos administrativos: o prazo decadencial do art. 54 da Lei do Processo Administrativo da União (Lei nº 9.784/99). **Revista de Direito Administrativo**, Rio de Janeiro, n. 237, p. 271-315, jul./set. 2004.

SILVA, Almiro do Couto e. **Princípio da segurança jurídica no direito administrativo brasileiro**. Enciclopédia jurídica da PUC-SP. Celso Fernandes Campilongo, Álvaro de Azevedo Gonzaga e André Luiz Freire (coords.). Tomo: Direito Administrativo e Constitucional. Vidal Serrano Nunes Jr., Maurício Zockun, Carolina Zancaner Zockun, André Luiz Freire (coord. de tomo). 1. ed. São Paulo: Pontifícia Universidade Católica de São Paulo, 2017. Disponível em: https://enciclopediajuridica.pucsp.br/verbete/17/edicao-1/

principio-da-seguranca-juridica-no-direito-administrativo-brasileiro. Acesso em: 03 jun. 2024.

SILVA, José Afonso da. **Curso de direito constitucional positivo**. 37. ed. São Paulo: Malheiros, 2014.

SILVA, Marcelo Rodrigues da. **Limites à alteração da norma constitucional previdenciária**. Curitiba: Juruá, 2022.

SILVA, Virgílio Afonso da. **Direito constitucional brasileiro**. São Paulo: Editora da Universidade de São Paulo, 2021.

SILVA JÚNIOR, Dirley. **Curso de direito constitucional**. 4. ed. Salvador: Juspodivm, 2010.

SONDERMANN, Ricardo. **Churchill e a ciência por trás dos discursos**: como palavras se transformam em armas. São Paulo: LVM, 2018.

SOUZA, Carlos Aurélio Mota de. **Segurança jurídica e jurisprudência**: um enfoque filosófico-jurídico. São Paulo: LTR, 1996.

SOUZA, Márcio Luís Dutra de. O princípio da boa-fé na Administração Pública e sua repercussão na invalidação administrativa. **Revista da AGU**, Brasília, v. 11, n. 32, p. 199-244, abr./jun. 2021.

SOUZA, Victor Roberto Corrêa de. O princípio da proteção da confiança e o novo Código de Processo Civil Brasileiro. **Revista de Processo**, São Paulo, v. 40, n. 247, p. 197-227, set. 2015.

SOUZA, Victor. **Proteção e promoção da confiança no Direito Previdenciário**. Curitiba: Alteridade, 2018.

STRECK, Lenio Luiz. Aplicar a "letra da lei" é uma atitude positivista? **Revista NEJ [Novos Estudos Jurídicos] Eletrônica**, Itajaí, v. 15, nº 1, p. 158-173, jan./abr. 2010.

STRECK, Lenio Luiz. La expansión de la hermenéutica filosófica en el derecho. DOXA, **Cuadernos de Filosofía del Derecho**, n. 35, p. 217-233, 2012.

STRECK, Lenio Luiz. **Precedentes judiciais e hermenêutica**: o sentido da vinculação no CPC/2015. 4. ed., Salvador: Juspodivm, 2023.

SUNDFELD, Carlos Ari. **Fundamentos de Direito Público**. 5. ed. São Paulo: Malheiros, 2012.

TAKOI, Sérgio Massaru. O princípio constitucional da segurança jurídica no processo. **Revista de Direito Constitucional e Internacional**, São Paulo, v. 24, n. 94, p. 249-262, jan./mar. 2016.

TAVARES, André Ramos. **Curso de direito constitucional**. 10. ed. São Paulo: Saraiva, 2012.

TAVARES, Marcelo Leonardo; SOUSA, Ricardo José Leite. O princípio da solidariedade aplicado à previdência social. **Revista Jurídica**, Curitiba, v. 1, n. 42, p. 277-293, fev. 2016. Disponível em: https://revista.unicuritiba.edu.br/index.php/RevJur/article/view/1495. Acesso em: 03 jun. 2024.

TEMER, Michel. **Elementos de direito constitucional**. 23. ed. São Paulo: Malheiros, 2010.

THAMAY, Rennan; GARCIA JUNIOR, Vanderlei; FROTA JR., Clóvis Smith. **Precedentes judiciais**. São Paulo: Saraiva Educação, 2021.

THEODORO JÚNIOR, Humberto. O direito jurisprudencial e o Código de Processo Civil de 2015: modulação temporal dos efeitos de mudança na orientação da jurisprudência vinculativa. **Revista de Processo**, São Paulo: Revista dos Tribunais, v. 320, ano 46, p. 365-384, out. 2021.

UHR, Julia Gallego Ziero; UHR, Daniel de Abreu Pereira. Infrações ambientais e a reputação do regulador: análise em dados de painel para o Brasil. **Estudos Econômicos**, São Paulo, v. 44, n. 1, p. 69-103, jan./mar. 2014.

VALADÃO, Evaldo, **O consequencialismo e as decisões pautadas em valores abstratos**. Disponível em https://www.editorajc.com.br/o-consequencialismo-e-as-decisoes-pautadas--em-valores-juridicos-abstratos/. Acesso em: 03 jun. 2024.

VALEMBOIS, Anne-Laure. La constitutionnalisation de l'exigence de sécurité juridique en droit français. **Cahiers du Conseil Constitutionnel**. Mar. 2005. Disponível em https://www.conseil-constitutionnel.fr/nouveaux-cahiers-du-conseil-constitutionnel/la-constitutionnalisation-de-l-exigence-de-securite-juridique-en-droit-francais. Acesso em: 03 jun. 2024.

VALENCIA, Andrés Fernando Mesa. **El principio de la buena fe**: el acto propio y la confianza legítima (Hacia una teoría del precedente administrativo en Colombia). Universidad de Antioquia, Facultad de Derecho y Ciencias Políticas, Antioquia: 2013.

VALIM, Rafael. **O princípio da segurança jurídica no Direito Administrativo brasileiro**. São Paulo: Malheiros, 2010.

VALIM, Rafael; OLIVEIRA, José Roberto Pimenta; DAL POZZO, Augusto Neves (coord.). **Tratado sobre o princípio da segurança jurídica no direito administrativo**. Belo Horizonte: Fórum, 2013.

VELLOSO, Carlos Mário da Silva. Controle concentrado e difuso: prescrição e efeitos da decisão. **Revista Ius Gentium**, Curitiba, v. 7, n. 2, p. 176-178, jul./dez. 2016.

VIEIRA, Oscar Vilhena. **Estado de Direito**. Enciclopédia jurídica da PUC-SP. Celso Fernandes Campilongo, Alvaro de Azevedo Gonzaga e André Luiz Freire (coords.). Tomo: Teoria Geral e Filosofia do Direito. Celso Fernandes Campilongo, Alvaro de Azevedo Gonzaga, André Luiz Freire (coord. de tomo). 1. ed. São

Paulo: Pontifícia Universidade Católica de São Paulo, 2017. Disponível em: https://enciclopediajuridica.pucsp.br/verbete/78/edicao-1/estado-de-direito. Acesso em: 03 jun. 2024.

VILLALON, Pedro Cruz. Formación y evolución de los derechos fundamentales. **Revista Española de Derecho Constitucional**, Madrid, año 9, n. 25, p. 41-42, jan./abr. 1989.

WAMBIER, Teresa Arruda Alvim. **Direito jurisprudencial**. São Paulo: Revista dos Tribunais, 2012.

WARTENBERG, Raúl Letelier. Contra la confianza legítima como límite a la invalidación de actos administrativos. **Revista Chilena de Derecho**, Santiago, v. 41, n. 2, p. 609-634, 2014.

YOSHIDA, Consuelo Yatsuda Moromisato. Ato jurídico perfeito, direito adquirido, coisa julgada e meio ambiente. **Revista de Direito Ambiental**, São Paulo, v. 66, p. 113-151, abr./jun. 2012.

REFERÊNCIAS (NORMAS JURÍDICAS, ACÓRDÃOS E SÚMULAS)

BRASIL. Conselho de Recursos da Previdência Social. Enunciado 10. "A decadência prevista no art. 103-A da Lei nº 8.213/91 não se aplica aos atos administrativos praticados pela Administração Previdenciária tendentes à cessação da manutenção de benefícios ou quotas cuja continuidade da percepção seja indevida em face da legislação previdenciária de regência. I – O prazo decadencial previsto no art. 103-A da Lei 8.213/91, para revisão dos atos praticados pela Previdência Social antes da Lei nº 9.784/99, somente começa a correr a partir de 1º/02/99. II – Não se aplica o instituto da decadência às revisões de reajustamento e às estabelecidas em dispositivo legal. III – A má-fé afasta a decadência, mas não a prescrição, e deve ser comprovada em procedimento próprio, no caso concreto, assegurado o contraditório e a ampla defesa. IV – Não se aplica a decadência prevista no art. 103-A da Lei nº 8.213/91 ao auxílio por incapacidade temporária, à aposentadoria por incapacidade permanente e aos benefícios assistenciais sujeitos a revisão periódica prevista na legislação. V – A decadência prevista do art. 103 da Lei 8.213/91 não se aplica à revisão de atos de indeferimento, cancelamento ou cessação de benefícios. VI – Transcorridos mais de dez anos da data da concessão do benefício, não poderá haver sua suspensão ou cancelamento na hipótese de o interessado não mais possuir a documentação que instruiu o pedido, exceto em caso de fraude ou má-fé. II – O pecúlio previsto no inciso II do artigo 81 da Lei nº 8.213/91, em sua redação original, que não foi pago em vida ao segurado aposentado que retornou à atividade quando dela se afastou, é devido aos seus dependentes ou sucessores, relativamente às contribuições vertidas até 14/04/94, salvo se prescrito". Disponível em https://www.gov.br/previdencia/pt-br/acesso-a-informacao/participacao-social/conselhos-e-orgaos-colegiados/conselho-de-recursos-da-previdencia-social/enunciados-e-editais/ enunciados. Acesso em: 03 jun. 2024.

BRASIL. Conselho de Recursos da Previdência Social. Enunciado 16. "A suspeita de fraude na concessão de benefício previdenciário ou assistencial não enseja, de plano, a sua suspensão ou cancelamento, mas dependerá de apuração em procedimento administrativo, observados os princípios do contraditório e da ampla defesa e as disposições do art. 69 da Lei nº 8.212/91". Disponível em https://www.gov.br/previdencia/pt-br/acesso-a-informacao/participacao-social/conselhos-e-orgaos-colegiados/conselho-de-recursos-da-previdencia-social/enunciados-e-editais/enunciados. Acesso em: 03 jun. 2024.

BRASIL. Conselho de Recursos da Previdência Social. Enunciado 18. "Não se indefere benefício sob fundamento de falta de recolhimento de contribuição previdenciária quando esta obrigação for devida pelo empregador". Disponível em https://www.gov.br/previdencia/pt-br/acesso-a-informacao/participacao-social/conselhos-e-orgaos-colegiados/conselho-de-recursos-da-previdencia-social/enunciados-e-editais/ enunciados. Acesso em: 03 jun. 2024.

BRASIL. Constituição Política do Império do Brazil, de 25 de março de 1824. Rio de Janeiro, RJ. Coleção de Leis do Império do Brasil – 1824, v. 1, p. 7. Disponível em: https://www.planalto.gov.br/ccivil_03/constituicao/constituicao24.htm. Acesso em: 03 jun. 2024.

BRASIL. Constituição da República dos Estados Unidos do Brasil, de 24 de fevereiro de 1891. Rio de Janeiro, RJ. Diário Oficial da União, 24 de fevereiro de 1891. Disponível em: https https://www.planalto.gov.br/ccivil_03/constituicao/constituicao91.htm. Acesso em: 03 jun. 2024.

BRASIL. Decreto nº 20.910, de 06 de janeiro de 1932. Regula a prescrição quinquenal. Rio de Janeiro, RJ. Diário Oficial da União, 08 de janeiro de 1932. Disponível em: https://www.planalto.gov.br/ccivil_03/decreto/antigos/d20910.htm. Acesso em: 03 jun. 2024.

BRASIL. Decreto-lei nº 2.848, de 07 de dezembro de 1940. Código Penal. Brasília, DF. Diário Oficial da União, 31 de dezembro de 1940. Disponível em: https://www.planalto.gov.br/ccivil_03/decreto-lei/del2848compilado.htm. Acesso em: 03 jun. 2024.

BRASIL. Decreto-lei nº 3.689, de 03 de outubro de 1941. Código de Processo Penal. Brasília, DF. Diário Oficial da União, 13 de outubro de 1941. Disponível em: https://www.planalto.gov.br/ccivil_03/decreto-lei/del3689compilado.htm. Acesso em: 03 jun. 2024.

BRASIL. Decreto-lei nº 4.657, de 04 de setembro de 1942. Lei de Introdução às Normas do Direito Brasileiro. Brasília, DF. Diário Oficial da União, 09 de setembro de 1942. Disponível em: https://www.planalto.gov.br/ccivil_03/decreto-lei/del4657compilado.htm. Acesso em: 03 jun. 2024.

BRASIL. Lei nº 3.807, de 26 de agosto de 1960. Dispõe sobre a Lei Orgânica da Previdência Social. Brasília, DF. Diário Oficial da União, 05 de setembro de 1960. Texto compilado e atualizado. Disponível em: https://www.planalto.gov.br/ccivil_03/leis/1950-1969/L3807.htm. Acesso em: 03 jun. 2024.

BRASIL. Lei nº 4.717, de 29 de junho de 1965. Regula a ação popular. Brasília, DF. Diário Oficial da União, 05 de julho de 1965. Disponível em: https://www.planalto.gov.br/ccivil_03/LEIS//L4717.htm. Acesso em: 03 jun. 2024.

BRASIL. Lei nº 5.172, de 25 de outubro de 1966. Código Tributário Nacional. Brasília, DF. Diário Oficial da União, 27 de outubro de 1966. Disponível em: https://www.planalto.gov.br/ccivil_03/leis/l5172compilado.htm. Acesso em: 03 jun. 2024.

BRASIL. Lei Complementar nº 11, de 25 de maio de 1971. Institui o Programa de Assistência ao Trabalhador Rural e dá outras providências. Brasília, DF. Diário Oficial da União, 26 de maio de 1971. Disponível em: https://www.planalto.gov.br/ccivil_03/leis/lcp/lcp11.htm#:~:text=LEI%20COMPLEMENTAR%20N%C2%BA%2011%2C%20DE%2025%20DE%20MAIO%20DE%201971&text=Institui%20o%20Programa%20de%20Assist%C3%AAncia,Art. Acesso em: 03 jun. 2024.

BRASIL. Lei nº 5.869, de 11 de janeiro de 1973. Institui o Código de Processo Civil. Disponível em: https://planalto.gov.br/ccivil_03/leis/L5869.htm. Acesso em: 03 jun. 2024.

BRASIL. Constituição da República Federativa do Brasil de 1988. Brasília, DF. Diário Oficial da União, Seção 1, 05 de outubro de 1988, p. 1. Texto compilado e atualizado. Disponível em: https://www.planalto.gov.br/ccivil_03/constituicao/constituicao.htm. Acesso em: 03 jun. 2024.

BRASIL. Lei nº 7.347, de 24 de julho de 1985. Disciplina a ação civil pública de responsabilidade por danos causados ao meio-ambiente, ao consumidor, a bens e direitos de valor artístico, estético, histórico, turístico e paisagístico (VETADO) e dá outras providências. Brasília, DF. Diário Oficial da União, 25 de julho de 1985. Disponível em: https://www.planalto.gov.br/ccivil_03/Leis/L7347orig.htm#:~:text=LEI%20No%207.347%2C%20DE%2024%20DE%20JULHO%20DE%201985.&text=Disciplina%20a%20a%C3%A7%C3%A3o%20civil%20p%C3%BAblica,VETADO)%20e%20d%C3%A1%20outras%20provid%C3%AAncias. Acesso em: 03 jun. 2024.

BRASIL. Lei nº 7.871, de 08 de novembro de 1989. Acrescenta parágrafo à Lei nº 1.060, de 5 de fevereiro de 1950, que "estabelece normas para a concessão de assistência judiciária aos necessitados". Brasília, DF. Diário Oficial da União, 09 de novembro de 1989. Disponível em: https://www.planalto.gov.br/ccivil_03/leis/1989_1994/L7871.hm#:~:text=LEI%20N%C2%BA%207.871%2C%20DE%208,1%C2%B0%20O%20art. Acesso em: 03 jun. 2024.

BRASIL. Lei Complementar nº 64, de 18 de maio de 1990. Estabelece, de acordo com o art. 14, § 9º da Constituição Federal, casos de inelegibilidade, prazos de cessação, e determina outras providências. Brasília, DF. Diário Oficial da União, 21 de maio de 1990. Disponível em: https://www.planalto.gov.br/ccivil_03/leis/lcp/Lcp64.htm. Acesso em: 03 jun. 2024.

BRASIL. Lei nº 8.078, de 11 de setembro de 1990. Código de Defesa do Consumidor. Dispõe sobre a proteção do consumidor e dá outras providências. Brasília, DF. Diário Oficial da União, 12 de setembro de 1990. Disponível em: https://www.planalto.gov.br/ccivil_03/leis/l8078compilado.htm. Acesso em: 03 jun. 2024.

BRASIL. Lei nº 8.112, de 11 de dezembro de 1990. Dispõe sobre o regime jurídico dos servidores públicos civis da União, das autarquias e das fundações públicas federais. Brasília, DF. Diário Oficial da União, 12 de dezembro de 1990. Disponível em: https://www.planalto.gov.br/ccivil_03/leis/l8112cons.htm. Acesso em: 03 jun. 2024.

BRASIL. Lei nº 8.212, de 24 de julho de 1991. Dispõe sobre a organização da Seguridade Social, institui Plano de Custeio, e dá outras providências. Brasília, DF. Diário Oficial da União, 25 de julho de 1991. Disponível em: https://www.planalto.gov.br/ccivil_03/leis/l8212cons.htm. Acesso em: 03 jun. 2024.

BRASIL. Lei nº 8.213, de 24 de julho de 1991. Dispõe sobre os Planos de Benefícios da Previdência Social e dá outras providências. Brasília, DF. Diário Oficial da União, 25 de julho de 1991. Disponível em: https://www.planalto.gov.br/ccivil_03/leis/l8213cons.htm. Acesso em: 03 jun. 2024.

BRASIL. Lei Complementar nº 70, de 30 de dezembro de 1991. Institui contribuição para financiamento da Seguridade Social, eleva a alíquota da contribuição social sobre o lucro das instituições financeiras e dá outras providências. Brasília, DF. Diário Oficial da União, 31 de dezembro de 1991. Disponível em: https://www.planalto.gov.br/ccivil_03/leis/lcp/lcp70.htm. Acesso em: 03 jun. 2024.

BRASIL. Lei nº 8.429, de 02 de junho de 1992. Dispõe sobre as sanções aplicáveis em virtude da prática de atos de improbidade administrativa, de que trata o § 4º do art. 37 da Constituição Federal; e dá outras providências. Brasília, DF. Diário Oficial da União, 03 de junho de 1992. Disponível em: https://www.planalto.gov.br/ccivil_03/leis/l8429.htm. Acesso em: 03 jun. 2024.

BRASIL. Decreto nº 591, de 06 de julho de 1992. Atos internacionais. Pacto Internacional sobre os Direitos Econômicos, Sociais e Culturais. Promulgação. Brasília, DF. Diário Oficial da União, 07 de julho de 1992. Disponível em: https://www.planalto.gov.br/ccivil_03/decreto/ 1990-1994/d0591.htm. Acesso em: 03 jun. 2024.

BRASIL. Lei nº 8.742, de 07 de dezembro de 1993. Dispõe sobre a organização da Assistência Social e dá outras providências. Brasília, DF. Diário Oficial da União, 08 de dezembro de 1993. Disponível em: https://www.planalto.gov.br/ccivil_03/leis/l8742.htm. Acesso em: 03 jun. 2024.

BRASIL. Lei Complementar nº 80, de 12 de janeiro de 1994. Organiza a Defensoria Pública da União, do Distrito Federal e dos Territórios e prescreve normas gerais para sua organização nos Estados, e dá outras providências. Brasília, DF. Diário

Oficial da União, 13 de janeiro de 1994. Disponível em: https://www.planalto.gov.br/ccivil_03/leis/lcp/lcp80.htm. Acesso em: 03 jun. 2024.

BRASIL. Lei nº 8.906, de 04 de julho de 1994. Dispõe sobre o Estatuto da Advocacia e a Ordem dos Advogados do Brasil (OAB). Brasília, DF. Diário Oficial da União, 05 de julho de 1994. Disponível em: https://www.planalto.gov.br/ccivil_03/leis/l8906.htm. Acesso em: 03 jun. 2024.

BRASIL. Decreto nº 2.172, de 05 de março de 1997. Aprova o Regulamento dos Benefícios da Previdência Social. Brasília, DF. Diário Oficial da União, 06 de março de 1997. Disponível em https://www.planalto.gov.br/ccivil_03/decreto/d2172.htm. Acesso em: 03 jun. 2024.

BRASIL. Lei nº 9.494, de 10 de setembro de 1997. Disciplina a aplicação da tutela antecipada contra a Fazenda Pública, altera a Lei nº 7.347, de 24 de julho de 1985, e dá outras providências. Brasília, DF. Diário Oficial da União, 24 de dezembro de 1997. Disponível em: https://www.planalto.gov.br/ccivil_03/LEIS//L9494.htm#:~:text=LEI%20N%C2%BA %209. 494%2C%20DE%2010%20DE%20SETEMBRO%20DE%201997.&text=Disciplina%20a%20aplica%C3%A7%C3%A3o%20da%20tutela,1985%2C%20e%20d%C3%A1%20outras%20provid%C3%AAncias. Acesso em: 03 jun. 2024.

BRASIL. Lei nº 9.533, de 10 de dezembro de 1997. Autoriza o Poder Executivo a conceder apoio financeiro aos Municípios que instituírem programas de garantia de renda mínima associados a ações socioeducativas. Brasília, DF. Diário Oficial da União, 11 de dezembro de 1997. Disponível em: https://www.planalto.gov.br/ccivil_03/Leis/L9533.htm. Acesso em: 03 jun. 2024.

BRASIL. Lei nº 9.784, de 29 de janeiro de 1999. Regula o processo administrativo no âmbito da Administração Pública Federal. Brasília, DF. Diário Oficial da União, 01 de fevereiro de 1999. Disponível em: https://www.planalto.gov.br/ccivil_03/leis/l9784.htm. Acesso em: 03 jun. 2024.

BRASIL. Decreto nº 3.048, de 06 de maio de 1999. Aprova o Regulamento da Previdência Social, e dá outras providências. Brasília, DF. Diário Oficial da União, 07 de maio de 1999. Texto compilado e atualizado. Disponível em: https://www2.camara.leg.br/legin/fed/decret/1999/decreto-3048-6-maio-1999-368532-norma-pe.html. Acesso em: 03 jun. 2024.

BRASIL. Lei nº 9.868, de 10 de novembro de 1999. Dispõe sobre o processo e julgamento da ação direta de inconstitucionalidade e da ação declaratória de constitucionalidade perante o Supremo Tribunal Federal. Brasília, DF. Diário Oficial da União, 11 de novembro de 1999. Disponível em: https://www.planalto.gov.br/ccivil_03/leis/l9868.htm#:~:text=LEI%20No% 209.868%2C%20DE%2010%20DE%20NOVEMBRO%20DE%201999.&text=Disp%C3%B5e%20sobre%20o%20processo%20e,perante%20o%20Supremo%20Tribunal%20Federal. Acesso em: 03 jun. 2024.

BRASIL. Lei nº 9.873, de 23 de novembro de 1999. Estabelece prazo de prescrição para o exercício de ação punitiva pela Administração Pública Federal, direta e indireta, e dá outras providências. Brasília, DF. Diário Oficial da União, 24 de novembro de 1999. Disponível em: https://www.planalto.gov.br/ccivil_03/leis/l9873.htm#:~:text=LEI%20No%209.873%2C%20DE%2023%20DE%20NOVEMBRO%20DE%201999.&text=Estabelece%20prazo%20de%20prescri%C3%A7%C3%A3o%20para,indireta%2C%20e%20d%C3%A1%20outras%20provid%C3%AAncias. Acesso em: 03 jun. 2024.

BRASIL. Lei nº 9.876, de 26 de novembro de 1999. Dispõe sobre a contribuição previdenciária do contribuinte individual, o cálculo do benefício, altera dispositivos das Leis nos 8.212 e 8.213, ambas de 24 de julho de 1991, e dá outras providências. Brasília, DF. Diário Oficial da União, 06 de dezembro de 1999. Disponível em: https://www.planalto.gov.br/ccivil_03/leis/l9876.htm#:~:text=LEI%20No%209.876%2C%20DE,1991%2C%20e%20d%C3%A1%20outras%20provid%C3%AAncias. Acesso em: 03 jun. 2024.

BRASIL. Lei nº 9.882, de 03 de dezembro de 1999. Dispõe sobre o processo e julgamento da arguição de descumprimento de preceito fundamental, nos termos do § 1º do art. 102 da Constituição Federal. Disponível em: https://www.planalto.gov.br/ccivil_03/leis/l9882.htm#:~:text=L9882&text=LEI%20No%209.882%2C%20DE%203%20DE%20DEZEMBRO%20DE%201999.&text=Disp%C3%B5e%20sobre%20o%20processo%20e,102%20da%20Constitui%C3%A7%C3%A3o%20Federal. Acesso em: 03 jun. 2024.

BRASIL. Lei nº 10.219, de 11 de abril de 2001. Cria o Programa Nacional de Renda Mínima vinculada à educação – "Bolsa Escola", e dá outras providências. Brasília, DF. Diário Oficial da União, 12 de abril de 2001. Disponível em: https://www.planalto.gov.br/ccivil_03/leis/leis_2001/l10219.htm#:~:text=Cria%20o%20Programa%20Nacional%20de,%22%2C%20e%20d%C3%A1%20outras%20provid%C3%AAncia. Acesso em: 03 jun. 2024.

BRASIL. Lei Complementar nº 109, de 29 de maio de 2001. Dispõe sobre o Regime de Previdência Complementar e dá outras providências. Brasília, DF. Diário Oficial da União, 30 de maio de 2001. Disponível em: https://www.planalto.gov.br/ccivil_03/leis/lcp/lcp109.htm. Acesso em: 03 jun. 2024.

BRASIL. Lei nº 10.259, de 12 de julho de 2001. Dispõe sobre a instituição dos Juizados Especiais Cíveis e Criminais no âmbito da Justiça Federal. Brasília, DF. Diário Oficial da União, 13 de julho de 2001. Disponível em: https://www.planalto.gov.br/ccivil_03/leis/leis_ 2001/l10259.htm. Acesso em: 03 jun. 2024.

BRASIL. Lei nº 10.406, de 10 de janeiro de 2002. Código Civil. Brasília, DF. Diário Oficial da União, 11 de janeiro de 2002. Disponível em: https://www.planalto.gov.br/ccivil_03/leis/2002/l10406compilada.htm. Acesso em: 03 jun. 2024.

BRASIL. Lei nº 10.666, de 08 de maio de 2003. Dispõe sobre a concessão da aposentadoria especial ao cooperador de cooperativa de trabalhou ou de produção e dá outras providências. Brasília. DF. Diário Oficial da União, 09 de maio de 2003. Disponível em: https://www.planalto.gov.br/ccivil_03/leis/2003/l10.666.htm#:~:text=LEI%20No%2010.666%2C%20DE%208%20DE%20MAIO%20DE%202003&text=Disp%C3%B5e%20sobre%20a%20concess%C3%A3o%20da,produ%C3%A7%C3%A3o%20e%20d%C3%A1%20outras%20provid%C3%AAncias.. Acesso em: 03 jun. 2024.

BRASIL. Lei nº 10.689, de 13 de junho de 2003. Cria o Programa Nacional de Acesso à Alimentação - PNAA. Brasília. DF. Diário Oficial da União, 16 de junho de 2003. Disponível em: https://www.planalto.gov.br/ccivil_03/leis/2003/l10.689.htm. Acesso em: 03 jun. 2024.

BRASIL. Lei nº 10.836, de 09 de janeiro de 2004. Cria o Programa Bolsa Família e dá outras providências. Brasília. DF. Diário Oficial da União, 12 de janeiro de 2004. Disponível em: https://www.planalto.gov.br/ccivil_03/_ato2004-2006/2004/lei/l10.836.htm. Acesso em: 03 jun. 2024.

BRASIL. Lei nº 11.417, de 19 de dezembro de 2006. Regulamenta o art. 103-A da Constituição Federal e altera a Lei nº 9.784, de 29 de janeiro de 1999, disciplinando a edição, a revisão e o cancelamento de enunciado de súmula vinculante pelo Supremo Tribunal Federal, e dá outras providências. Brasília, DF. Diário Oficial da União, 20 de dezembro de 2006. Disponível em: https://www.planalto.gov.br/ccivil_03/_ato2004-2006/2006/lei/l11417.htm. Acesso em: 03 jun. 2024.

BRASIL. Lei nº 11.482, de 31 de maio de 2007. Efetua alterações na tabela do imposto de renda da pessoa física; dispõe sobre a redução a 0 (zero) da alíquota da CPMF nas hipóteses que menciona; altera as Leis nºs 7.713, de 22 de dezembro de 1988, 9.250, de 26 de dezembro de 1995, 11.128, de 28 de junho de 2005, 9.311, de 24 de outubro de 1996, 10.260, de 12 de julho de 2001, 6.194, de 19 de dezembro de 1974, 8.387, de 30 de dezembro de 1991, 9.432, de 8 de janeiro de 1997, 5.917, de 10 de setembro de 1973, 8.402, de 8 de janeiro de 1992, 6.094, de 30 de agosto de 1974, 8.884, de 11 de junho de 1994, 10.865, de 30 de abril de 2004, 8.706, de 14 de setembro de 1993; revoga dispositivos das Leis nºs 11.119, de 25 de maio de 2005, 11.311, de 13 de junho de 2006, 11.196, de 21 de novembro de 2005, e do Decreto-Lei nº 2.433, de 19 de maio de 1988; e dá outras providências. Brasília, DF. Diário Oficial da União, 31 de maio de 2007. Disponível em: https://www.planalto.gov.br/ccivil_03/_ato2007-2010/2007/lei/l11482.htm. Acesso em: 03 jun. 2024.

BRASIL. Lei nº 12.016, de 07 de agosto de 2009. Disciplina o mandado de segurança individual e coletivo e dá outras providências. Brasília, DF. Diário Oficial da União, 10 de agosto de 2009. Disponível em: https://www.planalto.gov.br/ccivil_03/_ato2007-2010/2009/lei/l12016.htm. Acesso em: 03 jun. 2024.

BRASIL. Lei Complementar nº 135, de 04 de junho de 2010. Altera a Lei Complementar nº 64, de 18 de maio de 1990, que estabelece, de acordo com o § 9º do art. 14 da Constituição Federal, casos de inelegibilidade, prazos de cessação e determina outras providências, para incluir hipóteses de inelegibilidade que visam a proteger a probidade administrativa e a moralidade no exercício do mandato. Brasília, DF. Diário Oficial da União, 07 de junho de 2010. Disponível em: https://www.planalto.gov.br/ccivil_03/leis/lcp/lcp135.htm. Acesso em: 03 jun. 2024.

BRASIL. Lei nº 13.105, de 16 de março de 2015. Código de Processo Civil. Brasília, DF. Diário Oficial da União, 17 de março de 2015. Disponível em: https://www.planalto.gov.br/ccivil _03/_ato2015-2018/2015/lei/l13105.htm. Acesso em: 03 jun. 2024.

BRASIL. Lei Complementar nº 150, de 01 de junho de 2015. Dispõe sobre o contrato de trabalho doméstico; altera as Leis nº 8.212, de 24 de julho de 1991, nº 8.213, de 24 de julho de 1991, e nº 11.196, de 21 de novembro de 2005; revoga o inciso I do art. 3º da Lei nº 8.009, de 29 de março de 1990, o art. 36 da Lei nº 8.213, de 24 de julho de 1991, a Lei nº 5.859, de 11 de dezembro de 1972, e o inciso VII do art. 12 da Lei nº 9.250, de 26 de dezembro 1995; e dá outras providências. Brasília, DF. Diário Oficial da União, 02 de junho de 2015. Disponível em: https://www.planalto.gov.br/ccivil_03/leis/lcp/lcp150.htm. Acesso em: 03 jun. 2024.

BRASIL. Emenda Constitucional nº 103, de 12 de novembro de 2019. Altera o sistema de previdência social e estabelece regras de transição e disposições transitórias. Brasília, DF. Diário Oficial da União, 13 de novembro de 2019. Disponível em: https://www.planalto.gov.br/ccivil_03/constituicao/emendas/emc/emc103.htm. Acesso em: 03 jun. 2024.

BRASIL. Lei nº 13.979, de 06 de fevereiro de 2020. Dispõe sobre as medidas para enfrentamento da emergência de saúde pública de importância internacional decorrente do coronavírus responsável pelo surto de 2019. Brasília, DF. Diário Oficial da União, 07 de fevereiro de 2020. Disponível em: https://www.planalto.gov.br/ccivil_03/_ato2019-2022/2020/lei/l13979.htm#view. Acesso em: 03 jun. 2024.

BRASIL. Lei nº 14.230, de 25 de outubro de 2021. Altera a Lei nº 8.429, de 2 de junho de 1992, que dispõe sobre improbidade administrativa. Brasília, DF. Diário Oficial da União, 26 de outubro de 2021. Disponível em: https://www.planalto.gov.br/ccivil_03/_Ato2019-2022/2021/Lei/L14230.htm#art1. Acesso em: 03 jun. 2024.

BRASIL. Instituto Nacional do Seguro Social – INSS. Portaria PRES/INSS nº 1.382, de 19 de novembro de 2021. Dispõe sobre as alterações trazidas pelo Decreto nº 10.410, de 30 de junho de 2020, quanto aos efeitos das contribuições recolhidas em atraso, após o fato gerador, e quanto aos recolhimentos dos períodos de empregado doméstico. Brasília, DF. Diário Oficial da União, 22 de novembro de 2021. Disponível em https://in.gov.br/en/web/dou/-/portaria-pres/inss-n-1.382-de-19-de-novembro-de-2021-360956063. Acesso em: 03 jun. 2024.

BRASIL. Instituto Nacional do Seguro Social – INSS. Instrução Normativa PRES/INSS nº 128, de 28 de março de 2022. Disciplina as regras, procedimentos e rotinas necessárias à efetiva aplicação das normas de direito previdenciário. Brasília, DF. Diário Oficial da União, 29 de março de 2022. Disponível em: https://www.in.gov.br/en/web/dou/-/instrucao-normativa-pres/inss-n-128-de-28-de-marco-de-2022-389275446. Acesso em: 03 jun. 2024.

BRASIL. Ministério do Trabalho e Previdência e Instituto Nacional do Seguro Social – INSS. Portaria Conjunta MTP/INSS nº 28, de 27 de setembro de 2022. Disciplina as regras, procedimentos e rotinas necessárias à efetiva aplicação das normas de direito previdenciário. Brasília, DF. Diário Oficial da União, 04 de outubro de 2022. Disponível em: https://in.gov.br/en/web/dou/-/portaria-conjunta-mtp/inss-n-28-de-27-de-setembro-de-2022-433702653. Acesso em: 03 jun. 2024.

BRASIL. Decreto nº 11.377, de 08 de janeiro de 2023. Decreta intervenção federal no Distrito Federal com o objetivo de pôr termo ao grave comprometimento da ordem pública, nos termos em que especifica. Brasília, DF. Diário Oficial da União, 08 de janeiro de 2023. Disponível em: https://www.planalto.gov.br/ccivil_03/_ato2023-2026/2023/decreto/D11377.htm#:~:text=DECRETO%20N%C2%BA%2011.377%2C%20DE%208,nos%20termos%20em%20que%20especifica. Acesso em: 03 jun. 2024.

BRASIL. Segunda Turma Recursal dos Juizados Especiais Federais do Rio Grande do Sul. RC 5001992-60.2019.4.04.7124. Rel. Daniel Machado da Rocha. Brasília, DF, 17 de fevereiro de 2021. Diário da Justiça, 27 de abril de 2021. Disponível em: https://www.cjf.jus.br/jurisprudencia/tnu/. Acesso em: 03 jun. 2024.

BRASIL. Superior Tribunal de Justiça. ERESP 228.432. Agravante: Casa do Compadre Comércio e Representações Ltda. Agravado: Fazenda Nacional. Rel. Min. Humberto Gomes de Barros. Brasília, DF, 01 de fevereiro de 2002. Diário da Justiça, 18 de março de 2002. Disponível em: https://scon.stj.jus.br/SCON/. Acesso em: 03 jun. 2024.

BRASIL. Superior Tribunal de Justiça. AgRg no Ag n. 1.070.071/PE. Agravante: Instituto Nacional do Seguro Social – INSS. Agravada: Josefa Maria da Conceição do Monte. Rel. Min. Og Fernandes. Brasília, DF, 20 de novembro de 2008. Diário de Justiça, 09 de dezembro de 2008. Disponível em: https://scon.stj.jus.br/SCON/. Acesso em: 03 jun. 2024.

BRASIL. Superior Tribunal de Justiça. RESP 1.112.557. Recorrente: Y. G. P S. (menor). Recorrido: Instituto Nacional do Seguro Social – INSS. Rel. Min. Napoleão Nunes Maia Filho. Brasília, DF, 28 de outubro de 2009. Diário da Justiça, 20 de novembro de 2009. Disponível em: https://scon.stj.jus.br/SCON/. Acesso em: 03 jun. 2024.

BRASIL. Superior Tribunal de Justiça. RESP 1.114.938. Recorrente: Instituto Nacional do Seguro Social – INSS. Recorrido: Ivanildo dos Santos. Rel. Min. Napoleão Nunes Maia Filho. Brasília, DF, 14 de abril de 2010. Diário da Justiça, 02 de agosto de 2010. Disponível em: https://scon.stj.jus.br/SCON/. Acesso em: 03 jun. 2024.

BRASIL. Superior Tribunal de Justiça. RESP 1.310.034. Recorrente: Instituto Nacional do Seguro Social – INSS. Recorrido: José Carlos Teodoro de Souza. Rel. Min. Herman Benjamin. Brasília, DF, 24 de outubro de 2012. Diário da Justiça, 19 de dezembro de 2012. Disponível em: https://scon.stj.jus.br/SCON/. Acesso em: 03 jun. 2024.

BRASIL. Superior Tribunal de Justiça. RESP 1.309.529. Recorrente: Instituto Nacional do Seguro Social – INSS. Recorrido: João Mendes Sanches. Rel. Min. Herman Benjamin. Brasília, DF, 28 de novembro de 2012. Diário da Justiça, 04 de junho de 2013. Disponível em: https://scon.stj.jus.br/SCON/. Acesso em: 03 jun. 2024.

BRASIL. Superior Tribunal de Justiça. RESP 1.401.560. Recorrente: Instituto Nacional do Seguro Social – INSS. Recorrida: Catarina Batista Dias. Rel. Min. Sergio Kukina. Red. p/ acórdão Min. Ari Pargendler. Brasília, DF, 12 de fevereiro de 2014. Diário da Justiça, 13 de outubro de 2015. Disponível em: https://scon.stj.jus.br/SCON/. Acesso em: 03 jun. 2024.

BRASIL. Superior Tribunal de Justiça. RESP 1.398.260. Recorrente: Instituto Nacional do Seguro Social – INSS. Recorrida: Eva Maria dos Santos de Oliveira. Rel. Min. Herman Benjamin. Brasília, DF, 14 de maio de 2014. Diário da Justiça, 05 de dezembro de 2014. Disponível em: https://scon.stj.jus.br/SCON/. Acesso em: 03 jun. 2024.

BRASIL. Superior Tribunal de Justiça. RESP 956.943. Recorrentes: Carlos Oscar Premazzi e outros. Recorridos: Júlio Cesar da Silva. Rel. Min. Nancy Andrighi. Brasília, DF, 20 de agosto de 2014. Diário da Justiça, 01 de dezembro de 2014. Disponível em: https://scon.stj.jus.br/SCON/. Acesso em: 03 jun. 2024.

BRASIL. Superior Tribunal de Justiça. RESP 1.352.721. Recorrente: Instituto Nacional do Seguro Social – INSS. Recorrida: Aparecida Martini dos Santos. Rel. Min. Napoleão Nunes Maia Filho. Brasília, DF, 16 de dezembro de 2015. Diário da Justiça, 28 de abril de 2016. Disponível em: https://scon.stj.jus.br/SCON/. Acesso em: 03 jun. 2024.

BRASIL. Superior Tribunal de Justiça. RESP 1.648.305. Recorrente: Instituto Nacional do Seguro Social – INSS. Recorrida: Irma Perine. Rel. Min. Assusete Magalhães. Red. p/ acórdão Min. Regina Helena Costa. Brasília, DF, 22 de agosto de 2018. Diário da Justiça, 26 de setembro de 2018. Disponível em: https://scon.stj.jus.br/SCON/. Acesso em: 03 jun. 2024.

BRASIL. Superior Tribunal de Justiça. RESP 1.612.818. Recorrente: Achiles Romeu Perussolo. Recorrido: Instituto Nacional do Seguro Social – INSS. Rel. Min.

Mauro Campbell Marques. Brasília, DF, 13 de fevereiro de 2019. Diário da Justiça, 13 de março de 2019. Disponível em: https://scon.stj.jus.br/SCON/. Acesso em: 03 jun. 2024.

BRASIL. Superior Tribunal de Justiça. RESP 1.334.488. Recorrente: Waldir Ossemer. Recorrido: Instituto Nacional do Seguro Social – INSS. Rel. Min. Herman Benjamin. Brasília, DF, 27 de março de 2019. Diário da Justiça, 29 de maio de 2019. Disponível em: https://scon.stj.jus.br/SCON/. Acesso em: 03 jun. 2024.

BRASIL. Superior Tribunal de Justiça. RESP 1.554.596. Recorrente: Vanderlei Martins de Medeiros. Recorrido: Instituto Nacional do Seguro Social – INSS. Rel. Min. Napoleão Nunes Maia Filho. Brasília, DF, 11 de dezembro de 2019. Diário da Justiça, 17 de dezembro de 2019. Disponível em: https://scon.stj.jus.br/SCON/. Acesso em: 03 jun. 2024.

BRASIL. Superior Tribunal de Justiça. RESP 1.644.191. Recorrente: Instituto Nacional do Seguro Social – INSS. Recorrido: Selmo da Silva Bittencourt. Rel. Min. Herman Benjamin. Brasília, DF, 11 de dezembro de 2019. Diário da Justiça, 04 de agosto de 2020. Disponível em: https://scon.stj.jus.br/SCON/. Acesso em: 03 jun. 2024.

BRASIL. Superior Tribunal de Justiça. RESP 1.772.848. Recorrente: Estado do Rio Grande do Sul. Recorrido: João Alberto Stocker. Rel. Min. Herman Benjamin. Brasília, DF, 28 de outubro de 2020. Diário da Justiça, 01 de julho de 2021. Disponível em: https://scon.stj.jus.br/SCON/. Acesso em: 03 jun. 2024.

BRASIL. Superior Tribunal de Justiça. RESP n. 1.842.985. Recorrente: Instituto Nacional do Seguro Social – INSS. Recorridos: Amanda Miranda Rodrigues e Thaylon Miranda Rodrigues. Rel. Min. Herman Benjamin. Brasília, DF, 24 de fevereiro de 2021. Diário de Justiça, 01 de julho de 2021. Disponível em: https://scon.stj.jus.br/SCON/. Acesso em: 03 jun. 2024.

BRASIL. Superior Tribunal de Justiça. RESP n. 1.856.967. Recorrente: Glycon Cardoso Ferreira Junior. Recorrido: Instituto Nacional do Seguro Social – INSS. Rel. Min. Regina Helena Costa. Brasília, DF, 23 de junho de 2021. Diário de Justiça, 28 de junho de 2021. Disponível em: https://scon.stj.jus.br/SCON/. Acesso em: 03 jun. 2024.

BRASIL. Superior Tribunal de Justiça. AgInt no ARESP 1.865.781. Agravante: Isac Leal de Souza. Agravado: Instituto Nacional do Seguro Social – INSS. Rel. Min. Francisco Falcão. Brasília, DF, 13 de dezembro de 2021. Diário da Justiça, 15 de dezembro de 2021. Disponível em: https://scon.stj.jus.br/SCON/. Acesso em: 03 jun. 2024.

BRASIL. Superior Tribunal de Justiça. AgInt no AgInt no ARESP 1.890.557. Agravante: União. Agravada: Valia Acciaris Mota Rodrigues. Rel. Min. Og Fernandes. Brasília, DF, 03 de maio de 2022. Diário da Justiça, 17 de maio de 2022. Disponível em: https://scon.stj.jus.br/SCON/. Acesso em: 03 jun. 2024.

BRASIL. Superior Tribunal de Justiça. Pet. 12.482. Requerente: Min. Og Fernandes (*sic*). Requerido: Superior Tribunal de Justiça. Rel. Min. Og Fernandes. Brasília, DF, 11 de maio de 2022. Diário da Justiça, 24 de maio de 2022. Disponível em: https://scon.stj.jus.br/SCON/. Acesso em: 03 jun. 2024.

BRASIL. Superior Tribunal de Justiça. RESP n. 1.947.419. Recorrente: Instituto Nacional do Seguro Social – INSS. Recorrido: Manoel Maciel Pereira. Rel. Min. Gurgel de Faria. Brasília, DF, 24 de agosto de 2022. Diário de Justiça, 30 de agosto de 2022. Disponível em: https://scon.stj.jus.br/SCON/. Acesso em: 03 jun. 2024.

BRASIL. Superior Tribunal de Justiça. RESP n. 1.803.530. Recorrente: Ari de Oliveira Silva. Recorrido: Instituto Nacional do Seguro Social – INSS. Rel. Min. Herman Benjamin. Brasília, DF, 22 de novembro de 2022. Diário de Justiça, 28 de fevereiro de 2024. Disponível em: https://scon.stj.jus.br/SCON/. Acesso em: 03 jun. 2024.

BRASIL. Superior Tribunal de Justiça. AgInt nos EDcl no ARESP n. 1.929.354. Agravante: Oswaldo de Araújo Costa Filho. Agravada: Universidade Federal de Alagoas – UFAL. Rel. Min. Assusete Magalhães. Brasília, DF, 27 de março de 2023. Diário de Justiça, 03 de abril de 2023. Disponível em: https://scon.stj.jus.br/SCON/. Acesso em: 03 jun. 2024.

BRASIL. Superior Tribunal de Justiça. AgInt no RESP 1.844.447. Agravante: Estado de São Paulo. Agravada: Usina Santa Rita S. A. Açúcar e Álcool. Rel. Min. Mauro Campbell Marques. Brasília, DF, 06 de junho de 2023. Diário da Justiça, 19 de dezembro de 2023. Disponível em: https://scon.stj.jus.br/SCON/. Acesso em: 03 jun. 2024.

BRASIL. Superior Tribunal de Justiça. AgInt no RESP 2.023.118. Agravante: Banco do Brasil S. A. Agravados: Antenor de Oliveira e outros. Rel. Min. Ricardo Vilas Bôas Cueva. Brasília, DF, 28 de agosto de 2023. Diário da Justiça, 31 de agosto de 2023. Disponível em: https://scon.stj.jus.br/SCON/. Acesso em: 03 jun. 2024.

BRASIL. Superior Tribunal de Justiça. AgInt no RESP 2.184.270. Agravante: Aparecida de Lourdes Borges. Agravado: Caraguaprev – Instituto de Previdência do Município de Caraguatatuba. Rel. Min. Sérgio Kukina. Brasília, DF, 28 de agosto de 2023. Diário da Justiça, 31 de agosto de 2023. Disponível em: https://scon.stj.jus.br/SCON/. Acesso em: 03 jun. 2024.

BRASIL. Superior Tribunal de Justiça. RESP n. 1.925.192. Recorrente: União. Recorrido: Leila Elaine Pacheco Nunes. Rel. Min. Sérgio Kukina. Brasília, DF, 13 de setembro de 2023. Diário de Justiça, 02 de outubro de 2023. Disponível em: https://scon.stj.jus.br/SCON/. Acesso em: 03 jun. 2024.

BRASIL. Superior Tribunal de Justiça. AgInt no ARESP 2.337.287. Agravante: Grendene S. A. Agravada: Fazenda Nacional. Rel. Min. Herman Benjamin. Brasília, DF, 11 de dezembro de 2023. Diário da Justiça, 19 de dezembro de 2023. Disponível em: https://scon.stj.jus.br/SCON/. Acesso em: 03 jun. 2024.

BRASIL. Superior Tribunal de Justiça. Súmula 68. "A parcela relativa ao ICM inclui-se na base de cálculo do PIS" [cancelada]. Aprovada em 15 de dezembro de 1992. Diário de Justiça, 04 de fevereiro de 1993. Cancelada em 27 de março de 2019. Diário de Justiça, 03 de abril de 2019.

BRASIL. Superior Tribunal de Justiça. Súmula 85. "Nas relações jurídicas de trato sucessivo em que a Fazenda Pública figure como devedora, quando não tiver sido negado o próprio direito reclamado, a prescrição atinge apenas as prestações vencidas antes do quinquênio anterior a propositura da ação". Aprovada em 18 de junho de 1993. Diário de Justiça, 02 de julho de 1993.

BRASIL. Superior Tribunal de Justiça. Súmula 416. "É devida a pensão por morte aos dependentes do segurado que, apesar de ter perdido essa qualidade, preencheu os requisitos legais para a obtenção de aposentadoria até a data do seu óbito". Aprovada em 09 de dezembro de 2009. Diário de Justiça, 16 de dezembro de 2009.

BRASIL. Supremo Tribunal Federal. RE 45.977. Recorrente: Estado do Espírito Santo. Recorrido: Jão Zanotti. Rel. Min. Aliomar Baleeiro. Brasília, DF, 27 de setembro de 1966. Diário da Justiça, 22 fevereiro de 1967. Disponível em: https://jurisprudencia.stf.jus.br/pages/search. Acesso em: 03 jun. 2024.

BRASIL. Supremo Tribunal Federal. RE 79.628. Recorrente: Inespar Indústria e Comércio Ltda. Recorrido: Estado de São Paulo. Rel. Min. Aliomar Baleeiro. Brasília, DF, 22 de outubro de 1974. Diário da Justiça, 13 de dezembro de 1974. Disponível em: https://jurisprudencia.stf.jus.br/pages/search. Acesso em: 03 jun. 2024.

BRASIL. Supremo Tribunal Federal. RE 79.343. Recorrente: José Pereira Cesar. Recorrido: Aurélio Paz Boulhosa. Rel. Min. Leitão de Abreu. Brasília, DF, 31 de maio de 1977. Diário da Justiça, 02 de setembro de 1977. Disponível em: https://jurisprudencia.stf.jus.br/pages/search. Acesso em: 03 jun. 2024.

BRASIL. Supremo Tribunal Federal. ADI 493. Requerente: Procurador-Geral da República. Interessados: Presidente da República e Congresso Nacional. Rel. Min. Moreira Alves. Brasília, DF, 25 de junho de 1992. Diário da Justiça, 04 de setembro de 1992. Disponível em: https://jurisprudencia.stf.jus.br/pages/search. Acesso em: 03 jun. 2024.

BRASIL. Supremo Tribunal Federal. ADC 1 QO. Requerentes: Presidente da República, Mesa do Senado Federal e Mesa da Câmara dos Deputados. Rel. Min. Moreira Alves. Brasília, DF, 27 de outubro de 1993. Diário da Justiça, 16 de junho de 1995. Disponível em: https://jurisprudencia.stf.jus.br/pages/search. Acesso em: 03 jun. 2024.

BRASIL. Supremo Tribunal Federal. ADC 1. Requerentes: Presidente da República, Mesa do Senado Federal e Mesa da Câmara dos Deputados. Rel. Min. Moreira Alves. Brasília, DF, 01 de dezembro de 1993. Diário da Justiça, 16 de junho de

1995. Disponível em: https://jurisprudencia.stf.jus.br/pages/search. Acesso em: 03 jun. 2024.

BRASIL. Supremo Tribunal Federal. ADI 939. Requerente: Confederação Nacional dos Trabalhadores no Comércio – CNTC. Interessados: Congresso Nacional e Presidente da República. Rel. Min. Sydney Sanches. Brasília, DF, 15 de dezembro de 1993. Diário da Justiça, 18 de março de 1994. Disponível em: https://jurisprudencia.stf.jus.br/pages/search. Acesso em: 03 jun. 2024.

BRASIL. Supremo Tribunal Federal. ADI 815. Requerente: Governador do Estado do Rio Grande do Sul. Interessado: Congresso Nacional. Rel. Min. Moreira Alves. Brasília, DF, 28 de março de 1996. Diário da Justiça, 10 de maio de 1996. Disponível em: https://jurisprudencia.stf.jus.br/pages/search. Acesso em: 03 jun. 2024.

BRASIL. Supremo Tribunal Federal. ADI 997. Requerente: Governador do Estado do Rio Grande do Sul. Interessados: Presidente da República e Congresso Nacional. Rel. Min. Moreira Alves. Brasília, DF, 28 de março de 1996. Diário da Justiça, 30 de agosto de 1996. Disponível em: https://jurisprudencia.stf.jus.br/pages/search. Acesso em: 03 jun. 2024.

BRASIL. Supremo Tribunal Federal. RE 178.361. Recorrente: Autolatina Brasil S. A. Recorrida: União. Rel. Min. Paulo Brossard. Red. p/ acórdão Min. Maurício Corrêa. Brasília, DF, 11 de junho de 1996. Diário da Justiça, 25 de outubro 1996. Disponível em: https://jurisprudencia.stf.jus.br/pages/search. Acesso em: 03 jun. 2024.

BRASIL. Supremo Tribunal Federal. RE 184.099. Recorrente: Distrito Federal. Recorrida: ECS Empreendimentos, Construções e Saneamento Ltda. Rel. Min. Octavio Gallotti. Brasília, DF, 10 de dezembro de 1996. Diário da Justiça, 18 de abril de 1997. Disponível em: https://jurisprudencia.stf.jus.br/pages/search. Acesso em: 03 jun. 2024.

BRASIL. Supremo Tribunal Federal. RE 196.140. Recorrentes e recorridos: Banco ABN AMRO Real S. A. e Sindicato dos Trabalhadores em Empresas de Telecomunicações e operadores de mesas telefônicas no Estado do Pará. Rel. Min. Celso de Mello. Brasília, DF, 25 de fevereiro de 1997. Diário da Justiça, 25 de agosto de 2006. Disponível em: https://jurisprudencia.stf.jus.br/pages/search. Acesso em: 03 jun. 2024.

BRASIL. Supremo Tribunal Federal. ADI 1.232. Requerente: Procurador-Geral da República. Interessados: Presidente da República e Congresso Nacional. Rel. Min. Ilmar Galvão. Red. p/ acórdão Min. Nelson Jobim. Brasília, DF, 27 de agosto de 1998. Diário da Justiça, 01 de junho de 2001. Disponível em: https://jurisprudencia.stf.jus.br/pages/search. Acesso em: 03 jun. 2024.

BRASIL. Supremo Tribunal Federal. ADI 1.946 MC. Requerente: Partido Socialista Brasileiro – PSB. Interessados: Mesas da Câmara dos Deputados e do Senado Federal; Ministro de Estado da Previdência e Assistência Social. Rel. Min.

Sydney Sanches. Brasília, DF, 29 de abril de 1999. Diário da Justiça, 14 de setembro de 2001. Disponível em: https://jurisprudencia.stf.jus.br/pages/search. Acesso em: 03 jun. 2024.

BRASIL. Supremo Tribunal Federal. ADI 2.010 MC. Requerente: Conselho Federal da Ordem dos Advogados do Brasil. Interessados: Presidente da República e Congresso Nacional. Rel. Min. Celso de Mello. Brasília, DF, 30 de setembro de 1999. Diário da Justiça, 12 de abril de 2002. Disponível em: https://jurisprudencia.stf.jus.br/pages/search. Acesso em: 03 jun. 2024.

BRASIL. Supremo Tribunal Federal. ADI 2.076. Requerente: Partido Social Liberal – PSL. Interessada: Assembleia Legislativa do Estado do Acre. Rel. Min. Carlos Velloso. Brasília, DF, 15 de agosto de 2002. Diário da Justiça, 08 de agosto de 2003. Disponível em: https://jurisprudencia.stf.jus.br/pages/search. Acesso em: 03 jun. 2024.

BRASIL. Supremo Tribunal Federal. RCL 1.880. Reclamante: Município de Turmalina. Reclamado: Presidente do Tribunal Regional do Trabalho da 15ª Região. Rel. Min. Marco Aurélio. Brasília, DF, 07 de novembro de 2002. Diário da Justiça, 19 de março de 2004. Disponível em: https://jurisprudencia.stf.jus.br/pages/search. Acesso em: 03 jun. 2024.

BRASIL. Supremo Tribunal Federal. RE 322.348. Recorrentes e recorridos: Instituto Nacional do Seguro Social – INSS e Maria do Carmo Morais e outros. Rel. Min. Celso de Mello. Brasília, DF, 13 de novembro de 2002. Diário da Justiça, 06 de dezembro de 2002. Disponível em: https://jurisprudencia.stf.jus.br/pages/search. Acesso em: 03 jun. 2024.

BRASIL. Supremo Tribunal Federal. ADI 3.105. Requerente: Associação Nacional dos Membros do Ministério Público – CONAMP. Interessado: Congresso Nacional. Rel. Min. Ellen Gracie. Red. p/ acórdão Min. Cezar Peluso. Brasília, DF, 18 de abril de 2004. Diário da Justiça, 18 de fevereiro de 2005. Disponível em: https://jurisprudencia.stf.jus.br/pages/search. Acesso em: 03 jun. 2024.

BRASIL. Supremo Tribunal Federal. RCL 2.303 AgR. Reclamante: Instituto Nacional do Seguro Social – INSS. Reclamada: Juíza Federal do Juizado Especial Federal Adjunto à Vara Única de Bagé. Rel. Min. Ellen Gracie. Brasília, DF, 13 de maio de 2004. Diário da Justiça, 01 de abril de 2005. Disponível em: https://jurisprudencia.stf.jus.br/pages/search. Acesso em: 03 jun. 2024.

BRASIL. Supremo Tribunal Federal. ADI 3128. Requerente: Associação Nacional dos Procuradores da República – ANPR. Interessado: Congresso Nacional. Rel. Min. Ellen Gracie. Red. p/ acórdão Min. Cezar Peluso. Brasília, DF, 18 de agosto de 2004. Diário da Justiça, 18 de fevereiro de 2005. Disponível em: https://jurisprudencia.stf.jus.br/pages/search. Acesso em: 03 jun. 2024.

BRASIL. Supremo Tribunal Federal. RCL 2.323 AgR. Reclamante: União. Reclamados: Juiz Federal da 2ª Vara de Londrina e Relator do Agravo de Instrumento nº 2002.04.01.046195-1 do Tribunal Regional Federal da 4ª Região. Rel. Min. Eros Grau. Brasília, DF, 07 de abril de 2005. Diário da Justiça, 20 de abril de 2005. Disponível em: https://jurisprudencia.stf.jus.br/pages/search. Acesso em: 03 jun. 2024.

BRASIL. Supremo Tribunal Federal. HC 82.959. Impetrante e Paciente: Oseas de Campos. Coator: Superior Tribunal de Justiça. Rel. Min. Marco Aurélio. Brasília, DF, 23 de fevereiro de 2006. Diário da Justiça, 01 de setembro de 2006. Disponível em: https://jurisprudencia.stf.jus.br/pages/search. Acesso em: 03 jun. 2024.

BRASIL. Supremo Tribunal Federal. ADI 3.685. Requerente: Conselho Federal da Ordem dos Advogados do Brasil. Interessados: Congresso Nacional e Assembleia Legislativa do Estado do Rio de Janeiro. Rel. Min. Ellen Gracie. Brasília, DF, 22 de março de 2006. Diário da Justiça, 10 de agosto de 2006. Disponível em: https://jurisprudencia.stf.jus.br/pages/search. Acesso em: 03 jun. 2024.

BRASIL. Supremo Tribunal Federal. ADI 2.883. Requerente: Partido Verde – PV. Interessado: Congresso Nacional. Rel. Min. Gilmar Mendes. Brasília, DF, 30 de agosto de 2006. Diário da Justiça, 09 de março de 2007. Disponível em: https://jurisprudencia.stf.jus.br/pages/search. Acesso em: 03 jun. 2024.

BRASIL. Supremo Tribunal Federal. ADI 2.760. Requerente: Partido Social Liberal – PSL. Interessado: Congresso Nacional. Rel. Min. Joaquim Barbosa. Brasília, DF, 30 de agosto de 2006. Diário da Justiça, 20 de outubro de 2006. Disponível em: https://jurisprudencia.stf.jus.br/pages/search. Acesso em: 03 jun. 2024.

BRASIL. Supremo Tribunal Federal. RE 364.304 AgR. Agravante: Município do Rio de Janeiro. Agravado: Lino Ramos Cundines. Rel. Min. Gilmar Mendes. Brasília, DF, 03 de outubro de 2006. Diário da Justiça, 06 de novembro de 2006. Disponível em: https://jurisprudencia.stf.jus.br/pages/search. Acesso em: 03 jun. 2024.

BRASIL. Supremo Tribunal Federal. RCL 4.427 MC-AgR. Reclamante: Instituto Nacional do Seguro Social – INSS. Reclamado: Juiz Federal da Vara do Juizado Especial Federal Previdenciário da Subseção Judiciária de Caxias do Sul. Rel. Min. Cezar Peluso. Brasília, DF, 06 de junho de 2007. Diário da Justiça, 29 de junho de 2007. Disponível em: https://jurisprudencia.stf.jus.br/pages/search. Acesso em: 03 jun. 2024.

BRASIL. Supremo Tribunal Federal. ADI 2.527-MC. Requerente: Conselho Federal da Ordem dos Advogados do Brasil. Interessado: Presidente da República. Rel. Min. Cármen Lúcia. Brasília, DF, 16 de agosto de 2007. Diário da Justiça, 23 de novembro de 2007. Disponível em: https://jurisprudencia.stf.jus.br/pages/search. Acesso em: 03 jun. 2024.

BRASIL. Supremo Tribunal Federal. RCL 4.363 AgR. Reclamante: Instituto Nacional do Seguro Social – INSS. Reclamada: Turma Recursal dos Juizados Especiais Federais do Estado de Pernambuco. Rel. Min. Ricardo Lewandowski. Brasília,

DF, 20 de setembro de 2007. Diário da Justiça, 19 de outubro de 2007. Disponível em: https://jurisprudencia.stf.jus.br/pages/search. Acesso em: 03 jun. 2024.

BRASIL. Supremo Tribunal Federal. ADI 3.104. Requerente: Associação Nacional dos Membros do Ministério Público - CONAMP. Interessados: Congresso Nacional e Sindicato Nacional dos Docentes das Instituições de Ensino Superior - ANDES. Rel. Min. Cármen Lúcia. Brasília, DF, 26 de setembro de 2007. Diário da Justiça, 09 de novembro de 2007. Disponível em: https://jurisprudencia.stf.jus.br/pages/search. Acesso em: 03 jun. 2024.

BRASIL. Supremo Tribunal Federal. MS 26.603. Impetrante: Partido da Social Democracia Brasileira - PSDB. Impetrados: Presidência da Câmara dos Deputados e Átila Freitas Lira. Rel. Min. Celso de Mello. Brasília, DF, 04 de outubro de 2007. Diário da Justiça, 19 de dezembro de 2008. Disponível em: https://jurisprudencia.stf.jus.br/pages/search. Acesso em: 03 jun. 2024.

BRASIL. Supremo Tribunal Federal. RMS 26.071. Recorrente: José Francisco de Araújo. Recorridos: Tribunal Superior do Trabalho e União. Rel. Min. Ayres Britto. Brasília, DF, 13 de novembro de 2007. Diário da Justiça, 01 de fevereiro de 2008. Disponível em: https://jurisprudencia.stf.jus.br/pages/search. Acesso em: 03 jun. 2024.

BRASIL. Supremo Tribunal Federal. HC 152.752. Impetrante: Cristiano Zanin. Paciente: Luiz Inácio Lula da Silva. Coator: Vice-Presidente do Superior Tribunal de Justiça. Rel. Min. Edson Fachin. Brasília, DF, 05 de abril de 2008. Diário da Justiça, 27 de junho de 2008. Disponível em: https://jurisprudencia.stf.jus.br/pages/search. Acesso em: 03 jun. 2024.

BRASIL. Supremo Tribunal Federal. RE 582.650. Recorrente: Banco GE Capital S. A. Recorrido: Sandro Francisco de Sales. Rel. Min. Presidente. Brasília, DF, 11 de junho de 2008. Diário da Justiça, 24 de outubro de 2008. Disponível em: https://jurisprudencia.stf.jus.br/pages/search. Acesso em: 03 jun. 2024.

BRASIL. Supremo Tribunal Federal. HC 91.952. Impetrante: Kátia Zacharias Sebastião. Paciente: Antonio Sérgio da Silva. Impetrado: Superior Tribunal de Justiça. Rel. Min. Marco Aurélio. Brasília, DF, 07 de agosto de 2008. Diário da Justiça, 19 de dezembro de 2008. Disponível em: https://jurisprudencia.stf.jus.br/pages/search. Acesso em: 03 jun. 2024.

BRASIL. Supremo Tribunal Federal. ADC 12. Requerente: Associação dos Magistrados Brasileiros - AMB. Rel. Min. Ayres Britto. Brasília, DF, 20 de agosto de 2008. Diário da Justiça, 18 de dezembro de 2009. Disponível em: https://jurisprudencia.stf.jus.br/pages/search. Acesso em: 03 jun. 2024.

BRASIL. Supremo Tribunal Federal. HC 91.361. Impetrante: Renato Dias da Silva. Impetrado: Superior Tribunal de Justiça. Rel. Min. Celso de Mello. Brasília, DF, 23 de setembro de 2008. Diário da Justiça, 06 de fevereiro de 2009. Disponível em: https://jurisprudencia.stf.jus.br/pages/search. Acesso em: 03 jun. 2024.

BRASIL. Supremo Tribunal Federal. ADC 4. Requerentes: Presidente da República, Mesa do Senado Federal e Mesa da Câmara dos Deputados. Rel. Min. Sydney Sanches. Red. p/ acórdão Min. Celso de Mello. Brasília, DF, 01 de outubro de 2008. Diário da Justiça, 30 de abril de 2014. Disponível em: https://jurisprudencia.stf.jus.br/pages/search. Acesso em: 03 jun. 2024.

BRASIL. Supremo Tribunal Federal. RE 587.365. Recorrente: Instituto Nacional do Seguro Social – INSS. Recorrida: Patrícia de Fátima Luiz de Miranda. Rel. Min. Ricardo Lewandowski. Brasília, DF, 25 de março de 2009. Diário da Justiça, 08 de maio de 2009. Disponível em: https://jurisprudencia.stf.jus.br/pages/search. Acesso em: 03 jun. 2024.

BRASIL. Supremo Tribunal Federal. AI 746.442 AgR. Agravante: Instituto Nacional do Seguro Social – INSS. Agravado: Antonio Edmundo Glaser. Rel. Min. Cármen Lúcia. Brasília, DF, 25 de agosto de 2009. Diário da Justiça, 23 de outubro de 2009. Disponível em: https://jurisprudencia.stf.jus.br/pages/search. Acesso em: 03 jun. 2024.

BRASIL. Supremo Tribunal Federal. AI 666.523 AgR. Agravante: André José dos Santos Filho. Agravada: Cidade – Companha de Incorporações e Desenvolvimento. Rel. Min. Ricardo Lewandowski. Red. p/ acórdão Min. Marco Aurélio. Brasília, DF, 26 de outubro de 2010. Diário da Justiça, 03 de dezembro de 2010. Disponível em: https://jurisprudencia.stf.jus.br/pages/search. Acesso em: 03 jun. 2024.

BRASIL. Supremo Tribunal Federal. RE 631.102. Recorrente: Jader Fontenele Barbalho. Recorrido: Procurador-Geral da República. Rel. Min. Joaquim Barbosa. Red. p/ acórdão Min. Dias Toffoli. Brasília, DF, 27 de outubro de 2010. Diário da Justiça, 17 de junho de 2011. Disponível em: https://jurisprudencia.stf.jus.br/pages/search. Acesso em: 03 jun. 2024.

BRASIL. Supremo Tribunal Federal. RE 587.008. Recorrente: União. Recorrido: Japan Leasing do Brasil S. A. Arrendamento Mercantil. Rel. Min. Dias Toffoli. Brasília, DF, 02 de fevereiro de 2011. Diário da Justiça, 06 de maio de 2011. Disponível em: https://jurisprudencia.stf.jus.br/pages/search. Acesso em: 03 jun. 2024.

BRASIL. Supremo Tribunal Federal. RE 633.703. Recorrente: Leonídio Henrique Correa Bouças. Recorrido: Ministério Público Eleitoral. Rel. Min. Gilmar Mendes. Brasília, DF, 24 de março de 2011. Diário da Justiça, 05 de abril de 2011. Disponível em: https://jurisprudencia.stf.jus.br/pages/search. Acesso em: 03 jun. 2024.

BRASIL. Supremo Tribunal Federal. RE 598.099. Recorrente: Estado de Mato Grosso do Sul. Recorrido: Rômulo Augusto Duarte. Rel. Min. Gilmar Mendes. Brasília, DF, 10 de agosto de 2011. Diário da Justiça, 03 de outubro de 2011. Disponível em: https://jurisprudencia.stf.jus.br/pages/search. Acesso em: 03 jun. 2024.

BRASIL. Supremo Tribunal Federal. RE 639.337. Recorrente: Município de São Paulo. Recorrido: Ministério Público do Estado de São Paulo. Rel. Min. Celso de Mello. Brasília, DF, 23 de agosto de 2011. Diário da Justiça, 15 de setembro de 2011. Disponível em: https://jurisprudencia.stf.jus.br/pages/search. Acesso em: 03 jun. 2024.

BRASIL. Supremo Tribunal Federal. RE 594.296. Recorrente: Estado de Minas Gerais. Recorrida: Maria Ester Martins Dias. Rel. Min. Dias Toffoli. Brasília, DF, 21 de setembro de 2011. Diário da Justiça, 13 de fevereiro de 2012. Disponível em: https://jurisprudencia.stf.jus.br/pages/search. Acesso em: 03 jun. 2024.

BRASIL. Supremo Tribunal Federal. ADC 29. Requerente: Partido Popular Socialista. Interessado: Presidente da República. Rel. Min. Luiz Fux. Brasília, DF, 16 de fevereiro de 2012. Diário da Justiça, 29 de junho de 2012. Disponível em: https://jurisprudencia.stf.jus.br/pages/search. Acesso em: 03 jun. 2024.

BRASIL. Supremo Tribunal Federal. ADC 30. Requerente: Conselho Federal da Ordem dos Advogados do Brasil – CFOAB. Interessados: Congresso Nacional e Presidente da República. Rel. Min. Luiz Fux. Brasília, DF, 16 de fevereiro de 2012. Diário da Justiça, 29 de junho de 2012. Disponível em: https://jurisprudencia.stf.jus.br/pages/search. Acesso em: 03 jun. 2024.

BRASIL. Supremo Tribunal Federal. ADI 4.578. Requerente: Confederação Nacional das Profissões Liberais – CNPL. Interessado: Congresso Nacional. Rel. Min. Luiz Fux. Brasília, DF, 16 de fevereiro de 2012. Diário da Justiça, 29 de junho de 2012. Disponível em: https://jurisprudencia.stf.jus.br/pages/search. Acesso em: 03 jun. 2024.

BRASIL. Supremo Tribunal Federal. ADI 4.029. Requerente: Associação Nacional dos Servidores do IBAMA – ASIBAMA NACIONAL. Interessado: Presidente da República. Rel. Min. Luiz Fux. Brasília, DF, 08 de março de 2012. Diário da Justiça, 27 de junho de 2012. Disponível em: https://jurisprudencia.stf.jus.br/pages/search. Acesso em: 03 jun. 2024.

BRASIL. Supremo Tribunal Federal. ARE 843.989. Recorrente: Rosmery Terezinha Cordova. Recorrido: Instituto Nacional do Seguro Social – INSS. Rel. Min. Alexandre de Moraes. Brasília, DF, 18 de agosto de 2022. Diário da Justiça, 12 de dezembro de 2012. Disponível em: https://jurisprudencia.stf.jus.br/pages/search. Acesso em: 03 jun. 2024.

BRASIL. Supremo Tribunal Federal. RE 563.708. Recorrente: Estado do Mato Grosso do Sul. Recorrido: Adão de Freitas Amorim e outros. Rel. Min. Cármen Lúcia. Brasília, DF, 06 de fevereiro de 2013. Diário da Justiça, 02 de maio de 2013. Disponível em: https://jurisprudencia.stf.jus.br/pages/search. Acesso em: 03 jun. 2024.

BRASIL. Supremo Tribunal Federal. RE 586.453. Recorrente: Fundação Petrobrás de Seguridade Social – PETROS. Recorrido: Nivaldo Mercenas Santos. Rel. Min. Ellen Gracie. Red. p/ acórdão Min. Dias Toffoli. Brasília, DF, 20 de fevereiro de 2013. Diário da Justiça, 06 de junho de 2013. Disponível em: https://jurisprudencia.stf.jus.br/pages/search. Acesso em: 03 jun. 2024.

BRASIL. Supremo Tribunal Federal. RE 630.501. Recorrente: Aloysio Kalil. Recorrido: Instituto Nacional do Seguro Social – INSS. Rel. Min. Ellen Gracie. Red. p/ acórdão Min. Marco Aurélio. Brasília, DF, 21 de fevereiro de 2013. Diário da Justiça, 26 de agosto de 2013. Disponível em: https://jurisprudencia.stf.jus.br/pages/search. Acesso em: 03 jun. 2024.

BRASIL. Supremo Tribunal Federal. RCL 4.374. Reclamante: Instituto Nacional do Seguro Social – INSS. Reclamada: Turma Recursal dos Juizados Especiais Federais do Estado de Pernambuco. Rel. Min. Gilmar Mendes. Brasília, DF, 18 de abril de 2013. Diário da Justiça, 04 de setembro de 2013. Disponível em: https://jurisprudencia.stf.jus.br/pages/search. Acesso em: 03 jun. 2024.

BRASIL. Supremo Tribunal Federal. RE 567.985. Recorrente: Instituto Nacional do Seguro Social – INSS. Recorrida: Alzira Maria de Oliveira Souza. Rel. Min. Marco Aurélio. Red. p/ acórdão Min. Gilmar Mendes. Brasília, DF, 19 de abril de 2013. Diário da Justiça, 03 de outubro de 2013. Disponível em: https://jurisprudencia.stf.jus.br/pages/search. Acesso em: 03 jun. 2024.

BRASIL. Supremo Tribunal Federal. RE 580.963. Recorrente: Instituto Nacional do Seguro Social – INSS. Recorrida: Blandina Pereira Dias. Rel. Min. Gilmar Mendes. Brasília, DF, 19 de abril de 2013. Diário da Justiça, 14 de novembro de 2013. Disponível em: https://jurisprudencia.stf.jus.br/pages/search. Acesso em: 03 jun. 2024.

BRASIL. Supremo Tribunal Federal. RE 610.290. Recorrente: Estado de Mato Grosso do Sul. Recorrida: Valquíria Maria Espinoza Brasil. Rel. Min. Ricardo Lewandowski. Brasília, DF, 25 de junho de 2013. Diário da Justiça, 15 de agosto de 2013. Disponível em: https://jurisprudencia.stf.jus.br/pages/search. Acesso em: 03 jun. 2024.

BRASIL. Supremo Tribunal Federal. AI 769.799. Agravante: Maria Stella Ramos de Miranda Henriques. Agravado: Instituto de Previdência do Estado do Ceará – IPEC. Rel. Min. Rosa Weber. Brasília, DF, 28 de agosto de 2013. Diário da Justiça, 11 de setembro de 2013. Disponível em: https://jurisprudencia.stf.jus.br/pages/search. Acesso em: 03 jun. 2024.

BRASIL. Supremo Tribunal Federal. RE 422.362 AgR. Recorrente: Estado de Goiás. Recorridos: Abel Cardoso de Souza e outros. Rel. Min. Joaquim Barbosa. Brasília, DF, 15 de outubro de 2013. Diário da Justiça, 07 de novembro de 2013. Disponível em: https://jurisprudencia.stf.jus.br/pages/search. Acesso em: 03 jun. 2024.

BRASIL. Supremo Tribunal Federal. RE 626.489. Recorrente: Instituto Nacional do Seguro Social – INSS. Recorrida: Maria das Dores Oliveira Martins. Rel. Min. Joaquim Barbosa. Brasília, DF, 16 de outubro de 2013. Diário da Justiça, 23 de novembro de 2014. Disponível em: https://jurisprudencia.stf.jus.br/pages/search. Acesso em: 03 jun. 2024.

BRASIL. Supremo Tribunal Federal. RE 581.352. Recorrente: Ministério Público do Estado do Amazonas. Recorrido: Estado do Amazonas. Rel. Min. Celso de Mello. Brasília, DF, 29 de outubro de 2013. Diário da Justiça, 22 de novembro de 2013. Disponível em: https://jurisprudencia.stf.jus.br/pages/search. Acesso em: 03 jun. 2024.

BRASIL. Supremo Tribunal Federal. ADI 4.543. Requerente: Procurador-Geral da República. Interessados: Presidente da República e Congresso Nacional. Rel. Min. Cármen Lúcia. Brasília, DF, 06 de novembro de 2013. Diário da Justiça, 13 de outubro de 2014. Disponível em: https://jurisprudencia.stf.jus.br/pages/search. Acesso em: 03 jun. 2024.

BRASIL. Supremo Tribunal Federal. RCL 4.335. Reclamante: Defensoria Pública da União. Reclamado: Juiz de Direito da Vara de Execuções Penais da Comarca de Rio Branco. Rel. Min. Gilmar Mendes. Brasília, DF, 20 de março de 2014. Diário da Justiça, 22 de outubro de 2014. Disponível em: https://jurisprudencia.stf.jus.br/pages/search. Acesso em: 03 jun. 2024.

BRASIL. Supremo Tribunal Federal. RE 608.482. Recorrente: Estado do Rio Grande do Norte. Recorrida: Vanusa Fernandes de Araújo. Rel. Min. Teori Zavascki. Brasília, DF, 07 de agosto de 2014. Diário da Justiça, 30 de outubro de 2014. Disponível em: https://jurisprudencia.stf.jus.br/pages/search. Acesso em: 03 jun. 2024.

BRASIL. Supremo Tribunal Federal. RE 631.240. Recorrente: Instituto Nacional do Seguro Social – INSS. Recorrida: Marlene de Araújo Santos. Rel. Min. Luís Roberto Barroso. Brasília, DF, 03 de setembro de 2014. Diário da Justiça, 01 de novembro de 2014. Disponível em: https://jurisprudencia.stf.jus.br/pages/search. Acesso em: 03 jun. 2024.

BRASIL. Supremo Tribunal Federal. ARE 705.456. Recorrente: Instituto Nacional do Seguro Social – INSS. Recorrido: José Emanuel da Costa Monteiro. Rel. Min. Dias Toffoli. Brasília, DF, 28 de outubro de 2014. Diário da Justiça, 14 de novembro de 2014. Disponível em: https://jurisprudencia.stf.jus.br/pages/search. Acesso em: 03 jun. 2024.

BRASIL. Supremo Tribunal Federal. RE 733.919. Recorrente: João Hercílio Costa. Recorrido: Instituto Nacional do Seguro Social – INSS. Rel. Min. Luiz Fux. Brasília, DF, 28 de outubro de 2014. Diário da Justiça, 14 de novembro de 2014. Disponível em: https://jurisprudencia.stf.jus.br/pages/search. Acesso em: 03 jun. 2024.

BRASIL. Supremo Tribunal Federal. RE 252.947. Recorrente: Antônio Domingos da Silva. Recorrido: Procurador-Geral do Distrito Federal. Rel. Min. Celso de Mello. Brasília, DF, 11 de novembro de 2014. Diário da Justiça, 10 de dezembro de 2014. Disponível em: https://jurisprudencia.stf.jus.br/pages/search. Acesso em: 03 jun. 2024.

BRASIL. Supremo Tribunal Federal. RE 566.007. Recorrente: Rodoviário Nova Era Ltda. Recorrida: União. Rel. Min. Alexandre de Moraes. Brasília, DF, 13 de novembro de 2014. Diário da Justiça, 11 de fevereiro de 2015. Disponível em: https://jurisprudencia.stf.jus.br/pages/search. Acesso em: 03 jun. 2024.

BRASIL. Supremo Tribunal Federal. RE 566.007. Recorrente: Rodoviário Nova Era Ltda. Recorrida: União. Rel. Min. Alexandre de Moraes. Brasília, DF, 13 de novembro de 2014. Diário da Justiça, 11 de fevereiro de 2015. Disponível em: https://jurisprudencia.stf.jus.br/pages/search. Acesso em: 03 jun. 2024.

BRASIL. Supremo Tribunal Federal. ARE 722.421 RG. Recorrente: Instituto Nacional do Seguro Social – INSS. Recorrida: Marianne Rios Heydt Silva. Rel. Min. Presidente. Brasília, DF, 20 de março de 2015. Diário da Justiça, 30 de março de 2015. Disponível em: https://jurisprudencia.stf.jus.br/pages/search. Acesso em: 03 jun. 2024.

BRASIL. Supremo Tribunal Federal. ARE 734.242 AgR. Recorrente: Instituto Nacional do Seguro Social – INSS. Recorrida: Maria Alves Muller. Rel. Min. Luís Roberto Barroso. Brasília, DF, 04 de agosto de 2015. Diário da Justiça, 08 de setembro de 2015. Disponível em: https://jurisprudencia.stf.jus.br/pages/search. Acesso em: 03 jun. 2024.

BRASIL. Supremo Tribunal Federal. ADI 5.105. Requerente: Solidariedade. Interessado: Presidente da República. Rel. Min Luiz Fux. Brasília, DF, 01 de outubro de 2015. Diário da Justiça, 16 de março de 2016. Disponível em: https://jurisprudencia.stf.jus.br/pages/search. Acesso em: 03 jun. 2024.

BRASIL. Supremo Tribunal Federal. ADI 5.127. Requerente: Confederação Nacional das Profissões Liberais – CNPL. Interessado: Presidente da República. Rel. Min. Rosa Weber. Red. p/ acórdão Min. Edson Fachin. Brasília, DF, 15 de outubro de 2015. Diário da Justiça, 11 de maio de 2016. Disponível em: https://jurisprudencia.stf.jus.br/pages/search. Acesso em: 03 jun. 2024.

BRASIL. Supremo Tribunal Federal. MS 25.803 AgR. Impetrante: Eva da Silva Albuquerque. Impetrado: Presidente da 1ª Câmara do Tribunal de Contas da União. Rel. Min. Teori Zavascki. Brasília, DF, 16 de fevereiro de 2016. Diário da Justiça, 29 de fevereiro de 2016. Disponível em: https://jurisprudencia.stf.jus.br/pages/search. Acesso em: 03 jun. 2024.

BRASIL. Supremo Tribunal Federal. RE 655.265. Recorrente: União. Recorrida: Jaeline Boso Portela de Santana. Rel. Min. Luiz Fux. Red. p/ acórdão Min. Edson Fachin. Brasilia, DF, 14 de abril de 2016. Diário da Justiça, 05 de agosto de 2016. Disponível em: https://jurisprudencia.stf.jus.br/pages/search. Acesso em: 03 jun. 2024.

BRASIL. Supremo Tribunal Federal. RE 661.256. Recorrente: Instituto Nacional do Seguro Social – INSS. Recorrido: Valdemar Roncaglio. Rel. Min. Luís Roberto Barroso. Red. p/ acórdão Min. Alexandre de Moraes. Brasília, DF, 26 de outubro de 2016. Diário da Justiça, 28 de setembro de 2017. Disponível em: https://jurisprudencia.stf.jus.br/pages/search. Acesso em: 03 jun. 2024.

BRASIL. Supremo Tribunal Federal. ARE 735.707. Recorrente: Estado de Rondônia. Recorrida: Leonilda Myriam Fujimiya Rigoni Vidigal. Rel. Min. Edson Fachin. Brasília, DF, 29 de novembro de 2016. Diário da Justiça, 14 de dezembro de 2016. Disponível em: https://jurisprudencia.stf.jus.br/pages/search. Acesso em: 03 jun. 2024.

BRASIL. Supremo Tribunal Federal. RE 574.706. Recorrente: Imcopa Importação, Exportação e Indústria de Óleos Ltda. Recorrida: União. Rel. Min. Cármen Lúcia. Brasília, DF, 15 de março de 2017. Diário da Justiça, 02 de outubro 2017. Disponível em: https://jurisprudencia.stf.jus.br/pages/search. Acesso em: 03 jun. 2024.

BRASIL. Supremo Tribunal Federal. MS 24.569 Agr-segundo. Impetrantes: Aécio Maggio de Alcântara e outros. Impetrado: Tribunal de Contas da União. Rel. Min. Dias Toffoli. Brasília, DF, 19 de junho de 2017. Diário da Justiça, 01 de agosto de 2017. Disponível em: https://jurisprudencia.stf.jus.br/pages/search. Acesso em: 03 jun. 2024.

BRASIL. Supremo Tribunal Federal. ARE 1.018.066. Recorrente: Rosi Mari Alcarde. Recorrido: Estado de São Paulo. Rel. Min. Luís Roberto Barroso. Brasília, DF, 21 de agosto de 2017. Diário da Justiça, 01 de setembro de 2017. Disponível em: https://jurisprudencia.stf.jus.br/pages/search. Acesso em: 03 jun. 2024.

BRASIL. Supremo Tribunal Federal. ARE 1.052.700 RG. Recorrente: Maxwell Antonio Lemes. Recorrido: Ministério Público do Estado do Rio de Janeiro. Rel. Min. Edson Fachin. Brasília, DF, 03 de novembro de 2017. Diário da Justiça, 01 de fevereiro de 2018. Disponível em: https://jurisprudencia.stf.jus.br/pages/search. Acesso em: 03 jun. 2024.

BRASIL. Supremo Tribunal Federal. ACO 1.023. Autor: Estado do Pará. Ré: União. Rel. Min. Gilmar Mendes. Brasília, DF, 24 de novembro de 2017. Diário da Justiça, 04 de dezembro de 2017. Disponível em: https://jurisprudencia.stf.jus.br/pages/search. Acesso em: 03 jun. 2024.

BRASIL. Supremo Tribunal Federal. ADI 3.470. Requerente: Confederação Nacional dos Trabalhadores na Indústria – CNTI. Interessado: Governador do Estado do Rio de Janeiro. Rel. Min. Rosa Weber. Brasília, DF, 29 de novembro de 2017. Diário da Justiça, 01 de fevereiro de 2019. Disponível em: https://jurisprudencia.stf.jus.br/pages/search. Acesso em: 03 jun. 2024.

BRASIL. Supremo Tribunal Federal. RE 929.670. Recorrente: Dilermando Ferreira Soares. Recorrida: Coligação "Por uma Nova Soure de todos". Rel. Min. Ricardo Lewandowski. Red. p/ acórdão Min. Luiz Fux. Brasília, DF, 01 de março de 2018. Diário da Justiça, 12 de abril de 2019. Disponível em: https://jurisprudencia.stf.jus.br/pages/search. Acesso em: 03 jun. 2024.

BRASIL. Supremo Tribunal Federal. AP 937 QO. Autor: Ministério Público Federal. Réu: Marcos da Rocha Mendes. Rel. Min. Luís Roberto Barroso. Brasília, DF, 03 de maio de 2018. Diário da Justiça, 11 de dezembro de 2018. Disponível em: https://jurisprudencia.stf.jus.br/pages/search. Acesso em: 03 jun. 2024.

BRASIL. Supremo Tribunal Federal. ADI 954 ED. Requerente: Procurador-Geral da República. Interessados: Governador do Estado de Minas Gerais e Assembleia Legislativa do Estado de Minas Gerais. Rel. Min. Gilmar Mendes. Brasília, DF, 20 de junho de 2018. Diário da Justiça, 03 de outubro de 2018. Disponível em: https://jurisprudencia.stf.jus.br/pages/search. Acesso em: 03 jun. 2024.

BRASIL. Supremo Tribunal Federal. RE 1.156.918. Recorrente: Antonio Elise Pereira dos Santos. Recorrido: Instituto Nacional do Seguro Social – INSS. Rel. Min. Luís Roberto Barroso. Brasília, DF, 26 de outubro de 2018. Diário da Justiça, 13 de novembro de 2018. Disponível em: https://jurisprudencia.stf.jus.br/pages/search. Acesso em: 03 jun. 2024.

BRASIL. Supremo Tribunal Federal. ARE 1.163.485. Recorrente: Instituto Nacional do Seguro Social. Recorrido: Enzo Soares Gomes de Souza. Rel. Min. Presidente. Brasília, DF, 16 de novembro de 2018. Diário da Justiça, 03 de dezembro de 2018. Disponível em: https://jurisprudencia.stf.jus.br/pages/search. Acesso em: 03 jun. 2024.

BRASIL. Supremo Tribunal Federal. ADI 3.297. Requerente: Associação dos Magistrados Brasileiros – AMB. Interessado: Congresso Nacional. Rel. Min. Alexandre de Moraes. Brasília, DF, 11 de outubro de 2019. Diário da Justiça, 25 de outubro de 2019. Disponível em: https://jurisprudencia.stf.jus.br/pages/search. Acesso em: 03 jun. 2024.

BRASIL. Supremo Tribunal Federal. RE 612.358. Recorrente: União. Recorrido: Henrique de Alcântara Pássaro. Rel. Min. Ellen Gracie. Brasília, DF, 25 de outubro de 2019. Diário da Justiça, 13 de março de 2020. Disponível em: https://jurisprudencia.stf.jus.br/pages/search. Acesso em: 03 jun. 2024.

BRASIL. Supremo Tribunal Federal. ADI 3.406. Requerente: Confederação Nacional dos Trabalhadores na Indústria – CNTI. Interessados: Governador do Estado do Rio de Janeiro e Assembleia Legislativa do Estado do Rio de Janeiro. Rel. Min. Rosa Weber. Brasília, DF, 05 de dezembro de 2019. Diário da Justiça, 07 de abril de 2020. Disponível em: https://jurisprudencia.stf.jus.br/pages/search. Acesso em: 03 jun. 2024.

BRASIL. Supremo Tribunal Federal. ADI 4.545. Requerente: Conselho Federal da Ordem dos Advogados do Brasil. Interessada: Assembleia Legislativa do Estado do Paraná. Rel. Min. Rosa Weber. Brasília, DF, 05 de dezembro de 2019. Diário da Justiça, 07 de abril de 2020. Disponível em: https://jurisprudencia.stf.jus.br/pages/search. Acesso em: 03 jun. 2024.

BRASIL. Supremo Tribunal Federal. RMS 35.517 AgR. Recorrentes: Amilton Floriano de Souza e outros. Recorrida: União. Rel. Min. Cármen Lúcia. Brasília, DF, 14 de fevereiro de 2020. Diário da Justiça, 02 de março de 2020. Disponível em: https://jurisprudencia.stf.jus.br/pages/search. Acesso em: 03 jun. 2024.

BRASIL. Supremo Tribunal Federal. RE 636.553. Recorrente: União. Recorrido: João Darci Rodrigues de Oliveira. Rel. Min. Gilmar Mendes. Brasília, DF, 19 de fevereiro de 2020. Diário da Justiça, 26 de maio de 2020. Disponível em: https://jurisprudencia.stf.jus.br/pages/search. Acesso em: 03 jun. 2024.

BRASIL. Supremo Tribunal Federal. ADI 5.485. Requerente: Confederação Nacional das Empresas de Seguros Gerais, Previdência Privada e Vida, Saúde Suplementar e Capitalização – CNSEG. Interessado: Presidente da República. Rel. Min. Luiz Fux. Brasília, DF, 16 de junho de 2020. Diário da Justiça, 06 de julho de 2020. Disponível em: https://jurisprudencia.stf.jus.br/pages/search. Acesso em: 03 jun. 2024.

BRASIL. Supremo Tribunal Federal. ADPF 131. Requerente: Conselho Brasileiro de Óptica e Optometria – CBOO. Rel. Min. Gilmar Mendes. Brasília, DF, 29 de junho de 2020. Diário da Justiça, 21 de outubro de 2020. Disponível em: https://jurisprudencia.stf.jus.br/pages/search. Acesso em: 03 jun. 2024.

BRASIL. Supremo Tribunal Federal. ADI 4.545 ED. Embargante: Assembleia Legislativa do Estado do Paraná. Embargado: Conselho Federal da Ordem dos Advogados do Brasil. Rel. Min. Rosa Weber. Brasília, DF, 29 de junho de 2020. Diário da Justiça, 13 de agosto de 2020. Disponível em: https://jurisprudencia.stf.jus.br/pages/search. Acesso em: 03 jun. 2024.

BRASIL. Supremo Tribunal Federal. ADI 5.013. Requerente: Confederação Nacional dos Trabalhadores na Indústria – CNTI. Interessados: Presidente da República e Congresso Nacional. Rel. Min. Edson Fachin. Brasília, DF, 24 de agosto de 2020. Diário da Justiça, 16 de novembro de 2020. Disponível em: https://jurisprudencia.stf.jus.br/pages/search. Acesso em: 03 jun. 2024.

BRASIL. Supremo Tribunal Federal. ADI 3.504. Requerente: Procurador-Geral da República. Interessado: Tribunal Regional do Trabalho da 15ª Região. Rel. Min. Marco Aurélio. Brasília, DF, 08 de setembro de 2020. Diário da Justiça, 13 de outubro de 2020. Disponível em: https://jurisprudencia.stf.jus.br/pages/search. Acesso em: 03 jun. 2024.

BRASIL. Supremo Tribunal Federal. ADPF 738 MC-Ref. Requerente: Partido Socialismo e Liberdade (PSOL). Interessado: Tribunal Federal Superior Eleitoral. Rel. Min. Ricardo Lewandowski. Brasília, DF, 05 de outubro de 2020. Diário da Justiça, 29 de outubro de 2020. Disponível em: https://jurisprudencia.stf.jus.br/pages/search. Acesso em: 03 jun. 2024.

BRASIL. Supremo Tribunal Federal. ADI 2.096. Requerente: Confederação Nacional dos Trabalhadores na Indústria – CNTI. Interessado: Congresso Nacional. Rel.

Min. Celso de Mello. Brasília, DF, 13 de outubro de 2020. Diário da Justiça, 27 de outubro de 2020. Disponível em: https://jurisprudencia.stf.jus.br/pages/search. Acesso em: 03 jun. 2024.

BRASIL. Supremo Tribunal Federal. RE 499.347. Recorrente: Josehyl Vellasco. Recorrida: União. Rel. Min. Marco Aurélio. Red. p/ acórdão Min. Cármen Lúcia. Brasília, DF, 13 de outubro de 2020. Diário da Justiça, 16 de dezembro de 2020. Disponível em: https://jurisprudencia.stf.jus.br/pages/search. Acesso em: 03 jun. 2024.

BRASIL. Supremo Tribunal Federal. ADI 6.096. Requerente: Confederação Nacional dos Trabalhadores na Indústria – CNTI. Interessado: Presidente da República. Rel. Min. Edson Fachin. Brasília, DF, 13 de outubro de 2020. Diário da Justiça, 26 de novembro de 2020. Disponível em: https://jurisprudencia.stf.jus.br/pages/search. Acesso em: 03 jun. 2024.

BRASIL. Supremo Tribunal Federal. ARE 1.158.085 AgR-ED-EDv-AgR-ED. Recorrente: Fábio Tyrone Braga de Oliveira. Recorrido: Ministério Público do Estado do Paraná. Rel. Min. Edson Fachin. Brasília, DF, 07 de dezembro de 2020. Diário da Justiça, 04 de fevereiro de 2021. Disponível em: https://jurisprudencia.stf.jus.br/pages/search. Acesso em: 03 jun. 2024.

BRASIL. Supremo Tribunal Federal. ACO 3.373. Autor: Estado do Pará. Requerida: União. Rel. Min. Alexandre de Moraes. Brasília, DF, 15 de março de 2021. Diário da Justiça, 23 de março de 2021. Disponível em: https://jurisprudencia.stf.jus.br/pages/search. Acesso em: 03 jun. 2024.

BRASIL. Supremo Tribunal Federal. RE 1.283.360 RG. Recorrente: Estado do Acre. Recorrida: Lucy Maria Marin Bezerra. Rel. Min. Luiz Fux. Brasília, DF, 25 de maio de 2021. Diário da Justiça, 14 de junho de 2021. Disponível em: https://jurisprudencia.stf.jus.br/pages/search. Acesso em: 03 jun. 2024.

BRASIL. Supremo Tribunal Federal. RE 1.221.446. Recorrente: Instituto Nacional do Seguro Social – INSS. Recorrida: Maria Luiza da Fonseca Jaegge. Rel. Min. Dias Toffoli. Brasília, DF, 21 de junho de 2021. Diário da Justiça, 04 de agosto de 2021. Disponível em: https://jurisprudencia.stf.jus.br/pages/search. Acesso em: 03 jun. 2024.

BRASIL. Supremo Tribunal Federal. ADC 31. Requerentes: Democratas Nacional e Partido da Social Democracia Brasileira – PSDB. Rel. Min. Dias Toffoli. Brasília, DF, 22 de setembro de 2021. Diário da Justiça, 15 de fevereiro de 2022. Disponível em: https://jurisprudencia.stf.jus.br/pages/search. Acesso em: 03 jun. 2024.

BRASIL. Supremo Tribunal Federal. RCL 49.360 AgR. Reclamante: Companhia Imobiliária de Brasília – TERRACAP. Reclamada: Relatora da Ação Rescisória nº 0718869-37.2019.8.07.0000, do Tribunal de Justiça do Distrito Federal e Territórios. Rel. Min. Gilmar Mendes. Brasília, DF, 19 de outubro de 2021. Diário da Justiça, 25 de outubro de 2021. Disponível em: https://jurisprudencia.stf.jus.br/pages/search. Acesso em: 03 jun. 2024.

BRASIL. Supremo Tribunal Federal. ACO 2.647 AgR-segundo. Autor: Estado do Rio de Janeiro. Ré: União. Rel. Min. Luís Roberto Barroso. Brasília, DF, 16 de novembro de 2021. Diário da Justiça, 02 de dezembro de 2021. Disponível em: https://jurisprudencia.stf.jus.br/pages/search. Acesso em: 03 jun. 2024.

BRASIL. Supremo Tribunal Federal. ADPF 828 MC. Requerente: Partido Socialismo e Liberdade – PSOL. Rel. Min. Luís Roberto Barroso. Brasília, DF, 09 de dezembro de 2021. Diário da Justiça, 10 de fevereiro de 2022. Disponível em: https://jurisprudencia.stf.jus.br/pages/search. Acesso em: 03 jun. 2024.

BRASIL. Supremo Tribunal Federal. ARE 1.288.550. Recorrente: Geraldo Sorgi. Recorrida: Caixa Econômica Federal – CEF. Rel. Min. Alexandre de Moraes. Brasília, DF, 14 de dezembro de 2021. Diário da Justiça, 10 de janeiro de 2022. Disponível em: https://jurisprudencia.stf.jus.br/pages/search. Acesso em: 03 jun. 2024.

BRASIL. Supremo Tribunal Federal. RE 1.347.543 AgR. Recorrente: Estado do Amazonas. Recorrido: José Fabiano Alves da Silva. Rel. Min. Cármen Lúcia. Brasília, DF, 18 de dezembro de 2021. Diário da Justiça, 10 de janeiro de 2022. Disponível em: https://jurisprudencia.stf.jus.br/pages/search. Acesso em: 03 jun. 2024.

BRASIL. Supremo Tribunal Federal. RCL 50.706 AgR. Reclamante: Banco BMG S. A. Reclamado: Tribunal Superior do Trabalho. Rel. Min. Dias Toffoli. Brasília, DF, 02 de março de 2022. Diário da Justiça, 30 de março de 2022. Disponível em: https://jurisprudencia.stf.jus.br/pages/search. Acesso em: 03 jun. 2024.

BRASIL. Supremo Tribunal Federal. ACO 79. Autora: União. Ré: Empresa Colonizadora Rio Ferro Ltda. Rel. Min. Cezar Peluso. Brasília, DF, 15 de março de 2022. Diário da Justiça, 28 de maio de 2022. Disponível em: https://jurisprudencia.stf.jus.br/pages/search. Acesso em: 03 jun. 2024.

BRASIL. Supremo Tribunal Federal. RE 964.659. Recorrentes: Greice Alves e outros. Recorrido: Município de Seberi. Rel. Min. Dias Toffoli. Brasília, DF, 08 de agosto de 2022. Diário da Justiça, 01 de setembro de 2022. Disponível em: https://jurisprudencia.stf.jus.br/pages/search. Acesso em: 03 jun. 2024.

BRASIL. Supremo Tribunal Federal. ADI 5.595. Requerente: Procurador-Geral da República. Interessado: Congresso Nacional. Rel. Min. Ricardo Lewandowski. Red. p/ acórdão Min. Alexandre de Moraes. Brasília, DF, 18 de outubro de 2022. Diário da Justiça, 24 de março de 2023. Disponível em: https://jurisprudencia.stf.jus.br/pages/search. Acesso em: 03 jun. 2024.

BRASIL. Supremo Tribunal Federal. ARE 841.979. Recorrente: Unilever Brasil Industrial Ltda. Recorrida: União. Rel. Min. Dias Toffoli. Brasília, DF, 28 de novembro de 2022. Diário da Justiça, 09 de fevereiro de 2023. Disponível em: https://jurisprudencia.stf.jus.br/pages/search. Acesso em: 03 jun. 2024.

BRASIL. Supremo Tribunal Federal. ARE 1.276.977. Recorrente: Instituto Nacional do Seguro Social – INSS. Recorrido: Vanderlei Martins de Medeiros. Rel. Min. Marco Aurélio. Red. p/ acórdão Min. Alexandre de Moraes. Brasília, DF, 01 de dezembro de 2022. Diário da Justiça, 13 de abril de 2023. Disponível em: https://jurisprudencia.stf.jus.br/pages/search. Acesso em: 03 jun. 2024.

BRASIL. Supremo Tribunal Federal. RHC 222.599. Recorrente: Dany Philippi de Aguiar. Recorrido: Ministério Público Federal. Rel. Min. Edson Fachin. Brasília, DF, 07 de fevereiro de 2023. Diário da Justiça, 23 de março de 2023. Disponível em: https://jurisprudencia.stf.jus.br/pages/search. Acesso em: 03 jun. 2024.

BRASIL. Supremo Tribunal Federal. RE 949.297. Recorrente: União. Recorrida: TBM – Têxtil Bezerra de Meneses S. A. Rel. Min. Luís Roberto Barroso. Brasília, DF, 08 de fevereiro de 2023. Diário da Justiça, 02 de maio de 2023. Disponível em: https://jurisprudencia.stf.jus.br/pages/search. Acesso em: 03 jun. 2024.

BRASIL. Supremo Tribunal Federal. ADI 7.051. Requerente: Confederação Nacional dos Trabalhadores Assalariados e Assalariadas Rurais – CONTAR. Interessada: Mesa da Câmara dos Deputados. Rel. Min. Luís Roberto Barroso. Brasília, DF, 26 de junho de 2023. Diário da Justiça, 02 de agosto de 2023. Disponível em: https://jurisprudencia.stf.jus.br/pages/search. Acesso em: 03 jun. 2024.

BRASIL. Supremo Tribunal Federal. ADI 7.013. Requerente: Partido Socialista Brasileiro – PSB. Interessado: Presidente da República. Rel. Min. Cármen Lúcia. Brasília, DF, 04 de julho de 2023. Diário da Justiça, 05 de setembro de 2023. Disponível em: https://jurisprudencia.stf.jus.br/pages/search. Acesso em: 03 jun. 2024.

BRASIL. Supremo Tribunal Federal. ADI 7.226. Requerente: Confederação Brasileira de Trabalhadores Policiais Civis – COBRAPOL. Requerido: Governador do Estado de Tocantins. Rel. Min. Dias Toffoli. Brasília, DF, 22 de agosto de 2023. Diário da Justiça, 05 de setembro de 2023. Disponível em: https://jurisprudencia.stf.jus.br/pages/search. Acesso em: 03 jun. 2024.

BRASIL. Supremo Tribunal Federal. RE 1.452.421 RG. Recorrente: União. Recorrida: Soldatec Comércio e Serviços Ltda. Rel. Min. Presidente. Brasília, DF, 22 de setembro de 2023. Diário da Justiça, 29 de setembro de 2023. Disponível em: https://jurisprudencia.stf.jus.br/pages/search. Acesso em: 03 jun. 2024.

BRASIL. Supremo Tribunal Federal. RE 586.068. Recorrente: Instituto Nacional do Seguro Social – INSS. Recorrida: Hilária Antunes Cardoso. Rel. Min. Rosa Weber. Red. p/ acórdão Min. Gilmar Mendes. Brasília, DF, 09 de novembro de 2023. Diário da Justiça, 31 de janeiro de 2024. Disponível em: https://jurisprudencia.stf.jus.br/pages/search. Acesso em: 03 jun. 2024.

BRASIL. Supremo Tribunal Federal. ADI 2.213. Requerentes: Partido dos Trabalhadores – PT e Confederação Nacional dos Trabalhadores na Agricultura – CONTAG. Interessado: Presidente da República. Rel. Min. Nunes Marques. Brasília, DF, 19 de dezembro de 2023. Diário da Justiça, 01 de março de 2024. Disponível em: https://jurisprudencia.stf.jus.br/pages/search. Acesso em: 03 jun. 2024.

BRASIL. Supremo Tribunal Federal. RCL 44.776 AgR-ED. Embargante: Governador do Estado do Paraná. Embargados: Emílio Hoffmann Gomes e outros. Rel. Min. Gilmar Mendes. Brasília, DF, 26 de fevereiro de 2024. Diário da Justiça, 05 de março de 2024. Disponível em: https://jurisprudencia.stf.jus.br/pages/search. Acesso em: 03 jun. 2024.

BRASIL. Supremo Tribunal Federal. ADI 2.110. Requerentes: Partido Comunista do Brasil – PC do B e Partido dos Trabalhadores – PT. Interessados: Presidente da República e Congresso Nacional. Rel. Min. Nunes Marques. Brasília, DF, 21 de março de 2024. Diário da Justiça, 24 de maio de 2024. Disponível em: https://jurisprudencia.stf.jus.br/pages/search. Acesso em: 24 mai. 2024.

BRASIL. Supremo Tribunal Federal. ADI 2.111. Requerente: Confederação Nacional dos Trabalhadores Metalúrgicos – CNTM. Interessado: Presidente da República. Rel. Min. Nunes Marques. Brasília, DF, 21 de março de 2024. Diário da Justiça, 24 de maio de 2024. Disponível em: https://jurisprudencia.stf.jus.br/pages/search. Acesso em: 24 mai. 2024.

BRASIL. Supremo Tribunal Federal. ADI 5.090. Requerente: Solidariedade. Interessados: Presidente da República e Congresso Nacional. Rel. Min. Luís Roberto Barroso. Red. p/ acórdão Min. Flávio Dino. Brasília, DF, 12 de junho de 2024. Diário da Justiça, 17 de junho de 2024 (ata de julgamento). Acórdão ainda não disponibilizado. Disponível em: https://portal.stf.jus.br/processos/detalhe.asp?incidente=4528066. Acesso em: 17 jun. 2024.

BRASIL. Supremo Tribunal Federal. Súmula 346. "A administração pública pode declarar a nulidade dos seus próprios atos". Aprovada em 13 de dezembro de 1963. Súmula da Jurisprudência Predominante do Supremo Tribunal Federal – Anexo ao Regimento Interno. Edição: Imprensa Nacional, 1964, p. 151.

BRASIL. Supremo Tribunal Federal. Súmula 394. "Cometido o crime durante o exercício funcional, prevalece a competência especial por prerrogativa de função, ainda que o inquérito ou a ação penal sejam iniciados após a cessação daquele exercício" [cancelada]. Aprovada em 03 de abril de 1964. Diário de Justiça, 08 de maio de 1964. Cancelada em 31 de outubro de 2001.

BRASIL. Supremo Tribunal Federal. Súmula 443. "A prescrição das prestações anteriores ao período previsto em lei não ocorre quando não tiver sido negado, antes daquele prazo, o próprio direito reclamado, ou situação jurídica de que ele resulta". Aprovada em 01 de outubro de 1964. Diário de Justiça, 08 de outubro de 1964.

BRASIL. Supremo Tribunal Federal. Súmula 473. "A administração pode anular seus próprios atos, quando eivados de vícios que os tornam ilegais, porque deles não se originam direitos; ou revogá-los, por motivo de conveniência ou oportunidade, respeitados os direitos adquiridos, e ressalvada, em todos os casos, a apreciação judicial". Aprovada em 03 de dezembro de 1969. Diário de Justiça, 10 de dezembro de 1969.

BRASIL. Supremo Tribunal Federal. Súmula 648. "A norma do § 3º do art. 192 da Constituição, revogada pela EC 40/2003, que limitava a taxa de juros reais a 12% ao ano, tinha sua aplicabilidade condicionada à edição de lei complementar". Aprovada em 24 de setembro de 2003.

BRASIL. Supremo Tribunal Federal. Súmula 687. "A revisão de que trata o art. 58 do ADCT não se aplica aos benefícios previdenciários concedidos após a promulgação da Constituição de 1988". Aprovada em 24 de setembro de 2003. Diário de Justiça, 09 de outubro de 2003.

BRASIL. Supremo Tribunal Federal. Súmula 729. "A decisão na ADC-4 não se aplica à antecipação de tutela em causa de natureza previdenciária". Aprovada em 26 de novembro de 2003. Diário de Justiça, 09 de dezembro de 2003.

BRASIL. Supremo Tribunal Federal. Súmula vinculante 3. "Nos processos perante o Tribunal de Contas da União asseguram-se o contraditório e a ampla defesa quando da decisão puder resultar anulação ou revogação de ato administrativo que beneficie o interessado, excetuada a apreciação da legalidade do ato de concessão inicial de aposentadoria, reforma e pensão". Aprovada em 30 de maio de 2007. Diário de Justiça, 06 de junho de 2007.

BRASIL. Supremo Tribunal Federal. Súmula vinculante 7. "A norma do §3º do artigo 192 da Constituição, revogada pela Emenda Constitucional nº 40/2003, que limitava a taxa de juros reais a 12% ao ano, tinha sua aplicação condicionada à edição de lei complementar". Aprovada em 11 de junho de 2008. Diário de Justiça, 20 de junho de 2008.

BRASIL. Supremo Tribunal Federal. Súmula vinculante 11. "Só é lícito o uso de algemas em casos de resistência e de fundado receio de fuga ou de perigo à integridade física própria ou alheia, por parte do preso ou de terceiros, justificada a excepcionalidade por escrito, sob pena de responsabilidade disciplinar, civil e penal do agente ou da autoridade e de nulidade da prisão ou do ato processual a que se refere, sem prejuízo da responsabilidade civil do Estado". Aprovada em 13 de agosto de 2008. Diário de Justiça, 22 de agosto de 2008.

BRASIL. Supremo Tribunal Federal. Súmula vinculante 13. "A nomeação de cônjuge, companheiro ou parente em linha reta, colateral ou por afinidade, até o terceiro grau, inclusive, da autoridade nomeante ou de servidor da mesma pessoa jurídica investido em cargo de direção, chefia ou assessoramento, para o exercício de cargo em comissão ou de confiança ou, ainda, de função gratificada na administração pública direta e indireta em qualquer dos Poderes da União, dos Estados, do Distrito Federal e dos Municípios, compreendido o ajuste mediante designações recíprocas, viola a Constituição". Aprovada em 21 de agosto de 2008. Diário de Justiça, 29 de agosto de 2008.

BRASIL. Supremo Tribunal Federal. Súmula vinculante 26. "Para efeito de progressão de regime no cumprimento de pena por crime hediondo, ou equiparado, o juízo da execução observará a inconstitucionalidade do art. 2º da Lei n. 8.072, de 25 de julho de 1990, sem prejuízo de avaliar se o condenado preenche, ou não, os requisitos objetivos e subjetivos do benefício, podendo determinar, para tal fim, de modo fundamentado, a realização de exame criminológico". Aprovada em 16 de dezembro de 2009. Diário de Justiça, 23 de dezembro de 2009.

BRASIL. Supremo Tribunal Federal. Súmula vinculante 54. "A medida provisória não apreciada pelo congresso nacional podia, até a Emenda Constitucional 32/2001, ser reeditada dentro do seu prazo de eficácia de trinta dias, mantidos os efeitos de lei desde a primeira edição". Aprovada em 17 de março de 2016. Diário de Justiça, 28 de março de 2016.

BRASIL. Tribunal Federal de Recursos. Súmula 160: "A suspeita de fraude na concessão de benefício previdenciário não enseja, de plano, a sua suspensão ou cancelamento, mas dependerá de apuração em procedimento administrativo". Aprovada em 06 de junho de 1984. Diário de Justiça, 13 de junho de 1984.

BRASIL. Tribunal Regional Federal da 1ª Região. AC 1000131-07.2017.4.01.3812. Rel. Geneviéve Grossi Orsi. Brasília, DF. 29 de julho de 2022. Diário de Justiça, 01 de agosto de 2022. Disponível em https://www2.cjf.jus.br/jurisprudencia/unificada/. Acesso em: 03 jun. 2024.

BRASIL. Tribunal Regional Federal da 1ª Região. AC 0004808-02.2014.4.01.3813. Rel. Murilo Fernandes de Almeida. Brasília, DF. 14 de fevereiro de 2022. Diário de Justiça, 15 de fevereiro de 2022. Disponível em https://www2.cjf.jus.br/jurisprudencia/unificada/. Acesso em: 03 jun. 2024.

BRASIL. Tribunal Regional Federal da 3ª Região. AI 0023702-33.2012.4.03.0000. Rel. Raquel Perrini. São Paulo, SP, 06 de maio de 2013. Diário de Justiça, 20 de maio de 2013. Disponível em: https://web.trf3.jus.br/base-textual/. Acesso em: 03 jun. 2024.

BRASIL. Tribunal Regional Federal da 3ª Região. ApCiv 5002931-60.2018.4.03.6103. Rel. Des. Federal Sergio Nascimento. São Paulo, SP, 22 de julho de 2020. Diário de Justiça, 22 de julho de 2020. Disponível em: https://web.trf3.jus.br/base-textual/. Acesso em: 03 jun. 2024.

BRASIL. Tribunal Regional Federal da 3ª Região. ApCiv 5332651-77.2020.4.03.9999. Rel. Des. Federal David Diniz Dantas. São Paulo, SP, 23 de março de 2021. Intimação via sistema, 05 de abril de 2024. Disponível em: https://web.trf3.jus.br/base-textual/. Acesso em: 03 jun. 2024.

BRASIL. Tribunal Regional Federal da 3ª Região. ApCiv 5017095-97.2022.4.03.6100. Rel. Des. Leila Paiva Morrison. São Paulo, SP, 15 de junho de 2023. Diário de Justiça, 20 de junho de 2023. Disponível em: https://web.trf3.jus.br/base-textual/. Acesso em: 03 jun. 2024.

BRASIL. Tribunal Regional Federal da 3ª Região. ApCiv 5006953-46.2019.4.03.6130. Rel. Des. Federal Leila Paiva Morrison. São Paulo, SP, 28 de setembro de 2023. Diário de Justiça, 03 de outubro de 2023. Disponível em: https://web.trf3.jus.br/base-textual/. Acesso em: 03 jun. 2024.

BRASIL. Tribunal Regional Federal da 3ª Região. AI 5011589-73.2023.4.03.0000. Rel. Des. Federal Inês Virgínia Prado Soares. São Paulo, SP, 17 de novembro de 2023. Diário de Justiça, 22 de novembro de 2023. Disponível em: https://web.trf3.jus.br/base-textual/. Acesso em: 03 jun. 2024.

BRASIL. Tribunal Regional Federal da 3ª Região. ApCiv 5006953-46.2019.4.03.6130. Rel. José Denílson Branco. Red. p/ acórdão Desembargadora Federal Therezinha Cazerta.

São Paulo, SP, 19 de dezembro de 2023. Intimação via sistema, 19 de janeiro de 2024. Disponível em: https://web.trf3.jus.br/base-textual/. Acesso em: 03 jun. 2024.

BRASIL. Tribunal Regional Federal da 3ª Região. AI 5018559-89.2023.4.03.0000. Rel. Des. Federal Leila Paiva Morrison. São Paulo, SP, 07 de fevereiro de 2024. Diário de Justiça, 14 de fevereiro de 2024. Disponível em: https://web.trf3.jus.br/base-textual/. Acesso em: 03 jun. 2024.

BRASIL. Tribunal Regional Federal da 3ª Região. ApelRemNec 5001484-13.2023.4.03.9999. Rel. Des. Federal Sergio Nascimento. São Paulo, SP, 07 de fevereiro de 2024. Intimação via sistema em 07 de fevereiro de 2024. Disponível em: https://web.trf3.jus.br/base-textual/. Acesso em: 03 jun. 2024.

BRASIL. Tribunal Regional Federal da 3ª Região. ApCiv 5000959-07.2018.4.03.9999. Rel. José Denilson Branco. São Paulo, SP, 09 de fevereiro de 2024. Intimação via sistema em 15 de fevereiro de 2024. Disponível em: https://web.trf3.jus.br/base-textual/. Acesso em: 03 jun. 2024.

BRASIL. Tribunal Regional Federal da 4ª Região. AG 5004744-32.2022.4.04.0000. Rel. Des. Federal Taís Schilling Ferraz. Porto Alegre, RS, 06 de abril de 2022. Juntado aos autos em 08 de abril de 2022. Disponível em: https://jurisprudencia.trf4.jus.br/pesquisa/resultado_pesquisa.php. Acesso em: 03 jun. 2024.

BRASIL. Tribunal Regional Federal da 4ª Região. AG 5050835-83.2022.4.04.0000. Rel. Des. Federal João Batista Pinto Silveira. Porto Alegre, RS, 13 de abril de 2023. Juntado aos autos em 15 de abril de 2023. Disponível em: https://jurisprudencia.trf4.jus.br/pesquisa/resultado_pesquisa.php. Acesso em: 03 jun. 2024.

BRASIL. Turma Nacional de Uniformização (TNU) dos Juizados Especiais Federais. PEDILEF 2010.72.64.001730-7. Rel. |Adel Américo Dias de Oliveira. Brasília,

DF, 29 de março de 2012. Diário da Justiça, 08 de junho de 2012. Disponível em: https://www.cjf.jus.br/jurisprudencia/tnu/. Acesso em: 03 jun. 2024.

BRASIL. Turma Nacional de Uniformização (TNU) dos Juizados Especiais Federais. PEDILEF 5000493-92.2014.4.04.7002. Rel. Daniel Machado da Rocha. Brasília, DF, 14 de abril de 2016. Diário da Justiça, 15 de abril de 2016. Disponível em: https://www.cjf.jus.br/jurisprudencia/tnu/. Acesso em: 03 jun. 2024.

BRASIL. Turma Nacional de Uniformização (TNU) dos Juizados Especiais Federais. PEDILEF 0001076-51.2011.4.03.6306. Rel. Gerson Luiz Rocha. Brasília, DF, 24 de novembro de 2016. Diário da Justiça, 27 de janeiro de 2017. Disponível em: https://www.cjf.jus.br/jurisprudencia/tnu/. Acesso em: 03 jun. 2024.

BRASIL. Turma Nacional de Uniformização (TNU) dos Juizados Especiais Federais. PEDILEF 5001792-09.2017.4.04.7129. Rel. Guilherme Bollorini Pereira. Brasília, DF, 17 de agosto de 2018. Diário da Justiça, 20 de agosto de 2018. Disponível em: https://www.cjf.jus.br/jurisprudencia/tnu/. Acesso em: 03 jun. 2024.

BRASIL. Turma Nacional de Uniformização (TNU) dos Juizados Especiais Federais. PEDILEF 0029902-86.2012.4.01.3500. Rel. Atanair Nasser Ribeiro Lopes. Brasília, DF, 20 de novembro de 2020. Diário da Justiça, 20 de novembro de 2020. Disponível em: https://www.cjf.jus.br/jurisprudencia/tnu/. Acesso em: 03 jun. 2024.

BRASIL. Turma Nacional de Uniformização (TNU) dos Juizados Especiais Federais. PUIL 0008405-41.2016.4.01.3802. Rel. Fábio de Souza Silva. Brasília, DF, 25 de fevereiro de 2021. Diário da Justiça, 03 de março de 2021. Disponível em: https://www.cjf.jus.br/jurisprudencia/tnu/. Acesso em: 03 jun. 2024.

BRASIL. Turma Nacional de Uniformização (TNU) dos Juizados Especiais Federais. PUIL 0508974-10.2018.4.05.8100, Rel. Luís Eduardo Bianchi Cerqueira. Brasília, DF, 25 de fevereiro de 2021. Diário da Justiça, 26 de fevereiro de 2021. Disponível em: https://www.cjf.jus.br/jurisprudencia/tnu/. Acesso em: 03 jun. 2024.

BRASIL. Turma Nacional de Uniformização (TNU) dos Juizados Especiais Federais. PEDILEF 5005679-21.2018.4.04.7111. Rel. Gustavo Melo Barbosa. Brasília, DF, 23 de setembro de 2021. Diário da Justiça, 27 de setembro de 2021. Disponível em: https://www.cjf.jus.br/jurisprudencia/tnu/. Acesso em: 03 jun. 2024.

BRASIL. Turma Nacional de Uniformização (TNU) dos Juizados Especiais Federais. PEDILEF 0513030-88.2020.4.05.8400. Rel. Gustavo Melo Barbosa. Red. p/ acórdão Fábio Cordeiro de Lima. Brasília, DF, 07 de dezembro de 2022. Diário da Justiça, 13 de dezembro de 2022. Disponível em: https://www.cjf.jus.br/jurisprudencia/tnu/. Acesso em: 03 jun. 2024.

BRASIL. Turma Nacional de Uniformização (TNU) dos Juizados Especiais Federais. PEDILEF 5027480-64.2020.4.04.7000. Rel. Francisco Glauber Pessoa Alves.

Brasília, DF, 19 de abril de 2023. Diário da Justiça, 20 de abril de 2023. Disponível em: https://www.cjf.jus.br/jurisprudencia/tnu/. Acesso em: 03 jun. 2024.

BRASIL. Turma Nacional de Uniformização (TNU) dos Juizados Especiais Federais. PUIL 5019587-50.2020.4.02.5101. Rel. Leonardo Augusto de Almeida Aguiar. Brasília, DF, 13 de abril de 2024. Diário da Justiça, 14 de abril de 2024. Disponível em: https://www.cjf.jus.br/jurisprudencia/tnu/. Acesso em: 03 jun. 2024.

BRASIL. Turma Nacional de Uniformização (TNU) dos Juizados Especiais Federais. Súmula 51. "Os valores recebidos por força de antecipação dos efeitos de tutela, posteriormente revogada em demanda previdenciária, são irrepetíveis em razão da natureza alimentar e da boa-fé no seu recebimento" [cancelada]. Aprovada em 15 de março de 2012. Diário de Justiça, 15 de março de 2012. Cancelada em 30 de agosto de 2017. Diário de Justiça, 20 de setembro de 2017.

BRASIL. Turma Nacional de Uniformização (TNU) dos Juizados Especiais Federais. Súmula 64. "O direito à revisão do ato de indeferimento de benefício previdenciário ou assistencial sujeita-se ao prazo decadencial de dez anos" [cancelada]. Aprovada em 16 de agosto de 2012. Diário de Justiça, 23 de agosto de 2012. Cancelada em 18 de junho de 2015. Diário de Justiça, 24 de junho de 2015.

BRASIL. Turma Nacional de Uniformização (TNU) dos Juizados Especiais Federais. Súmula 66. "O servidor público ex-celetista que trabalhava sob condições especiais antes de migrar para o regime estatutário tem direito adquirido à conversão do tempo de atividade especial em tempo comum com o devido acréscimo legal, para efeito de contagem recíproca no regime previdenciário próprio dos servidores públicos". Aprovada em 11 de setembro de 2012. Diário de Justiça, 24 de setembro de 2012.

BRASIL. Turma Nacional de Uniformização (TNU) dos Juizados Especiais Federais. Súmula 74. "O prazo de prescrição fica suspenso pela formulação de requerimento administrativo e volta a correr pelo saldo remanescente após a ciência da decisão administrativa final". Aprovada em 17 de abril de 2013. Diário de Justiça, 22 de maio de 2013.

BRASIL. Turma Nacional de Uniformização (TNU) dos Juizados Especiais Federais. Súmula 81: "A impugnação de ato de indeferimento, cessação ou cancelamento de benefício previdenciário não se submete a qualquer prazo extintivo, seja em relação à revisão desses atos, seja em relação ao fundo de direito". Aprovada em 09 de dezembro de 2020. Diário de Justiça, 11 de dezembro de 2020.

CORTE INTERAMERICANA DE DIREITOS HUMANOS. Caso "Cinco Aposentados *vs* Peru". San José da Costa Rica. Sentença de 28.02.2003. Disponível em https://www.corteidh.or.cr/docs/casos/articulos/seriec_98_por.pdf. Acesso em: 03 jun. 2024.

PORTUGAL. Constituição da República Portuguesa, de 02 de abril de 1976. Atualizada até a VII Revisão Constitucional (2005). Disponível em https://www.parlamento.pt/Legislacao/Paginas/ConstituicaoRepublicaPortuguesa.aspx; Acesso em: 03 jun. 2024.

UNIÃO EUROPEIA. Tribunal Europeu de Direitos Humanos. Casos "Da Conceição Mateus e Santos Januário *vs* Portugal" (nº 57725/12 e 63235/12). Julgados em 08 de outubro de 2013. Estrasburgo, França. Disponível em https://hudoc.echr.coe.int/fre#{%22itemid%22:[%22002-8968%22]}. Acesso em: 03 jun. 2024.

EDITORA JusPODIVM
www.editorajuspodivm.com.br
RENOVA GRAF
www.renovagraf.com.br
JUS3825